Mit herzlichen Grüßen und den besten Wünschen

Ihr

Martin Sailer
Landrat des Landkreises Augsburg

Walter Pötzl   Lebensbilder zu Bildern aus dem Leben

Walter Pötzl

Lebensbilder

zu Bildern aus dem Leben

Biographien von bedeutenden Persönlichkeiten und einfachen Leuten
aus fünf Jahrhunderten

mit Beiträgen

von

Georg Abröll, Peter Fassl, Bernhard Hagel, Reinhold Lenski,
Barbara Michal, Karl Vogele, Richard Wagner,
Ludwig Wiedemann und Gerhard Willi

Augsburg 1991

Redaktion: Georg Abröll
Layout: Walter Pötzl

Herstellung: Pröll Druck und Verlag GmbH, Augsburg
Lithos: Repro Gartner, Augsburg

ISBN 3-925549-07-2
© Heimatverein für den Landkreis Augsburg e.V.
im Selbstverlag

Bilder und Biographien. Ein Vorwort

Berühmte Persönlichkeiten finden eine Würdigung in Lexika und in großen Standardwerken wie in der Neuen Deutschen Biographie. Breiter greifen dann Spezialbiographien wie Thieme-Beckers Künstlerlexikon und Kindlers Literaturlexikon aus. Andere Werke, wie die inzwischen auf 13 Bände angewachsene Reihe "Lebensbilder aus Bayerisch-Schwaben", erweitern das Spektrum in die Region hinein. Landkreisbücher nehmen Biographien ihrer bedeutenden Persönlichkeiten auf. Der "Grundriß der Heimatkunde des Landkreises Augsburg" begnügte sich mit einer Liste, in der zu einzelnen Männern und Frauen die wichtigsten Daten zusammengetragen sind. Das Heimatbuch "Der Landkreis Schwabmünchen" nahm ausgewählte Biographien auf. Das neue, auf acht Bände konzipierte Heimatbuch des Landkreises Augsburg, zu dem 1989 ein Einführungsband erschien, sieht keinen Biographie-Band vor. Insofern mag das vorliegende Buch als Ersatz dienen.

Gemeinsam bleibt den erwähnten Werken, daß sie ihren Blick auf berühmte Persönlichkeiten richten.

Erscheint eine Orientierung allein an den berühmten Persönlichkeiten gerechtfertigt?

Auch einfache Leute ...

In der Volkskunde richtete sich seit eh und jeh das Interesse auf die Lebensverhältnisse und die Kultur der einfachen Leute; seit Jahren finden autobiographische Aufzeichnungen verstärkt Interesse. Eine an der Sozialgeschichte orientierte Landesgeschichte nimmt Themen auf, die bisher vornehmlich die historische Volkskunde behandelte. Diese Forschungsrichtungen verlangen ein Umdenken bei der Konzeption eines Biographie-Bandes. Dieses soll aber nicht dazu führen, nur mehr sog. einfache Leute zu würdigen, wohl aber dazu, auch diesen Personenkreis zu berücksichtigen. Auf diese Weise könnte ein auf verschiedene Biographien gegründetes Gesamtbild einzelner Epochen entstehen.

Im vorliegenden Band wurde versucht, möglichst breit auszugreifen: Söldner und Bauern, Handwerker und Unternehmer, Baumeister und Maler, Lehrer und Bürgermeister, Mönche und Pfarrer, Äbte und Äbtissinnen. Diese Breite ließ sich erst von der Barockzeit an erreichen, da vorher Bilder als eine weitere Voraussetzung für die Auswahl fast ganz fehlen. Die Bindung an das Bild bewirkt bis ins 20. Jahrhundert hinein, daß etwa von Geistlichen und höher gestellten Persönlichkeiten weit häufiger Bilder angefertigt wurden als von einfachen Leuten. Von großen Ausnahmen abgesehen, bleiben die Votivtafeln lange Zeit die einzigen Bildwerke, auf denen Leute aus dem Volk, deren Namen wir kennen, abgebildet werden. Zu diesen großen Ausnahmen gehört der Einblattdruck von Hans Altweckers fünffachem Mord.

Bevorzugte Barockzeit

Die vorgestellten Lebensbilder verteilen sich nicht gleichmäßig auf die Zeit von ca. 1480 bis 1990. Das liegt zum Teil an der Quellenlage, zum anderen aber auch am Erscheinungsdatum des Buches kurz vor den Kultur- und Heimattagen 1991, die der Landkreis zu den Themen "Barock und Rokoko" und "Das Wallfahrtswesen" abhält. Das Buch bringt Beiträge gerade zu diesen beiden Themen. So erfahren die Bauherrinnen, die Äbtissinnen Hildegard Meixner und Caecilia Wachter von Oberschönenfeld und Hildegard von Haslang in Holzen, aber auch Pfarrer Anton Ginter in Biberbach ebenso eine Würdigung wie die Baumeister Franz Beer und die Dossenberger und der Maler Johann Rieger. Es liegt an der Zeit und an den Persönlichkeiten, daß in diesen Biographien viel Frömmigkeitsgeschichte aufscheint. Mit diesen Abschnitten korrespondieren dann die zahlreichen vorgestellten Votivtafeln. Gleichzeitig wird damit die angestrebte soziale Breite der Biographien verwirklicht.

Die Barockzeit belegt etwa drei Fünftel des Buchumfanges, die zwei weiteren Fünftel entfallen in etwa zu geichen Teilen auf das 15./16. bzw. das 19./20. Jahrhundert. Für das 15./16. Jahrhundert ließen sich z.B. noch Epitaphien in Welden, Ehingen und Neukirchen "bearbeiten", doch gehören diese Personen ausschließlich der Oberschicht an, die im vorliegenden Band mit Georg von Hürnheim vertreten ist. Ganz anders liegen die Verhältnisse im 19./20. Jahrhundert, wo eine Fülle alter Fotografien reizt. Vielleicht bietet sich die Gelegenheit, zu weiteren Kultur- und Heimattagen einen 2. Band zu erstellen, in dem unsere beiden letzten Jahrhunderte im Mittelpunkt stehen. Die Fotografie würde dann die Votivtafel weitgehend ablösen.

Bildnisse und Bilder berichten

Selbst wenn der Künstler Portraittreue nicht erreicht (und dies vielleicht gar nicht beabsichtigt), gewinnen wir durch ein Bildnis von einer Person doch eine ganz andere Vorstellung, als wenn wir nur auf Schriftstücke angewiesen sind. Allerdings beschränkt sich unsere Vorstellung nicht auf Bilder und Schriftstücke allein; auch in vielen Werken wirken Personen nach: Die Kirche, die eine Äbtissin gebaut hat, und das Buch, das ein Pfarrer geschrieben hat, sagen viel über die Bauherrin oder über den Schriftsteller aus. Je mehr man zu einer Person zusammentragen kann, um so plastischer rundet sich ein Gesamtbild.

Bücher brauchen Titel. Je vielschichtiger ein Buch angelegt ist, desto schwieriger fällt es, eine prägnante Formulierung zu finden. Der Titel des vorliegenden Buches erwuchs aus den Überlegungen zu den Votivtafeln. Auch wenn sich der Maler an einem vorgegebenen Schema orientiert, entsteht doch ein "Bild aus dem Leben" und sei es nur, daß der Votationsakt dargestellt ist. Oft aber bringt die Votivtafel den gefährdeten Alltag ins Bild, was dann erst wieder die Spätphase der Fotografie leistet.

Mit Votivtafeln beschäftigen sich vornehmlich Volkskundler. Untersuchungen zu den dargestellten Personen, die über das, was die Tafel selbst oder ein herangezogenes Mirakel schreibt, hinausgehen, fehlen fast ganz. Die Personen auf den Bildern verkümmern so zu Nummern; doch auch diese Personen haben ihr Leben gelebt, in dem der Anlaß zur Votivtafel als bedrohendes Ereignis steht.

Außerhalb der Votivtafeln (und der späteren Fotografie) gehören "Bilder aus dem Leben" zu den Seltenheiten: Der Kalligraph Leonhard Wagner am Schreibpult, der entdeckte Mord auf dem Einblattdruck oder die Äbtissin mit dem Klosterplan im Kirchenfresko.

In einer Erweiterung des Konzepts richtet sich der Blick auf Portraits und auf Epitaphien, die zwar keine "Bilder aus dem Leben" enthalten, die aber doch einen nahen Lebensbezug aufweisen. Wie bei den Votivtafeln auch tragen Archivforschungen dazu bei, die dargestellten Personen und ihre Lebensverhältnisse zu erhellen. Die Äbtissin auf dem Portrait und der Pfarrer auf mdem Epitaph kommen uns so mit jeder Nachricht näher.

Dankadressen

Die Biographien der Persönlichkeiten des 19./20. Jahrhunderts übernahmen freundlicherweise andere Autoren, die nach ihrer kompetenten Beurteilung und in ihrem persönlichen Stil die Beiträge verfaßten. Ihnen gilt der Dank ebenso wie Herrn Landeskonservator Prof. Dr. Tilman Breuer und Herrn Wilhelm Neu, die ihr Einverständnis gaben, Zeichnungen aus den Kunstdenkmälerbänden zu übernehmen. Herr Xaver Holzhauser stellte sein umfangreiches Material zur Erforschung der Bobinger Votivtafeln zur Verfügung. Der Dank richtet sich auch an das Personal der Archive und Bibliotheken, an die H. H. Pfarrer und Kirchenverwaltungen und an alle, die Bildmaterial zur Verfügung stellten.

Der Druck eines reich bebilderten Buches kostet viel Geld. Der Heimatverein weiß es zu schätzen, daß er vom Landkreis Augsburg und von der Kreissparkasse Augsburg tatkräftig unterstützt wird. Die Mitglieder des Kreistages genehmigten einen stattlichen Zuschuß, und aus den Mitteln für das Landkreisbuch wurden wegen der Wiederverwendung die Litho- und Bildkosten übernommen. Der Gestehungspreis des Buches konnte nicht zuletzt deswegen relativ niedrig gehalten werden, weil sich die Autoren mit einem bescheidenen Honorar begnügten. Die Korrekturen lasen freundlicherweise Herr stud.phil. Christian Kreikle und Frau Pfahler. Bei Herrn Georg J. Abröll liefen die redaktionellen Fäden zusammen.

Die bewährte Zusammenarbeit mit der Firma Pröll und ihren Mitarbeitern hat sich auch bei diesem Projekt bestätigt.

Das Buch stellt bekannte und unbekannte Personen unseres Raumes vor. In den Biographien und Bildern wird Geschichte lebendig, scheint auf, wie Menschen früher gelebt haben.

Inhaltsverzeichnis

Hans Holbein d.Ä. zeichnet Leonhard Wagner aus Schwabmünchen
und Peter Wagner, 1502 - 1511 Abt in Thierhaupten 4
Auf dem Weg zur Hochzeit erschlagen: Ritter Burkhart von Schellenberg 31
Adam und Christian Sträler, Pfarrer in Mittelneufnach (1438 - 1481 und 1481 - 1521) 34
Vinzenz Wiser, Pfarrer in Langerringen (1471 - 1508) 36
Marx Schrag, Pfarrer in Altenmünster (1467 - 1506) 40
Georg von Hürnheim, Kastellan auf Zusameck (1505 - ca. 1530) 42
Johann Rumpfhart, Abt in Thierhaupten (1533 - 1547) 47
Martin Hochenrainer, Notar und Schulmeister und seine große Familie 50
Johannes Dexenbach, Pfarrer in Steinekirch (1536 - 1554) 52
Hans Altweckers fünffacher Mord und sein Selbstmord 53
Die Memminger in Zusmarshausen 56
Martin Nieß, in schrecklicher Zeit Pfarrer in Schwabmünchen (1641 - 1648) 57
Benedikt Sartor, Abt in Thierhaupten 1677 - 1700 58
Pfarrer Anton Ginter (1679 - 1725), der große Förderer der Wallfahrt
zum Herrgöttle von Biberbach 67
Anna Katharina Hildegard von Haslang (zu Hohenkammer), 1677 - 1721
Äbtissin in Holzen und Erbauerin von Kirche und Kloster 83
Franz Beer (II.), der große Vorarlberger Baumeister, als Architekt in Holzen, Oberschönenfeld und Dietkirch 107
Die Äbtissin Hildegard Meixner (1685 - 1722). Die Ausstattung von Violau und der Bau von Oberschönenfeld . 110
Johann Rieger aus Dinkelscherben, kath. Direktor der Augsburger Kunstakademie 131
Vom Dorfmaurer zum Baumeister: Der Aufstieg Joseph Dossenbergers (1694 - 1754) in
Wollishausen und das Werk seiner Söhne Johann Adam (1716 - 1759) und Joseph (1721 - 1785) 136
Die Äbtissin Caecilia Wachter von Oberschönenfeld (1742 - 1767). Der Kirchenbau in
Wollishausen und Mödishofen; die Ausstattung von Violau 150

"Warhafftiges Wunderwerck", wie es sich am fünfjährigen Johann Lauter
aus Großaitingen 1648 in der Jakober Vorstadt in Augsburg ereignete 165
Balthasar Ambos in Hiltenfingen. Vom Brunnensturz zum Priestertum 170
Das harte Schicksal der Katharina Bleig in Gabelbach 176
Rätsel um ein Schiff und den Bader Georg Hartmann aus Zusmarshausen 179
Bobinger Votivtafeln 181
Michael Haug auf der Unteren Mühle 182
Die Familie Hamler und ihre Votivtafeln 185
Reiche Bobinger Bauern 189
Der Brand in der Oberen Mühle bedrohte Johann Geirhos' Sölde 193
Eine gefährliche Feuersbrunst auf dem Lechfeld 195
Ein Fall von Besessenheit 199
Eine Nadel über einer Votivtafel überdauert die Jahrhunderte 203
Hartes Hafnerleben 207
Ein Verkehrs- und Arbeitsunfall aus dem Jahre 1884 210

Franz Anton Keck und der Schwabmünchner Strumpfhandel 213
Dr. Johann Friedrich Lehner - Apotheker und Chemiker - Erfinder und Kunstseidefabrikant . 220
Franz Xaver Egger (1798 - 1869), Pfarrer und Sparkassen-Gründer in Dinkelscherben 225
Die Malerfamilie Scherer 230
Ferdinand Wagner, 1819 - 1881, ein schwäbischer Künstler von Rang und Namen 235
Michael Geldhauser (1859 - 1915), Lehrer u.a. in Welden und Dinkelscherben 240
Pfarrer Leopold Schwarz (5.4.1897 - 19.5.1960) aus Zusmarshausen 245
Robert Schindler - ein Flüchtlingsschicksal in Leitershofen 249
Bürgermeister Ludwig Berger aus Reinhartshausen (3. April 1900 - 27. Mai 1990) 252
Landrat und Senator Dr. Franz Xaver Frey 257

Anhang 262

Hans Holbein d. Ä. zeichnet Leonhard Wagner aus Schwabmünchen und Peter Wagner, 1502 - 1511 Abt in Thierhaupten

Hans Holbein, Augsburgs großer Maler, fasziniert immer wieder. Im Jahre 1965 widmete ihm die Stadt eine (Gedächtnis-)Ausstellung, 1987 stellte Bruno Bushart erneut sein Werk in einem fein auf die Details achtenden Buch vor. Das Interesse verwundert nicht, tritt mit Hans Holbein d. Ä. doch "Augsburg in die Reihe der europäischen Kunstzentren ein" (B. Bushart).

Hans Holbein wurde um 1465 geboren. Seine Lehr- und Wanderjahre verbrachte er vermutlich in Augsburg und Ulm, am Oberrhein und in Köln und eventuell auch in den Niederlanden. In den Jahren 1491/92 malte er in Augsburg zwei Miniaturen in eine Vita St. Simperti, die Leonhard Wagner schrieb und die das Kloster König Maximilian überreichte. Als Auftraggeber für einen Afra-Altar darf man ebenfalls das Reichskloster vermuten. Im Jahre 1493 signierte Hans Holbein mit dem Bildschnitzer Michael Erhart in Ulm den sog. Weingartner Altar, dessen vier Flügelbilder wir heute im Augsburger Dom bewundern können. Im Jahre 1494 heiratete Hans Holbein und gründete in Augsburg eine Werkstatt, aus der große Altarwerke und mehrere Einzeltafeln hervorgingen. Zusammen mit Adolf Daucher und Michael Erhart schuf er 1502 den Altar für Kaisheim. Die Zusammenarbeit der drei Künstler wurde durch verwandtschaftliche Bindungen gefördert. Von Oberschönenfeld selbst - oder über Kaisheim vermittelt - erging der Auftrag für 2 Paare Altarflügel an die Holbein-Werkstatt. Die Innenseiten zeigen (links) die Verkündigung und die Anbetung des Kindes und (rechts) Tod und Krönung Mariens, die vor dem Schrein zusammengeklappten Außenseiten eine Ölbergszene. Das zweite Flügelpaar enthält auf den Innenseiten vier Szenen aus dem Marienleben, auf den Außenseiten eine hl. Afra und eine hl. Veronika (Die Kunstwerke befinden sich heute in der Staatsgalerie Füssen bzw. in der Staatsgemäldesammlung Ottobeuren; seit den Kultur- und Heimattagen 1987 sind sie in Oberschönenfeld in großen Reproduktionen gegenwärtig). Nach diesem Höhepunkt spätgotischer Stilisierung kündigt sich mit dem Realismus des Votivbildes des Ulrich Schwarz (1508) eine Umorientierung zur Renaissance an, die sich vom Katharinenaltar (1512) zum Sebastiansaltar (1516) steigert und 1519 in dem für den Augsburger Handelsherrn G. Königsberger gemalten "Lebensbrunnen" triumphiert (Ch. Klemm). Hans Holbein läßt sich auch in Frankfurt (1501), am Oberrhein (1509), in Isenheim (1516/17), in Luzern und Basel nachweisen. Kein Maler im damaligen Deutschland - außer Dürer - weist ein so umfangreiches Lebenswerk auf und hat eine solche Ausstrahlung zu verzeichnen (L. Altmann).

Als "einzigartig" wird Holbeins physiognomisches Interesse und Einfühlungsvermögen gerühmt. Bei keinem anderen deutschen Maler vor ihm spielen die dem Leben abgeschauten Gestalten und Gesichter eine so bedeutende Rolle. Dabei bringt er sich selbst ein (z.B. als Scherge, Augenzeuge oder Bettler) oder greift auf Familienmitglieder zurück. In diesem Zusammenhang muß man auch die etwa 150 erhaltenen Portraitzeichnungen sehen, die Holbein von Augsburgern aller Gesellschaftsschichten (darunter auch 10 Mitglieder des Hauses Fugger) anfertigte. Die erhaltenen Zeichnungen "sind eines der frühesten umfangreichen und geschlossenen Zeichnungs-Oeuvres der europäischen Kunstgeschichte, nördlich der Alpen gar das einzige, das in seiner Gesamtheit noch spätmittelalterliche Züge aufweist" (Hanspeter Landolt). Hans Holbein bevorzugte zwei verschiedene Techniken: die lavierte Federzeichnung und die Silberstiftzeichnung. "Während die lavierten Federzeichnungen aufs engste mit dem Arbeitsprozeß der Malerwerkstatt verbunden sind, werden die Silberstiftzeichnungen zwar auch gelegentlich in der Werkstatt verwendet, doch gehen sie offenbar primär auf ein individuell-künstlerisches Bedürfnis zurück" (Hanspeter

Silberstiftzeichnung Hans Holbeins von Leonhard Wagner aus Schwabmünchen als Vorlage für den Kopf des hl. Ulrich

Landolt). Sie sind "offenbar aus einer mächtigen Leidenschaft für die menschliche Physiognomie" entstanden. Leonhard Wagner hat Hans Holbein viermal gezeichnet.

Das Reichsstift St. Ulrich und Afra, ca. 1470 bis 1520

Als Peter Wagner 1470 und Leonhard Wagner 1472 in das Augsburger Kloster eintraten, stand ihm Melchior von Stamheim (1458 - 1474) als Abt vor. Unter ihm war St. Ulrich und Afra zum Zentrum der von Melk ausgehenden Klosterreform für das Bistum Augsburg geworden.

Die Nachfolger von Abt Melchior regierten nicht lange:

1474 - 1482 Heinrich Fryess
1482 - 1496 Johannes von Giltingen
1496 - 1510 Konrad Moerlin
1510 - 1527 Johannes Schrott.

Das Kloster erlebte damals eine Epoche monastischer und kultureller Blüte. Die Melker Reform rückte Chorgebet und Gesang wieder in den Mittelpunkt klösterlichen Lebens, weswegen neue Chorbücher, wie man sie im Druck noch nicht herstellen konnte, notwendig wurden; sie legte Wert auf eine gute Verwaltung, entfaltete eine große Bautätigkeit, förderte das Schulwesen und das wissenschaftliche Leben. Zur Fertigung und Erhaltung der bereits 1447 eingeführten Reform waren auf Bitten des Abtes im Jahre 1489 drei Patres und ein Bruder aus Melk nach St. Ulrich und Afra gekommen. Über eine rege künstlerische Tätigkeit im Kloster berichtet Wilhelm Wittwer immer wieder in seinem Catalogus abbatum. Abt Melchior begann 1467 mit dem Neubau der Klosterkirche, den er Hans von Hildesheim aufgetragen hatte. Am 29. Juni 1474, nachmittags zwischen zwei und drei Uhr, brachte ein Orkan den noch nicht fertigen Bau zum Einsturz, wobei 33 Personen beiderlei Geschlechts unter den Trümmern begraben wurden. Mit dem Wiederaufbau beauftragte man bis 1477 Valentin Kindlein aus Straßburg und danach Burkhard Engelberg (ab 1512 Hans König). Im Jahre 1489 wurde das nördliche Seitenschiff, zehn Jahre später das Langhaus gewölbt. Am 13. Juli 1500 weihte der Mainzer Erzbischof das Langhaus, und Maximilian legte den Grundstein für

auf einem Altarflügel, auf dem eine Szene aus der Ulrichslegende, das sog. Fischwunder dargestellt wird. Der Altar stand im Augsburger St. Katharinenkloster; heute befindet sich die Tafel im Schaezlerpalais.

den Chor. Die Mönche Peter Wagner (aus Augsburg) und Leonhard Wagner aus Schwabmünchen erlebten den Neubau ihrer Klosterkirche. Sie erlebten auch die Nähe des Königs, der sich 1492 in die Ulrichsbruderschaft hatte aufnehmen lassen und sich als Förderer der klösterlichen Gemeinschaft erwies. Aber auch die Reichsstadt Augsburg verdankte dem Kaiser viel. "Die Augsburger Kulturgeschichte der Jahrzehnte 1490 bis 1520 führt zu Recht die Bezeichnung "Aetas Maximilanea"" (Josef Bellot).

Ein Kloster ohne Bibliothek ist, wie man im Mittelalter sagte, wie eine Armee ohne Waffen. Über die Bibliothek von St. Ulrich und Afra um 1500, den Raum und seine Einteilung, die Tituli über den Bücherkästen, sind wir jetzt durch die Arbeit von Rolf Schmidt gut unterrichtet. Abt Melchior verlegte die Bibliothek im Jahre 1471 in den neugestalteten an das Geviert um den Kreuzgang nach Osten ausgreifenden Baukomplex über der damals in den Klosterbau einbezogenen Godehardskapelle. Vollendet wurde die Einrichtung erst im Jahre 1477 unter Abt Heinrich. Der Andechser Benediktiner Georg Polster dichtete für jeden der 20 Bücherkästen, für die Säulen und die Pulte Distichen, die durch Väterstellen, die von Peter Wagner ausgewählt worden waren, ergänzt wurden. Die Bibliothek nahm die gesamte Breite des nach Osten ausgreifenden Baukomplexes über der Godehardskapelle ein. Sie wurde (vermutlich) durch eine Türe im Westen, vom Konventsbau her, betreten. Drei Fenster beleuchteten den Raum nach Norden, Osten und Süden. Er war durch zwei Säulen gegliedert. In der Mitte, bei der zweiten Säule, waren Pulte aufgestellt. Die Bücher lagen in den 20 (Wand-)Kästen, die mit den Buchstaben A bis V gekennzeichnet waren. Die Ordnung begann mit den biblischen Schriften und deren Kommentaren; sie wurde fortgesetzt mit Werken der Geschichtsschreiber (B), der lateinischen Kirchenväter (C, D), der Scholastischen Theologie (E, F und G), der Hagiographie (H), der Regelsammlungen (J), der Predigtliteratur (K), der deutschsprachigen Literatur (L), des Kirchenrechts (M) und des weltlichen Rechts (N), der Grammatik (O) und des Triviums (P, R), der Medizin (Q), des Quadriviums (S), der heidnischen Dichter (T) und der christlichen Dichter (V).[1] Die Handschriften wurden damals durch Frühdrucke (Inkunabeln) ergänzt. Für kurze Zeit, 1473/74, betrieb das Kloster selbst eine Druckerei, der die Literatur aufgrund der verwendeten Typen 16 Druckwerke zuschreibt, doch lassen sich durch zeitgenössische Berichte nur sechs Drucke sicher zuweisen (Antonius Rampegolis "Compendium morale", Auszüge aus der Chronik des Burchard von Ursberg, Leonardus de Utine "Sermones de sanctis", Bischof Salomons III. v. Konstanz' "Glossarium", Vinzenz von Beauvais "Speculum historiale" sowie eine Bücheranzeige dazu).[2]

Der kurze Blick in die jetzt gut erschlossene Klosterbibliothek erschien deswegen notwendig, weil man mit guten Gründen unterstellen darf, daß Peter Wagner dort seine Studien betrieben und auch Leonhard Wagner manches Buch herangezogen hat. Peter Wagner stand zudem einige Jahre der Bibliothek als Leiter vor.

Die Herkunft der Mönche Peter und Leonhard Wagner

In seinem Kalendarium (clm 21110) bekundet Peter Wagner, daß er am 13. Februar 1455 in Augsburg geboren wurde. Bei der Häufigkeit des Familiennamens erübrigt sich der Versuch einer Zuordnung. Wir wissen aber, daß sein Bruder Schuster war.

Von Leonhard Wagner kennen wir kein Geburtsdatum, ja wir wissen nicht einmal sicher, ob er ursprünglich Wagner hieß. Aus verschiedenen Angaben läßt sich errechnen, daß er nach dem 27. Mai 1453 und vor dem 10. Januar 1454 geboren wurde; vorausgesetzt, daß er selbst bzw. Wilhelm Wittwer wenigstens Monat und Jahr der Geburt wußten. Die Zeitspannen sprechen dafür, daß er bereits 1453 geboren wurde, auch wenn die Literatur immer 1454 als Geburtsjahr nennt.

Der Schreibkünstler selbst bezeichnet sich meist als "Leonhardus Wirstlin alias Wagner"; es gibt aber auch Beispiele, wo er sich nur "Leonhard Wirsthin" oder auch nur "Leonhard Wagner" nennt. Er selbst scheint dem Namen "Wirstlin" den Vorzug gegeben zu haben, weil er, wenn er beide Namen bringt, die Form "Wirsthin" voranstellt und zu "Wagner" mit dem "alias" überleitet. Sein Mitbruder im Kloster, Wilhelm Wittwer, der ihn in seiner Chronik elfmal erwähnt, bevorzugt die Form "Leonhardus Wagner", gebraucht aber auch dreimal die Bezeichnung "Leonhardus Wagner alias Würstlin (!)" und nur einmal die vom Künstler bevorzugte Selbstbezeichnung. Sonst kennt ihn seine Umwelt nur als "Leonhardus Wagner" (Nekrologeinträge, St.-Anna-Bruderschaft in Baisweil, Urkunde B. Friedrichs von Augsburg, der Schreiber Laurentius Uterrieth und der Maler Hans Holbein). Der Goldschmied Jörg Seld übersetzt den Namen mit Currifex richtig ins Lateinische. Eine Erklärung für die beiden Namen hat K. F. Bauer versucht. Er deutet den Namen "Würstlin" als Spitzname und verweist darauf, daß von den Betroffenen solche Namen sehr gerne aufgenommen wurden (sowie der Name "Gensfleisch" in der Familie Gutenberg).[3] Die Deutung K. F. Bauers veranlaßte den Autor 1972, nach der Familie Wagner im Schwabmünchen zur Zeit Leonhard Wagners zu suchen, mit dem Ergebnis, in dem Schreibkünstler einen Bruder Hans Wagners d. Ä., genannt 1490, gestorben vor 1507, und einen Onkel Leonhard

Plan der Basilika des Augsburger Klosters der Hll. Ulrich und Afra, wie sie Burkhard Engelberg erbauen sollte. Holzschnitt von H. Burgkmair (1516)

Der von einer Mauer bzw. einer Häuserreihe umgebene Klosterbereich von St. Ulrich u. Afra im Stadtplan von Jörg Seld (1521). Rechts neben der Kirche der Konventbau mit Kreuzgang. In der Mitte des oberen Traktes ragt das Bibliotheksgebäude nach Osten vor

Wagners, 1506 als Bauer belegt, zu vermuten. Eine neuere Forschung über Schwabmünchen aber ergibt, daß in Schwabmünchen auch eine Familie mit dem nicht sehr häufigen Namen "Wirstlin" lebte (1428 auf einem Hof die Wirstlin, 1498 auf einem Erblehen Leonhard Wirstlin, drei Generationen später Hans und Jakob Würstlin).[4] Im Zusammenhang mit der bevorzugten Selbstbezeichnung des Kalligraphen gewinnen diese Wirstlin-Belege ein höheres Maß an Wahrscheinlichkeit. Wenn der Augsburger Mönch aus der Schwabmünchner Wirstlin-Familie stammt, könnte der Name "Wagner" dann den Beruf des Vaters meinen? Empfand man im Kloster den Namen "Wirstlin" als unangemessen und verdrängte ihn daher durch den Namen "Wagner"?

Die Zeit im Kloster bis 1497

Als 15jähriger trat Peter Wagner am 23. Juni 1470 ins Kloster ein, Leonhard Wagner tat diesen Schritt erst als 18jähriger im Jahre 1472.

Die wichtigste, zeitgleiche Quelle, Wilhelm Wittwers Catalogus abbatum, berichtet für die ersten Jahre nichts über die beiden jungen Mönche. In dem von ihm selbst geschriebenen Calendarium (clm 21110) macht er Angaben über seinen Werdegang:

1470 VIII   4   Einkleidung
1471 VIII   1   Profeß
1471 IX   24   niedere Weihen
1472 II   22   Subdiakon
1474 III   5   Diakon
1479 III   29   Priesterweihe
1479 IV   18   Primiz

Die Notizen in den Handschriften Leonhard Wagners sowie sein Verzeichnis der geschriebenen Bücher ergänzen die Chronik.

Auf dem Weg zum gefeierten Schreiber

Von sich aus scheint sich Leonhard Wagner nicht dem Schreiben zugewandt zu haben, denn der Chronist bemerkt zum Jahre 1479, Wagner habe "aus Gehorsam" ein Missale begonnen, das für den Narzissus-Altar bestimmt war. Wagner vollendete dieses Buch am 2. März 1480. Sein Mitkonventuale Konrad Wagner aus Ellingen (bei Weißenburg) schmückte dieses Buch aus und versah es mit einem Einband. Die Klosterreform von Melk machte es notwendig, vor allem liturgische Bücher neu zu schreiben. Abt Melchior hatte damit die Mönche Heinrich Pittinger und Johann Weber sowie den Klosterdiener Johannes Knus beauftragt, auch Heinrich Fryess hatte vor seiner Erhebung zum Abt viele Bücher geschrieben. In diesem Personenkreis wird man mit Recht die Lehrer Leonhard Wagners sehen dürfen. Hatte Wagner sein erstes Buch "in Fraktur" geschrieben, so wählte er für seine beiden nächsten Bücher, zwei Missale, als Schrifttype die Rotunda. Noch im Jahre 1480 schrieb er mit Erlaubnis des Abtes für sich selbst ein Brevier. In seiner Liste nennt er dann ein Diurnale und ein für Abt Heinrich Fryess bestimmtes Nocturnale.

Eine besondere Auszeichnung wurde Leonhard Wagner im Jahre 1489 zuteil. Abt Johannes von Giltingen beauftragte ihn, zusammen mit Prior und Subprior und Konrad Moerlin, das Grab des damals als Heiligen verehrten Bischofs Nitger zu öffnen.

Im gleichen Jahr beginnt Wagner mit einem Graduale für den Chor. Den Wunsch für dieses Buch hatte der Prior mit dem Hinweis begründet, die Patres nicht wie die Scholaren mit dem Laufen zum Lesepult zu beschweren. Der Chronist rühmt, daß sich Wagner gern dieser Aufgabe unterzogen und mit größter Sorgfalt in Buchstaben und Noten dieses Werk geschaffen habe. Am 6. April 1490 hat es Wagner vollendet. Er selbst bezeichnet dieses Buch als "wertvoll". Ausgeschmückt hat es wieder Konrad Wagner, wobei auch sein Mitbruder Stephan Degen "einen Buchstaben", wohl eine kunstvolle Initiale gestaltet habe. Dieses Graduale ist die älteste noch erhaltene Wagner-Handschrift. Sie wird (als Leihgabe der Diözese) im Maximiliansmuseum ausgestellt. Aus freien Stücken begann Wagner dann ein Lektionar zu schreiben, dessen Winterteil er am 27. Mai 1491 und dessen Sommerteil er am 26. April 1492 vollendete. Im Jahre 1491 hatte man in der Klosterkirche die Gebeine des als Heiligen verehrten Augsburger Bischofs Simpert (c. 778 - 807) gefunden und am Ostermontag 1492 feierlich wieder beigesetzt. Adolf Daucher schuf 1493 für das Hochgrab eine Deckplatte mit einer beeindruckenden Darstellung des Heiligen, die sich heute im Bayerischen Nationalmuseum in München befindet. Die Erhebung und Wiederbestattung der Gebeine in einem Hochgrab wird neben der Klosterchronik auch in einer Urkunde Bischof Friedrichs von Augsburg vom 30. November 1491 bezeugt, die wohl auch Leonhard Wagner geschrieben hat, die aber von vier Notaren bestätigt wurde. Die Auffindung der Gebeine des Heiligen bekundeten neben der hohen Geistlichkeit (Bischof, Weihbischof, die Äbte von Kaisheim, St. Georg und Hl. Kreuz und mehrere Herrn des Domkapitels) die Reichsmarschälle Wilhelm v. Pappenheim und Magnus v. Hohenreichen, die Ritter Johann von Westerstetten, Sittich von Sebitz und Christoph von Rechberg, die Polen Michael Lintzgo und Johann Zugenest, der Waffenträger Sigismund von Prandenstein, die Bürgermeister Johann Langenmantel, Ludwig Hoser Sigismund Gossenbrot und Hilpold Ridler, die Räte Lukas Welser und Ulrich Höchstetter, der städtische Advocatus Georg Ott und der Sindicus des Klosters, Magister Jodok Pflantzenmann, und natürlich Abt Johann v. Giltingen mit seinem Konvent. Am feierlichen Akt am Ostermontag nahm viel Prominenz teil, wie eine Inschrift auf der Innenseite des Schreindeckels bezeugt: Bischof Friedrich, Abt Johann von Giltingen, die Äbte von Hl. Kreuz in Donauwörth, von Fultenbach und Roggenburg, der Domdekan und die Herrn seines Kapitels sowie der gesamte Klerus der Stadt, König Maximilian mit vielen Fürsten, Grafen, Baronen, Rittern und Edlen, die Bürgermeister der Stadt Augsburg und viel Volk. Den Schrein trugen abwechselnd mit den Äbten Joh. v. Giltingen, den Äbten von Donauwörth, Fultenbach und Roggenburg die Herzöge Christoph und Wolfgang von Bayern, Fürst Rudolph v. Anhalt und Graf Eberhard d. J. v. Wirtemberg. In seiner Bücherliste führt Leonhard Wagner zweimal den Titel "Legendam historiam in notis de Sancto Simperto" an, wobei das erste Buch zum Leichnam im Grab gelegt werden sollte, während das zweite für König Maximilian bestimmt war. Die Handschrift für den König wurde mit farbigen Initialen und Ranken (vermutlich von Georg Beck) verziert. Hans Holbein malte zwei ganzseitige Miniaturen. Die wertvolle Handschrift wurde im vorigen Jahrhundert zweimal in Köln versteigert und befindet sich heute als bibliophile Kostbarkeit in Londoner Privatbesitz.[5] Die zweite Simpert-Handschrift Leonhard Wagners fand man - entsprechend der Angabe in seiner Bücherliste -, als man 1977 den Simpert-Schrein öffnete.[6]

Gemeinsame Werke

Im Jahre 1493 vereinen sich Peter Wagners wissenschaftliches Werk mit Leonhard Wagners Schreibtätigkeit. Peter Wagner hatte bereits am 6. Februar 1482 das Amt eines Subpriors und am 24. Mai desselben Jahres das Priorat erlangt, war aber bereits am 18. Juni 1483 dieses Amtes wieder enthoben worden. Im folgenden Jahrzehnt scheint sich Peter Wagner intensiv mit der Ordensgeschichte befaßt zu haben, denn nur so gibt der Befehl des Abtes einen Sinn, aus verschiedenen Büchern Angaben zu sammeln und dann in einem Buch zusammenzutragen, die sich auf die berühmten und als Heilige verehrten Benediktiner beziehen. Der Chronist betont neben der Anweisung des Abtes auch die Bereitschaft des Mönchs ("ex ... sua voluntaria obediencia ac chiligencia"). Die Belesenheit Peter Wagners kommt darin zum Ausdruck, daß er diesen Auftrag innerhalb von 13 Wochen erfüllen konnte. Die Zahl der heiligen Benediktiner, so betont der Chronist, ist groß und gleichsam unzählbar. Der Auftrag hängt wohl mit der Klosterreform zusammen, denn diese stärkte das Ordensbewußtsein und das Interesse für die Geschichte der Gemeinschaft. Peter Wagners Handschrift mit dem Titel "Congestum monachorum illustrium ordinis sancti Benedicti" verwahrt heute die Staats- und Stadtbibliothek Augsburg (2° Cod 205).[7] Peter Wagner holt weit aus. Er beginnt nicht nur mit dem vorbenediktinischen Mönchtum (Paulus Eremita, ca. 228 - ca. 341), sondern richtet seinen Blick auch auf die Heiligen jener Ordensgemeinschaften, die nach der Benediktinerregel leben wie z.B. die Zisterzienser, die Karthäuser oder Kamaldulenser. Das Werk umfaßt (bei einer Blattgröße von 21,5 x 16 cm und keineswegs großer Schrift) über 300 Seiten. Der Abt freute sich sowohl über den Inhalt wie über den Fleiß, den Peter Wagner gezeigt hatte. Das Ergebnis aber sollte nicht nur den Bibliotheksbenützer begeistern. Der Abt ließ sofort eine Holztafel fertigen und erteilte Leonhard Wagner, dem herausragenden (optimum) Schreiber verschiedener Handschriften, den Auftrag, den Inhalt auf Pergament zu schreiben (um es über die Tafel zu spannen). Die fertige Tafel wurde zwi-

Seite aus der Simpert-Vita für König Maximilian

Das "Congestum monachorum" Peter Wagners, eine Seite aus der Handschrift (oben) und Leonhard Wagners Wiedergabe auf der Tafel

schen dem Dormitorium und dem Eingang zum Magdalena-Chor an die nach Osten gerichtete Wand gehängt. Leonhard Wagner meint damit in seinem Verzeichnis wohl das mit Tabula sive Congestum bezeichnete Werk. Obwohl sowohl Wagner wie Wittwer von einer Tabula schreiben, bestand diese aus mehreren Teilen, die wie ein Triptichon miteinander verbunden waren. Eine solche Tafel hat sich in der Staats- und Stadtbibliothek erhalten. Sie mißt (mit Rahmen) 187,5 x 70,5 cm. Auf der Vorderseite steht oben der Prolog, dessen Bildinitiale J mit den Heiligen Ulrich und Afra geschmückt ist, und auf der unteren Hälfte der Text zu Paulus Eremita, dessen Bildinitiale O den Heiligen in einer Wiese zeigt. Die Tafel schmücken Verzierungen wie eine Buchseite: Bordüren mit Blüten, Masken, Vögeln und einem Jüngling mit Armbrust, wobei auch Gold verwendet wurde. - Ein ähnliches Werk aus dem Jahre 1494 führte die beiden Wagner-Mönche wieder zusammen. Peter Wagner hatte die Urkunden der Verbrüderungen mit anderen Klöstern zusammengetragen und Leonhard Wagner hatte davon eine Reinschrift gefertigt. St. Ulrich und Afra unterhielt damals Verbrüderungen mit 27 Benediktinerklöstern und drei Augustinerchorherrnstiften. Da sowohl Wittwer wie Leonhard Wagner von einer Tabula schreiben, darf man nicht an ein Buch denken. Da den Mönchen die täglichen Nekrologeinträge verlesen wurden, gewann eine irgendwo aufgehängte Tafel mit den verbrüderten Klöstern eine konkrete Bedeutung.

Peter Wagners vielfältige Aufgaben

Diese Sammeltätigkeit, Heilige des Ordens und verbrüderte Klöster, aber auch Vätertexte für die Bibliothek konnte der Abt nicht zuletzt deswegen von Peter Wagner erwarten, weil er diesem die Bibliothek anvertraut hatte. Die Klosterchronik nennt ihn in dieser Funktion nur einmal, als es um die Rechnung geht, die er und der Prior Konrad Moerlin mit dem Buchbinder namens Nikolaus für das Binden von 350 großen und kleinen Büchern abschlossen. Mit einer kaufmännischen Aufgabe wurde Peter Wagner im Jahre 1492 betraut, als es darum ging, einige Zehnte in verschiedenen Orten in den Bergen zu verkaufen. Dabei trug ihm der Konvent auf, keine Zinsen höher als zehn Gulden zu verkaufen. Mit dem Erlös erwarb man dann einen Weinberg in Bozen, der neben einem Weinberg lag, den man schon besaß, und begann dort ein Haus zu bauen, das dem Abt und seinem Beauftragten in Bozen dienen sollte. Im Untergeschoß war der Weinkeller untergebracht, ferner befand sich im Haus auch eine Wohnung für den Weinbauern. Ende Januar 1493 hatte Peter Wagner dem Chronisten W. Wittwer im Bade anvertraut, daß der Abt für das Hausprojekt in Bozen 100 Gulden veranschlagt hatte. Im Jahr darauf erfuhr der Chronist ebenfalls von Peter Wagner, daß der Abt für den Weinberg und das Haus bereits an die 40 Gulden ausgegeben hatte. Der Bericht Wittwers setzt voraus, daß Peter Wagner nach Südtirol geschickt worden war. Für das Jahr 1495 betont er dann, daß das bereits öfter geschehen war und daß er im genannten Jahr wiederum nach Südtirol ging und mit dem Hausbau begann. Er bezahlte die angefallenen Kosten aus dem Jahre 1495 in Höhe von 78 fl. und gab selbst für den laufenden Hausbau 53 fl. aus. Die Summe beinhaltet auch den Kauf von drei Weinkrügen, von denen dann zwei im Konvent benützt wurden. Am 18. Juli 1494 war Peter Wagner mit dem Amt des Kustos betraut worden. Das erklärt dann auch, warum ihn der Chronist im Zusammenhang mit Gegenständen der Sakristei nennt. Im Jahre 1495 ließ er den alten Abtstab renovieren, von dem man glaubte, er sei der Stab des ersten Abtes, Reginbald (ca. 1012 - 1015). Er gab dafür zehn Gulden aus. Wesentlich teurer kam dagegen die Anschaffung einer neuen Mitra. Dabei brachen Sigmund Lang und Peter Wagner mit der Gewohnheit, aus den Einkünften der Sakristei eine gewisse Summe den Äbten zu überlassen. Sie entschuldigten sich damit, daß das Geld der Sakristei "elemosina reliquiarum" (Almosen der Reliquien) sei und daß es nützlicher wäre, wenn Abt Johannes von Giltingen die Sakristei unterstützte, denn er und seine Vorgänger hätten deren Einkünfte geschmälert. In dieser Auseinandersetzung erlangten die beiden Sakristane den Sieg, weil Abt Johannes dem Kustos Sigmund vier kleine Fahnen und anderes zahlte und von Peter Wagner kein Geld forderte. Bereits im Jahre 1493 hatte Sigmund Lang die Anfertigung einer neuen Mitra in Angriff genommen, Peter Wagner führte das Werk zu Ende. Vorne schmückten die neue Mitra der Englische Gruß und die Geburt des Herrn, hinten die Drei Könige, auf den Streifen die Kirchenpatrone, innen Benedikt und Scholastika. Alles war mit Perlen und Steinen besetzt. Rundherum und vorne und hinten an den Hörnern waren mehrere wertvolle Steine angebracht, die man teils von der alten Mitra genommen hatte und die durch Neuerwerbungen Sigmund Langs und Peter Wagners ergänzt wurden. Peter Wagner zahlte schließlich für die neue Mitra:
dem Goldschmied Jörg Seld für Gold und Silber, womit die wertvollen Steine gefaßt waren 48 fl.,
für Seide, Goldseide, "rif und lach" (Reifen u. Tuch), Silber und Perlen 16 1/2 fl.,
dem Seidennäher Magister Jacob 69 fl.
Insgesamt zahlte Peter Wagner für die neue Mitra (ohne das, was sein Vorgänger bereits aufgebracht hatte) die stattliche Summe von 124 Rheinischen Gulden. Im Zusammenhang mit der Anfertigung der neuen Mitra rühmt der Chronist Peter Wagner als sparsam und zuverlässig ("parcus et fidelis").

Daß Peter Wagner in Geldangelegenheiten verantwortungsbewußt handelte, beweist eine andere Episode aus der Klosterchronik. Angestachelt durch Prior Konrad Moerlin lud der Abt die Zechpfleger der Pfarrei ins Refektorium, wo er ihnen ein Werk ("Imago") des Meisters Michael (Erhart) aus Ulm vorstellte und dessen Kauf als nützlich für das einfache Volk anpries. Der Künstler verlangte 50 fl., die Zechpfleger waren aber nur zu 45 fl. bereit. Da der Abt sich weigerte, selbst einen Obulus beizusteuern, sprang der herbeigerufene Kustos Peter Wagner mit fünf Gulden ein. Nur so konnte das Kunstwerk bezahlt werden. Es wurde in den letzten Januartagen 1495 vor dem Pfarraltar aufgestellt. Der Chronist schreibt in diesem Zusammenhang vom tüchtigen ("bonus") Kustos.

Abt Johannes v. Giltingen starb am 27. Januar 1495 im Alter von 56 Jahren. Der Tod hatte ihn nach Mitternacht ereilt, und am Morgen beschloß der Konvent, daß eine Delegation von vier Mönchen dem Bischof das Ableben des Abtes anzeigen sollte. Zu ihr gehörten der Prior Konrad Moerlin, Matthias Umhofer, Wilhelm Wittwer und Peter Wagner. Kaum hatten sich die vier Mönche auf den Weg gemacht, kam ihnen am Weinmarkt der Bote des Bischofs entgegen, der bereits vom Kanzler des Klosters informiert worden war. Zwei Tage später fand in der Godehardkapelle in Gegenwart des Bischofs und Weihbischofs, der Äbte von Donauwörth und Fultenbach, der Kanoniker Konrad Fröhlich und Heinrich von Lichtenau die Wahl eines neuen Abtes statt, die auf den Prior Konrad Moerlin fiel. Der erwählte und vom Bischof bestätigte Abt bestimmte fünf Senioren (Peter Wagner, Matthias Umhofer, Wilhelm Wittwer, Konrad Wagner und Leonhard Wagner) und den damals gerade für das Kloster tätigen Goldschmied Jörg Seld für die Inventur.

Unter dem neuen Abt wuchs Peter Wagner, dem am 22. Februar 1496 das Amt des Priors übertragen wurde, eine neue Aufgabe zu. Es ging um die Renovierung der Afra-Kapelle auf dem Lechfeld. Man war sich bereits 1495 einig, nach Süden zwei hohe Fenster auszubrechen und die alte Türe im Norden besser zu gestalten. Nun bat Peter Wagner den Abt, die Kapelle mit Bildern der hl. Afra auszumalen. Der Abt erklärte sich bereit, die Arbeiter zu verköstigen und Wagen, Pferde und Gespanne zu stellen. Den Auftrag erhielt der Maler Ulrich Apt, der in der Pfarrei des Klosters wohnte. Peter Wagner vereinbarte mit dem Maler die Summe von 48 1/2 fl. und befahl ihm, die Kapelle mit verschiedenen Figuren aus der Afra-Legende auszumalen. Nach Abschluß der Ausmalung berieten Abt und Kustos über die Renovierung und Erweiterung des kleinen und engen Chores und kamen schließlich zur Überzeugung, einen Neubau aufzuführen, der auch den Turm und die Sakristei beinhaltete. In der Vereinbarung über die Finanzierung erklärte sich der Abt bereit, die Arbeiter zu verköstigen und Wagen und Pferde zu stellen. Das notwendige Geld hatte der Kustos zu beschaffen. Gleich nach Ostern ließ Peter Wagner die Fundamente für Chor und Turm graben, wozu er den Rat Burkhart Engelbergs einholte. Nachdem die Fundamente gegraben waren, lud er den Abt ein, den Grundstein zu benedizieren. Mitte April 1496 reiste der Abt in Begleitung von Peter Wagner, Matthias Summermann, Wilhelm Wittwer, Johann Griesherr und Sigmund Lang selbst zur Kapelle auf dem Lechfeld, um den Grundstein zu legen. Eine Inschrift verkündete, daß der Neubau von Turm und Chor sowie die Ausmalung des Langhauses unter Abt Konrad Moerlin und Prior Peter (Wagner) erfolgte. Als "Prokurator" des Chorbaus und der Kirche der hl. Afra auf dem Lechfeld, wie ihn der Chronist bezeichnet, ließ Peter Wagner durch Ulrich Abt eine Fahne mit dem Martyrium der hl. Afra bemalen und zahlte dafür (insgesamt) zwei Gulden. Das ist die letzte Nachricht über Peter Wagner, die Wilhelm Wittwer in seiner im Verlauf des Jahres 1497 abbrechenden Chronik bringt. Er berichtet zwar noch über die weitere Ausstattung der Kapelle auf dem Lechfeld, begnügt sich aber damit, zu erwähnen, daß der ganze Konvent bei der Altarweihe anwesend war. - Zwar beziehen sich Wittwers Berichte über Peter Wagners Tätigkeiten nur auf wenige Jahre, doch erscheint bereits darin das Bild einer vielfältig begabten, energischen Persönlichkeit auf (die einige Jahre später zum Abt von Thierhaupten gewählt wurde).

Schreibdienst statt Chordienst - Leonhard Wagner 1494 - 1500

Im Kloster erachtete man inzwischen Wagners Schreibkunst als so wertvoll, daß er und sein Mitbruder Balthasar Kramer nach dem Willen des Abtes und des ganzen Konventes vom Chordienst und von allen gemeinsamen Arbeiten befreit wurden, um für den Chor zwei Psalterien zu schreiben. Balthasar Kramer, der einer Augsburger Weberfamilie entstammte, wird vom Chronisten als Wagners Schüler bezeichnet. Wilhelm Wittwer erweitert das bisher gebrauchte Prädikat "optimus scriptor" durch ein "et egregius". Die Befreiung erfolgte am 4. April 1494 und wurde feierlich vom Abt beim Kapitel ausgesprochen. Der Chronist bemerkt, daß die beiden Mönche "freiwillig und gehorsam" diese Aufgabe übernahmen, daß sie sich aber auch einen guten Lohn erhofften. Beide begannen am 8. April mit dem Schreiben. Randnotizen in Wagners Handschrift zeigen den Fortgang der Arbeit: Ende Januar 1495 ist das Psalterium bis Blatt 154 gediehen und Ende März bis Blatt 187 fortgeschritten. Am 7. April schließlich, ein volles Jahr nach Beginn der Arbeit, kann der große Meister die Feder niederlegen. Das 200 Blatt starke Psalterium erreicht die stattliche Größe von 57,5 x 42 cm. Auf einer Seite (ohne Noten) laufen 22 Zeilen mit je 30 Buchstaben. Als Schrifttype hatte Wagner eine Textura gewählt. Unterstellt man, daß der Mönch an den Sonn- und Feiertagen nicht am Schreibpult saß, dann errechnet man eine durchschnittliche Tagesleistung von etwa zwei Seiten. Gebunden wurden die beiden Psalterien durch den Mitbruder Konrad Wagner, zur Ausschmückung aber in die Stadt zu Georg Beck und dessen Sohn Leonhard gegeben. Georg Beck stellte dem Psalterium ein Dedikationsbild voran. Es zeigt, wie vor den Klosterpatronen und gestützt durch den hl. Matthias Leonhard Wagner das gebundene Buch dem Abt Johannes von Giltingen überreicht. Über dem Gesprenge befinden sich die beiden Klosterwappen, zwischen den beiden Mönchen das Wappen des Abtes. Leonhard Beck malte 49 z.T. mit bildlichen Darstellungen und Rankenwerk verzierte Initialen. Wagner stuft in seinem Verzeichnis dieses Psalterium als "wertvoll" ein, und in der Tat gehört es zu einem der großartigsten Zeugnisse der Buchkunst im spätmittelalterlichen Augsburg. Das Psalterium verwahrt heute die Staats- und Stadtbibliothek Augsburg; allerdings wurde das Dedikationsblatt herausgeschnitten und gelangte in das Victoria and Albert Museum in London.[8] Kramers Psalterium kam als Säkularisationsgut in die Bayerische Staatsbibliothek nach München (clm 4301).

Einige Wochen nach Vollendung des Psalteriums begann Wagner mit einem Commune sanctorum, das er nach sieben Wochen, am 27. Juli 1495, vollendete. Dieses mit Noten versehene Antiphonar war für den Chor bestimmt. Wagner selbst kennzeichnete es nicht näher, Wittwer aber schätzte es als "wertvoll" und fügte die Gebetsbitte an: "Der Herr gebe ihm den Lohn für seine Mühen". Das Antiphonar befindet sich heute als Leihgabe der Diözese im Maximiliansmuseum.

Durch seine Schreibkunst rückte Leonhard Wagner zu den angesehendsten Persönlichkeiten seines Klosters auf. Er gehörte zum Kreis jener fünf Mönche, denen 1496 die Inventur übertragen wurde (s.o.). Als am 9. Oktober 1495 der Augsburger Bürger Lorenz Plattner (oder Harnischmacher) dem Kloster ein grünsamtenes Pallium schenkte, waren neben dem Prior Konrad Moerlin nur noch W. Wittwer und Leonhard Wagner anwesend, wobei der Chronist wieder vom "optimus scriptor" schreibt. Der Abbruch der Klosterchronik im Jahre 1497 wirkt sich auf unseren Kenntnisstand ebenso aus wie bei Peter Wagner. Aus einer Handschrift erfahren wir von Wagner erst wieder etwas im Mai 1500. Es ist aber kaum vorstellbar, daß Leonhard Wagner einige Jahre nicht zur Feder gegriffen hat. Sein zwischen 1506 und 1510 aus dem Gedächtnis angelegtes Bücherverzeichnis enthält noch viele, zeitlich nicht genau fixierte Titel, von denen mancher in die Jahre zwischen 1497 und 1500 gehören mag. An liturgischen Büchern führt Wagner zwei Specialia für die Feste der Hl. Ulrich und Afra, 2 Büchlein mit Andachten zur Muttergottes, ein Psalterium mit einem Teil des Breviers für den Abt, ein Buch mit Noten für einige Muttergottesfeste, ein Buch mit mehreren Meßkanones, Präfationen und Sequenzen für den Augsburger Bischof, ein weiteres Buch desselben Inhalts, liturgische Texte zum Ulrichsfest für die Diözese Speyer und das Buch Cassiodors über das Psalterium an. Neben den liturgischen Werken stehen noch: 3 Salbücher; eine Abschrift aller Privilegien des Klosters, um sie bei der Kurie zur Bestätigung vorzulegen; zwei Regeln (wohl des Hl. Benedikt); ein Büchlein für die Visitatoren der Klöster; für die Bibliothek die Homilie des hl. Bernhard; mehrere Tafeln und Figuren; ein nicht näher bezeichnetes Büchlein für Johannes Hemmerlin in deutscher Sprache sowie Schlittbachers Verse über die biblischen Bücher.

Hatte Leonhard Wagner bis etwa 1495 fast ausschließlich für die Bedürfnisse seines eigenen Klosters geschrieben, so wandten sich dann bald auch andere Personen an den Künstler: der Augsburger Bischof, der Augsburger Bürger Johannes Hemmerlin und jemand aus der Diözese Speyer. Der Ruhm des Kalligraphen Leonhard Wagner war über die eigenen Klostermauern hinausgedrungen und sollte bald weitere Kreise ziehen.

Am 24. Mai 1500 vollendete Leonhard Wagner einen schmalen Band mit der "Vita et passio S. Maximiliani", der sich heute in der Augsburger Ordinariatsbibliothek befindet. Das Interesse für diesen Heiligen dürfte sich vom Namenspatron des Königs hergeleitet haben.

Leonhard Wagner in Irsee (1500 Oktober - 1502 Februar)

Am 9. Oktober 1500 verließ Leonhard Wagner (offensichtlich erstmals) Augsburg und wanderte nach Irsee, wo er aber erst am 16. Oktober eintraf. Die lange Reisezeit läßt vermuten, daß er sich auch einige Tage bei seinen Verwandten in Schwabmünchen aufhielt. In den Schlußbemerkungen seiner Bücher vergißt er nie das "de Schwabmenchingen", was für ein ausgeprägtes Heimatbewußtsein spricht, das er auch im Konvent bekundete, denn der Chronist übernahm diese Sprachregelung.

Bereits einige Wochen nach seinem Eintreffen in Irsee, am 2. Dezember, wurde Wagner zum Subprior gewählt, woraus man wohl folgern darf, daß Leonhard Wagner der Festigung der Klosterreform wegen nach Irsee geru-

Miniatur aus clm 4301: Mönche beim Chorgesang. Die Darstellung, auf der mehrere Mönche aus einem Buch singen, verdeutlicht, warum man so große Bücher wie das Psalterium brauchte

Der reichverzierte Einband: Reiche Stempel-Verzierungen des Leders und stattliche Metallbeschläge. Der Maler des Dedikationsblattes (rechts) kannte offensichtlich auch den Einband. Leonhard Wagner überreicht dem Abt das wertvolle Psalterium (Dedikationsblatt heute im Victoria and Albert Museum, London), Höhe: 57,5 cm

Schlußbemerkung im Psalterium. In der dritten Zeile nennt sich "Leonhardus Wagner de Schwabmenchingen" als Schreiber

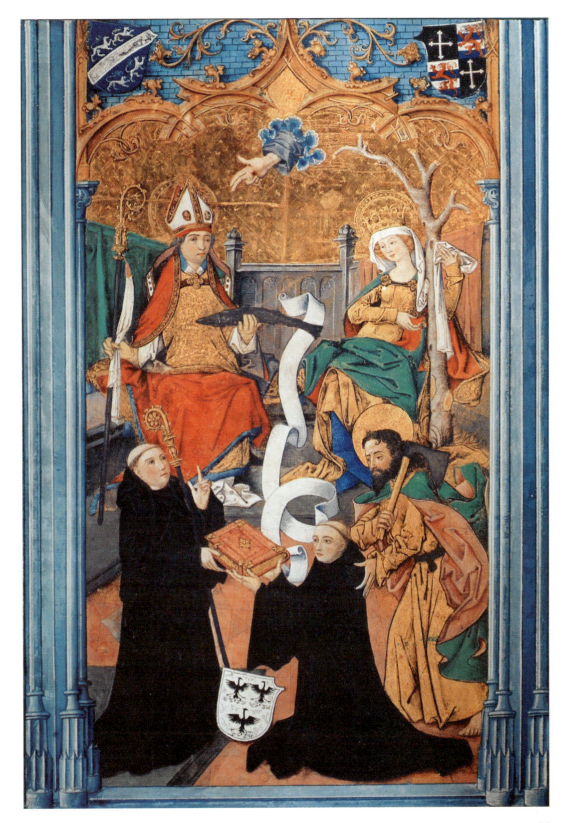

fen worden war. In Irsee wurden zwar damals auch Handschriften geschrieben, Inkunabeln erworben und Bücher mit schönen Einbänden versehen, doch nirgendwo findet sich dabei ein Hinweis auf Leonhard Wagner, wohl weil er ausschließlich monastischer Aufgaben wegen im Allgäuer Kloster weilte. Der Bischof war 1494 selbst nach Irsee gekommen, um die Reform zu erneuern. Er hatte veranlaßt, daß vier Reformmönche aus einem anderen Kloster, vermutlich aus St. Ulrich und Afra, mit dem Irsee 1496 in Gebetsverbrüderung trat, gerufen wurden. Leonhard Wagners Tätigkeit diente wohl der Festigung der Reform. In Irsee stand seit 1490 Othmar Binder, der Kemptener Bürgersohn, dem Kloster vor. Abt Othmar zeichnete sich durch wirtschaftliche Tüchtigkeit, rege Bautätigkeit und kulturelle Aufgeschlossenheit aus. In der dem Kloster inkorporierten Pfarrei Baisweil hatte der Pfarrer Bernhard von Laubenberg eine St.-Anna-Bruderschaft ins Leben gerufen, die sich eines großen Zustroms erfreute. Leonhard Wagner sang am 9. Mai 1501 in Baisweil das Bruderschaftshochamt und ließ sich dann - mit Erlaubnis des Irseer Abtes - in diese Gemeinschaft aufnehmen. Abt Othmar Binder starb am 11. November 1501. Leonhard Wagner erlebte das Leichenbegängnis und die Wahl eines neuen Abtes, die auf Peter Fend (1501 - 1533) fiel. Leonhard Wagners Irseer Zeit, die ein Jahr und 20 Wochen gedauert hatte, lief ab. Anfang März 1502 traf er wieder in seinem Profeßkloster in Augsburg ein.[9]

Peter Wagner als Abt in Thierhaupten (1502 - 1511)

Als Leonhard Wagner von Irsee in sein Augsburger Kloster zurückkehrte, traf er dort seinen Mitbruder Peter Wagner nicht mehr an. Am 13. Februar war Prior Peter Wagner zusammen mit Abt Konrad Moerlin nach Thierhaupten aufgebrochen, wo die Wahl eines neuen Abtes anstand; auch der Generalvikar und der Donauwörther Abt waren gekommen.

Thierhaupten läßt sich nicht mit St. Ulrich und Afra in Augsburg vergleichen. Nicht nur daß es nicht zum Reichsstift aufgestiegen war - diese Entwicklung blieb den Klöstern im Herzogtum Bayern versagt, zudem wäre Thierhaupten dazu ohnedies zu unbedeutend gewesen -, es war auch wesentlich kleiner und in der zweiten Hälfte des 15. Jahrhunderts arg heruntergekommen. Der von Abt Melchior v. Stamham von St. Ulrich nach Thierhaupten geschickte Prior Heinrich Holz, der dann dort als Abt eingesetzt wurde (1468 - 1478), konnte weder die Vermögensverhältnisse bessern, noch die Ordensreform voranbringen. Auf ihn folgten mehrere Verweser, ein Ausdruck für die gestörten Verhältnisse. Der Verweser Johann Hartlieb wurde dann 1494 zum Abt gewählt, resignierte aber im Jahre 1501 und zog sich nach Rain zurück, wo er vier Jahre später starb.

Bei der Abtwahl am 14. Februar 1502 war die Zahl der auswärtigen Gäste ebenso groß wie die der anwesenden Patres. Als Wähler werden aufgeführt: die Priester Martin Bader, Ulrich Sailer, Erasmus Zott und Konrad Salwürk und die Diakone Benedikt Seider und Stephan Schuster. Vermutlich war der Konvent doch um ein oder zwei Personen stärker. Im Jahre 1502 wird ein Prior Sigismund genannt; am 24. November 1503 erhielt Wolfgang Kamerer die päpstliche Erlaubnis zum Austritt aus dem Kloster, und am 25. September 1551 starb Stephan Lutz im 53. Jahr seines Ordenslebens.[10] Bei der Abtwahl waren offensichtlich nicht alle anwesend. Peter Wagner wurde "ainhelliklich" zum Abt gewählt. Am 18. Februar wurde die Wahl in Augsburg bestätigt. Zwei Tage später wurde Peter Wagner in Ulrich und Afra zum Abt geweiht und am 23. Februar übernahm er die Leitung des Klosters Thierhaupten.

Wie mag sich für Peter Wagner die Frage gestellt haben: Prior im bedeutenden Reichsstift St. Ulrich und Afra oder Abt im unbedeutenden Thierhaupten? Jedenfalls brachte er die denkbar besten Voraussetzungen mit: Als Bibliothekar und Schriftsteller hatte er seine geistigen Fähigkeiten bewiesen, als Sakristan hatte er eine Rechtsposition auch gegenüber dem Abt durchgesetzt und im Bauwesen hatte er Erfahrungen in Bozen und in St. Afra auf dem Lechfeld gesammelt, die auch ein starkes Denken in wirtschaftlichen Kategorien erfordert hatten. Peter Wagners Bestreben ging dahin, die Verbindungen zu anderen Klöstern zu stärken und Gebetsverbrüderungen abzuschließen. Hinter der Dichte, mit der diese Gebetsverbrüderungen eingegangen wurden, steckt System:

1502 mit Holzen
        mit St. Mang in Füssen
        mit Hl. Kreuz in Donauwörth
        mit St. Ulrich und Afra in Augsburg
1503 mit Irsee
        mit Elchingen
        mit Scheyern
1504 mit Weihenstephan
1507 mit Altomünster (Brigitten)

Daß es mit so benachbarten Klöstern wie Holzen oder Donauwörth oder gar mit St. Ulrich und Afra erst jetzt zu Gebetsverbrüderungen kam, zeigt eine gewisse Isolation Thierhauptens. Abt Peter wollte sie überwinden durch Gebetsverbrüderungen mit den anderen Benediktinerklöstern im Bistum Augsburg bzw. mit Klöstern im nahen Herzogtum Baiern. Die Verbrüderungsurkunden werden ausgestellt zwischen den Äbten, den Prio-

Abt Peter Wagner,
gezeichnet von Hans Holbein d. Ä.

ren und den Konventen, wobei die Thierhauptener ihre Urkunden in die anderen Klöster schickten und diese ihre Urkunden nach Thierhaupten. Die Urkunden definieren Bruderschaft (die Holzener Urkunde in Deutsch): "brüderschaft, daß ist die gemaynsamyn aller gutten werk in messen, gebett, almusen, fasten, wachen vnd aller andern tugentreichen ybungen vnd werken". Im Konkreten bedeutet das dann, daß sobald der Tod eines Thierhauptener Konventualen in Holzen verkündet wird, dort seiner mit Vigil und Seelamt gedacht wird; auch soll jede Schwester ein Placebo und eine ganze Vigil, eine Laienschwester 100 Vater Unser und ebenso viele Ave Maria beten. Sein Name wird ins Nekrolog aufgenommen und künftig jedes Jahr im Kapitel verlesen und so Gott dem Allmächtigen empfohlen. Die Verbrüderungsurkunden wurden nach einem Formular geschrieben und mit den Siegeln von Abt und Konvent versehen.

Die Gebetsverbrüderungen entsprachen auch dem Geist der Klosterreform. Ob die Schwierigkeiten, die Peter Wagner mit zweien seiner Mönche hatte, darauf zurückzuführen sind, daß sich diese der Reform versagten, läßt sich von den Quellen her lediglich vermuten. Wolfgang Kammerer konnte in Thierhaupten nicht mehr in Ruhe und mit gutem Gewissen bleiben und erreichte deswegen die päpstliche Lizenz zum Austritt, die allerdings mit der Auflage verbunden war, sich in ein Kloster gleicher oder strengerer Ordnung zu begeben. Erasmus Zott erhob gegen den Abt schwerste Drohungen und kam sogar mit dem (weltlichen) Gesetz in Konflikt, so daß er im Gefängnis in Rain eingesperrt wurde, wo er aber ausbrach.[11]

Nach zwei Jahren segensreicher Arbeit brach über das Kloster der Landshuter Erbfolgekrieg herein. Aus der Erinnerung wertete Peter Wagner seine zwei ersten Thierhauptener Jahre dann so: "Ich bin vom 23. Februar 1502 an in der Prälatur mit Ruhe und merklichem Aufnahmen im zeitlichen und geistlichen Stande gesessen bis zum Sankt Jörgentag 1504".

Der Landshuter Erbfolgekrieg - Abt Peter zwei Jahre im Exil

Peter Wagner stand in dieser Wittelsbacher Auseinandersetzung auf der Seite der Münchner Herzöge. Er hatte alle Wertsachen des Klosters nach Neuburg bringen lassen, doch am 1. Mai 1504 eroberte Herzog Rupert die Stadt und nahm auch diese Dinge an sich, ließ Abt Peter aber ziehen, offensichtlich weil er noch nicht wußte, auf welcher Seite der Abt stand. Als Herzog Rupert aber Peter Wagners Einstellung erfuhr, zwang er den Thierhauptener Konvent, seinem Abt abzuschwören. Der Abt erfuhr davon in Sandizell; er hatte sich von Neuburg nach Ingolstadt begeben und befand sich jetzt auf dem Rückweg in sein Kloster. Der Konvent teilte ihm am 6. Mai die Weisung Herzog Ruperts mit, nur unter der Bedingung nach Thierhaupten zurückkehren zu dürfen, daß er die Abtwürde niederlegte und als gewöhnlicher Bruder lebte. Davon aber rieten die Münchner Herzöge, die den Abt zu sich kommen ließen, ab. Sie schickten Peter Wagner nach Augsburg, wo er bis zum Ende des Krieges bleiben sollte. Der Abt durfte aber nicht in seinem Heimatkloster unterkommen, weil

Herzog Rupert für diesen Fall Abt Konrad Moerlin angedroht hatte, die Güter des Klosters, die im Herzogtum lagen, wegzunehmen. So mußte sich der Abt mit wesentlich bescheideneren Verhältnissen begnügen und bei seinem Bruder, einem Schuster, wohnen. Dieser Aufenthalt dauerte zwei Jahre. Der Thierhauptener Konvent hielt sich in Rain auf.

Am 8. Juni wurde das Kloster durch Kriegsleute und Bürger aus Friedberg und Aichach ausgeplündert. Sie trieben fast das ganze Vieh (ungefähr 700 Schafe, 23 Kühe, 50 Zuchtsauen, 60 Ziegen und 32 Pferde) fort. Leute des Schwäbischen Bundes brannten am 7. August etwa 82 Häuser des Dorfes Thierhaupten nieder - nur 14 Häuser erfaßte das Feuer nicht - und legten auch im Kloster Feuer, von dessen Gebäuden nur ein Kuhstall und ein weiterer Stall verschont blieben. Opfer des Feuers wurde auch ein Stadel, in dem ungefähr 500 Schober Getreide und 100 Wagen Heu lagerten. Einen Monat später erlebte das Kloster eine zweite Brandschatzung. Die Thierhauptener Bauern hatten einen Raubzug ins Schwäbische unternommen und Vieh und Rösser über den Lech ins Kloster getrieben. Am 8. September rächte sich der Schwäbische Bund. Er zog mit 1 600 Mann nach Thierhaupten, und das Kloster wurde "in grund verprannt". Das Allerheiligste wurde gerettet und "über nacht in der Schmidt auf den Amboß gesetzt". Den Brand überstand der Turm mit den vier Glocken, während die drei Glocken, die im Chor hingen, schmolzen. Das Feuer ließ ein kleines gemauertes Gebäude sowie einen Stall stehen. Im Jahre 1506 waren "besonders im Dorfe Thierhaupten viele verbrannte Höfe, Huben und Sölden noch nicht aufgebaut".

Gefahr der Auflösung und Wiederaufbau

Nach Beendigung des Krieges setzte Michael Riederer von Bocksberg, Pfleger in Rain, im Auftrag der Münchner Herzöge den Abt wieder ein, der am 3. April 1506 nach Thierhaupten zurückgekehrt war. Im Salbuch von 1511 bemerkte Peter Wagner: "1506 da ward ich von den zwei Fürsten restituiert zu dem verprennten und ganz zerstörten Kloster Thierhaupten". Herzog Albrecht wollte dem Kloster dadurch aufhelfen, daß er ihm die Erhebung und den Genuß des Umgelds und des Wegzolles im Dorf Thierhaupten bewilligte (16. Juli 1506).

Die Lage an der Grenze des Herzogtums, die Thierhaupten bei einem neuen Krieg wieder stärker den Feinden aussetzen würde als Klöster im Landesinnern, sowie die trostlosen Zustände in Thierhaupten ließen im Herzog die Vorstellung reifen, das Kloster nach Ingolstadt zu verlegen und nur die Kirche wiederherzustellen, um die Abhaltung der gestifteten Gottesdienste zu gewährleisten. Dieser Verlegungsplan hätte den Vorteil geboten, für die jungen Mönche der anderen bayerischen Benediktinerklöster eine Unterkunftsmöglichkeit zu schaffen, von der aus sie dem Studium an der Universität hätten nachgehen können. Peter Wagner war als erster Abt dieses neu zu errichtenden Klosters vorgesehen, und diese Position hätte ihm sicher entsprochen. Daß es dem Herzog mit diesen Plänen ernst war, zeigt sich darin, daß er darüber bereits mit Rom verhandelte. Die Thierhauptener Akten lassen allerdings nicht erkennen, warum diese Verhandlungen nicht zum Ziel führten.

Peter Wagner fing nach seiner Restituierung an, "das Kloster von neuem zu bauen mit Hilf ettlich frommer Leut". Im Salbuch aus dem Jahre 1511 zählt er auf, was er alles neu gebaut hat: "den Getreidstadel, Heustadel, daneben mer Heustädel, Kalkhütten, Sandhütten; Zieglstadl und Zieglofen, im Hof die Abtei, unten und oben die zwei Teil; die Kirche; den Schaffstadl; ain gloggen lassen gießen; viel Widerwärtigkeiten von meinen Leuten mit großer Kostung erlitten". Peter Wagner kamen jetzt seine Erfahrungen im Bauwesen, die er in Bozen und in St. Afra auf dem Lechfeld hatte sammeln können, zugute. Ein Jahrhundert später nennt ihn Karl Stengel in seinem Werk über die deutschen Benediktinerklöster (Monasteriologia, 1619) mit Recht den zweiten Gründer Thierhauptens.

Im Jahre 1511 fiel Abt Peter in eine Krankheit. Im Salbuch (HStAM KL Thierhaupten) bemerkte er selbstkritisch: "Weil ich dieses Jahr 1511 in Blödigkeit und Krankheit verfallen war, darumb hab ich mir vorgenommen, dieses Jahr das Salbuch dem Gottshaus und meinen Nachkommen zu gut zu schreiben". Die Äußerung klingt wie eine versprochene Bußübung, die auf sich genommen wurde, um dadurch Genesung zu erlangen. Die Salbücher der vorangegangenen Jahre hatte immer ein Pater geführt. Peter Wagner überlebte die Krankheit nicht, er starb am 29. November 1511 im Alter von 56 Jahren.

Ausschnitt aus der Karte von Philipp Apian von 1568

Leonhard Wagner 1502 - 1522

Man könnte den Eindruck gewinnen, Abt Konrad Moerlin habe die Schreibkunst Leonhard Wagners nicht besonders geschätzt. Hatte man vor Jahren den Kalligraphen sogar vom Chordienst befreit, so schickte man ihn jetzt nach Irsee, und als er zurückkehrte, wählte man ihn im eigenen Kloster zum Subprior. Leonhard Wagner versah dieses Amt vier Jahre lang und empfand es ebenso als Belastung wie das Amt des Kellermeisters, das ihm im Jahre 1506 übertragen wurde. Diese Ämter scheinen Wagner nicht viel Zeit zum Schreiben gelassen zu haben.

Als Dank ein Silberreliquiar

Im Jahre 1504 vollendete Leonhard eines der vier von ihm geschriebenen Salbücher (in das er auch den bescheidenen Besitz seines Klosters in seinem Heimatort Schwabmenchingen eintrug). Ihm dürfte sich das Missale in Rotunda für Domdekan Wolfgang von Zillenhart (1501 - 1515, gest. 1519) angeschlossen haben. Für Zillenhart hatte Leonhard Wagner bereits einen kleineren Auftrag ausgeführt. Das von ihm selbst als "sehr wertvoll" eingestufte Missale scheint nicht erhalten zu sein. Seine Bedeutung mag man aber an dem erhaltenen Silberreliquiar, das der Domdekan dem Schreiber verehrte, ermessen. Das Reliquiar (Höhe 57,7 cm, Breite 25 cm, Tiefe 7,7 cm) wurde von dem Goldschmied Jörg Seld (1454 - 1527) für das Stück Tuch geschaffen, mit dem sich der hl. Ulrich den Schweiß abgetrocknet haben soll. Im unteren Teil brachte man noch ein Stück von der Fahne und (nach Aufschrift) der Lanze des Heiligen unter. Auf der Sockelschräge ist die Schenkungsinschrift eingraviert, die in der lateinischen Namensform "Currificis" auch an Leonhard Wagner und sein Missale erinnert. Auf der linken seitlichen Schräge ist eine kniende Figur eingraviert und als "Frater Leonhardus" bezeichnet. Die in einem Wappenschild stehende Wolfsangel weist sie eindeutig als Leonhard Wagner aus, der dieses Zeichen auch sonst gebrauchte.[12] Die Inschrift hat Wagner später in seine Conscriptiones aufgenommen. Der Schenkungsvorgang zeigt deutlich, welchen Wert man einer schönen Wagner-Handschrift zuerkannte. Die großartige Fassung von Ulrichsreliquien darf als einzigartige Würdigung auch des Kalligraphen Leonhard Wagner gewertet werden.

Als Lehrer der Schreibkunst in Zwiefalten, Salem und St. Gallen

Mit Erlaubnis seines Abtes folgte Leonhard Wagner einer Berufung ins Benediktinerkloster Zwiefalten, das Abt Georg Fischer (1474 - 1513) der Klosterreform zugeführt hatte und das selbst wieder ein kleines Zentrum der monastischen Erneuerungsbewegung geworden war.[13] Leonhard Wagner verließ am 13. Mai 1508 Augsburg, traf aber erst am 30. Mai in Zwiefalten ein. Dort unterrichtete er einige Brüder viereinhalb Monate lang in der Buch- und Notenschrift. Am 16. Oktober schickte ihn Abt Georg Fischer in das Benediktinerinnenkloster Mariaberg bei Reutlingen, das von Zwiefalten aus reformiert worden war. In Mariaberg unterwies er 25 Tage lang neun Nonnen in der Buch- und Notenschrift. Am 9. November kehrte er wieder nach Zwiefalten zurück, brach aber schon am 11. November nach Salem auf, das auch damals zu den bedeutenderen Klöstern der Zisterzienser in Süddeutschland gehörte. Dort unterrichtete er fünf Wochen lang einige Brüder in der Schreibkunst. Nach der Rückkehr aus Salem blieb er dann über fünf Monate in Zwiefalten.

Den Abschluß seiner Zwiefaltener Zeit bildete die Wallfahrt nach Maria Einsiedeln, die er "aus Frömmigkeit" unternahm. Der Zwiefaltener Abt hatte ihm dazu die Erlaubnis erteilt und sein Vorhaben begrüßt. Es scheint so, als habe man ihm die Wallfahrt gewissermaßen als Dank für seine Tätigkeit als Lehrer der Schreibkunst zugestanden. Begleitet von Bruder Benedikt (der dann in Meersburg zum Diakon geweiht wird) bricht er am 29. Mai 1509 in Zwiefalten auf. Die Reiseroute führt über Salem (30./31. Mai) nach Meersburg (1. Juni) und von da mit dem Schiff nach Konstanz. Über Märstetten, das Hörnli und Fischental erreichen sie am 4. Juni gegen 3.00 Uhr nachmittags den Wallfahrtsort. Am nächsten Tag legte Wagner beim Kaplan des Großpönitentiars, einem Weltpriester, eine Generalbeichte ab und feierte am 6. Juni am Gnadenaltar eine hl. Messe, brach danach aber gleich nach Zürich auf (7. Juni), um über Tennikon, ein Zisterzienserinnenkloster zwischen Winterthur und Wil nach St. Gallen zu gelangen, dessen Abt sich aber in Rorschbach aufhielt, weswegen er am nächsten Tag (9. Juni) dorthin ritt. Den nächsten Tag, einen Sonntag, verbringt er bis nach dem Mittagessen mit Abt Franz von Gaisberg (1504 - 1529), wobei bereits eine Einladung an Wagner nach St. Gallen ergangen sein dürfte. Noch am Nachmittag ging Wagner nach Steinach bei Arbon, von wo aus er am nächsten Morgen mit dem Schiff Konstanz erreichen wollte. Nach zwei Meilen allerdings steigt Wagner wieder aus, weil er sich in großer Gefahr wähnt, um auf dem Landweg nach Konstanz zu wandern. Wagner, der das Wetter sonst nie erwähnt, hatte bereits bei seiner ersten Schiffahrt bemerkt, daß er sich des stürmischen Windes wegen in höchster Gefahr befunden habe. Bei der zweiten Schiffahrt befällt ihn eine solche Angst, daß er sich schwört, nie mehr ein Schiff zu betreten. Wagner verbrachte die Nacht vom 11. auf den 12. Juni in Konstanz, stattete dann noch der Reichenau einen Besuch ab und kehrte über Salem (13. Juni) und Mengen nach Zwiefalten zurück. - In zwei Wochen hatte der 55jährige ein beachtliches Stück Weges zurückgelegt, was eine sehr stabile Gesundheit voraussetzt. Dem widerspricht nicht seine Angst vor der Schiffahrt auf dem Bodensee, die für ihn eben etwas ganz Ungewohntes war. - Mit der Rückkehr von der Wallfahrt waren Wagners Tage in Zwiefalten gezählt. Am 22. Juni verabschiedete er sich von den Nonnen von Mariaberg und am 29. Juni verließ er Zwiefalten, um zwei Tage später in Augsburg einzutreffen.

Aber der Aufenthalt in seinem Profeßkloster dauerte nicht einmal ein halbes Jahr. Inzwischen hatte sich offensichtlich der Abt von St. Gallen an Abt Konrad Moerlin mit der Bitte gewandt, den angesehenen Meister der Schreibkunst auch in seinem Kloster zu beschäftigen. Am 7. November brach Wagner dann in Augsburg auf, traf aber erst am 21. November in St. Gallen ein, was die Vermutung stärkt, daß er sich einige Tage bei seinen Verwandten in Schwabmünchen und in den auf dem Weg liegenden Klöstern Irsee oder Kempten aufhielt. Wagners Aufenthalt in St. Gallen wurde nach zwei Wochen unterbrochen, denn Abt Konrad Moerlin war gestorben, und Leonhard Wagner wurde als einer der ältesten Mönche in sein Kloster zur Wahl eines neuen Abtes zurückberufen, die auf Johannes Schrott fiel. Leonhard Wagner blieb noch über die Fastenzeit in seinem Profeßkloster und dürfte dort die in der Bücherliste erwähnten "Epitaphia abbatum", die für den Kapitelsaal bestimmt waren, geschaffen haben. Am 14. April 1510 traf Leonhard Wagner dann wieder in St. Gallen ein, wo er bis zum 25. Januar 1511 blieb. Leonhard Wagner wird die Einladung nach St. Gallen, jener Stätte alter, erhabener Schreibtradition, wo noch Hunderte wertvoller Handschriften aus karolingischer und ottonischer Zeit in der Bibliothek lagen, mit Begeisterung angenommen haben. Hier hatte er, wie niemals vorher, Gelegenheit, alte Schriften zu studieren und zu kopieren, neue Anregungen aufzunehmen und zu verarbeiten. Die Bibliothek mit ihren alten Beständen bot aber auch sehr viel, das seinen historischen Interessen entsprach. Seine "Conscriptiones" enthalten auf den Seiten 296 bis 343 Texte, die er in St. Gallen abgeschrieben hat (die noch durch weitere Texte ergänzt wurden). Er verweist darauf in einer eigenen Randbemerkung. Als erstes interessierte ihn die Vita S. Wiboradae, weil er darin auch etwas über den Aufenthalt seines Klosterpatrons, des hl. Ulrich, in St. Gallen erfuhr. Sein historisches Interesse bekundet auch die Abschrift einer Liste, in der alle berühmten und sehr gelehrten Männer des Klosters St. Gallen aufgezählt wurden (f 317 - 319). Am meisten Aufmerksamkeit schenkte Wagner dem Werk Notkers (vor allem f 320r - 343v). Aber auch die Verse des Mönches Waldram zum Empfang des Königs (f 303v) und die Tropen Tutilos (f 305v - 315r), Texte Ekkehards IV. und Notkers, schrieb Leonhard Wagner ab.[14]

In seiner Bücherliste erwähnt Wagner ein vorzügliches Buch mit 150 Sequenzen, das er 1510 in St. Gallen geschrieben habe. Die Vorarbeiten des Kantors Joachim Cuntz haben sich in St. Gallen erhalten. Cuntz hatte mit einer Hymnensammlung zur Heiligsprechung Notkers des Stammlers begonnen, doch war ihm diese Arbeit über den Kopf gewachsen, und er hatte sie niedergelegt. Dieser Umstand mag mit dazu beigetragen haben, den angesehenen Leonhard Wagner nach St. Gallen zu rufen. Wagner fertigte von den Vorarbeiten nicht etwa nur eine Abschrift an, begnügte sich auch nicht mit einer Auswahl, sondern nahm auch sehr alte Lieder wie den Adhelm, Beda und Walafrid Strabo auf. Das zeigt, daß Wagners Tätigkeit nicht nur im Kopieren bestand, sondern daß er redigierte und sich wie ein Herausgeber betätigte. Dabei war auch sein Kunstsinn gefordert, denn es ging darum, Inhalt und äußere Form aufeinander abzustimmen. Von dem prächtigen Sequenzenbuch (49,5 x 30,0 cm) haben sich nur Fragmente in der Züricher Zentralbibliothek erhalten. In späteren Abschriften auf Leonhard Wagner bezogen wurden in St. Gallen auch ein Zeremoniale, ein Konfessionale und eine "Cantilena Ratperti", doch erwähnt Leonhard Wagner in seinem zeitgleichen Bücherverzeichnis diese Handschriften nicht.

Am 25. Januar 1511 verließ Leonhard Wagner wieder das erwähnte Kloster, am 29. Januar traf er in Augsburg ein.

Ob er einige Monate später eine Reise nach Lorch unternommen hat, läßt sich mit Sicherheit weder bejahen noch verneinen. Leonhard Wagner trug die Noten in ein prächtiges Graduale ein, das der Lorcher Konventuale Laurentius Uterried aus Blaubeuren schrieb und der Augsburger Illuminist Nicolaus Bertschy ausschmückte. Die Prachthandschrift (61,0 x 41,5 cm, 266 Blätter, nach Auskunft von Dr. Wolfgang Irtenkauf gut einen halben Zentner schwer, heute in der Württembergischen

Landesbibliothek Stuttgart) gab Abt Sebastian Siterich (1510 - 1525) von Lorch, Benediktinerkloster bei Schwäbisch Gmünd (damals Diözese Augsburg), in Auftrag. Sie gehört in eine Reihe prachtvoller Chorbücher, von denen sich noch zwei weitere erhalten haben, die der Abt im Geiste der Melker Reform anfertigen ließ.[15] Auf einer Seite malte sich Nicolaus Bertschy mit seiner Frau selbst und ihm gegenüber am Schreibpult beim Noteneintragen Leonhard Wagner (nicht aber den Schreiber Laurentius Uterried). Leonhard Wagner übernahm in seine "Conscriptiones" auch Texte aus dem Kloster Lorch, doch könnte man ihm diese auch zugeschickt haben, als man die Handschrift nach Augsburg brachte. Eine feine sprachliche Differenzierung spricht gegen eine Reise Wagners nach Lorch: Die Texte übernahm er "aus" (ex) dem Kloster Lorch, während er das Sequenzenbuch "beim" (apud) hl. Gallus schrieb. In den "Conscriptiones" erwähnt er keine Reise nach Lorch, während er seine anderen Reisen erzählt.

Aufträge bestimmen das Alterswerk

Zwar hatte Leonhard Wagner schon früher für andere geschrieben, für den Augsburger Bischof, den Domdekan W. Zillenbart, die Diözese Speyer, König Maximilian und den Augsburger Johann Hemerlin, doch häufen sich gerade im letzten Lebensjahrzehnt die Aufträge Fremder, ohne daß die Arbeit für das eigene Kloster erlischt. Zweimal ergriff Leonhard Wagner für den Grafen von Mansfeld die Feder. Zuerst schrieb er für ihn in Rotunda ein wertvolles Gebetbuch, das 34 Quaternionen (d.h. Lagen zu je vier Blatt) umfaßte und später, nach 1516, neun im Bücherverzeichnis dem Inhalt nach nicht näher bezeichnete Quaternionen. Für das Gebetbuch gab ihm Graf Mansfeld die ansehnliche Summe von 10 Gulden, die Wagner für einen Kelch anlegte, und für die neun Quaternionen zahlte er drei Gulden. Der Graf dürfte die ungebundenen Lagen zunächst zu einem Illuministen und dann zum Buchbinder gebracht haben. Für den Kelch sparte Leonhard Wagner auch jene drei Gulden, die er von einer Herrin von Seratin für ein Büchlein in deutscher Sprache erhielt. Die gleiche Summe erbrachte ein inhaltlich nicht näher differenziertes Buch für den Probst von St. Lorenz in Nürnberg. Die letzte Rate für den Kelch, 12 Gulden, bekam Wagner als Lohn für neun Quaternionen mit Texten in deutscher Sprache, die Kaiser Maximilian 1516 für seine Enkelin, die Königin von Ungarn, erworben hatte. Mit dem Ertrag aus vier Büchern, insgesamt 28 Gulden, konnte sich Wagner seinen Wunsch, einen eigenen Kelch, erfüllen. Wofür Wagner weitere Einnahmen aus seiner Schreibtätigkeit verwendete, vermerkt er in seiner Bücherliste nicht:
6 Gulden von der Villingerin für ein Buch in der Volkssprache

3 Gulden vom Grafen Mansfeld für ein (weiteres) Büchlein.
Womit ihn der Apotheker für ein Büchlein in der Volkssprache, ein Herr von Sibenberg für ein Maximilian-Offizium und der Kreis um den Abt von Heidenheim für ein Pontifikale entschädigten, verrät er in seinem Verzeichnis nicht.

Wie zu Beginn seiner Schreibtätigkeit nahm ihn jetzt das eigene Kloster wieder stärker in die Pflicht. Am Damasus-Tag (11. Dezember) 1514 vollendete er ein "wertvolles Buch", das er als Martirologium bezeichnet, das nach unserem Verständnis aber ein Kalendar mit Nekrologeinträgen ist. Es wurde von Anfang an zusammengebunden mit einer Regula sancti Benedicti, die er nach der Schlußbemerkung in der Handschrift bereits am 4. Oktober abgeschlossen hatte (Staats- und Stadtbibliothek Augsburg 2° Cod 332). - Bald darauf begann er mit der Chronographia Augustensium seines Mitkonventualen aus frühen Klosterjahren, Sigismund Meisterlin (gest. nach 1491), die er am 6. November 1515 abschloß. Ihr wurde dann Meisterlins "Index monasterii" beigebunden, den Wagner am 1. März 1516 vollendete (clm 1009). Den für die eigene Klosterbibliothek bestimmten Gesamtband stufte Wagner als "äußerst wertvoll" ein, eine Wertung, die sich mehr auf den Inhalt als auf die Ausstattung beziehen dürfte. Für den Chor schrieb Wagner noch ein ganzes, sehr gutes Graduale und ein schönes Commune sanctorum. Ob letzteres mit dem Antiphonarium identisch ist, das Wagner am 10. Januar 1519 vollendete (clm 4304), bleibt fraglich, denn Leonhard Wagner hat den Hauptteil seines Verzeichnisses, die ersten 33 Nummern, etwa um 1507/08 aus dem Gedächtnis niedergeschrieben, dann aber, von seiner St. Gallener Zeit an, hat er fortlaufend (in sieben Nachträgen) bis 1516/17 Buch geführt. Die berühmte "Proba centum scripturarum" aber und das Antiphonarium von 1519 trug er, aus welchen Gründen auch immer, nicht nach.

Wagners Bücherverzeichnis zählt 49 Abschnitte, von denen allerdings einige auf zwei und mehr Titel angelegt sind, so daß man insgesamt auf 56 Werke kommt. Bringt man die Tafeln und die "Epitaphia abbatum" in Abzug, so verbleiben immer noch 52 Bücher, von denen allerdings neun als kleine Bücher (Libellum) eingestuft werden. Eine statistisch angelegte Auswertung läßt den Umfang von Wagners Lebenswerk erkennen. Das weitaus größte Kontingent stellen die liturgischen Handschriften, die 27-mal vertreten sind und unter denen 5 Specialia - meist Texte für besondere Feste - und je drei Meßbücher und Psalterien die größte Gruppe bilden. Geschichte und Liturgie verbinden sich in den "Legenden" der Heiligen Simpert, Maximilian und Ulrich, aber auch Meisterlins Augsburger Chronik hat sich Wagner zugewandt. Die Dominanz der Liturgica erklärt sich zum Teil auch aus den Bedürfnissen der Klosterreform. Bei den Chorbüchern hätte der Buchdruck noch gar nicht mithalten können, weil man immer noch an der Übung festhielt, daß mehrere Mönche aus einem Buch sangen, das deswegen - und weil mehrere Tagzeiten in die Dunkelheit fielen - sehr großformatig sein mußte. Von der monastischen Reform waren wohl auch das Buch für die Visitatoren und die beiden Benediktinerregeln angeregt. Den wirtschaftlichen und den rechtlichen Bereich berühren die vier Salbücher und das Verzeichnis der Klosterprivilegien. Vereinzelt steht das Apothekerbuch da, doch weiß man von sieben, fast ausschließlich in deutscher Sprache verfaßten Büchern nichts über den Inhalt. Die Schriftart kennzeichnet der große Kalligraph nur selten: bei den beiden ersten Werken: 1 Missale in Fraktur und 1 Missale in Rotunda, das Zillenhart-Missale in Rotunda und das Mansfeld-Orationale ebenfalls in Rotunda. Mußte er allerdings in einem Buch auch Noten eintragen, so erscheint das neunmal als wichtiges Charakteristikum. Das Lorcher Graduale, das er zudem nicht einmal erwähnt, zeigt, daß man ihn auch als Meister des Chorgesangs schätzte. Die Latinität seiner Texte war so selbstverständlich, daß er, wenn er davon abweicht und einen deutschen Text schreibt, das mit dem Vermerk "in vulgari" festhält. Es handelt sich ausschließlich um Auftragswerke für Laien. Qualitativ hebt Wagner nur acht Werke hervor. Dabei gebraucht er viermal das Prädikat "wertvoll" (preciosum), zweimal (beim Missale für Zillenhart und bei der Meisterlinchronik) "sehr wertvoll" (valde preciosum), je einmal "sehr gut" (optimum), "herausragend" (egregium) und "schön" (pulchrum). Bei mehr als der Hälfte der Titel verrät Wagner auch den Bestimmungsort seiner Werke. Dabei herrschen die Bücher für den Chor (8) vor, aber auch weitere Werke (9) gehören in den Bereich seines Klosters. Der Kreis der auswärtigen Auftraggeber ist regional und sozial weit gestreut: St. Gallen, Heidenheim und Nürnberg, Johannes Hemmerlin und die Villingerin, der Augsburger Domdekan und Graf Mansfeld und schließlich Maximilian I. mit zwei erwähnten Werken. Es gibt wohl kaum einen anderen Schreiber des Maximilianischen Zeitalters, der von einem Kloster aus eine solche Ausstrahlung erzielen konnte.

Ein Meisterwerk der Schreibkunst für Kaiser Maximilian

Wenn eine Handschrift in einer Faksimileausgabe der Öffentlichkeit zugänglich gemacht wird, so braucht man über ihre Bedeutung nicht mehr viele Worte verlieren. Wagners "Proba centum scripturarum" wurde schon immer als Wunder der Schreibkunst gerühmt.[17]
Das Werk, das lange als verloren galt, befindet sich im Archiv des Bistums Augsburg. Die Pergamenthandschrift im Querformat (Höhe 20,2 cm, Breite 29,1 cm) besteht aus einer Lage von 26 Doppelblättern, denen als Einzelblatt das Titelblatt vorangestellt ist. Der lateinische Titel betont, daß diese "Proba" von 100 verschiedenen, von einer einzigen Hand "ausgegrabenen" Schriften von Leonhard W. stammt. In einem anderen Schriftzug steht in der unteren Blatthälfte
"Hundert Schriften von einer Hand
der kaine ist wie die ander etc."
Darunter zeichnete jemand die Wolfsangel als Wagners Signet. Die Rückseite des Titelblattes blieb leer. Auf dem nächsten Blatt steht neben dem Doppeladler (unter einer Krone) der Widmungstext für Kaiser Maximilian, in dessen sechster Zeile der INFIMUS FRATER LEONARDUS WIRSTLIN als Schöpfer des Werkes genannt wird. Die Rückseite dieses Widmungstextes wurde für den Kreuzestitel reserviert, und dann beginnt auf Blatt zwei das Schriftmusterbuch. Jede der 100 Schriftproben beansprucht eine ganze Seite. Jeder Schriftprobe ist eine große Initiale vorangesetzt. Von einer Ausnahme abgesehen sind alle Initialen im Bandwerkstil gestaltet, dessen berühmteste Beispiele wir im "Gebetbuch des Kaisers Maximilian" von 1513 finden. Am Fuße jeder Seite lesen wir den Namen der vorgestellten Schrift. Wagner beginnt mit einer Rotunda. Der Text rühmt diese Schriftart als Mutter und Königin der anderen Schriftarten; gleichzeitig werden Schreiber, Entstehungszeit und Umfang des vorliegenden Werkes genannt. Die Jahreszahl 1507 kann aus verschiedenen Gründen nicht stimmen (vermutlich 1507, weil für das "decimo" in der Zeile kein Platz blieb). Die Entstehungsgeschichte dieses berühmten Werkes der Schriftgeschichte könnte sich so darstellen: Im Jahre 1509 trug sich Leonhard Wagner mit dem Gedanken, ein Schriftmusterbuch mit 77 Beispielen zu schaffen; in St. Gallen sammelte er dann Material und erwog nach 1510 eine Erweiterung auf 100 Beispiele, 1512 dann sogar auf 115, begnügte sich dann aber doch wieder mit 100 Schriftarten. Im Jahre 1517 begann er mit der Niederschrift.

Das gewählte Querformat erlaubte es Wagner, kurze Textstücke in gehöriger Breite zu schreiben. Zusammengestellt hat er die Proba nicht etwa nach didaktischen, sondern ausschließlich nach ästhetischen Gesichtspunkten: Auf zwei aufgeschlagenen Seiten stehen sich zwei nach Typus, Größe und Zeilenabstand augenfällig unterschiedliche Schriftarten gegenüber. Bei diesem Prinzip schied dann auch eine chronologische Aneinanderreihung aus. Ordnet man die 100 Schriftarten zeitlich, so ergeben sich (über das ganze Buch verstreut):
aus dem 8. bis 11. Jh.: 10 Schriftarten
aus dem 12. bis 14. Jh.: 41 Schriftarten
aus dem 15./16. Jh.: 49 Schriftarten.

Der romanischen Minuskel entsprechen 24 Beispiele und 36 stammen aus dem 12. Jahrhundert. Die Zeit der Hochgotik fehlt fast ganz. Gotische Schriften sind vor allem durch die zeitgenössischen Formen, von denen die Gebetbuchschrift und die Teuerdankschrift den größten Ruhm erlangten, vertreten. Mit seiner Vorliebe für die Schriften der romanischen Zeit, besonders des 12. Jahrhunderts, reiht sich Wagner würdig unter die Humanistenschreiber ein, für die die "littera antica" des 12. Jahrhunderts Vorbild schönen Schreibens war.

Die Namen der 100 Schriftarten bilden ein Gemisch aus Fachausdrücken der alten Schreibmeister, aus Eigenschaftswörtern, die sich auf Größe, Alter, Herkunft oder Anwendung der Schrift beziehen und aus einer großen Gruppe von gelegentlich recht phantastischen Bezeichnungen, die an irgendeine charakteristische Eigentümlichkeit anknüpfen. Da es um Wagners Lateinkenntnisse nicht besonders gut bestellt war, die Namen der Proba aber von einer guten Vertrautheit mit der lateinischen Sprache zeugen, nimmt man an, der Humanist Veit Bild, seit 1503 Wagners Mitbruder, könnte als Ratgeber gewirkt haben.

Den Texten kommt nur dienende Funktion zu. Da Wagner dem Kaiser nicht liturgische Texte, die ihm am vertrautesten waren, zumuten wollte, wählte er kurze Anekdoten, historische und biographische Notizen, Legenden und Sentenzen auch von antiken Autoren aus.

Die Proba gilt als Schriftmusterbuch eigener Art. Ihr fehlt jede pädagogische Absicht. Als Wagner die Proba in Angriff nahm, war er bereits ein allseits geschätzter Kalligraph, der es nicht nötig hatte, für sich zu werben. So konnte er der Schreibkunst um ihrer selbst willen huldigen. Wagner wollte mit der Proba offensichtlich zeigen: so viele und so verschiedene Schriftarten kann ein einziger Mann zusammentragen und sogar selbst schreiben.

Die Proba ist zwar Maximilian gewidmet, wurde ihm aber wohl nie überreicht, sondern blieb im Kloster, wo man sie bedeutenden Besuchern schon im 16. Jahrhundert zu zeigen pflegte. Offensichtlich hatte man den Goldschmied Jörg Seld beauftragt, einen Einband oder eine kostbare Schatulle zu fertigen. Jörg Seld scheint diesen Auftrag bis zum Tod des Kaisers nicht erfüllt zu haben.

Die Verbindungen von Augsburg, auch vom Kloster St. Ulrich und Afra, zu Maximilian waren eng. Wagner hatte für Maximilian bereits zwei Bücher geschrieben. Ihm ein so großartiges Werk der Schreibkunst zu widmen, lag nahe, wußte man doch um seine bibliophilen Neigungen und um seinen Sinn für die Gestalt der Schriftzeichen.

Kaiser Maximilian, Holzschnitt von Albrecht Dürer (Bamberg, Staatsbibliothek). Dem Holzschnitt liegt eine von Dürer am 28. Juni 1518 während des Augsburger Reichstages angefertigte Kohlezeichnung zugrunde (vgl. Albrecht Dürer 1471 – 1971, München 1971, Nr. 259)

Widmungsblatt in der Proba (rechts oben). In der sechsten Zeile nennt sich FRATER LEONARDUS WIRSTLIN als Schreiber.

Lob der Rotunda (rechts unten). In den Zeilen 5/6: ego frater Leonardus Wirstlin alias Wagner de Schwabmenchingen...
Die Proba wurde auf sehr dünnes Pergament geschrieben. Gelegentlich scheinen Buchstaben durch.

Die "Conscriptiones" und Holbeins Portraits - eine Würdigung von Wagners Persönlichkeit

Was Wagner im eigenen Kloster, auf seinen Bibliotheksreisen und sonst auf einzelnen Faszikeln exzerpiert hat, wurde in einer Sammelhandschrift (458 Bll., 21 x 15,5 cm) zusammengebunden, die den Titel "Conscriptiones" führt (Staats- und Stadtbibliothek Augsburg 4° Cod 149). Die umfangreichen, von Rolf Schmidt untersuchten Exzerpte aus St. Gallen, das Bücherverzeichnis und die autobiographischen Notizen wurden bereits wiederholt herangezogen. Was verraten die "Conscriptiones" über Wagners Interesse? Dieses galt besonders der Geschichte seines Klosters und seiner Heiligen. Das historische Interesse weitet sich auf die Stadt aus, umfaßt aber auch die Gegenwart (f 231r - 248v Liste von 50 Geschlechtern, f 283r - 291v Liste der Augsburger Armbrust- und Büchsenschützen von 1508). Aber Wagner interessierte sich auch für große Persönlichkeiten wie Alexander den Großen (f 150v - 157r), Friedrich I. (f 185r) und für die Habsburger (f 171v - 172r). Seinen liturgischen Handschriften entsprechen die rubrizistischen Texte und die rechtlichen Abhandlungen über die Gottesdienste, seinen Notenhandschriften der musiktheoretische Traktat "De jocundidate octo tonorum" (f 4r). Ausgesprochen juristische Texte fehlen in Wagners Bücherverzeichnis, doch die "Conscriptiones" liefern den Beweis, daß er sich auch für dieses Fachgebiet interessierte (f 19r - 22r, f 82r - 84r, f 87v - 96r). Medizinische Traktate waren ihm nicht fremd (f 42r - 45v, f 120r), und mit naturkundlichen Erläuterungen befaßte er sich ebenfalls (f 140v - 141r, f 144v, f 159r - 162r). Daß Wagner auch dem Humanismus nahestand, beweisen seine Exzerpte aus den Dichtern und Philosophen Vergil, Plutarch, Epicur, Terenz, Plinius, Aristoteles, Sokrates, Homer und anderen (f 6v - 14v), sein Interesse für Plato (f 118 v) und seine Kenntnis von Isidors Etymologie (f 194v - 196v, 202v - 204v). Die "Conscriptiones" erscheinen wie ein kleines Kompendium der Bildung seiner Zeit. Leonhard Wagner hat keine Universität besucht, und mit seinen Lateinkenntnissen stand es nicht gerade zum besten, aber eines zeigen die "Conscriptiones" doch deutlich: Er war geistig aufgeschlossen und rege und wandte sich allem Wissenswerten und Interessanten zu, sofern es irgendwie im Bereich seiner Möglichkeiten lag.

Von hochgestellten Persönlichkeiten abgesehen dürfte es auch in der portraitfreundlichen Renaissance kaum einen anderen Mann geben, von dem so viele bildliche Darstellungen auf uns gekommen sind. Georg Becks Dedikationsbild von 1495, Jörg Selds Gravierung auf dem Sudarium St. Udalrici von 1506, Nikolaus Bertschis Arbeitsbild im Lorcher Graduale von 1512 und eine Darstellung in einem Kanonbild. Doch verraten all diese Bilder nicht so viel über Wagners Persönlichkeit wie die Portraits Holbeins. Der Maler hat mehrere Mönche des Ulrichsklosters gezeichnet, einige auch mehrmals. Von Leonhard Wagner liegen drei beschriftete Silberstiftzeichnungen vor. Eine unbeschriftete Zeichnung wird ebenfalls auf Leonhard Wagner bezogen. Sie erweckt den Eindruck von einem energischen und zielbewußten Menschen. Die drei anderen Zeichnungen sind einander nahe verwandt. Eine (Kopenhagen) gilt als starke Überarbeitung einer anderen (Berlin). Alle drei Zeichnungen verraten einen kraftvollen, nicht mageren Bauernschädel mit klug-blickenden Augen. Alle Portraits Holbeins geben eine energische, aber beherrschte Persönlichkeit wieder. Eine Zeichnung diente Holbein als Vorlage für den Kopf des hl. Ulrich auf dem Katharinenaltar (1512).

Leonhard Wagner starb am 1. Januar 1522. In seinem Meisterwerk der Proba, gedachte wohl einer seiner Mitkonventualen zwischen dem lateinischen und dem deutschen Titel seines Todes und würdigte mit schlichten Worten ("devotus et religiosus pater") seiner Persönlichkeit.

Leonhard Wagner auf einem Kanonbild, wiedergegeben bei Michael Hartig.

INCIPIT
PROLOGVS·IN
Regulam sanctissimi patris nostri Bndicti abbis.

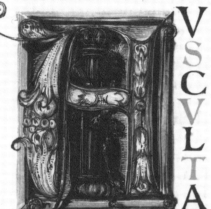

AVSCVLTA
o fili precepta magistri, et inclina aurem cordis tui; et admonitionem pij patris libenter excipe, et efficaciter comple; vt ad eum per obedientie laborem redeas, a quo per inobediencie desidiam recesseras. Ad te ergo nunc meus sermo dirigitur, quisquis abrenuncians proprijs voluntatibus, dno xpo vero regi militaturus: obediencie fortissima

atq; preclara arma assumis, in primis vt quicquid agendum inchoas bonum: ab eo perfici instantissima oratione deposcas. vt qui nos iam in filiorum dignatus est numero, computare: non debeat aliquando de malis actibus nostris contristari. Ita em ei omni tempore, de bonis suis in nobis parendum est; vt non solum iratus pater suos non aliquando filios exheredet, sed nec vt metuendus dns irritatus malis nostris, vt nequissimos seruos perpetuam tradat ad penam, qui eum sequi noluerint ad gloriam. Tu aut do.

Seqitur in prologo regule.

Exurgamus ergo tandem aliquando, excitante nos scriptura ac dicente. Hora est iam nos de somno surgere, et apertis oculis nostris ad deificum lumen, attonitis auribus audiamus diuina quottidie clamans, quid nos admoneat vox dicens. Hodie si vocem eius audieritis, nolite obdurare corda vestra. Et iterum. Qui habet aures audiendi audi

Beginn der Regula S. Benedicti (vgl. S. 22 r). Die Schrift ist so gleichmäßig, daß man die Seite auch in einem gedruckten Buch vermuten könnte.

Ego fr[ater] leonhardus wirsslin p[ro]p[ri]a sc[ri]pta
columna o[mn]ia suu[m] sp[irit]m

1 Missale p[ro] choro i[n] s[e]c[un]da
2 Missale i[n] rotu[n]da
1 gradu[a]le p[ro] mea p[er]sona
1 diurnale
1 noctu[r]nale d[omi]no h[enri]co abb[at]i
Tabula[m] s[cilicet] agende sup[er] stola[m]
Psalteriu[m] p[ro] p[ri]o p[ro] choro
Leonariu[m] hyemale
Leonariu[m] estiuale p[ro] choro
duas regulas
ij [bre]vialia i[n] noc[t]e p[ro] festi=
uitatib[us] b[eat]e v[ir]gi[ni]s et aliis
1 Graduale p[ro] p[ri]o p[ro] choro i[n] noc[t]e
1 [bre]viale i[n] noc[t]e p[ro] capella s[an]c[t]e a[n]ne
1 o[mn]ia i[n] noc[t]e p[ro] choro
iiij Salteria v[n]u[m] i[n] bergameo
1 libellu[m] [?] s[an]c[t]o toti[us] corp[o]r[is]
biblie [?]
ij libellos eiusd[e]m b[ea]te v[ir]g[in]is
1 [bre]viale cu[m] aliq[ui]b[us] missis p[ro]
d[omi]no decano i[n] sumo
1 speciale s[ecundu]m canone[m] cu[m] p[re]fatio=
nib[us] & b[e]n[e]dic[t]ionib[us] v[e]l p[ro] d[omi]no augustin[o]
1 libellu[m] p[ro] visitatorib[us]
1 om[e]lia[m] s[an]c[t]i b[er]nardi ad libraria[m]
1 p[salte]riu[m] cu[m] aliq[ui]b[us] p[re]cib[us] libri
Gozardi p[ro] d[omi]no abb[at]e
1 libellu[m] i[n] noc[t]e ad braz...
sumus de aliq[ui]b[us] festiuitatib[us]
Legenda[m] et historia[m] i[n] noc[t]e de s[an]c[t]o Simplicio
ad corp[us] ei[us] i[n] sepulchro
Itera[?] legenda[m] et historia[m] i[n] noc[t]e
de s[an]c[t]o Simpto Regi Romano[rum] maxi[miliano]

Historia s[an]c[t]i odal[rici]
i[n] noc[t]e ad dioc[esim]
Spirensem

Missale i[n] rotu[n]da valde
p[re]ciosu[m] p[ro] d[omi]no decano i[n] sumo
p[ro] q[uo] ip[s]e sibi fecit plena[m]
1 sudario s[an]c[t]e v[er]aluie [?]
Tabulam s[cilicet] ...
Tabulas et figuras
plurimas
Canones plures et
p[re]fac[ion]es et Secretas
et alia i[n] s[e]c[un]da p[ro] mis[s]a=
libus
vnu[m] libellu[m] ioh[annis] heinlin
i[n] vulgari
Om[n]ia p[ri]uilegia m[onasteri]i ad
p[er]firmand[um] i[n] curia
Parte[m] Cassiodori sup[er]
psalteriu[m]
Epithasia abbatu[m] cu[m]
egregiu[m] libru[m] sequen=
tiar[um] et l[...] apud sum[mum]
stallu[m]
vnu[m] Zenale p[re]ciosu[m]
34 fl[ore]nor[um] i[n] rotu[n]da
comiti de mansfelt [...]
... et [...] ad vnu[m] calice[m]
1 libellu[m] i[n] vulgari p[ro]
d[omi]na de geratin [...] ad
calice[m]

It[em] anno d[omi]ni 1514 i[n] die
damasi ip[s]e applicui[t] libru[m]
p[re]ciosu[m] s[cilicet] martirologiu[m] age[n]-
dologia[m] et regula[m] [etc]
It[em] vnu[m] libru[m] p[ro] p[ri]o ad s[an]c[tu]m
Lancea[m] i[n] nurenberg
St[etit] vid v fl[orenos] ad calice[m] 1515
It[em] imp[er]atori maximiliano
vnu[m] qualen[...] vulgari
et filio filij sui p[ri]o regi[s]
vngarie et i[m]p[er]ator[is]
ex flor[enis] et v[n]u[m] ip[s]e p[salte]riu[m]
valde vornat[us] 1516
It[em] d[omi]no t[???]ingsis libellu[m]
in vulgari st[etit] vj flor[enos] 1516
It[em] vnu[m] querio[?] comiti de
mansfelt st[etit] iij fl[orenos]
De Jude p[ro] choro v[n]u[m] jejunale
vornat[us] et optimu[m]
It[em] v[n]u[m] Comu[n]e p[ro] choro
pulcru[m]
1 libellu[m] vulgare[m] p[ro] apotecario
1 libellu[m] comiti de mansfelt iij fl[orenos]
It[em] Cronica[m] Augustensiu[m]
et Judeor[um] simul valde p[re]ciosu[m]
ad libraria[m] meas
Legenda[m] hystoria[m] i[n] noc[t]e et
officiu[m] hor[arum] et misse i[n] domo
de sibe[n]berg de s[anc]to maximiliano
q[uo]d emisit
Vnu[m] pontificale d[omi]no abb[at]i
in haidenhai[m] stetit[que] ab
eo impetrat[us] [etc]

Übertragung des Bücherverzeichnisses

Ich Bruder Leonhard Wirstlin habe geschrieben folgende Schriften alle mit eigener Hand

1 Missale für den Chor in Fraktur
1 Missale in Rotunda
1 Diurnale
1 Nocturnale für Herrn Heinrich, Abt
Eine Tafel bzw. das "Congestum" für die Schule
Ein wertvolles Psalterium für den Chor
Ein Winter-Lektionar
Ein Sommer-Lektionar für den Chor
2 Regeln
2 Specialia in Noten für die Feste der Heiligen Ulrich und Afra
1 wertvolles Graduale für den Chor in Noten
1 Speciale in Noten für die Kapelle der Hl. Afra
1 (verbessert aus 2) Commune in Noten für den Chor
4 Salbücher (davon) eines auf Pergament
1 Büchlein in Versen über den ganzen Bestand der Bibliothek Schlitbacher
2 Büchlein Gottesdienste der hl. Jungfrau
1 Speciale mit einigen Messen besonders für den Herrn Dekan
1 Speciale nämlich einen Kanon mit Präfationen, Benedictionen usw. für einen Augsburger Herrn
1 Büchlein für die Visitatoren
1 Homilie des hl. Bernhard für die Bibliothek
1 Psalterium mit einem Teil des Stundenbuches für den Herrn Abt
1 Büchlein in Noten zur hl. Jungfrau besonders von einigen Festen
Eine Legende und "Geschichte" in Noten vom hl. Simpert
zu seinem Leichnam im Grab
Abermals eine Legende und "Geschichte" in Noten vom hl. Simpert für den römischen König Maximilian

Eine "Geschichte" des hl. Ulrich
in Noten für die Diözese
Speyer

Ein Missale in Rotunda, sehr wertvoll, besonders für den Herrn Dekan
wofür er anfertigen ließ ein Reliquiar
für das Schweißtuch des hl. Ulrich

Eine Tafel der Gebetsverbrüderungen
Tafeln und mehrere "Figuren"

Mehrere Kanones und
Präfationen und Sequenzen
und zahlloses anderes für Meßbücher

Ein Büchlein für Johannes Hemerlin
in der Volkssprache

Alle Privilegien des Klosters zur
Bestätigung an der Kurie

Den Anteil Cassiodors über
das Psalterium
(1. Nachtrag)
Die Epitaphien der Äbte im Kapitel
Ein hervorragendes Buch mit 150 Sequenzen
in St. Gallen
(2. Nachtrag)
Ein wertvolles Orationale
(im Umfang von) 34 Quaternionen in Rotunda
Für den Grafen von Mansfeld, der
mir 10 fl für einen Kelch gab
Ein Büchlein in der Volkssprache für
die Herrin von Seratin, die mir 3 fl
für den Kelch gab.

(neues Blatt)
Ebenso im Jahre des Herrn 1514 am Tag
des Papstes Damasus habe ich vollendet ein
wertvolles Buch nämlich ein Martirologium
und eine Regel usw.
Ebenso ein Buch für den Propst bei Sanct
Lorenz in Nürnberg

(3. Nachtrag)
Ebenso für den Kaiser Maximilian
VIII Quaterlach (= Quaternion) in der Volkssprache
Für die Tochter seines Sohnes nämlich der
Königin von Ungarn. Es gab mir der Kaiser
XII Gulden und mit diesen zahlte ich
den Kelch ganz 1516

Ebenso der Frau Villingerin ein Büchlein
in der Volkssprache; sie gab 6 Gulden 1516
(4. Nachtrag)
Ebenso 8 Quaternion für den Grafen
von Mansfeld; er gab mir 3 Gulden

Dann für den Chor ein ganzes sehr gutes
Graduale
Ebenso ein schönes Commune für den Chor
(5. Nachtrag)
1 Büchlein in der Volkssprache für den Apotheker
1 Büchlein für den Grafen von Mansfeld
(Er gab) 3 fl
Ebenso eine Chronik der Augsburger
und ein Verzeichnis des Klosters ebenfalls
sehr wertvoll für unsere Bibliothek
(6. Nachtrag)
Legende (und) "Geschichte" in Noten und
ein Officium der Stunden und der Messe für
den Herrn von Sibenberg vom Heiligen Maximilian, Bischof und Martirer
(7. Nachtrag)
Ein Pontifikale für den Herrn Abt
in Heidenheim von einigen für
ihn bestellt usw.

Zum Bücherverzeichnis vgl. S. 20f

Quellen und Literatur

a) zu Hans Holbein:

Alfred Stange u. Norbert Lieb, Hans Holbein d. Ä., München - Berlin 1960; Hans Holbein d. Ä. und die Kunst der Spätgotik (Ausstellungskatalog), Augsburg 1965; Bruno Bushart, Hans Holbein d. Ä., 1987; neuere Lexikonartikel: Lexikon des Mittelalters V, München - Zürich 1990, 87 f. (Ch. Klemm); Marienlexikon III, St. Ottilien 1991, 235 f. (L. Altmann).

b) zu St. Ulrich und Afra:

Wilhelm Wittwer, Catalogus abbatum monasterii SS. Udalrici et Afrae Augustensis, hrsg. v. Anton Steichele, in: Archiv f. d. Geschichte des Bisthums Augsburg III, 1860, 10 - 437 (wichtig für die "Zeitgeschichte" von 1458 - 1497).

Michael Hartig, Das Benediktiner-Reichsstift St. Ulrich und Afra in Augsburg (1012 - 1802), Augsburg 1923; Josef Hemmerle, Die Benediktinerklöster in Bayern (= Germania Benedictina, Bd. 2), Augsburg 1970, 45 - 50; J. Zeller, Beiträge zur Geschichte der Melker Reform im Bistum Augsburg, in: Archiv f. d. Geschichte des Hochstifts Augsburg V, 167 - 180; Josef Bellot, Das Benediktinerstift St. Ulrich und Afra in Augsburg und der Humanismus, in: Studien und Mitteilungen des Benediktinerordens 84, 1973, 394 - 406; ders., Humanismus - Bildungswesen - Buchdruck und Verlagsgeschichte, in: Geschichte der Stadt Augsburg von der Römerzeit bis zur Gegenwart, hrsg. v. Gunther Gottlieb u.a., Stuttgart 1984, 343 - 357; Rolf Schmidt, Reichenau und St. Gallen. Ihre literarische Überlieferung zur Zeit des Klosterhumanismus in St. Ulrich und Afra zu Augsburg um 1500 (= Vorträge und Forschungen Bd. 33), Sigmaringen 1985.

c) zu Leonhard Wagner:

Carl Wehmer, Leonhard Wagners Proba centum scripturarum. Faksimileausgabe mit Begleittext, Leipzig 1963 (im Begleitband: Leonhard Wagners Lebensdaten (42 - 45) sowie Literaturverzeichnis); Walter Pötzl, Der Kalligraph Leonhard Wagner aus Schwabmünchen (1454 - 1522). Leben und Werk, in JbHV 1973, 106 - 133; Josef Bellot, Leonhard Wagner OSB, Schreibmeister, in: Landkreis Schwabmünchen 1974, 477 - 482.

d) zu Peter Wagner:

Nikolaus Debler, Geschichte des Klosters Thierhaupten, Donauwörth 1909, 33 - 38, 254; Franz Häußler, Closter Thierhaupten. Geschichte in Bildern, Thierhaupten 1989, 43 f.

Anmerkungen

1) Ausführliche Darstellung bei Rolf Schmidt 66 - 85.
2) Ausführliche Darstellung ebenda 56 - 65.
3) Konrad F. Bauer, Leonhard Wagner, der Schöpfer der Fraktur. Ein Beitrag zur Geschichte der deutschen Schrift, Frankfurt a. M. 1936, 20 Anm. 23.
4) Joachim Jahn, Schwabmünchen. Geschichte einer schwäbischen Stadt, Schwabmünchen 1984, 52 f., 55 u. 59.
5) Otto Pächt, Vita Sancti Simperti. Eine Handschrift für Maximilian I., Berlin 1964 (= Jahresgabe des Deutschen Vereins für Kunstwissenschaft).
6) Hilda Thummerer, Der Reliquienschrein des heiligen Simpert, in: St. Simpert. Bischof von Augsburg 778 - 807. Ein hochverehrter Heiliger und Nothelfer in Stadt und Bistum Augsburg, Augsburg 1978 (= Jahrbuch des Vereins f. Augsburger Bistumsgeschichte), 151 - 159.
Diese Festschrift zum Simpert-Jubiläum 1978 enthält mehrere einschlägige Beiträge:
Peter Rummel, Zur Verehrungsgeschichte des heiligen Simpert (22 - 49, hier besonders 32 - 36);
Theodor Wohnhaas, Zur Frühgeschichte der Simpertliturgie (50 - 60) mit zwei in Faksimile wiedergegebenen "Grab"-Vita;
Karl Kosel, Der hl. Simpert in der bildenden Kunst (61 - 95) mit Abbildungen der Grabplatte (Nr. 28);
Walter Pötzl, Die Miracula sancti Simperti. Ein Beitrag zur Wallfahrtsgeschichte und zum Volksleben (117 - 150).
7) 450 Jahre Staats- und Stadtbibliothek Augsburg. Kostbare Handschriften und alte Drucke (= Ausstellungskatalog), Augsburg 1987, Nr. 22.
8) Hans Holbein und die Kunst der Spätgotik Nrr. 234, 235 Abb. 230 (Dedicationsbild); 450 Jahre Staats- und Stadtbibliothek Nr. 21, Abb. 11.
9) Walter Pötzl, Geschichte des Klosters Irsee 1182 - 1501, Ottobeuren 1969 (= Studien und Mitteilungen zur Geschichte des Benediktinerordens, Ergänzungsband 19), 93 - 98, 113, 223 - 237, 245 - 248; ders., Heiligenverehrung in Bruderschaften. Die St.-Anna-Bruderschaft in Baisweil, in: Jahrbuch d. Vereins f. Augsburger Bistumsgeschichte 6, 1972, 165 - 187; ders., Der Irseer Konvent und seine Äbte in der Neuzeit, 1502 - 1802, in: Das Reichsstift. Vom Benediktinerkloster zum Bildungszentrum, hrsg. v. H. Frei, Weißenhorn 1981, 17 - 75.
10) Nun könnten die genannten drei Patres auch erst unter Abt Peter Wagner nach Thierhaupten gekommen sein, doch darf man es als unwahrscheinlich ansehen, daß das für alle drei zutrifft; Stephan Lutz müßte dann aus einem anderen Kloster übergetreten sein.
11) Erasmus Zott wurde schließlich im Jahre 1514 in Dillingen enthauptet (Debler 298 Anm. 213).
12) Hans Holbein und die Kunst der Spätgotik Nr. 274 Abb. 269.
13) Die Benediktinerklöster in Baden-Württemberg, bearb. v. Franz Quarthal, Augsburg 1975 (= Germania Benedictina Bd. V), 680 - 709 (Zwiefalten), 370 - 381 (Lorch). Zu diesen Klöstern vgl. immer noch: Hermann Tüchle, Kirchengeschichte Schwabens, Bd. 2, Stuttgart 1954.
14) Ausführliche Auseinandersetzung mit diesen Texten bei Rolf Schmidt, Reichenau und St. Gallen 152 - 177 (Leonhard Wagner und seine St. Galler Aufzeichnungen 1509 - 1511), dort auch nach Seite 152 zwei Farbaufnahmen aus dem Sequenzenbuch.
15) Literatur in Bayerisch Schwaben, Weißenhorn 1979, 88 b, Farbtafel Seite 53 und Umschlagbild. Die Württ. Landesbibliothek gab 1989 die Prachtseite als Faksimile heraus.
16) 450 Jahre Staats- und Stadtbibliothek Augsburg Nr. 23 Abb. 12.
17) Carl Wehmer (s.o.); Walter Pötzl (s.o.) 18 - 25 Literatur in Bayerisch Schwaben Nr. 89.

Auf dem Weg zur Hochzeit erschlagen: Ritter Burkhart von Schellenberg

Holbeins Portraits von Peter und Leonhard Wagner bedeuten einen Glücksfall. Es dauert vier Generationen, über 120 Jahre, bis sich aus dem heutigen Landkreisgebiet wieder ein authentisches Portrait erhalten hat (Martin Nieß, 1644). Die lange Zeitspanne von über 100 Jahren können - mit den entsprechenden Einschränkungen - nur die Epitaphien überbrücken.

Personen auf Grabplatten

Die Situation des Bildhauers, der ein Epitaph gestalten soll, stellt sich anders dar, als die Situation des Malers, der eine Person portraitieren kann. Beim Bildhauer taucht sogar die Frage auf, ob er die darzustellende Person überhaupt gekannt hat oder ob er nur auf Hinweise aus deren Bekanntenkreis angewiesen war. Die Verwandtschaft aber erwartete irgendwie, die dargestellte Person als solche erkennen zu können. Erschien das durch Gesicht und Gestalt nicht möglich, mußten andere Merkmale die Identifikation tragen. Wappen und Waffen, Rüstung und Kleidung mit ihren Attributen konnten aushelfen. Auch sie charakterisieren bestimmte Bereiche im Leben der dargestellten Person.

Auftragsarbeiten leiden mitunter daran, daß Wirklichkeit vertuscht und retuschiert, beschönigt und überhöht wird, doch gilt das nicht nur für den Bildhauer einer Grabplatte, sondern auch (bei lebenden Personen) für Maler und Fotografen.

Die Grabplatte ruft nachfolgende Generationen zum Gedenken im Gebet auf. Oft steht sie parallel zum gestifteten Jahrtag, der noch nach Jahrhunderten gehalten wird. Jahrtage aber wurden oft noch zu Lebzeiten gestiftet. Mit "Leben vom Tode her" überschreibt Otto Borst das letzte Kapitel seines Buches "Alltagsleben im Mittelalter" (Frankfurt a. M. 1983) und kennzeichnet damit eine Einstellung der Menschen im Mittelalter und in der frühen Neuzeit, die uns heute weitgehend verloren gegangen ist. Bedenkt man diese Zusammenhänge, dann erscheinen in den "Lebensbildern zu Bildern aus dem Leben" auch Kurzbiografien gerechtfertigt, die lediglich an Epitaphien haften.

Ein Epitaph, Chroniken und Urkunden

Das auch von den Kunsthistorikern beachtete Ustersbacher Sühnedenkmal, dessen Inschrift verkündet, daß Burkhart von Schellenberg hier am Elisabethtag des Jahres 1408 erschlagen wurde, wird ergänzt durch die Angaben in den Augsburger Chroniken des 15. und 16. Jahrhunderts, die den Vorfall deswegen erwähnen, weil der Ritter im Begriffe war, eine verwitwete Augsburger Patrizierin zu heiraten.

Die Schellenberger

Die Stammburg der Schellenberger lag in Lichtenstein. Im Verlauf des 14. Jahrhunderts tauchen sie an mehreren Orten des Allgäus auf. Am 1. März 1392 versetzte Bischof Burkhart die Herrschaft Seifriedsberg an Eglof von Schellenberg und seine Gemahlin Katharina Ohnsorg um die stattliche Summe von 2 400 ungar. Gulden in Gold. Zur Herrschaft Seifriedsberg gehörten die Gerichtsrechte in mehreren Dörfern (u.a. in Ried, in Reichertshofen), ebenso verschiedene Kirchensätze (u.a. in Rommelsried, Aretsried, Ried und Reichertshofen), mehrere Vogteien (u.a. in Maingründel, Berghof (abgegangen zwischen Wollishausen und Reitenbuch), Langenneufnach, Habertsweiler, Buchenhof und Willmatshofen). In den genannten Orten kamen dazu noch Abgaben aus zahlreichen Höfen und Sölden. Das galt auch für Holzara, Mickhausen und Ettelried.[1]

Burkhart von Schellenberg hatte einen Heiratsvertrag mit der verwitweten Elisabeth Rehlinger geschlossen. Elisabeth war die Tochter Peter Egens, die Ulrich von Rehlingen geheiratet hatte, jetzt aber verwitwet war. Burkhart von Schellenbergs verabredete Hochzeit erscheint sozialgeschichtlich typisch für diese Zeit, in der der Adel Heiratsverbindungen mit dem wohlhabenden Patriziat der Reichsstadt Augsburg einging.[2]

Die Bluttat

Am 11. November ritt Burkhart von Schellenberg offensichtlich mit einem größeren Gefolge von Seifriedsburg nach Augsburg, um dort Hochzeit zu halten. Kurz nach Ustersbach wurden sie von den Baiern überfallen; im Verlauf der kämpferischen Auseinandersetzungen wurde Burkhart von Schellenberg erschlagen. Der Totschlag ereignete sich im Verlauf der Fehden Herzog Ludwigs des Bärtigen von Bayern. Eine Augsburger Chronik berichtet: "und als ward er und seine gesellen dernider gelegt zu Usterspach von den Bairn und er selb ward erschlagen und sein gesellen gefangen gen Landsperg". Die Chronik des Erhard Wahraus ergänzt: "... ritten ir 7 von Schällenberg her gen Augsburg und vil ander edel leut mit in ze ainer hochzeyt ... also ward der prutgeb erschlagen zu Usterspach unverwand; es starb nyemant dann er". Urkunden kennen fünf Schellenberger und ihre Genossen. Nach den Urkunden ging der Angriff von Dienern der Herzöge Ernst und Wilhelm von Bayern-München aus. Eine anonyme Chronik schildert Hintergründe und Umstände so: "... und wolt her reiten und hochzeit haben und auf dieselbig nacht beiligen; und rit mit 10 pferden, und da sie kamen gen Usterbach, da kamen die von Landsperg und die von Bayrn an sie und schlugen den preigof zu tod und seinen pruoder und viengen die andern und füerten sie gen Landsperg und verpeiggeten ire ros und harnasch, und suchten Hainrichen von Schellenberg, iren feind, der was nit da, also muosten sie rein gefangen Hansen von Fillenbach, wan derselb Fillenbach und sein pruder waren feind herr Hainrichs von Eisenburg, ritter, der was dabei, der ward beschatzt umb tausent guldin von den Fillenbach". Mit der Nennung von Hans von Villenbach und Heinrich von Eisenburg wird der personelle Umkreis der Fehde größer. Daß auch ein weiterer Schellenberger erschlagen wurde, steht nur in dieser Chronik. Auch Hektor Mülich, nach dem Burkhart erstochen wurde, betont: "... und waren bei im siben von Schellenberg und vil ander edelleut, die wund wurden, aber ir kainer starb dann er."[3] Die Welser-Chronik, die offensichtlich aus weiteren Quellen schöpft, bemerkt, daß die "Beyrischen kein ander Vrsach für zu wenden wußten, dann daß Hainrich von Eisenburg / Hansen Fullenbachs ihres Bundtsverwandten abgesagter Feindt / vnder derselben Reutterey gewesen". Demnach wäre Burkhart von Schellenberg geradezu Opfer einer Verwechslung beim Überfall geworden. - Der Stoff, ein auf dem Weg zur Hochzeit erschlagener Ritter, faszinierte Jahrhunderte später die dichterische Phantasie. Die politischen Motive wurden umgebogen in die Eifersuchtstat eines Nebenbuhlers, des wilden Ritters Kunz von Villenbach (Briefe eines Frauenzimmers aus dem XV. Jahrhundert, Augsburg 1777).

Die Braut des erschlagenen Burkhart von Schellenberg heiratete dann Hans von Königseck, Ritter von Marstetten. Er befand sich im Gefolge der Schellenberger, das in Ustersbach angegriffen wurde. Die Witwe stiftete am 9. Februar 1421 zum Seelenheil ihres verstorbenen Mannes, ihres Vaters und aller Vorfahren im Augsburger Dom einen Altar zu Ehren der Hll. Georg, Barbara und Afra und eine ewige tägliche Messe.

Die Sühne

Nach mittelalterlichem Recht wurde Totschlag häufig mit einem Vergleich und mit Sühneleistungen geahndet, die sich nach Stand und Vermögen richteten. Dazu gehörten Geldleistungen an die Angehörigen, die Stiftung von Gottesdiensten und das Setzen eines Denkmals, eines Sühnekreuzes aus Holz oder Stein. Solche Kreuze haben sich in Hirblingen, Kutzenhausen, Bobingen und Schwabmünchen erhalten. Bei einem Ritter begnügte man sich nicht mit einem Steinkreuz, sondern ließ eine Kreuzigungsszene in Stein meißeln.

Die zitierte anonyme Chronik beendet den Abschnitt mit der Bemerkung: "also muoßten die Bayr geben 6 tausent guldin an ain ewige meß zu peßerung dem preigof". Diese Summe nennt dann auch die Rem'sche Chronik. Die Weber-Chronik dagegen gibt "nur" die (wesentlich wahrscheinlichere) Summe von 1 000 Gulden an. Weil sich die Schellenberger mit der "Entschuldigung" nicht zufrieden gaben, "haben sie durch lang vnd vielfältige Vnderhandlung erhalten, daß sie nachmals deß entleibten Seel auß dem Fegefewer zu erlösen 1 000 Gulden zu Stifftung einer ewigen Meß erlegt".

Zwischen 1410/15 wurde aus braunrotem Veroneser Marmor das auch kunstgeschichtlich bedeutsame Sühnedenkmal geschaffen. Es zeigt unter einer Rundbogenblende mit Dreipaßmaßwerk, die auf schmalen Pfeilern ruht, eine Kreuzigungsgruppe mit Maria und Johannes, zu deren Füßen Burkhart von Schellenberg kniet. Darunter erinnern drei Zeilen an die Bluttat, die mit dem Gebetsruf beginnen: "herr erbarm dich vber her burchart von / schelleberg ..."

Nachspiel

Heinrich von Eisenburg bekannte am 25. November, daß er und sein Bruder den Herzögen Ernst und Wilhelm und der Herzogin Elisabeth sowie deren Landen und Leuten und allen, "welche bei dem Gereit waren", (d.h. beim Treffen bei Ustersbach) "nicht feind sein wollen". Daß sie an den Herzögen nicht Rache nehmen "sonderlich aber von Burchkarts von Schällenberg wegen der des Tages erschlagen ist worden, gegen Niemand hinfüro Krieg oder Feindschaft haben wollen" schwören am 27. April 1409 in Landsberg: Konrad v. Haymenhofen, Egelin von Schellenberg, Hans v. Königseck, der Töltzer von Schellenberg und Märchk sein Bruder, Märchk von Schellenberg zu Zusameck, Ulrich von Hainhofen, Peter Höheneck und Haupt Marschalchk. Am 4. Dezember 1411 bekannte Ritter Egelin von Schellenberg, daß ihm die Herzöge "für seine Schäden, die er an der Niderlegung zu Uestersbach nahm, indem er von den Dienern niedergelegt ward" 60 Gulden bezahlt haben.

Quellen und Literatur

Chroniken der deutschen Städte. Die Chroniken der schwäbischen Städte, Augsburg, 1865 - 1929 (10 Bde.); Augsburger Chronika 1545, Faksimile-Ausgabe, Neusäß 1984; Regesta Boica XII, 25, 37, 51, 53 u. 361; Steichele, Das Bistum Augsburg II, 96 Anm. 2; W. Pötzl, Das Sühnedenkmal in Ustersbach, ein Dokument des Gerichtswesens, in: Der Landkreis Augsburg Nr. 28.

Anmerkungen

1) Alfred Schröder, Das Bistum Augsburg V, 802 u. 808 f.; HA Augsburg Land 425 - 433.
2) Rolf Kießling, Bürgerliche Gesellschaft und Kirche in Augsburg im Spätmittelalter, Augsburg 1971; Joachim Jahn, Die Augsburger Sozialstruktur im 15. Jahrhundert, in: Geschichte der Stadt Augsburg, Stuttgart 1984, 187 - 193.
3) vgl. Dieter Weber, Geschichtsschreibung in Augsburg. Hektor Mülich und die reichsstädtische Chronistik des Spätmittelalters, Augsburg 1984 (= Abhandlungen zur Geschichte der Stadt Augsburg, Bd. 30).

Adam und Christian Sträler, Pfarrer in Mittelneufnach (1438 - 1481 und 1481 - 1521)

Erst gegen Ende des Mittelalters, fast drei Generationen nach dem Ustersbacher Sühnedenkmal, tauchen im Augsburger Hinterland wieder Epitaphien mit Bildnissen auf. Sie wurden für Geistliche gesetzt. Eine weitere Generation später erinnern dann Bildnis-Epitaphien an Adelige (z.B. Mickhausen, Pfarrkirche: Paul und Wolfgang von Freiberg, 1521; Ehingen, Pfarrkirche: Christina v. Bubenhofen, 1542; Welden, Pfarrkirche: Susanna von Westerstetten, 2. Viertel 16. Jahrhundert; Ehingen, Frauenkirche: Hans Christoph v. Bubenhofen, 1567; Welden, Pfarrkirche: Hans v. Wemding, Konrad und Maria v. Welden). Zu den großen Raritäten zählen dann Bildnis-Epitaphien von Bürgern der Märkte Welden (ca. 1566) und Zusmarshausen (1605), die die Ausstrahlung der Renaissance auf das Land dokumentieren (s.u.). Doch nun zurück ins späte Mittelalter!

Adam Sträler und sein Sohn Christian

Das Epitaph an der Ostseite der Sakristei enthält zwar nur ein Bildnismedaillon von Adam Sträler, der 1488 starb, und darunter eine unvollständige Inschrift, die sich auf Christian Sträler, gest. 1521, bezieht, doch scheint es gerechtfertigt, beide Personen biografisch zu würdigen. Bisher wurde nicht einmal die Namensgleichheit beachtet, eine Notiz im Vatikanischen Archiv aber klärt über die Beziehung beider Personen zueinander auf. Im Herbst 1481 war die Pfarrei Mittelneufnach, über die der Augsburger Domdekan und die Pfleger des hl.-Geist-Spitals das Patronatsrecht ausübten, durch die Resignation von Adam Sträler frei geworden. Rom hatte offensichtlich die Besetzung der Pfarrei an sich gezogen und sie dem Dr. Sigmund Senftl, einem Münchner Patriziersohn und Freisinger Kleriker verliehen (15. November), der aber bald darauf verzichtete, so daß sie an Christian Sträler vergeben werden konnte. Dazu war eine Dispens erforderlich, denn an Christian Sträler haftete der Makel der (unehelichen) Geburt, und zudem war er der Sohn des Adam Sträler. Nach erfolgter Dispens wurde Christian Sträler am 29. Dezember 1481 die Pfarrei Mittelneufnach, die mit 40 rhein. Gulden veranschlagt wurde, verliehen. Sein Vater Adam Sträler blieb aber auch nach seiner Resignation in Mittelneufnach. Die Inschrift auf dem Epitaph bemerkt, daß er bei seinem Tod im Jahre 1488 50 Jahre der Kirche in Mittelneufnach vorstand.

Schwierigkeiten der Priester, zölibatär zu leben, gehörten zum klerikalen Alltag des späten Mittelalters. Sie führten offensichtlich nicht selten dazu, daß Geistliche in eheähnlichen Verhältnissen hausten und Kinder zeugten. Die Söhne wuchsen so über Ministranten- und andere kirchliche Hilfsdienste zum Priestertum heran, dessen Aufgaben, Liturgie und Sakramentenspendung, sie vom Vater erlernen konnten. Daß die Väter dann darauf hin arbeiteten, ihren Söhnen auch eine Pfarrei zu vermitteln, erscheint allzu verständlich. Das galt dann nicht nur allgemein, sondern auch für die eigene Pfarrei. Die gut ausgestattete Pfarrei Mittelneufnach befand sich so 83 Jahre in den Händen von Vater und Sohn.

Christian Sträler, der Pfarrerssohn aus Mittelneufnach, könnte identisch sein mit dem "Cristianus Streler de Augusta", der sich im Wintersemester 1476/77 an der Universität Basel immatrikulierte und dort 1478 (via moderna) das Baccalaureat erlangte. Die unterschiedliche Ortsangabe, Augsburg statt Mittelneufnach, könnte sich daraus erklären, daß Christian von einer Augsburger Lateinschule an die Universität Basel übertrat und deswegen bei der Einschreibung die Reichsstadt als seine Heimat nannte, die in der schweizer Stadt am Oberrhein bekannt war (im Gegensatz zu Mittelneufnach).

Christian Sträler als Pfarrer in Mittelneufnach

Um 1490 begann man in Mittelneufnach den Bau einer neuen, der heutigen Kirche. Dem Brauch der Zeit entsprechend suchte man einen Teil der Kosten durch die Erträge aus Ablässen zu gewinnen. Aus den bischöflichen Siegelamtsrechnungen geht hervor, daß die Pfarrei Mittelneufnach in den Jahren 1493 und 1513 die Gebühren für die Ablaßbriefe noch nicht bezahlt hatte. Die Pfarrei scheint sich mit dem Kirchenbau übernommen zu haben. Am 31. Dezember 1494 verkaufte der Heiligenpfleger mit "gunst, willen vnd wissen des Ersamen Herrn Cristan Strälers" um 10 röm. Gulden die "schöne wiß" (ca. 1 Tagwerk). Am Freitag nach Allerheiligen 1495 verkaufte Christian Sträler zusammen mit den Heiligenpflegern 4 1/2 Tagwerk Äcker (an 8 Stücken) 8 Strangen und 1/2 Tagwerk Mad um 22 Gulden römischer gemeiner Landeswährung.[1]

Am Kirchenbau beeindruckt noch heute u.a. die Auszier des Turmes (im 3. - 5. Geschoß Felderung durch Ecklisenen und Horizontalgesimse, im 3. und 4. Geschoß Kleeblattbogenfries; in den Giebelfeldern des Satteldaches gestaffelte Kleeblattbogenblenden; am Dachansatz fialenartige Aufsätze). Zieht man eine Parallele zur Nennung in den Urkunden, scheint der Schluß gerechtfertigt, auch Christian Sträler habe zu dieser künstlerischen Ausgestaltung seinen Beitrag geleistet.

Kurz vor seinem Tod verschaffte Pfarrer Sträler "den armen dürftigen menschen im Spital zu Augsburg" den Großzehnt in Mittelneufnach. Papst Hadrian VI. verfügte die Übertragung des Großzehnten in einer am 12. September 1522 ausgestellten Bulle. Christian Strälers Nachfolger legte dagegen Beschwerde ein, die der Spitalpfleger aber abwies.

Quellen und Literatur

Friedrich Zoepfl, Das Bistum Augsburg, Bd. 9, 252 u. 254 Anm. 26; Frank Otten u. Wilhelm Neu, BKD Landkreis Schwabmünchen, München 1967, 98 ff.
Th. J. Scherg, Bavarica aus dem Vatikan, 1465 - 1491, München 1952, Nr. 576;
StadtA Augsburg, Hospitalarchiv Tit I tom 102 u. Tit V tom 9.

Anmerkung

1) Für die Ortstopographie interessant sind die Angaben: im Buchgraben, in der Vogelburg, am Verderber, am vordern Berg, zu den Wiesäckern, am Lauterbach, im Mairgraben, im unteren Tobel ("vnder tubell"), hinter dem Weiher, auf dem Lauterbach.
Heiligenpfleger waren 1494: Konrad Lauterbach und Peter Kugelmann, 1495; Caspar Schmid und Caspar Tömpf.

Vinzenz Wiser, Pfarrer in Langerringen (1471 - 1508)

Nicht gerade ehrfurchtsvoll gingen die Langerringer mit dem hohen Epitaph ihres ehemaligen Pfarrers Vinzenz Wiser um, als sie ihn waagrecht in die Südwand ihrer stattlichen Pfarrkirche einmauerten.

Die Pfarrei Langerringen war dem Kanonikatsstift St. Moritz in Augsburg inkorporiert. Im Jahre 1440 war der Chor neu konsekriert und die Kirche wohl neu ausgestattet worden (beachtliche Freskenreste, Teile eines Sakramentshauses). Der Pfarrer und die Heiligenpfleger, der Richter und die Pfarrgemeinde stifteten 1470 eine Frühmesse.

Die Familie Wiser

Mitglieder einer Augsburger Familie Wiser tauchen wiederholt in Urkunden des Stifts St. Moritz auf. Im späten 14. Jahrhundert hatte ein Conrad Wiser, im frühen 15. Jahrhundert eine Anna Wiser bei St. Moritz einen Jahrtag gestiftet. Ein Jörg Wieser, der mit einer Barbara verheiratet war, vermachte 1515 den Vicariern von St. Moritz 22 Gulden in Gold für einen Jahrtag. Die beiden älteren Wiser-Jahrtage wurden während des 15. Jahrhunderts in St. Moritz gehalten, und daß die Wiser mit dem Stift verbunden waren, beweist die Jahrtagsstiftung von 1515. Wer um das enge Denken in familiären Bindungen des späten Mittelalters weiß, muß es für naheliegend halten, daß Vinzenz Wiser zu dieser Familie gehörte und ihm deswegen die Pfarrei Langerringen verliehen wurde.

Als Vinzenz Wiser, wohl 1508, einen Jahrtag stiftete, sollte dieser für ihn selbst, für Herrn Erhart Top, Pfarrer in Mühlhausen, für Guta Gaischmair, für Leonhard Wiser und seine Hausfrau, für Clemens Wiser, seinen Sohn, Pfarrer in Hurlach, gehalten werden. Der Pfarrer in Mühlhausen läßt sich hier nicht einordnen, Leonhard Wiser und seine Hausfrau könnten seine Eltern und die Gaischmairin die Mutter seines Sohnes Vinzenz sein. Hier gelten die gleichen Erläuterungen, wie sie zu Sträler, Vater und Sohn, in Mittelneufnach gemacht wurden.

Der Bau der Leonhardskapelle

Außer der Urkunde der Jahrtagsstiftung erscheint Vincent Wiser nur noch in der Urkunde zur Errichtung der Leonhardskapelle. Am 1. Juni 1496 erlaubte das Augsburger Domkapitel, "ain Capell zu Erringen an der Straß zu pawen". Ein Jahr später, am 13. Juni 1497, stifteten Pfarrer Vincenz Wiser, die Heiligenpfleger Peter Kawt und Hans Knoll, die Sechser Bernhard Rich, Stephan Karg, Veit Eresing, Konrad Knoll, Michael Spatz und Hans Altwegker und die ganze Gemeinde - mit Genehmigung des Kapitels - eine Kapelle zu Ehren des Hl. Leonhard und der 14 Nothelfer. War Vinzenz Wiser der Initiator des Kapellenbaus oder wird er nur deswegen an erster Stelle genannt, weil er der Pfarrer war? Acht Abschnitte regeln dann Einzelheiten. Im ersten Abschnitt verpflichteten sie sich (auch für ihre Nachkommen), "die vermelten Capell vnd Kirchen pawen vnd mit aller notturfft aufrichten vnd so die aufgericht ist In den Eern der obgemelten lieben hailigen weyhen (zu) lassen, alles von dem gelt. So yetzt daran geuallen vnd vorhanden ist vnd so hinfüro daran geuallen wirdet". Das bedeutet, daß man seit längerem für diesen Zweck sammelte, denn es war bereits Geld (in den Opferstock?) "gefallen". Nach dem zweiten Abschnitt sollten für die Kapelle "hailigen pfleger von ainer gemeind des Dorffs zu Erringen durch die gemain genomen vnd gesetzt werden, die frumm, trew vnd erber lewt sein". Diese Heiligenpfleger sollten einmal im Jahr den Heiligenpflegern (der Pfarrkirche) und der Gemain über das "geuallen gelt vnd gut" Rechnung legen. Was nach Vollendung des Kirchenbaus "zu der gemelten Capell gefellt vnd geben wirdet, Es sey an Wachs, eysen, Klaider, Kleinat, Flachs, Garn oder anders", darüber steht den Heiligenpflegern die Verfügung zu, es "nach der genannten Capell nutz vnd notturfft" zu verkaufen. Ergibt sich bei der Rechnungslegung ein Überschuß, so haben darüber die "oberen" (d.h. die der Pfarrkirche) und die "unteren" (d.h. die der Kapelle) Heiligenpfleger, die Sechser mitsamt dem Pfarrer oder dem Abgeordneten des Dekans von St. Moritz die "Gewalt", ihn ganz oder teilweise der Pfarrkirche oder der Kapelle zuzuweisen. Können sich die Beteiligten nicht einigen, entscheiden der Dekan und das Kapitel von St. Moritz (Abschnitt 3). Das Kapitel von St. Moritz kann, wenn es das für gut hält, den Pfarrer oder eine andere Person "zu den pflegern der Capellen wol zuuerordnen zuo setzen vnd zuogeben" (Abschnitt 4). Die Gefälle, die gemeinhin dem Mesner zustehen, "Es sey von prot, schmaltz, ayr, kaß vnd anderm" verteilen die oberen und unteren Kapellenpfleger, die Sechser mitsamt dem Pfarrer oder dem Abgeordneten des Kapitels an den Kapellen- oder an den Kirchenmesner (Abschnitt 5). Werden in die Kapelle hl. Messen gestiftet, so sollen die Langerringer "dehain willen noch gonnst darzuo geben" ohne Zustimmung des Dekans und des Kapitels von St. Moritz (Abschnitt 6). Die gestifteten Messen dürfen die pfarrlichen Rechte

Wiser-Epitaph an der Pfarrkirche; Leonhardskapelle

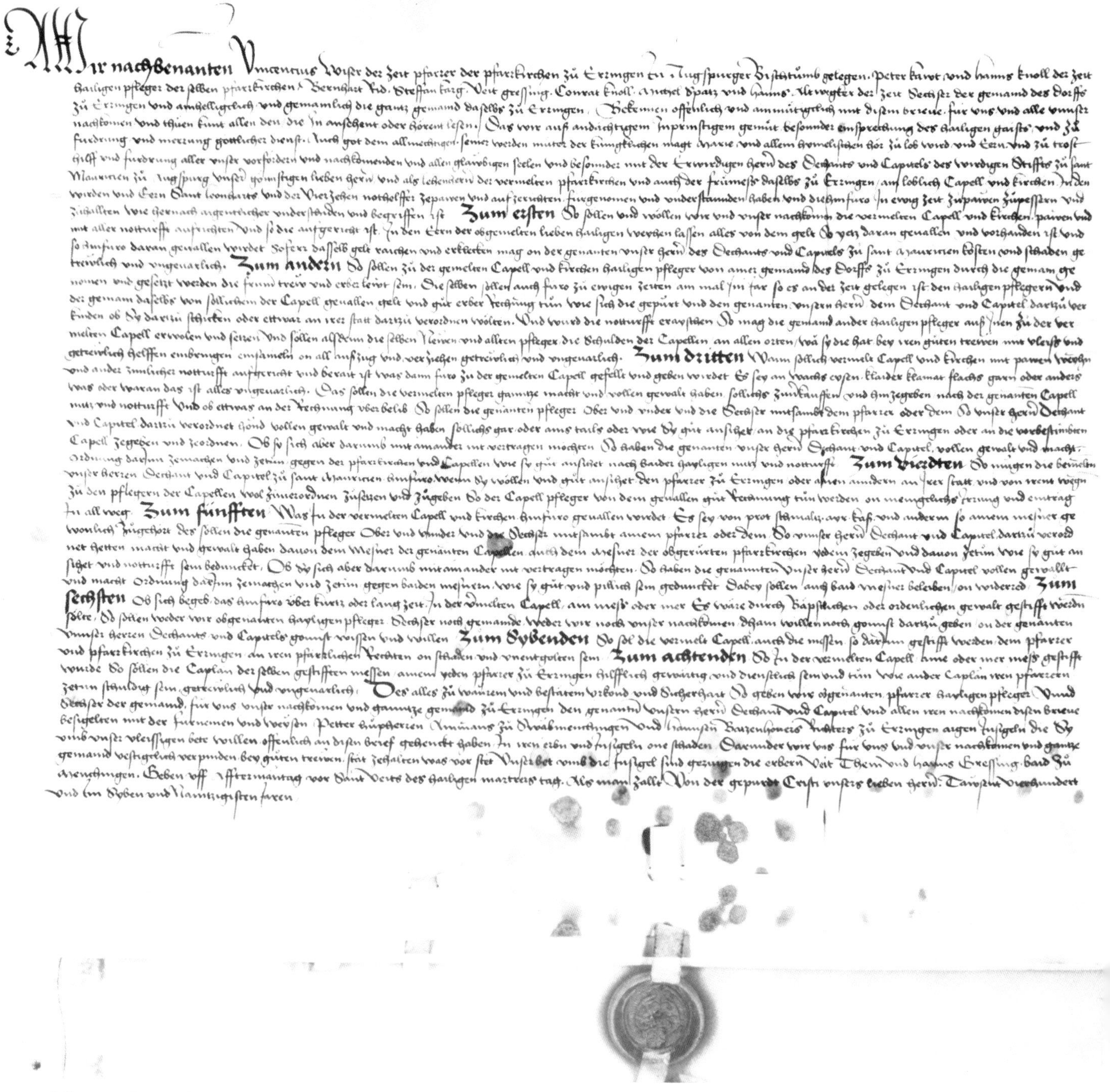

Stiftungsurkunde für die Leonhardskapelle

nicht beeinträchtigen (Abschnitt 7). Die Inhaber der gestifteten Messen sollen "ainem yeden pfarrer zuo Erringen hifflich, gewärtig vnd dienstlich sein" (Abschnitt 8). Rechtskraft erlangte die Urkunde der Langerringer durch die Siegel des Ammanns in Schwabmünchen (Peter Hupherr) und des Richters in Erringen (Hans Benzenauer). Als Siegelzeugen werden genannt: Veit Them und Hans Gressing.

Was Vinzenz Wiser und die Langerringer zum Bau der Kapelle bewog, verrät die Urkunde nicht. Entsprechende Wendungen am Beginn des Textes sind zu allgemein gehalten (z.B. "zuo Furdrung vnd merrung göttlicher dienst"). Eine Inschrift am Chorbogen nannte als Grund für den Kapellenbau ein Gelübde der Langerringer. Die gewählten Patrozinien liegen im Trend der Zeit. Dem Hl. Leonhard, der damals noch als Patron der Gefangenen galt, werden bei uns seit dem 13. Jahrhundert Kirchen geweiht, die Nothelfer-Verehrung allerdings kommt bei uns erst im Laufe des 15. Jahrhunderts auf (z.B. Welden, Osterkühbach, Münster, Hiltenfingen). Vielleicht war die Erinnerung an eine zu Beginn des 14. Jahrhunderts belegte, dann aber abgegangene Peterskirche lebendig, die vermutlich im unteren Dorf stand. In der langgestreckten Siedlung wollte man offensichtlich den Bewohnern des unteren Dorfes wenigstens gelegentlich den Kirchenbesuch in einer eigenen, stattlichen Kapelle ermöglichen. Es entspricht ganz dem Mittelalter, daß die angesprochenen Einkünfte nicht in Geld erwartet wurden, sondern in Naturalien, in Wachs und Eisen, in Kleidern und Kleinodien, in Flachs und Garn oder in Brot und Schmalz, in Eiern und Käse. Beim in Zusammenhang mit Leonhardskirchen genannten Eisen denkt der Volkskundler unwillkürlich an Ketten, mit denen manche Leonhardskirchen umspannt waren (wie neuerdings wieder in Kaufering).

Der Dekan von St. Moritz, Jakob Conzelmann, bestätigte die Stiftung der Langerringer. An der Säule, die die Empore trägt, befand sich einst das Wappen Conzelmanns, allerdings aus der Zeit, als er nicht mehr Dekan von St. Moritz war. Das wirft dann die Frage nach dem Beginn des Kapellenbaus auf. Eine (neuere) Inschrift am Chorbogen gab 1497 an, doch sprechen Passagen in den Beschlußbüchern des Augsburger Domkapitels noch 1512 vom beabsichtigten Kapellenbau. Die Jahreszahl "1512" auf dem Opferstock allerdings verrät, daß der Kapellenbau damals bereits im Gange war. Sollte die Kapelle erst 1512 (und nicht schon 1497) gebaut worden sein, so bleibt doch der Umstand, daß sie unter Vinzenz Wiser gestiftet wurde.

Vinzenz Wisers Jahrtagsstiftung

In ein noch ins 15. Jahrhundert zurückreichendes Verzeichnis der in Langerringen gestifteten Jahrtage wurde ein 1528 geschriebenes, loses Pergamentblatt eingelegt, auf dem Vinzenz Wisers Jahrtagsstiftung vermerkt ist. Der Personenkreis, dem der Jahrtag galt, wurde eben schon aufgeführt. Im Text wird Wiser als Pfarrer und Dekan bezeichnet. Der Jahrtag sollte acht Tage vor oder nach St. Georg (24. April) gehalten werden. Die Heiligenpfleger mußten den Pfarrer mit elf Groschen (jeder zu acht Pfennigen) und den Mesner mit vier Pfennigen entschädigen.

Nach Ausweis des Epitaphs starb Vinzenz Wiser am 7. Februar 1508. Das Epitaph (und die Jahrtagsstiftung), aber auch die Leonhardskapelle sicherten die Erinnerung.

Quellen und Literatur

Alfred Schröder, Das Bistum Augsburg, Bd. 8, 390 - 397; Frank Otten u. Wilhelm Neu, BKD Lkr. Schwabmünchen 91 f. BHStAM KU St. Moritz 729, 730; KL St. Moritz 3 (f 34), 4 (f 47r u. 60v), 135; StA Augsburg Hochstift Augsburg NA 5489 (zu 1496 VI 1), 5491 (zu 1508 XII 4; Nachfolge).

Marx Schrag, Pfarrer in Altenmünster (1467 - 1506)

Im Jahre 1313 hatte der Bischof die Pfarrei (Alten-)Münster dem Kloster Oberschönenfeld inkorporiert. Damit lag das Recht der Besetzung der Pfarrei bei der Äbtissin, die dem Bischof einen Geistlichen präsentierte. Mit den Filialen Violau, Neumünster, Unterschöneberg und Eppishofen wies die Pfarrei einen beträchtlichen Umfang auf.

Das Geschlecht der Schragen

Name und Wappen des Pfarrers verweisen auf ein Rittergeschlecht, das seit dem 13. Jahrhundert im mittelschwäbischen Raum eine bedeutende Rolle spielte. Die Schrage(n) bilden eine Nebenlinie der Knöringer. Im 15. Jahrhundert saßen die Schrage u.a. in Emersacker. Die Söhne des (verstorbenen) Albrecht Schrag, Stephan und Jakob, die Schragen zu Emersacker, eigneten 1462 ihrem Freund Hartmann Langenmantel ein Gütlein in Wollishausen.[1] Stephan von Knöringen, genannt Schrag von Emersacker, besitzt 1487 ein Lehen in Kemnat.[2] In Heretsried starb 1483 der Pfarrer Martin Schrag.[3] Marx Schrag gehört aber nicht in die Emersackerer Linie, denn in einer Jahrtagsstiftung nennt er Sigmund und Barbara seine Eltern.

Urkunden zu einem Pfarrerleben

Dank des gut erhaltenen Oberschönenfelder Urkundenbestandes wissen wir einiges über Marx Schrag als Pfarrer in Altenmünster. Die Häufigkeit der urkundlichen Erwähnungen und daß er selbst Urkunden ausstellt und siegelt, fällt auf.

Angang Dezember 1467 präsentierte die Äbtissin Dorothea von Laimberg (1463 - 1493) den Geistlichen Marx Schrag auf die Pfarrei Altenmünster. Dabei mußte Schrag der Äbtissin im Beisein von Ulrich Schneider, dem Syndicus des Klosters, an Eides statt versprechen, der Äbtissin und dem Konvent treu zu sein, deren Nutzen zu fördern und Schaden abzuwenden und sie als "seine Bedingerin" anzuerkennen.[1] Die Abschnitte zwei und drei betreffen die Pfarrei Altenmünster. Marx verpflichtet sich, die Rechte und Gewohnheiten der Pfarrei Altenmünster zu erhalten, keine "Neulichkeit" einzuführen und das Alte rechtswidrig nicht zu verlassen. Ferner erklärt er, daß er die Pfarrei "selbst in Person bewohne, dorten verbleibe und sitze und seine priesterliche Dienst nicht anderswo verrichte". Dieser Erklärung zur Residenzpflicht kam in der damaligen Zeit deswegen besondere Bedeutung zu, weil Geistliche nicht selten die Einkünfte vor allem stattlicher Pfarreien einstrichen, Seelsorge und Gottesdienste aber durch schlecht besoldete Vikare versehen ließen. Im vierten Abschnitt verpflichtet sich Marx Schrag, seinem Vorgänger Ulrich Seibold eine Pension zu zahlen, zu der das Kloster einen freiwilligen Zuschuß leistet. Daß Marx Schrag diese Verpflichtungen eingegangen war, beurkundete dann am 4. Dezember im Haus des Augsburger Domherrn und Offizials Georg Peck der Notar Erhard Wagner von Waldstetten.

arx Schrag erfreute sich des Vertrauens der Oberschönenfelder Äbtissin. Im Jahre 1472 trat er im Streit mit einem Untertanen als Anwalt, 1477 im Streit mit den Reichsmarschällen zu Biberbach als "Gewalthaber" und 1480 als Schiedsrichter des Klosters auf.

In eigener Sache stellte er 1486 eine Siegelurkunde aus. Er bekundet darin, daß ihm seine Nachbarin, die verwitwete Anna Schölin, von ihrem Anger unten am Hoftor ein Grundstück drei Schuh überzwerch, 20 nach der Länge und am Ende 1 1/2 Schuh überzwerch gegeben hat, damit er sein Holz bei dem Tor in der Gasse besser legen und damit er eine bessere Einfahrt nehmen kann. Als Gegenleistung verspricht der Pfarrer, des verstorbenen Martin Schöle jeden Sonntag bei der Kanzel zu gedenken.

Rechtsgeschäfte seiner Pfarrkinder siegelte Marx Schrag 1494 und 1496. Der Pfarrer scheint damals schon älter gewesen zu sein, denn im Jahre 1490 stiftete er einen Jahrtag für sich und seine Eltern. Er dotierte den Jahrtag mit der beachtlichen Summe von 22 Gulden. Der Jahrtag sollte am Tag oder in der Woche nach St. Katharina (25. November) mit fünf Priestern begangen werden. Er beinhaltete eine gesungene Vigil, ein gesungenes Amt nach der Messe von Mariä Empfängnis, ein gesungenes Seelamt, ein Amt an St. Katharina und zwei gelesene Seelmessen. An der Bahre sollte man vier Wachskerzen brennen. Der Pfarrer (von Altenmünster) erhielt 30 Pfennige, die anderen Priester 20 Pfennige oder eine Mahlzeit und acht Pfennige, der Mesner um sechs Pfennige Brot. An die armen Leute sollte Brot im Wert von 30 Pfennigen ausgeteilt werden. Der Jahrtag erinnerte noch lange an Pfarrer Marx Schrag, der Epitaph tut es noch heute.

Max Schrag fühlte sich in diesen Jahren bedroht. "Wegen etlicher unbilliger beschwernussen" begab er sich im August 1493 unter den Schutz und Schirm des Ritters Sigmund von Welden.

Die Kunsthistoriker nehmen für die zweite Hälfte des 15. Jahrhunderts einen Kirchenbau in Altenmünster an, von dem im Kern noch der Chor, der Turmunterbau und wohl auch das Langhaus stammen. Reste einer Freskierung aus dieser Zeit, in einem Spitzbogenfeld ein Engel mit einem Schriftband, waren vor 20 Jahren noch vorhanden. Da Marx Schrag seit 1467 auf der Pfarrei Altenmünster saß, spricht vieles dafür, daß der Kirchenbau und dessen Ausmalung während seiner Zeit erfolgten. Vielleicht gehören auch noch die erhaltenen Assistenzfiguren dazu.

Gegen Ende seines Lebens geriet Marx Schrag noch in einen Streit mit Kloster Oberschönenfeld, den Bischof Heinrich am 15. September 1506 gütlich entschied. Marcus Schrag erklärt sich bereit, wegen seines Alters Anfang Oktober die Pfarrei dem Kloster zu resignieren. Das Pfarrhaus aber darf er bis Lichtmeß innehaben, "damit er sein Vieh auswintern kann". Das Kloster reicht ihm die für 1506 noch schuldigen 16 Klafter Holz sowie 15 Gulden und zahlt ihm künftig eine Pension von 15 Gulden, fällig alle Quatember. Bis Lichtmeß soll der Kaplan die Pfarrei versehen. In einer am 2. Dezember ausgestellten Urkunde verpflichtete sich die Äbtissin Barbara Vetter dem Abt (und Visitator) Georg Kastner von Kaisheim, der sich in der Sache offensichtlich als Vermittler eingeschaltet hatte, gegenüber zur Zahlung der Pension. In einer Urkunde vom 28. Juni 1507 bestimmte der Augsburger Generalvikar, daß zur Pension von 60 Gulden Pfarrer Wolfgang Vetter von Altenmünster 40 und Pfarrer Burkhart Vetter von Dietkirch 20 Gulden leisten muß. Nach der Aufgabe der Pfarrei Altenmünster übertrug man Marx Schrag die Frühmesse in Schwenningen, offensichtlich durch Vermittlung der Äbtissin, die aus diesem Dorf stammte. Marx Schrag ließ die Stelle aber durch einen Prokurator versehen. Er scheint den Lebensabend in Altenmünster, wo er 40 Jahre als Pfarrer gewirkt hatte, verbracht zu haben. Er starb am Donnerstag nach Ostern im Jahre 1513. Die Inschrift schließt mit der Gebetsbitte: "... dem got genedig sey amen."

Quellen und Literatur

Klaus Fehn, Siedlungsgeschichtliche Grundlagen der Herrschafts- und Gesellschaftsentwicklung in Mittelschwaben, Augsburg 1966, 98 - 105;
Hans Jakob Wörner, BKD Ehem. Lkr. Wertingen 36 - 39;
UB Oberschönenfeld 232, 240, 255, 268, 287, 300, 307, 324, 325, 328, 329, 330;
Archiv d. Abtei Oberschönenfeld, Herold'sche Chronik zu den Jahren 1467, 1490 u. 1507;
StA Augsburg Vorderösterreich 527 Nr. 53

Anmerkungen

1) UB Oberschönenfeld 223.
2) HA Augsburg Land 100.
3) Th. J. Scherg, Bavarica aus dem Vatikan, 1465 - 1491, München 1932, Nr. 668.

Siegel mit der Legende: "S(igillum) marcus / schrag" und dem Wappen

Georg von Hürnheim, Kastellan auf Zusameck (1505 - ca. 1530)

Nach einer gezielten Erwerbspolitik, die seit 1433 auf Burg und Herrschaft Zusameck und auf die Höfe und Sölden unten im Dorf Dinkelscherben ausgerichtet war, ging das Domkapitel seit dem Ende des 15. Jahrhunderts daran, Dinkelscherben zu seinem Hauptort im westlichen Hinterland von Augsburg auszubauen (Verleihung des Hochgerichts 1483, Errichtung der Pfarrei 1507, Erhebung zum Markt 1514). Präsent war das Domkapitel in Dinkelscherben in den Kastellanen (auch Pfleger genannt) auf Zusameck und in den Vögten unten im Dorf.

Ein berühmtes Geschlecht

Die Burg des seit der Stauferzeit nachweisbaren Geschlechtes der Edelherrn von Hürnheim lag über dem gleichnamigen Dorf (heute Ruine). Nach den Grafen von Oettingen gelten die Hürnheimer als das bedeutendste Geschlecht des Rieses; sein Einfluß greift aber weit darüber hinaus. Um 1240 werden drei Linien erkennbar:

1) Die Linie von Hürnheim-Hochaus; Wappen: drei Kesselhaken
2) Die Linie von Hürnheim-Rauhhaus (bzw. von Kazzenstein); Wappen: Gans
3) Die Linie von Hürnheim-Haheltingen (bzw. Niederhaus); Wappen: Hirschgeweih.

Die Glieder dieser drei Linien bewahren neben der Benennung nach ihren neuen Burgen häufig auch noch den alten Stammnamen "von Hürnheim".

Hürnheimer aller Linien (und Nebenlinien) treffen wir immer wieder in den Domkapiteln, insbesondere im Augsburger. Unter Abt Johann von Hürnheim wurde Ellwangen 1459 von einem Benediktinerkloster in ein Kanonikatsstift umgewandelt, und Johann wurde dessen erster Propst, legte diese Würde aber schon 1461 nieder. In diesem Jahr wurde Georg von Hürnheim, der nach Ausweis seines Wappens zur Linie Haheltingen gehört, geboren. Der letzte männliche Sproß der Haheltinger Linie und des Stammes der Hürnheimer überhaupt, Johann von Hürnheim zu Haheltingen und Wellstein, starb 1585. Seine Tochter Cordula heiratete Karl von Welden auf Laupheim. Karl von Welden und Cordula von Hürnheim verkauften 1597 ihr "adelich schloß vnd guet Hürnheim" um 38 000 Gulden an Graf Gottfried von Oettingen. Im 30jährigen Krieg wurde die Burg verwüstet; heute überragt noch der Burgturm die Ruine.[1]

Ein Geburtsjahr geben die einschlägigen Quellen, die Aufschwörbücher nicht an, doch läßt es sich auf 1459 aus dem Dinkelscherbener Epitaph errechnen.[2] Ein Georg von Hürnheim immatrikulierte sich 1474 in Heidelberg. Zwei Jahre später (20.I.1474) schließt er das Studium als baccalaureus artium viae modernae ab. Weil vor der Verleihung des Kanonikats die adelige Abkunft nachgewiesen werden mußte, erfahren wir etwas über seine Familie. Das Blatt zu "Jörig von Hyrnnhaim" in einem Wappenbuch des Domkapitels aus dem 18. Jahrhundert wird ergänzt bzw. berichtigt durch die Blätter zu Konrad von Hürnheim (1501) und Caspar von Hürnheim (1519). Sein Vater war Eberhard von Hürnheim, seine Mutter Anna von Rechberg von Hohenrechberg. Seine Großmutter väterlicherseits war Barbara von Hirschhorn, seine Großmutter mütterlicherseits eine von Kalther (oder nach den beiden anderen Stammbäumen Barbara von Rotenburg).

Begehrte Kanonikate

Die begehrten und gut ausgestatteten Domherrnstellen waren im späten Mittelalter und in der frühen Neuzeit dem Adel vorbehalten, dessen Mitglieder dazu nicht die Priesterweihe empfangen mußten. In Augsburg tobte im 15. Jahrhundert ein heftiger Streit um die Aufnahme Bürgerlicher, der aber letztlich gegen diese entschieden wurde.[3] Viele Domherrn hatten Kanonikate an mehreren Domkapiteln. Daneben existierten noch weitere Stifte, die sich vornehmlich dem Adel öffneten (z.B. St. Moritz in Augsburg oder Ellwangen).

Die Zahl der Pfründen an den Kapiteln war festgelegt. Nach dem Ableben von Dr. Peter Knorr wurde dessen Augsburger Kanonikat am Samstag in der Osterwoche 1478 dem Georg v. Hürnheim angetragen, aber erst am 20. Juni 1480 wurde ihm die Präbende zugewiesen, und erst am 27. März 1481 kam er in den Genuß der Erträge. Am 29. Dezember 1485 übernahm Hürnheim das Amt des Domkustos.[4] Durch apostolische Provision und im Tausch mit Johann Kretzer erhielt Georg v. Hürnheim 1482 Kanonikat und Präbende am Dom in Eichstätt, zum Kapitel wurde er am 8. Juli 1485 zugelassen. Hürnheim hatte das Kanonikat 27 Jahre inne; am 23. April 1512 resignierte er sein Eichstätter Kanonikat. Von dem gleichnamigen Ellwanger Kanoniker läßt er sich durch andere Eltern klar unterscheiden. Am 6. Februar 1482 trug sich Georg von Hürnheim in die Heilig-Geist-Bruderschaft in Rom ein.

Aus Georg von Hürnheims illegitimer Verbindung mit Hilaria von Falkenstein stammte ein Sohn Georg, der am 17. November 1530 von Karl V. legitimiert und mit einem Wappen ausgestattet wurde.

Aus dem Wappenbuch des Domkapitels; rechts: Hürnheim-Epitaph im Domkreuzgang

Kastellan auf Zusameck

Innerhalb des Domkapitels gab es nicht nur verschiedene Funktionen, wie Dekan, Custos usw., sondern auch Ämter, die sich aber lediglich auf Besitz und Herrschaft bezogen. In der Pflege Zusameck lebte die gleichnamige Herrschaft des 13./14. Jahrhunderts fort. Das Domkapitel setzte zunächst (weltliche) Adelige als Pfleger (oder Kastellane) ein, dann Domherrn. Ihre Aufgabe bestand in der Unterstützung der Amtleute und Diener des Domkapitels. Dabei mußten sie das Schloß Zusameck mit einem Thorwart und mit einem Wächter versehen und zwei reisige Knechte und zwei Pferde halten. Die Amtleute, Diener und das Kriegsvolk des Domkapitels mußten sie gegen Entschädigung ausspeisen lassen. Ihnen oblag ferner die Oberaufsicht über die Gefangenen. In Streitigkeiten zwischen den Untertanen sollte er gütlich vermitteln. Zur Besoldung dienten dem Kastellan die Erträge aus dem Zusamecker Bauernhof und den sonstigen Besitzungen und Rechten, darunter im Markt Dinkelscherben 10 Sölden. Der Gesamtertrag der Pflege Zusameck belief sich auf 1 300 bis 1 500 Gulden (um die Georg v. Hürnheims Einnahmen aus den Kanonikaten in Augsburg und Eichstätt aufgestockt wurden). Dem Kastellan auf Zusameck stand aber keine Herrschaft über die umfangreichen Besitzungen des Domkapitels in der Reischenau zu (im Markt Dinkelscherben 1564 z.B. neben den Ehehaften 4 Höfe, 2 Halbhöfe, 3 Lehen, 11 Sölden). Diese unterstanden vornehmlich dem Bursamt. Seit der Verleihung der hohen Gerichtsbarkeit im Jahre 1483 erachtete es das Domkapitel als notwendig, in Dinkelscherben einen Vogt einzusetzen, und von 1494 an kennen wir die Reihe der Vögte. Diese Konstellation, ein adeliger Domherr als Kastellan auf Zusameck, der als solcher nur über einen geringen Einfluß verfügte, und ein Vogt (einfacher Herkunft), der allerdings streng an die Weisungen des Kapitels gebunden war, aber einen weit größeren Bereich betreute, barg - bei entsprechenden Personen - auch die Gefahr der Streitigkeiten.[5]

Die Burg Zusameck, Zeichnung um 1520.
(Germ. Nationalmuseum Nürnberg)

Dinkelscherbens Aufschwung

Vor Georg v. Hürnheim hatte Matthäus von Pappenheim die Pflege Zusameck zwei Jahre inne. (Dessen Vorgänger war 1496 - 1502 Wolfgang von Zillenhart, der Leonhard Wagner das Reliquiar für das Sudarium Sancti Udalrici geschenkt hatte, vgl. Abb. xx) Ende 1504 oder Anfang 1505 wurde Georg v. Hürnheim die Pflege Zusameck verliehen, doch am 24. Januar war er noch nicht aufgezogen. Für den Aufzug gestattete ihm das Kapitel, das Schloß mit Pulver zu versehen. Dem Domkapitel lag sehr daran, seine Herrschaften wehrhaft zu halten, was sich auch in den regelmäßig den Büchsen- und Armbrustschützen gewährten Zuwendungen ausdrückte.

Um den baulichen Zustand von Zusameck stand es nicht gut. Georg v. Hürnheim wußte darum, denn bereits vor seinem Aufzug kaufte er Bretter. Er ließ dann auf dem Vorhof ein neues Bauernhaus und einen Brunnen bauen. Im Jahre 1507 mußte er sich um den Wiederaufbau des niedergebrannten Thorhauses kümmern. Der Brand war entstanden, weil ein Knecht beim Fleisch-Räuchern nicht aufgepaßt hatte. Wegen der Verwahrlosung des Schlosses wurde Georg v. Hürnheim vor das Kapitel zitiert, und auch 1510 hielt man ihm "die mengel vnd geprechen" vor, doch akzeptierte man seine Beteuerungen und verlieh ihm die Pflege erneut, suspendierte ihn aber einige Jahre später für kurze Zeit.

Nach einer gezielten Erwerbspolitik war das Domkapitel daran gegangen, Dinkelscherben (und Zusameck) zu seinem Hauptort auszubauen. Dabei fallen zwei wesentliche Stationen, die Erhebung zur Pfarrei im Jahre 1507 (durch Abtrennung von Steinekirch) und die Verleihung der Marktrechte im Jahre 1514, in die Zeit Georg v. Hürnheims, ohne daß im einzelnen dessen Anteil genau erkennbar würde.[6] Am 6. Oktober 1505 faßte das Domkapitel auf Bitten der Dinkelscherbener und den Bericht Georg v. Hürnheims hin den Beschluß, die Pfarrei zu errichten. Im Vorfeld der Markterhebung schaltete das Domkapitel den Vogt Hans Veyel (und nicht Georg v. Hürnheim) ein. Nach Ausstellung des Marktbriefes aber beauftragte das Kapitel Georg v. Hürnheim, in Erfahrung zu bringen, wie dieser "verkindt vnd mit gebüren den ordnungen aufgericht werden soll". Die Marktordnung war offensichtlich sehr streng, denn bereits 1520 beschloß das Kapitel, die Ordnung zu mildern und die Abgaben zu verringern. Auch Georg v. Hürnheims Plan von 1516, einen Zoll einzurichten, wurde offensichtlich nicht weiter verfolgt.

Der Bauernkrieg[7]

Aus den ersten Jahren von Georg v. Hürnheims Herrschaft überliefern die Beschlußbücher einen Fall, der seine Unerfahrenheit dokumentiert. Als 1508 ein Bauer im Gefängnis saß, "der ettlich frävenliche wort getriben", wollte er vom Kapitel wissen, wie er sich verhalten sollte. In die Vorgeschichte des Aufstandes von 1525 gehören dann aber die Auseinandersetzungen des Jahres 1510, als Georg v. Hürnheim im Auftrag des Kapitels den Todfall forderte, wozu sich die Untertanen nicht verpflichtet fühlten. In mehreren Punkten klagten dann die Dinkelscherbener Artikel vom 8. März 1525 Georg v. Hürnheim an, weil er ihnen die Nutzungsrechte am Wald nimmt, weil er sie zum "Handlohn" bei Auf- und Abfahrt zwingt, weil er von ihnen Dienste forderte, weil er das Vieh des Bauernhofes auf Zusameck in die Allmende treibt, weil er die Tätigkeit der Gemeindevierer behinderte und die Versammlung untersagte. Es störte die Dinkelscherbener auch, daß er Verordnungen unter Androhung der Turmstrafe verkündete. Georg v. Hürnheim zeigte hier das typische Verhalten seines Standes. Daß der Aufstand von 1525 in der Reischenau nicht so heftig tobte wie in anderen Regionen, lag offensichtlich am Geschick des Vogtes Hans Maul, mit dem sich Georg v. Hürnheim offensichtlich nicht gut verstand. Das Domkapitel aber stellte sich nicht von vornherein auf die Seite des Domherrn. In den Differenzen des Jahres 1524 ermahnte es Georg von Hürnheim, "gegen den vogt mit worten vnd werkhen hinden ze halten". Der Kastellan auf Zusameck beobachtete die Vorgänge in der Reischenau aufmerksam. Am 4. April, am Tag der Schlacht bei Leipheim, behandelte das Kapitel einen Brief Georg von Hürnheims, in dem er mitteilte, er habe "warnung komen, das die Baurn für das slos ziehen wollen". Doch der Aufstand ist gebrochen. Das Kapitel entscheidet sich, Georg von Hürnheim für den Schaden, den er im Bauernkrieg erlitten hat, zu entschädigen "von wegen das er sich im slos so wol geheben hat".

Georg von Hürnheim wußte sich der Pfarrei Dinkelscherben, die unter seiner Amtszeit errichtet worden war, verpflichtet, denn er stiftete in der Annakirche einen Jahrtag. Deswegen erinnert noch heute das Epitaph hinter dem Hochaltar an ihn. Er stiftete auch im Dom einen Jahrtag. Gestorben ist Georg von Hürnheim am 3. Februar 1537.

Anmerkungen

1) Anton Steichele, Das Bistum Augsburg, Bd. 3, 1222 - 1241. Stammbäume und Regesten erfassen Georg v. Hürnheim und seinen Vater leider nicht. Steichele macht aber auf drei Personen aufmerksam, die der Generation nach Georg v. Hürnheim angehören dürften:
Wolfgang v. Hürnheim, Rat Karls V.
Hans Walter v. Hürnheim, Rat Karls V. und Feldoberster, gest. 1557 in Neapel
Eberhard v. Hürnheim, Bischof von Eichstätt 1552 - 1560.
2) Nach einer Urkunde im Vatikanischen Archiv (Scherg, Bavarica Nr. 290 II) war er am 28. November 1475 18 Jahre alt, was zum Epitaph eine Differenz von zwei Jahren ergibt. Es könnte aber auch sein, daß sich die Stelle auf einen anderen Georg von Hürnheim bezieht. Es gab nachweislich einen (u.U. sogar zwei) weitere(n) zeitgleiche(n) Georg von

Siegel Hürnheims (vergrößert).

Hürnheim. In Ellwangen übernahm 1505 ein Georg v. Hürnheim (II) das Kanonikat des verstorbenen Georg v. Hürnheim (I). Georg II immatrikulierte sich 1509 in Ingolstadt, 1514 in Bologna und 1518 in Freiburg. Die Matrikel von Bologna nennt seine Eltern (Bero von Hürnheim zu Uttenhofen u. Agnes von Ehingen) und erweist ihn damit als nicht identisch mit dem Augsburger (und Eichstätter) Domherrn. Haemmerle, Canoniker Nr. 477 kennt die Matrikel von Bologna nicht und bringt alle Belege zu einem einzigen Georg v. Hürnheim. Jüngere Arbeiten differenzieren, ohne allerdings endgültige Klarheit zu schaffen (sie kennen das Dinkelscherbener Epitaph bzw. die Regesten des Augsburger Domkapitels nicht): Eduard Milchner, Das Ellwanger Stiftskapitel in seiner persönlichen Zusammensetzung, phil. Diss. Tübingen 1969 (gedruckt), 162 Nrr. 104 u. 105; Günter Mahr, Das Eichstätter Domkapitel von 1496 - 1523, Zulassungsarbeit Würzburg WS 1970/71, 63 ff. Nr. 29; Karl Kosel, Der Augsburger Domkreuzgang und seine Denkmäler, Sigmaringen 1991, Nr. 325. Auf eine weitere zeitraubende Klärung wird verzichtet, da hier vor allem der Kastellan auf Zusameck interessiert.
3) Rolf Kießling, Bürgerliche Gesellschaft und Kirche in Augsburg im Spätmittelalter, Augsburg 1971, 323 - 352.
4) StA Augsburg, Hochstift Augsburg MüB L 1005 I Nr. 141.
5) W. Pötzl, Geschichte und Volkskunde des Marktes Dinkelscherben, Dinkelscherben 1987, 54, 58 - 63, 64 f., 109 f.
6) ebenda 70 - 74, 112 f., 326 - 328.
7) ebenda 217 f., 222 - 234.

Hürnheim-Epitaph in der Anna-Kirche

Johann Rumpfhart, Abt in Thierhaupten (1533 - 1547)

Auch Peter Wagners Nachfolger, Leonhard Gregk (1512 - 1533), stammte aus St. Ulrich und Afra in Augsburg. Er hinterließ dem nächsten Abt, den der kleine Thierhauptener Konvent wieder aus Augsburg postulierte, gesunde wirtschaftliche Verhältnisse. Aus der Zeit Peter Wagners gehörte dem Konvent noch Stephan Lutz an, der sich als sorgfältiger Schreiber betätigte und auch als Prior (gest. 1551) wirkte. Im Jahre 1539 werden dann aus dem Konvent die Priester Narziß Hefel, Georg Wiedenmann, Stephan Stechelin und Georg Strobel genannt. Im Jahre 1545 legte Martin Prötzl Profeß ab (der dann 46 Jahre lang in Thierhaupten als Pfarrer wirkte).

Gesunde wirtschaftliche Verhältnisse

Der neugewählten Äbtissin von Niederschönenfeld, an deren Wahl Abt Johann Rumpfhart im Auftrag von Herzog Wilhelm IV. teilgenommen hatte, konnte Abt Johannes ein Darlehen in der stattlichen Höhe von 1 100 Gulden gewähren, wofür an Thierhaupten das Gut Hemmerten verpfändet wurde. Im Jahre 1545 streckte er den Brüdern Lösch die Summe von 500 Gulden vor. Abt Johannes nützte die günstige wirtschaftliche Lage, um ungünstig gelegenen Besitz mit näheren Höfen, Huben und Sölden, Äckern und Wiesen zu tauschen, um so eine Arrondierung der Grundherrschaft zu erreichen. Seine Maßnahmen dienten aber auch der rechtlichen Absicherung. Im Jahre 1545 überließ er dem Abt des Klosters Fürstenfeld das Pfarrlehen in Neukirchen und dürfte dafür den Groß- und Kleinzehnt aus 26 Tagwerk Acker in Walprunnen einnehmen. Eine Bautafel an der oberen Mühle mit Namen und Wappen des Abtes sowie der Jahreszahl 1544 beweist, daß er hier wichtige Baumaßnahmen durchführte. Die günstige wirtschaftliche Situation änderte sich jäh durch den Schmalkaldischen Krieg, in dessen Verlauf zunächst schmalkaldische, dann kaiserlich-spanische Truppen das Kloster, dessen Wertsachen aber vorher in Sicherheit gebracht worden waren, besetzten. Um die Mittel für die Instandsetzung aufzubringen, aber auch um die auf dem Landtag zu Landshut den Prälaten auferlegten Steuern leisten zu können, sah er sich gezwungen, den Kirchensatz von Affing an Hieronymus v. Gumppenberg, den damaligen Inhaber des Ortes, zu verkaufen.

Kreuze und Glocken

Im Jahre 1539 ließ Abt Johannes in Anwesenheit von vier Patres auf der Kreuzwiese drei neue Kreuze errichten.

Im Jahre 1540 gab der Abt bei Christian Hierder in Augsburg eine Glocke in Auftrag, die für die Klosterkirche bestimmt war, heute aber in Todtenweis hängt. Die lateinische Schulterinschrift verkündet: Damit ich das Volk zum Gotteslob zusammenrufe, hat mich Abt Johannes Rumpfhart durch den Fleiß von Christian Hirz machen lassen. Die Halbfiguren der Kirchenpatrone und eine Madonna im Strahlenkranz, das Wappen des Abtes und des Klosters verzieren die Glocke. Sie weist einen Durchmesser von 109 cm und eine Höhe von 89 cm auf. Es scheint, daß der Abt damit irgendwie nicht zufrieden war, denn drei Jahre später gab er den Auftrag zu einer größeren Glocke (Durchmesser 118 cm, Höhe 101 cm) an Gregor Löffler in Augsburg. Die Schulterinschrift bringt in Latein den Gloria-Vers. Die Auszier an den Flanken entspricht dem Programm der kleineren Glocke, doch verwendete dieser Gießer etwas feinere Modeln. Die deutsche Schlaginschrift offenbart nach dem Hinweis auf den Auftraggeber die Funktion der Glocke: "Abt johannes Rumpfhart hat zv lob Got dise Gloggen laßen gießen. Ain sveßen klanng gib ich, Die vest der heiligen ofenpar ich, Die doten pevain ich, Die lebendigen foder ich, die vetter prich ich". Beide Rumpfhart-Glocken überlebten den letzten Krieg und erfüllen noch heute ihre Funktion.

Glocke in Thierhaupten (Ausschnitt)

Bautafel von der "Oberen Mühle" mit Wappen und Jahreszahl

Die Persönlichkeit

In der unruhigen Reformationszeit gewährte Abt Johannes dem Abt seines Professklosters, Johann Könlin, der mit seinem Konvent 1537 das Kloster hatte verlassen müssen, Zuflucht, und auch Abt Andreas Lutz von Fultenbach fand hier eine Bleibe. Beide Äbte starben in Thierhaupten und wurden auch dort begraben. Für Thierhaupten interessierte sich auch der Historiker und Dichter Kaspar Brusch, der viel herumreiste, lateinische Gelegenheitsgedichte verfaßte, so daß er 1541 von Karl V. zum poeta laureatus gekrönt wurde, der aber auch historische Werke wie die Chronologia monasteriorum Germaniae, die 1551 in Ingolstadt herauskam, schrieb. Im Jahre 1550, als die Erinnerung an Johannes Rumpfhart noch lebendig war, kam er, der Autor eines Iter bavaricum, auch nach Thierhaupten und dichtete auf Abt Johannes Distichen. Diese und die Darstellung in Prosa bilden die chronikalische Hauptquelle für die Geschichte Thierhauptens unter Abt Joh. Rumpfhart. Die Bedrängnisse des Schmalkaldischen Krieges stehen auch im Mittelpunkt der Distichen, die der Dichter auf Bitten von Abt Joachim Fendt niederschrieb. Bruschius teilt auch ein längeres Gedicht, ein Epitapluum, mit, durch das Magister Beatus Dinner aus Überlingen Abt Johannes ehrte und durch das er wollte, daß er der Nachwelt bekannt blieb. Dinner würdigte Abt Johannes als einen durch Frömmigkeit und Gewandtheit ausgezeichneten Mann ("... pietate J. R. insignem et dexteritate virum"), der Thierhaupten gut regierte und die heiligen Dogmen lehrte. Bruschius bezeichnet die Regierungszeit Rumpfharts als überaus vorteilhaft und lobenswert ("utilissime et summa cum laude"). Von Bruschius wissen wir auch, daß Abt Johannes am 10. Mai 1547 resignierte und daß er am 15. März 1548 gebrochen und gebeugt ("languere et moerare animi consumptus") starb. Auch das Epitaph in der Klosterkirche betont, daß er "unter Schweiß" (sudore) dem Kloster vorstand (was sich aber nur auf die Zeit nach dem Schmalkaldischen Krieg beziehen kann). Nach seiner Resignation lebte er noch zehn Monate neben seinem Nachfolger Joachim Fendt (1547 - 1553), der auch aus St. Ulrich und Afra berufen worden war.

Die Klosterchronik von Kaspar Brusch fand damals viel Beachtung. Darin dürfen wir auch den Grund sehen, warum in ein biografisches Werk, das berühmte deutsche Männer von Karl dem Großen bis zum Jahre 1566 vorstellte, auch ein Bildnis des Abtes Johannes Rumpfhart aus dem Jahre 1540 aufgenommen wurde. Die Unterschrift hebt hervor, daß Rumpfhart in Schwaben geboren und ausgebildet wurde und daß er daraufhin aus Liebe zur Frömmigkeit und zu den Studien ("pietatis et studiorum amore") Mönch in St. Ulrich wurde. Die Betonung der Frömmigkeit des Thierhauptener Abtes

Portrait Rumphharts in Pantaleons "Prosopographie". Derselbe Holzschnitt wird noch für andere Äbte verwendet, auch in der deutschen Ausgabe (die allerdings keinen Abschnitt über den Thierhauptener Abt enthält).

Epitaph im Vorraum der Klosterkirche

durch Kaspar Bruschius, Beatus Dinner und Heinrich Pantaleon (Prosopographie) steigerte sich dann bei Benedikt Cherle (1702) und Corbinian Kham (1709 ff.) zu der Vorstellung, Abt Johannes Rumpfhart wäre geradezu im Ruf der Heiligkeit gestorben.

Literatur

Nikolaus Debler, Geschichte des Klosters Thierhaupten, Donauwörth 1909, 39 - 41; Franz Häußler, Closter Thierhaupten, Geschichte in Bildern, Thierhaupten 1989, 44 - 49 u. 138 f.; Deutscher Glockenatlas, hrsg. v. Franz Dambeck und Günther Grundmann, Band Bayerisch-Schwaben bearbeitet v. Sigrid Thurm, München - Berlin 1967, hier: S. 408 Nrn. 1340 u. 1341.

Martin Hochenrainer, Notar und Schulmeister und seine große Familie

Für eine Zeit, für die man Familien nicht aus den Matrikeln rekonstruieren kann, erweisen sich Epitaphien geradezu als Ersatz. Das gilt für das Hochenrainerische Familienepitaph an der Friedhofskapelle in Welden ebenso wie für das Memminger-Familienepitaph in der Pfarrkirche Zusmarshausen. Beide Epitaphien zeigen anhand der Kleidung, daß die Renaissance auch das Land erfaßt hatte.

Nach den Forschungen von Ludwig Langenmair kam die Familie Hochenrainer am 24. Juni 1545 aus dem Raum München (Bistum Freising) nach Welden, wo der Vater, Martin Hochenrainer, als Gerichtsschreiber und Notar tätig wurde. An einer Universität läßt sich Martin Hochenrainer - wie man es erwarten dürfte - nicht nachweisen. Ein Leonhard Hohenrainer aus Rot immatrikulierte sich 1492 in Ingolstadt; vom Alter her könnte er Martins Bruder sein. In Welden übernahm Martin Hochenrainer dann auch die Schule. Eine solche gab es in Welden wenigstens bereits seit 1536, wahrscheinlich aber schon einige Jahrzehnte länger. Die Familie Hochenrainer zählte, als sie nach Welden zog, wenigstens 13 Kinder; zwei weitere Kinder könnten auch erst in Welden geboren sein, doch spricht gerade die Darstellung der jüngsten dagegen. Es dürften aber nicht mehr alle gelebt haben. Die Töchter aus der ersten Ehe, die Söhne IOHANNES, MARTINUS und AMBROSIUS waren wohl schon vorher gestorben, vermutlich auch schon die Tochter aus zweiter Ehe. Es fällt auf, daß das Epitaph keines der Kinder als Wickel- oder Kleinkind darstellt. Der Künstler bemühte sich offensichtlich, altersmäßig zu differenzieren. Bei den Eltern nennt das Epitaph Todestage. ANNA DIE MUTER, DIE ERBER FRAW ANNA TRETHLIN starb am 15. September 1514. Von ihr stammen die Töchter ANNA und CRISTINA, die als etwa 13-/14-jährige Mädchen dargestellt sind. Wieviele von den elf Söhnen ANNA TRETHLIN gebar, gibt das Epitaph nicht preis, da sie alle in der Reihenfolge der Geburt hinter dem Vater knien. Der Vater, DER ERNHAFT MARTINUS HOCHENRAINER NOTTARIUSS UNND SCHULMAISTER ZU WELDEN starb am 18. August 1546, d.h. er lebte nur 14 Monate in Welden. Seine zweite Frau, die er noch im Herbst 1514 geheiratet haben dürfte, DIE ERBER FRAW MARGRET HERSCHLERIN starb am 24. März 1566. Sie gebar die Töchter URSULA und SABINA und wohl auch mehrere Söhne. Als im Jahre 1566 das prächtige Epitaph in Auftrag gegeben wurde, lebten von den 15 Hochenrainer-Kindern nur noch zwei: WILHELMUS und NICOLAUS, die jüngsten. Über allen anderen zeigt das Epitaph bereits ein Kreuz. Für die Eltern wird die Gnade und Barmherzigkeit Gottes einzeln angerufen. Über der gesamten Familie aber steht dann noch einmal die Gebetsbitte: O BARMHERTZIGER GOT BIS UNNS ALLEN GNEDIG UND BARMHERTZIG AMEN.

Von den als Männern dargestellten Söhnen FELLIX, BLASIUS, SILVESTER, SERVACI(US), ANTHONI(US) und CRISTOFFERUS wissen wir (noch) nicht, welchen Weg ihr Leben genommen hat. An den Universitäten lassen sie sich ebenso wenig nachweisen wie ihre beiden jüngeren Brüder (der Universitätsbesuch war allerdings im Reformationszeitalter sehr stark zurückgegangen). WILHELMUS Hochenrainer wird 1578 in Welden als Vogt, NICOLAUS 1589 als Gerichtsmann genannt. Sigmund Hochenrainer, wohl der Enkel von Martin Hochenrainer, übte im Jahre 1598, als die Herrschaft Welden an die Fugger verkauft wurde, das Amt des Obervogtes aus. Sigmund diente dann dem ersten Fuggerschen Lehensträger in Welden, der 1599 sein Haus beim unteren Schloß (heute: Bäckerwirt) verpachtete. 1602 wird Sigmund Hochenrainer als Fugger'scher Pfleger der Herrschaft Welden genannt.

Literatur

Ludwig Langenmair, Welden. Ein Markt mit reicher Vergangenheit, Welden 1986, 70 u. 120; ders. in: Der Landkreis Augsburg Nr. 79.

51

Johannes Dexenbach, Pfarrer in Steinekirch (1536 - 1554)

Umrahmt vom Stuck der Rokokozeit erinnert in der Pfarrkirche im Zusamtal ein Epitaph an einen Pfarrer aus der Mitte des 16. Jahrhunderts, dessen Bildnis durch den lebendigen Gesichtsausdruck auffällt.

Viel geben die Archive über Pfarrer Dexenbach nicht her, aber auch das Wenige ergänzt das Epitaph. Bei der Jahrtagsstiftung wird als Testamentarius Caspar Rasp, Vogt zu Mattsies, genannt. Das verweist auf eine Herkunft und Verwandtschaft aus dem Mindelheimer Raum. In den Universitätsmatrikeln taucht Johannes Dexenbach nicht auf. Im Jahre 1536 präsentierte Johann Adam von Stain, der Patronatsherr von Steinekirch, Johannes Dexenbach auf die Pfarrei Steinekirch. Dieser stand er bis zu seinem Tod im Jahre 1554 vor. Irgendwann wurde er auch Dekan des Kapitels Agawang, weshalb ihn das Epitaph so tituliert.

Johannes Dexenbach erfreute sich offensichtlich eines hohen Ansehens, denn er wurde vor dem Kreuzaltar mitten in der Kirche (wohl unter dem Chorbogen) bestattet. Nach Ausweis der Inschrift bedeckte die Platte einst das Grab. Da sie keinerlei Abnützung durch Trittspuren aufweist, darf man annehmen, daß sie etwas höher als der Kirchenboden eingemauert war. Auch in Steinekirch zeigt sich der Zusammenhang von Epitaph und Jahrtagsstiftung. Diese brachte allerdings nicht mehr der Pfarrer selbst zum Abschluß, sondern sein Testamentarius, der Vogt von Mattsies. Die Stiftung bezeugten Leonhard Johannes, Pfarrer in Anried, Jörg Kastel, Vogt in Steinekirch, Jörg Megessenn und Michael Bader, Heiligenpfleger, und Michael Schmelzel, Schulmeister. Sie konnten den Jahrtag mit 25 Gulden "in münz" dotieren. Er sollte, nachdem Dexenbach am 21. Juni (1554) gestorben war, "auff S. Johannis des Täuffers tag, aht tag vor oder nach ohngeferlich" gehalten werden. Der Jahrtag bestand in einer gesungenen Vigil, einem gesungenen Amt "von Vnser Frauen Himmelfahrt", einem gesungenen Seelamt und zwei gesprochenen Messen. Der Pfarrer sollte 12, jeder weitere Priester neun und der Schulmeister drei Kreuzer erhalten. Zwölf Kreuzer wurden für das Spendbrot bestimmt, das den Armen zugute kam. Sechs Pfennige mußten die Heiligenpfleger opfern und für den Betrag, der dann noch übrig blieb, sollten sie Kerzen aufstecken. Das Epitaph betont, daß Dexenbach gleichsam als guter Hirte durch seine Frömmigkeit und die heilige Lehre Christi seine Schafe gründlich unterwies. Es fordert den, der vorbeikommt auf zum Gebet und zur Weihwasserspende. Dadurch rücken Epitaph und Jahrtagsstiftung noch näher zusammen.

Quellen:

StA Augsburg, Schenk v. Stauffenberg 104 f, 105r - 106v.

Hans Altweckers fünffacher Mord und sein Selbstmord

Ein Einblattdruck, heute würden wir sagen: ein Extrablatt einer Zeitung, informiert in Wort und Bild über eine schreckliche Bluttat, die sich 1589 in Langerringen ereignete. Der mit dem Fall beschäftigte Augsburger Richter hat einen "Maller von Augsburg / solche / mort geschicht abzu Raisen vnd zu Abcontrafecten mit sich genommen". Richter und Maler holten Erkundigungen ein und berichteten dann "nach anzeigung der Nachbauren". Das Blatt wurde dann in Augsburg "bey Hanns Schultes Briefmaler vnd Formschneyder vnder dem Eysenberg" gedruckt. Das erhaltene Exemplar der Staats- und Stadtbibliothek Augsburg hat ein Briefmaler koloriert. Parallel zur recht ausführlichen Erzählung des Einblattdruckes stehen die Berichte im Hofratsprotokoll des Hochstifts und in den Beschlußbüchern des Augsburger Domkapitels.

Die Familie Altwecker in Langerringen

Der Einblattdruck erweist sich als sehr informativ. Er nennt die schwangere Ehefrau Christina und die Kinder Anna (10 Jahre), Thomas (8 Jahre), Afra (3 Jahre) und Martin (1 Jahr) sowie den Bruder Martin. Als Beruf nennt das Blatt im Titel "Brott Kauffer" und beschreibt die Tätigkeit im Text: "ein Inwoner / der Brot zu Augsburg kaufft / vnd dahaim wider hin geben".

Die Familie Altwecker (auch: Altwögg o.ä.) läßt sich bereits seit dem späten 15. Jahrhundert in Langerringen nachweisen. Ein Hans Altwegker gehörte 1497 zu den Sechsern. Der junge Ulrich Altwegker stiftete 1499 für seine Eltern (Ulrich und Margaretha), seine drei Frauen (Margaretha, Elisabeth, Barbara) und deren Kinder einen Jahrtag. Dasselbe tat dann 1504 ein Jakob Altwecker. Eine Elisabeth Altwecker saß 1539 auf einem Hof, ein Hans Albecker auf einer Sölde. Ein Anton Altwecker bewirtschaftete 1573 einen Hof. Eine Anna Altwecker, "des gewesten Pfarrers daselbst dienerin" reichte 1585 und 1586 ihres Söldhauses wegen beim Domkapitel eine Supplikation ein. Eine Anna Klosterbeurin, etwa 50jährige Tochter des Hans Altwecker stand 1597 verschiedener Betrugsdelikte wegen in Augsburg vor Gericht. Thomas Altweckhens Witwe bat 1586 das Domkapitel um ein Gnadenjahr. Die familiären Beziehungen zwischen den verschiedenen Altweckern lassen sich kaum klären. Fest steht aber, daß eine Linie auf einem Hof saß und wenigstens zwei auf Sölden. Martin Altwöcker (der Bruder des Straftäters?) übergab 1591 eine Sölde (unterhalb der Kirche), die er vier Jahre innegehabt hatte, an Bastian Müller. Ein Hans Altwecker überließ 1593 eine Sölde (oben im Dorf am neuen Weg), die er neun Jahre bewirtschaftete, an Hans Lacher, und Hans Altwecker (derselbe oder ein anderer?) 1594 eine Sölde (unter der Kirche), die er drei Jahre nutzte, an Paul Keren.

Hans Altweckers Behausung lag offensichtlich am Ortsrand. Nach dem Einblattdruck ist er nach der Bluttat "auß dem Hauß gangen / ainem kleinen Hölzlin / nit fehr von seinem Hauß zugeeylet", um sich dort zu erhängen. Nach dem Beschlußbuch des Domkapitels hat er sich "Inn dem Hölzlin bey Erringen, der Kag genannt erhenkht". Nach dem Hofratsprotokoll aber geschah der Suizid "in dem Burkholzlin oben an der Burckh zu Erlingen".

Die schreckliche Bluttat

Die Nachbarn erzählten, daß Altwecker "sein Weib, so zu Morgen frue das Viech auß zutreiben auffgestanden / Widerumb haissen ain weil wider zu Bett gehn / in dem sy im gefolget vnd im nichts böß zu trawet auch also entschlaffen / hat er als baldt mit einer hawen oder Hacken dise greuliche that begangen / nach volender mordthat / Dise Fünff Personen sambt dem vnschultigen Kind in Mutter Leib / ellendiglich ligen lassen". Von der schrecklichen Tat selbst war in der Überschrift und in der Einleitung bereits die Rede. In der Sitzung des Domkapitels am 18. Juli berichtete der Domkustos, daß gestern spät am Abend der Richter und zwei Gerichtsleute (aus Langerringen) angezeigt haben, daß "morgens zwischen 5 vnnd 6 Uhr Hanns Altwöcker daselbst sein Weib so / schwangers leibs gewöst sambt vier Kindern mitt ainer Reithauen jemerlich ermordt vnnd vmgebracht" hat. Im Hofrat wurde berichtet, "wie Hannß Allwegger zu Errlingen sich einer laidigen Tadt vnnd Mord vnder standen vnnd sein groß schwanger Weib (den 17. diß (Monats)) vnnd vier kleine Khinder ohne alle gegebene Vrsach inn gemelltem Flecken Erlingen jämmerlich Inn seine Hauß ermordet" hat. - Die drei voneinander unabhängigen Berichte ergänzen sich in Nuancen. Das Austreiben des Viehs durch die Frau am frühen Sommermorgen, so daß danach noch Zeit bleibt, sich wieder hinzulegen - vor allem, wenn der Mann darauf drängt -, erscheint realistisch wie die Tatzeit zwischen 5 und 6 Uhr. Sieht man von der allgemeinen Wendung auf dem Einblattdruck, der Mord sei "durch des Teuffels eingebung" geschehen, ab, wußten weder die Nachbarn noch der Richter ein Motiv. Der Berichterstatter im Hofrat hatte offensichtlich nach einem Motiv geforscht, mußte dann aber gestehen, daß die Tat "ohne alle gegebene Vrsach" geschah.

Die Nachbarn und der Richter wußten von der Begegnung mit dem (Roß-)Hirten auf dem Weg zum Wald.

Nach dem Bericht des Richters hat Altwecker, "nachdem Er dem Hirtten zu Erringen, wöllichem Er vfgestossen, gebetten, Er soll seinem Brudern Martin Altwecker anzaigen, Er hab all sein gesündt vmbgebracht, vnnd weill er noch Inn seinem Haus Acht gulden, soll Er Martin die zu Ime nemen". Die Nachbarn erzählten, daß "Er vnderwegen einen Roßhirten angetroffen, dem er sein Laidigen fal eröffnet / vnd darbey Ine gebetten, das er zu seinem Bruder gehn vnd sagen wolte, Er solt in sein Hauß kommen vnd 8 Guldin, so er in der Truhen hette, zu seinen Handen nemen vnd damit davon ziehen, vnd er wöll sich jetzt selbst erhencken ...". Auch hier ergänzen sich die Berichte (Name des Bruders; der Roßhirt; die acht Gulden in der Truhe).

Allein die Erzählung der Nachbarn hielt die folgende Episode fest: "Der from ainfaltig Hirdt" hat die Mordkunde "in sondern schrecken nit verschweigen wöllen vnd solche Trawrige Bottschafft ohne verzug dem Richter von Erlingen angezeigt vnd da nun disem verzweifeltem Mörder auff seinem Fußsteig nachgeeylet, ist er in angezeigtem Höltzlin ainem Baum hangende gfunden worden".

Die Behandlung des Falles

Der Einblattdruck schreibt undifferenziert von "eyner Lobwürdigen Obrykeit in Augspurg". Die Herrschaftsverhältnisse in Langerringen waren aber gespalten. Der Richter von Langerringen beauftragte das Domkapitel "Belangendt die entleibt Fraw vnnd Kinder da beim Richter oder Pfarrer zu befinden, daß die Gatten zu österlicher Zeit communicirt, sollen sie samentlich christlicher ordnung nach Inn dem gericht begraben werden". Die Verlassenschaft der Altwecker soll der Richter unter Zeugen inventarisieren. "So vil döß erhenkhten Körper belangt, weill sich befindt, das das Iheims holz, darin Altwöckher sich erhenkht, ohne mittel meinem gnedigen Herrn (d.h. dem Bischof) Jurißdiction vnderworffen", wird die Sache dem Sindicus übertragen. Der Hofrat beschloß "als bald dem Straßvogt zu wissen thuen, daß er Verfügung thue, damit der selbs erhennkhte vom Wasenmaister abgeschnitten vnd verprennt werde". Ferner sollte er die Inventur bei dem Entleibten durchführen. Nach dem Einblattdruck beschloß die Augsburger Obrigkeit, "das sein Doder Cörper zu Pulver vnd Aschen solte verbrendt werden". Dazu ist der Nachrichter hinausgeschickt worden, "der den Vbelthäter eben auff der Statt, da er in Hangend befunden, zu Pulver verbrant hat". Durch das Verbrennen sollte das Böse völlig vom Erdboden vertilgt werden.
Die Abwicklung des Falles hatte noch ein kleines Nachspiel. Die Amtleute des Bischofs protestierten, der Erringer Richter erhob eine "Gegen-Protestation". Das Domkapitel beauftragte den Richter, mit Altweckers Gläubigern einen ordentlichen Rechtstag anzusetzen. Am 28. Juli wurde im Kapitel ein Protestbrief des Bischofs verlesen, weil der Richter und seine Mitgehilfen "in die straßvogteiliche obrigkeit sollen eingegriffen haben". Das Domkapitel entschuldigte sich mit einem Brief.
Ein Nachspiel gab es auch für den Bruder des Verbrechers. Der Richter ließ ihn einsperren, weil die beiden Brüder "daß nechst zu Zusamögk ... gesöllschaften gewest sollen sein". Das heißt, Hans Altwecker saß Wochen vorher auf Zusameck irgendwelcher Vorwürfe wegen ein, und der Vogt hoffte offensichtlich, über den Bruder Näheres über das Verbrechen zu erfahren. Führt vom Gefängnis auf Zusameck eine Erklärung zum Verbrechen in Langerringen? Am 24. Juli schickte Katharina Geisenhofin, "des zu Erringen verhafften Martin Altweckers eheliche Hausfraw" eine Supplikation an das Domkapitel, in der sie um die Entlassung ihres Mannes bat.

Das Bild

Der Maler entschied sich für ein Simultanbild. Er öffnete die Wand eines strohgedeckten Hauses für den Blick in das Innere, das aus einem großen Schlafraum und einer kleineren Kammer besteht. Die Betten der beiden kleineren Kinder befinden sich beim Elternbett ebenso wie die Wiege (ein Hinweis auf das erwartete 5. Kind?). In der Kammer liegen die beiden älteren Kinder in einem Bett. Die Menschen schliefen, wie es damals noch üblich war, nackt. In der Szene stellte der Maler nicht den Mord selbst, sondern dessen Entdeckung durch die Nachbarn dar. Das Mordinstrument ist in der leeren Wiege sichergestellt. Im Vordergrund gestikulieren zwei höhere Beamte (der Straßvogt und der Richter?), von denen der eine, der einen Spieß hält, von einem Gehilfen, der sich einer zweizackigen Gabel bedient, unterstützt wird. Die kleinere Bildhälfte nimmt drei Szenen auf: vorne Hans Altwecker und der Hirt, in der Mitte der Erhängte und neben dem Baum rechts und links der Beamte und sein Gehilfe (aus der Stube), rechts hinter dem Baum der brennende Scheiterhaufen.

Der Text berichtet nicht nur den Mord, sondern bettet ihn ein in eine allgemeine Einlassung über Sprichwort und Exempel und in eine religiöse Ermahnung.

Quellen:

a) zum Vorfall: StA Augsburg Hochstift A Akt 1202 f 417v (= Hofratsprotokoll); Hochstift A NA Akt 5518 (Beschlußbuch des Domkapitels zum 18., 24., 26., 28. u. 31. Juli).
b) zur Familie Altwecker: HStAM KL St. Moritz 135; StA Augsburg Hochstift A MüB 909 (= Salbuch der Burs v. 1539), Hochstift A NA 620 (zu 1591 XI 7, 1593 XI 10, 1594 II 3); Hochstift A NA Akt 5514 (zu 1584 V 11), NA 5515 (zu 1585 V 2), NA 5516 (1586 I 29, IV 18, V 21, X 3 u. 7), NA L 607 (zu 1573), L 1773 (zu 1576); Stadt A Augsburg Urgicht 1597 c Nr. 174, 1597 VIII 6.

Ware Abcontrafettung ainer erbärmlichen/ vnd erschröcklichen

Newen Zeytung/ so sich zu Erlingen/ 4. Meil Wegs von Augspurg/ oberhalb Schwab Münching gelegen/ verlauffen/ alda ein Jnwoner vnd Brot Kauffer/ mit Namen Hanns Alewecher/ sein Schwangers Weyb genennet Christina/ vnd 4. seiner Kinder. Nemlich Annalein 10. Jar. Thoma. 8. Jar. Aphra. 3. Jar. Marthin/ 2 Jar. Greulich ermört vnnd vmb gebracht hat/

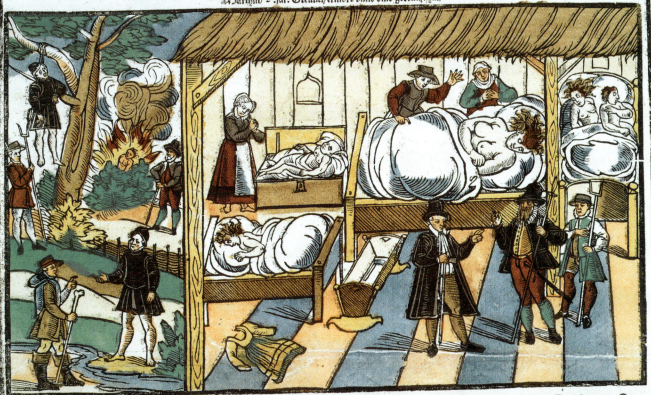

Ob das Spruchwort war sey. Man höret bälder drey böses/ dan ein gutes/ ist meines erachtens/ nit von nöte solches mit Exempeln zu Probieren/ dann es zu diser zeit dahin kommen/ das Layder Gott erbarme es/ hier nichts Warhafftigers kan gesagt noch gehört werden/ vnd doch zu bklagen/ ober sich meret vnd heufflich erwachsen thut wer nun wol von nöten/ diser Rauhen Gottlosen/ sicheren Welt/ etliche für die Augen zu stellen/ ob sie doch deren mal aynes per boßheit sich erinnerte/ Jhr sicherheyt zu gmüt furer/ vnd zu warer Buß sich begebe/ Jedoch vor grossem Hertzlaid vndtrawren/ Jawil mehr vornsetzung Menschlicher Natur/ wird solches kein Scribent leichtlich verbringen mögen/ damit aber die zaghafftigkeit nit ablige/ vnnd die Hoffnung das guet zu erwecken/ durch stillschweigen/ nit vber wunden werde das Viehische/ vnd Menschlich Leben zu straffen/ kan ich nit vmb gehn/ Auß allen vbeln/ nur aynes zuerzelen. Wie volgt.

Als man zält nach der Geburt Christi/ Tausent Fünffhundert/ Achtzig vnnd Neun Jar. Den 17. Tag des Monats July. Ist in einem Dorff/ Erlingen genandt/ Ein jämmerliche/ erschröckliche/ grewliche/ abschewliche/ Gottslästerliche/ verzweifelte that begangen worden/ da selbst/ ein Jnwoner/ der Brot zu Augspurg kaufft/ vnd dahaim wider hin geben hat/ mit Namen Hans Alewecher besinden welcher als Er durch des Teüffels eingebung/ sein böse gedancken/ jn die bewilligung gesetzet/ hat Er sin aigen/ vnnd der zeit Schwangers Weyb/ mit Namen Cristina sambt Vier seiner Kinder. 2. Töchterlein vnd zwey Knäblein/ ohn allerbarmung/ Jn vergessen Ehelicher versprochner pflicht/ vnd Vätterlicher Lieb vnnd Threw/ Jämmerlich/ ermördet/ erwürget vnd vmb gebracht/ welches Er/ nach anzeigung der Nachbauren/ also angestelt/ das Er sein Weib so zu Morgens frü das Viech auß zutreben auffgestanden/ Wider vmb haissen ain weil nider zu Bett gehn/ in dem sy jn gefolget/ vnd jm nichts böß zu trawen so auch also entschlaffen/ hat er als bald mit einer hawen oder hacken dise greuliche that begangen/ nach volender mord that/ Dise Fünff Personen/ sambt dem vnschuldigen Kind in Mutter Leib/ ellendiglich ligen lassen/ auß dem Hauß gangen/ einem kleinen Hölzlin/ nit sehr vonseinem Hauß zugeeylet/ alda Er vnderwegs einen Roßhirten angetroffen/ dem er sein Laidigen fal eröffnet/ vnd darbey Jne gebetten/ das er zu seinem Bruder gehn vnd sagen wolte/ Er solte in sein Hauß kommen vnd 8. Gulden/ so er in der Truhen hette/ zu seinen Handen nemen vnd damit da von ziehen/ vnd er wöll Sich ietz selbst erhencken/ welches der from einfältig Hirdt/ in sondern schrecken mit verschweigen wöllen/ vnd solche Trawrige Botschafft ohne verzug

dem Richter von Erlingen angezeigt/ vnd da nun disem verzweiselten Mörder/ auff seinem Füßsteig nachgeeylet/ ist er in angezeigtem hölzlin/ an einem Baum hangende gfunden worden vnd dannen alle reissend durch den Vogt oder Amptman/ mit Namen Jörg Schneyder ayner Lobwürdigen Obrykeit in Augspurg also fürgehalten vnd angezeigt worden/ Hatt die selbig erkande/ das sein Doder Körper zu Pülver vnd Aschen solte verbrendt werden/ Nach volender handlung der Richter sein Raiß haim gestelt/ vnd ainem Maller von Augspurg/ solche mort gschicht abzu Raisen vnd zu Abcontrafecten mit sich genommen/ wie in diser Figur angedücet gleichfals auch der nach Richter von Augspurg hinauß gestückt worden/ der den vbel thäter/ eben auff der Stett da er in hangend befunden/ zu Pulver verbrandt hat.

Derwegen O Christen Mensch laß dir solches zu Hertzen gehn/ hab Gott vnd sein Wort allzeit vor Augen/ vnd du sicherer vnd vermessner Sünder/ stehe von Sünden ab/ damit der zoren Gottes dich nit vbereyle vnd die zeit Büß zu thon dir zu kurtz werde/ Betracht fleyssig die gerechtigkeit Gottes/ durch welche nit allein hie in zeit/ Sonder auch dort mit ewiger pein Gott der Herr den Sünder strafft. Halte aber bey Gott an Jm gebett/ das er dich vor aller versuchung/ anfechtung/ vnd allen Sünden/ Behüte/ der selbig gütig getrewe Gott/ wölle vns alle sein gnadd vnd Heyligen geyst verleihen/ das wir nach seinem willen Leben/ durch dise vnd der gleichen schröckliche that/ vns selbst von alem Lastern abmanen/ vnd sonderlich die Eheleut also bey ainander wonen/ in Lieb vnd Laid ihren Ehestand halten/ auff das sie in ewiger frewd vnd Säligkeit/ Gott den Stiffter des Ehestands/ Loben/ ehren/ vnd Preysen. AMEN. 1583

Getruckt zu Augspurg/ Bey Hanns Schultes Brieffmaler vnd Formschneyder vnder dem Eyssenberg/

Die Memminger in Zusmarshausen

Einfacher als das Hochenrainer-Epitaph in Welden, aber ebenfalls der Renaissance verpflichtet, stellt sich das Memminger-Epitaph in Zusmarshausen dar, das dem Bürger und Sattler Hans Memminger, der am 8. August 1605 gestorben war, gesetzt wurde. In den Archivalien ließ sich dieser Hans Memminger (bisher) nicht ausmachen, wohl aber vier Träger dieses Namens im Steuerbuch des Jahres 1611. In ihnen darf man Söhne (oder Neffen) des Sattlers Hans Memminger sehen. Das Steuerbuch von 1611 nennt auch, im Rahmen der Pflegschaft für seine Kinder, einen Leonhard Memminger, der damals bereits verstorben war. In der Liste der Hausgenossen erscheint noch eine Barbara Memminger, vermutlich Leonhards Witwe. Vom Alter her könnten Leonhard und Hans Brüder sein. Kamen sie (oder ihr Vater) infolge des Übergangs der Reichsstadt Memmingen zur Reformation nach Zusmarshausen? Mit seinem Namen verband Hans Memminger die Allgäuer Reichsstadt, als er in das Epitaph deren Wappen einmeißeln ließ. Das Epitaph zeigt auf der Männerseite Hans Memminger und seine vier Söhne, von denen der zweite 1605 bereits gestorben war, und auf der Frauenseite Regina Memminger mit ihren vier Töchtern. Auf dem Epitaph klafft eine Lücke: Todestag und -jahr der Regina Memminger, die 1605 noch lebte, wurde nicht nachgetragen.

Wilhalm Memminger saß 1611 auf einem Anwesen, das mit 350 fl. veranschlagt wurde. Er bewirtschaftete ein Höflein mit 4 1/2 Jauchert Acker und 2 Tagwerk Wiesen (280 fl.) sowie weitere zwei Jauchert Acker. In seinem Stall standen zwei Kühe und vier Stück Jungvieh. - Offensichtlich war sein Bruder der Metzger Mattheiß Memminger. Er bewirtschaftete den vierten Teil eines Hofes mit 5 Jauchert Acker und 2 Tagwerk Wiesen (280 fl.) sowie weitere 3 Jauchert Acker und 1 Tagwerk Mad. In seinem Stall standen 3 Rösser und 3 Kühe. Mattheiß und Wilhalm kauften gemeinsam 1616 um 550 Gulden, von denen sie 400 bar bezahlten, von Georg Memminger einen Viertelhof. Der Bader Georg Memminger war wohl ihr Bruder. Seine Behausung mit Badstube und Bad-Gerechtigkeit wurde mit 1 300 fl. veranschlagt. Die Sattler-Gerechtigkeit Hans Memmingers ging offensichtlich durch Heirat an einen Schwiegersohn über. 1642 wird der Sattler Hans Siber genannt. Das "Verzeichnis über die angebauten Güter" aus dem Jahr 1642 führt wiederum einen Mattheiß Memminger (der gleiche wie 1611 oder dessen gleichnamiger Sohn?) auf, dem zwei Behausungen gehörten und der 1 Hube (19 1/4 Jauchert Acker), 1 Hüble (4 Jauchert Acker) und 4 1/2 Jauchert Acker (an 6 Stücken) bewirtschaftete.

Ein Anwesen brannte, wie aus einem "Verzeichnis der Öden und abgebrannten Güter" von 1651 hervorgeht, im schwedisch-französischen Krieg nieder.

Quellen:

StA Augsburg: Hochstift Augsburg NA L 1570 (f 8v - 9r, 67r - 68v, 89r-v, 134v, 135); NA L 1521, 1522, 1523.

Martin Nieß in schrecklicher Zeit Pfarrer in Schwabmünchen (1641 - 1648)

Die Kirche in Münster verwahrt fast unbeachtet ein Portrait eines jungen Geistlichen. Die Inschrift weist die Person als Martin Nieß aus, der sich 1644 im Alter von 29 Jahren von Abraham Leirer aus Thannhausen hatte malen lassen. Das künstlerisch hochwertige Bild verrät einen Hauch von Eitelkeit (vgl. z.B. die feinen Spitzen des Chorrocks). Zoepfl vermutete in Martin Nieß einen Hauskaplan der Fugger in Mickhausen, doch sagen die Akten darüber nichts aus.

Martin Nieß wurde (vermutlich im Herbst) 1614 in Jettingen geboren. Sein Vater Leonhard stand als Bote und Notar in den Diensten von Heinrich vom Stein, dem Inhaber der Herrschaft Jettingen. Martin Nieß immatrikulierte sich als 14jähriger im Jahre 1628 an der Universität Dillingen. Zwei Jahre vorher hatte sich sein älterer Bruder als 16jähriger in Dillingen eingeschrieben. Im Jahre 1639 wurde Martin Nieß zum Priester geweiht.

Als sich Martin Nieß malen ließ, versah er (bereits seit 1641) die Pfarrei Schwabmünchen, was nicht ausschließt, daß er auch in Diensten der Fugger stand. Das aufwendige Bild (und seine Aufbewahrung in Münster) lassen an einen begüterten Förderer denken. Im Jahre 1648 verließ Martin Nieß Schwabmünchen, das vom Krieg so mitgenommen war, daß es Schwierigkeiten gab, den Lebensunterhalt für den Pfarrer aufzubringen.

Bevor die Schrecken des Schwedischen Krieges über die Dörfer an der Hochstraße hereinbrachen, hatte die Pest der Jahre 1627/28 zahlreiche Opfer gefordert. Die durchziehenden Truppen quälten die Bevölkerung. Daß ein 26jähriger Priester eine große Pfarrei übernehmen konnte, war damals nicht so ungewöhnlich, weil viele Pfarreien verwaist waren.

Martin Nieß' Verbindung zu den Fuggern zeigt die Verleihung der Pfarrei Weißenhorn, die er von 1648 bis 1657 versah. Bereits in dieser Zeit (1654) wurde er auch Dekan und behielt dieses Amt, als er auf die Pfarrei Holzheim (bei Neu-Ulm) wechselte. Diese Pfarrei betreute er fast 30 Jahre lang. Erst in seinen letzten Jahren ließ er sich in die dortige Priesterbruderschaft aufnehmen ("Martinus Niess ... gewester Dechant zue Weissenhorn und Pfarrer zue Holzen").

Quellen und Literatur:

Alfred Schröder, Das Bistum Augsburg, Bd. VIII, 559;
Zoepfl, Das Bistum Augsburg, Bd. IX, 241;
ABA: Generalschematismus; BO 4929.

Benedikt Sartor, Abt in Thierhaupten 1677 - 1700

Die Familie

Die Familie Sartor stellt ein Donauwörther Epitaph vor. Unter dem Wappen mahnt ein langer Spruch; darunter knien auf der Männerseite vier, auf der Frauenseite sieben Personen. Auf der Frauenseite stimmen die Monogramme zu den Personen auf der Männerseite, jedoch irritieren die Punkte. Der zweiten Frauenfigur (von rechts) wurde der Kopf abgeschlagen. Die rechte Frau (AMS), die Mutter, trägt eine hohe Pelzhaube; die Töchter setzen Flügelhauben auf. Der zweite Mann (von links) weist sich durch Stab und Mitra als Prälat aus, der vierte Mann durch die Fahne als Soldat.

Der Apotheker Caspar Sartor kam in den vierziger Jahren nach Donauwörth.[1] Vor ihm war offensichtlich bereits Andreas Sartor (sein Bruder?), Reiter unter der bayerischen Armee, nach Donauwörth gezogen. Ihm und seiner Frau Anna wurde 1642 die Tochter Barbara geboren. Nach den Thierhauptener Altersangaben müßte der Abt 1641 geboren sein, doch weist die Matrikel für die Pfarrei Unsere Liebe Frau weder für dieses, noch für die vorangegangenen und nachfolgenden Jahre die Geburt eines Apothekerkindes auf, was bedeutet, daß Abt Benedikt nicht in Donauwörth geboren wurde, sondern als Kleinkind in die Stadt kam. Caspar Sartor heiratete 1646 Anna Maria Niedermaier, die Witwe des verstorbenen Stadtapothekers Johann Niedermaier. Er selbst war ebenfalls Witwer. Leider geben die Ratsprotokolle nicht an, woher Caspar Sartor kam.[2] Die Donauwörther Kinder Caspar Sartors werden zwischen dem Dezember 1648 und dem November 1659 geboren:

1648 XII   5 Maria Franziska
1651 I   22 Philipp Wilhelm
1656 I   25 Maria Veronica
1657 VIII 26 Barbara Catharina
1659 XI   6 Maria Scholastica

Sie erscheinen auf dem Epitaph unter den Monogrammen MF, P.W.S, MA (Veronica), PC und MS. Die Söhne P.S und B.A sowie die Töchter ACC und MA konnten in den Matrikeln nicht festgestellt werden, was eigentlich für PS und MA (2) zu erwarten wäre.

Der Apotheker Caspar Sartor starb, versehen mit den Sterbesakramenten, am 23. September 1669. Aus der anderen Sartor-Linie verzeichnet die Sterbematrikel den Tod der Apollonia Sartor am 2. November 1669 und den Tod der ledigen Maria Anna Sartor. Der Schwiegertochter C. Sartors, der Anna Maria Sartor, geb. Zech, gestorben am 4. Dezember 1686 im Alter von 44 Jahren, wurde ein eigenes Epitaph gesetzt. Das Sart'sche Familienepitaph entstand nach 1677, denn es stellt Benedict bereits mit den Insignien des Abtes dar.

Unruhige Zeiten im Kloster Thierhaupten

Was den Apotheker-Sohn aus Donauwörth bewog, ausgerechnet in Thierhaupten einzutreten, entzieht sich unserer Kenntnis. Vielleicht war der Richter des Klosters Johann Sartorius (gen. 1659, gest. 1674) sein Onkel und hatte vermittelt. Das Kloster war sehr stark verschuldet und hatte im 30jährigen Krieg stark gelitten. Abt Korbinian Cherle klagte 1659, daß "der Augenschein zeige, daß kein Kloster im bayerischen Kurfürstentum so übel zugerichtet sei wie das ihrige, aus der Ursache, daß es nahe am Lech und an der Grenze gelegen, bei feindlichen Einbrüchen habe Verheerungen und Plünderungen ausstehen müssen". Als Sartor eintrat, lebten im Konvent noch mehrere Mönche, die die letzte Phase des schrecklichen Krieges erlitten hatten: Benedikt Neumeyer, der von den Schweden mißhandelt worden war, Michael Ziegler, Anselm Kätzler (Laienbruder) und Kolumban Dietlmayr, Honorat Depfl, Placidus Kienle (aus Ingolstadt) und Meinrad Glück. Abt Korbinian Cherle hatte 1642 Profeß abgelegt, war aber erst 10 Jahre später zum Priester geweiht worden. Auch nach dem Krieg fanden Männer den Weg ins Kloster: Roman Schwaighofer (1650), Ildephon Cherle (1655) aus Gaimersheim, Edmund Arnheidler aus Ingolstadt (1656), Maurus Mourat aus München (1657), Dominikus Nerb aus Lenting (1658), Bernhard Koch aus Ingolstadt (1659) und Kilian Weigl aus Ingolstadt (1663). Von der Herkunft der Professen her erscheint Thierhaupten als Ingolstädter Hauskloster.

Benedikt Sartor hatte die Gymnasialausbildung bei den Augustinern in München absolviert, um dann in Ingolstadt einige Zeit Philosophie und Moraltheologie (casus conscientiae) zu hören.[3] Aus Ingolstadt rief ihn das Kloster zurück, weil es das Studium nicht mehr finanzieren konnte, weswegen Sartor lange Diakon blieb und erst mit 31 Jahren zum Priester geweiht wurde.

Abt Korbinian mußte sich ständig mit den Forderungen der Gläubiger herumschlagen. Diese forderten, alle Mönche aus dem Kloster zu schicken (um Kosten zu sparen) und Almosen zu sammeln, um Geld zusammenzubringen. Der Abt erklärte sich bereit, den Konvent auf sieben (später auf vier) Patres zu reduzieren und den Subprior zum Almosensammeln zu schicken. Die Höhe der Schulden belief sich 1650 auf 32 000 fl. Das Almosensammeln lohnte sich (1661 z.B. 562 fl.). Schließlich gelang es, eine für Rain gedachte Stiftung des Dr. Anton Balster in der Höhe von mehreren Tausend Gulden an das Kloster zu bringen.

In der Phase einer sich abzeichnenden wirtschaftlichen Konsolidierung eskalierte der Konflikt des Abtes mit einigen Patres des Konvents. Im Jahre 1659 hatte er Prior Plazidus Kienle abgesetzt, der sich seinerseits über den Abt beschwerte. Im Jahre 1664 schwärzten zwei Patres den Abt beim Generalvikar an. Beide wurden mit Gefängnis (im Kloster) bestraft. Die scharfen Dekrete halfen nichts. 1669 wurde dem Abt für ein Jahr der Gebrauch der Mitra verboten; der Generalvikar setzte Prior Ildephons Cherle und den Küchenmeister ab und bestrafte sie mit Einsperren in der Zelle. Der Abt beschwerte sich beim Kurfürsten. Unter einer langen Liste von Bedingungen erklärte sich Abt Korbinian am 17. November 1669 bereit zu resignieren. Dagegen wandten sich neun Mönche, unter ihnen auch der Kleriker F. Benedikt Sartor. Gegenüber dem beginnenden 16. Jahrhundert mit einer Konventsstärke von 4/5 Patres war die Zahl der Mönche jetzt auf das Dreifache gestiegen. Ein Konventskatalog vom 5. November 1669 nennt neben dem Abt zwölf Patres und drei Fratres. Zum Konvent gehörten aber auch die Patres, die die Pfarreien Zirgesheim und Stotzard versahen, Frater Anselm Kätzler, der als Gast in Elchingen weilte, und die ehemaligen Äbte Peter Daiser (1637 - 1656) und Maurus Mayer (1656 - 1658), die außerhalb der Augsburger Diözese wohnten. Vergleicht man die Altersangaben, fällt auf, daß die jüngeren Mönche (zwischen 18 und 45 Jahren bei einem Durchschnitt von 34 Jahren) im Kloster lebten, die älteren (zwischen 50 und 64) sich außerhalb aufhielten.

Der Thierhauptener Konvent im November 1669:

Korbinian Cherle, Abt (43)
Ildephons Cherle, Prior (32)
Roman Schweighofer, Subprior (45)
Placidus Kienle (45)
Kolumban Dietlmaier
Granarius (45)
Meinrad Glück (42)
Edmund Arnheidler (34)
Maurus Mourat (37)
Dominikus Nerb (31)
Kilian Weigl (27)
Bernhard Koch (33)
Konrad Kainz (27)
Aemilian Straßer (29)

Benedikt Sartor, Fr. (23)
Augustin Darwey, Fr. (18)
Paul Weiß, Fr. Converse (23)

Benedikt Neumeyer, Pfarrer
in Zirgesheim
Honorat Depfel, Pfarrer in Stotzard (50)
Anselm Kätzler, Fr. Converse
Peter Dainer, Ex-Abt
Maurus Mayer, Ex-Abt

Der Augsburger Bischof war bereit, die Resignation des Abtes anzunehmen, der kurfürstliche Geistliche Rat allerdings lehnte sie ab. Im Kloster selbst spielten sich unschöne Szenen ab. Bischof und Kurfürst einigten sich auf eine gemeinsame Visitation und schickten am 18. Mai 1670 ihre Vertreter nach Thierhaupten. Der Konvent war gespalten: Zehn Konventualen standen auf der Seite des Abtes, unter ihnen auch Benedikt Sartor, sieben Konventualen klagten den Abt an. Die Anhänger des Abtes protestierten beim Kurfürsten gegen die Annahme der Resignation durch den Bischof. Die Thierhauptener Angelegenheit wuchs sich zu einem Konflikt zwischen Bischof Johann Christoph und Kurfürst Ferdinand Maria aus. Auf einer am 16. Dezember 1670 in Bruck bei Fürstenfeld gehaltenen Konferenz brachten der bischöfliche Kanzler Lang und der kurfürstliche Vizekanzler Schmid die Sache ins Lot. Der Vizekanzler mußte einlenken, nachdem Lang schwere Geschütze aufgefahren hatte. Der Prälat habe acht Tage lang eine Weibsperson bei sich in der Prälatur behalten und das Schweigen der Religiosen mit einer stattlichen Mahlzeit erkauft. Auch seien aus dem Kloster Vorfälle bekannt, die an Sodomie grenzten. Man einigte sich auf eine Neuwahl und die Bestrafung der schuldigen Mönche. Der Kurfürst aber legte Wert darauf, daß kein Ausländer, d.h. keiner aus einem Kloster außerhalb des Kurfürstentums, als Abt nach Thierhaupten geholt werde. Die Neuwahl wurde auf den 29. Januar 1671 angesetzt. Am 12. Januar begannen der Generalvikar und der Abt von St. Ulrich und Afra eine dreitägige Visitation. P. Maurus Mourat wurde zu unbefristeter Kerkerhaft verurteilt, P. Konrad Kainz zu zwei Tagen Bodensitzen bei Wasser und Brot. Starke Anschuldigungen wurden auch gegen P. Kilian Weigl und Fr. Benedikt Sartor ausgesprochen, doch befanden sich diese gerade mit zwei weiteren Konventualen auf dem Weg zum Bischof. Trotz der kurfürstlichen Einwände postulierte der Konvent P. Dionys Kratzer, den Prior von St. Ulrich und Afra. Der Kurfürst stellte schließlich seine Bedenken zurück, und so konnte Kratzer am 8. April die Abtei übernehmen. Ex-Abt Korbinian Cherle wurde mit einer jährlichen Pension von 50 und einem Reisegeld (Viaticum) von 30 Reichstalern verabschiedet, doch fand er weder in Kremsmünster noch in Lambach noch im Bistum Passau eine Bleibe, sodaß er am 25. Juli 1671 "zur Verlegenheit des ganzen Klosters" wieder zurückkehrte. Der neue Abt empfand seines Vorgängers Anwesenheit "sowohl für das Zeitliche, wie für das Geistliche des Klosters schädlich". Man bemühte sich, ihm eine Pfarrei zu verleihen, aber erst am 22. Dezember 1676 präsentierte ihn der Abt von St. Ulrich auf die Pfarrei Dasing, die er bis zu seinem Tod am 30. Mai 1681 versah. Dort betätigte er sich auch literarisch. Im Jahre 1679 erschienen bei Utzschneider die "Quinque gemitus ...", eine erbauliche Schrift mit einer Widmung an Abt Benedikt Sartor, in der Cherle betont, daß Sartor "schon damals, als er die Abtei resignierte, verdient hätte, sein Nachfolger zu sein". Das sollte sich aber bereits 1677 erfüllen, weil Abt Dionys Kratzer bereits am 11. Oktober 1677 starb. Unter Abt Dionys besserten sich die Verhältnisse. Der Generalvikar hatte die Einführung dieses Abtes mit einer scharfen Ermahnung, in der er den Besuch auswärtiger Kirchweihen sowie alle Zechereien im Kloster verbot, abgeschlossen. Eine Visitation von 1675 ergab dann auch, daß sich das Kloster wider alle Hoffnung in einem guten Zustand befand. Unter Abt Dionys Kratzer erhielt Benedikt Sartor endlich die Priesterweihe. An der Stärke des Konventes änderte sich unter diesem Abt nichts. Zwei Mönche, Joseph Frantz aus Hirsau in der Oberpfalz (Abt von 1701 - 1714) und Simon Bickel aus Augsburg, legten 1672 bzw. 1673 Profeß ab, und zwei Patres (Benedikt Neumayr und Ildephons Cherle in Oberhaid bei Bamberg) starben.

Abt Benedikt

Die Wahl vom 30. Oktober 1677 fiel auf den 36jährigen Benedikt Sartor, der in den schweren Auseinandersetzungen des Konvents entschieden Partei für Abt Korbinian Cherle ergriffen hatte. Von den 19 Konventualen des Klosters waren 13 zur Wahl erschienen.

Abt Benedikt übernahm nicht das Familienwappen selbst, sondern als Ausdeutung des Namens den Schnitter aus der Helmzier.

Der Konvent

Abt Benedikt nahm erst gegen Ende des ersten Jahrzehnts seiner Regierungszeit wieder Mönche auf. Er hatte es verstanden, die wirtschaftlichen Verhältnisse zu bessern, und der Tod hatte Lücken gerissen. Der vielen gestifteten Messen wegen herrschte zeitweilig sogar ein Mangel an Priestern. Als der Abt von Prüfening 1693 einen Pater zurückberief, bat Abt Benedikt um Dispens für die Priesterweihe des 23jährigen Fr. Benedikt Cherle.

Portrait in der Thierhauptener Äbtegalerie; rechts Ausschnitt aus dem Familienepitaph.

Während seiner Regierungszeit stellen sich die Veränderungen so dar:

Profeß	Nekrolog
1679	P. Peter Daiser, Ex-Abt (Stotzard)
1681	P. Korbinian Cherle, Ex-Abt (Dasing)
1683	Fr. Anselm Kätzler
1684	P. Meinrad Glück (Riedenthal b. Krems)
	P. Roman Schwaighofer
	P. Columban Dietlmayr
1687 Gregor Bernhard aus Friedberg	
1688 Roman Widmann a. Donauwörth	P. Konrad Kainz
1689 Innozenz Herpfer a. Donauwörth	P. Kilian Weigl
1690 Benedikt Cherle a. Friedberg	
1691	P. Maurus Mourat
1692 Johann Ev. Keller aus Pfaffenhofen	Fr. Gregor Bernhard, Subdiakon
1693 Columban Ferg a. Donauwörth	P. Maurus Mayer, Ex-Abt (Schrobenhausen)
1694 Tassilo Weigl a. Hilpoltstein	
1696 Ildephons Schwickher a. Erling	
1697 Bonifaz Pfaffenzeller aus Hausen bei Aindling Placidus Ruisinger a. Thierhaupten	P. Placidus Kienle
1698 Roman Käpferl aus Gmunden	

Klosteranlage und Dorf (mit Pfarrkirche St. Georg) Thierhaupten auf einem Stich von Michael Wening, 1701 (zu den Einzelheiten vgl. F. Häußler 86f, 118, 133, 138).

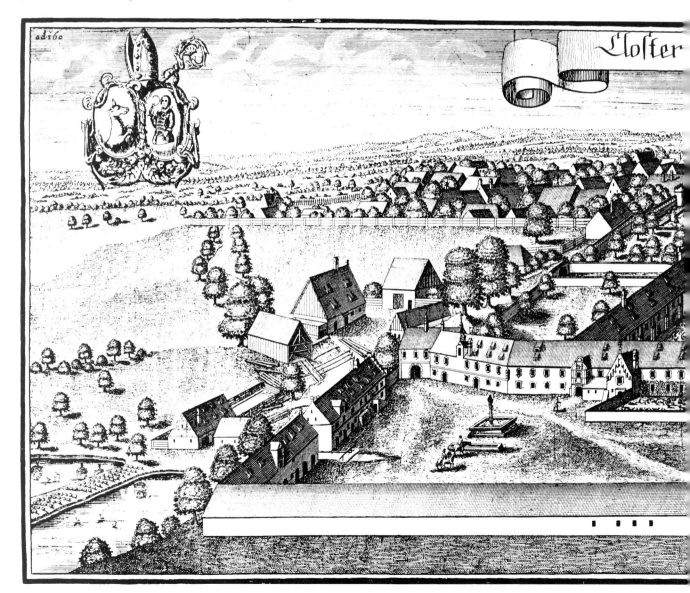

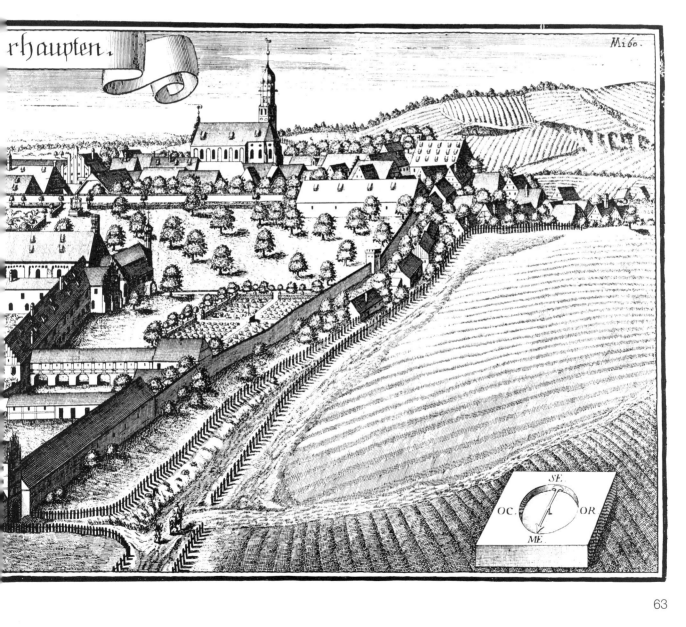

Die Herkunftsorte der jungen Mönche zeigen, daß die Zeit des "Ingolstädter Hausklosters" vorbei war. Das Einzugsgebiet hat sich gewandelt. Die drei Donauwörther erklären sich aus Verbindungen zum Abt und seiner Familie.

Aus dem Konvent von 1669 (s.o.) lebten noch bis nach 1700: Der Senior P. Edmund Arnheidter (gest. 1707), P. Dominikus Nerb (1693 - 1701 Pfarrer in Stotzard, gest. 1706), P. Bernhard Koch (als Maler tätig, mehrere Jahre außerhalb des Klosters, gest. 1710), Fr. Paul Weiß (gest. 1706). Nicht im Nekrolog erscheinen P. Aemilian Straßer aus Ingolstadt (genannt 1671) und P. Augustin Darwey aus München (1677 und 1680 als Sakristan genannt). Eine leidige Angelegenheit mußte der Abt am 24. April 1695 dem Kongregationspräses melden: Der Kleriker Tassilo Weigl hatte am 15. April, nachdem er in der Sakristei einige silberne Gefäße, ein Muttergottesbild und eine wertvolle Krone und aus dem Refektorium 13 silberne Löffel entwendet hatte, den Habit ausgezogen und war aus dem Kloster entflohen.

Thierhaupten in der bayerischen Benediktiner-Kongregation

Nach dem 30jährigen Krieg nahmen die Klöster ihre Bemühungen wieder auf, sich in Kongregationen zusammenzuschließen, um die Exemtion von der bischöflichen Jurisdiktion zu erlangen. Das Recht der Visitation lag jetzt nicht mehr beim Bischof, sondern bei der Kongregation, ebenso die Aufsicht bei Wahlen von Prälaten. Dem Bischof blieb allein das Recht der Wahl-Bestätigung. Der Augsburger Bischof wehrte sich gegen die Kongregationsbildung, der Kurfürst förderte sie. Die Benediktiner-Klöster des Augsburger Bistums gehörten verschiedenen Kongregationen an, die schwäbischen (außer St. Ulrich und Afra) der Kongregation vom Hl. Geist, die bayerischen der Kongregation zu den heiligen Schutzengeln. Zur bayerischen Kongregation gehörten 1684 die Klöster: Andechs, Attl, Benediktbeuren, Ensdorf, Frauenzell, Mallersdorf, Prüfening, Reichenbach, Rott, Scheyern, St. Emmeram in Regensburg, Tegernsee, Thierhaupten, Weihenstephan, Weißenohe und Wessobrunn. Später schlossen sich noch Michelfeld, Oberaltaich und Wellenburg an. (Asbach, Ettal, Formbach, Metten und Niederaltaich blieben der Kongregation fern).

Es liegt auf der Hand, daß Thierhaupten im Kreis dieser Klöster nur eine bescheidene Rolle spielte. Von Thierhaupten forderte die Kongregation einen Jahresbeitrag von 25 fl.

Der Thierhauptener Abt nahm an allen Generalkapiteln persönlich teil:

1684	XI	22 - 27	Regensburg
1686	IV	22 - 25	Scheyern
1689	VI	27 - VII 1	Andechs
1692	V	5 - 8	Scheyern
1695	VI	20 - 23	Andechs
1698	IV	21 - 23	Scheyern

Mit irgendwelchen Ämtern der Kongregation (Praeses, Visitator I bzw. II) wurde Abt Benedikt aber nicht betraut. Auch der Thierhauptener Konvent war immer mit einem Deputierten vertreten (P. Joseph Franz 1684 und 1698; P. Dominikus Nerb 1686, 1692, 1695; P. Plazidus Hienle 1689)[4].

Obwohl sich die wirtschaftlichen Verhältnisse normalisierten, erwies sich Abt Benedikt als ein säumiger Zahler. Im Jahre 1695 schuldete das Kloster der Kongregation 194 fl., was bedeutet, daß in 12 Jahren die Beiträge meistens nicht entrichtet worden waren.

Die wirtschaftliche Sanierung

Als Benedikt Sartor die Leitung des Klosters übernahm, war dieses immer noch mit 11 880 fl. verschuldet. Sein Nachfolger, Abt Joseph Frantz (1701 - 1714) übernahm nicht nur ein schuldenfreies Kloster, sondern fand auch noch 2 632 fl. Bargeld und Außenstände von 8 614 fl. vor. Sartor wirtschaftete so, daß in der Regel die Einnahmen die Ausgaben überstiegen. So stehen z.B. im Jahre 1690 den Ausgaben in Höhe von 5 518 fl. Einnahmen von 9 696 fl. gegenüber. Die größten Einnahmeposten resultieren aus verkauftem Getreide (1 719 fl.) und verkauftem Bier, Wein, Branntwein, Brot und Käse (1 199 fl.), die größten Ausgabeposten aus den Aufwendungen für Steuern und Abgaben (854 fl.), für Wein (867 fl.) und allgemein für die Küche (648 fl.). Im Jahre 1695 konnte es sich der Abt leisten, für 3 001 fl. vom kurfürstlichen Hofzahlamt jährliche 150 fl. Scharwerksgelder aus Klostergütern in den Landgerichten Aichach und Rain zu kaufen.

Gottesdienst und Kirche

Der Abt legte Wert auf feierliche Gottesdienste. In den Rechnungen finden sich immer wieder Ausgaben für Organisten und Musikanten. So erhielten z.B. Aichacher Musiker, die am Patrozinium 1690 das Amt geblasen hatten, die beachtliche Summe von 3 fl. Für die Sakristei schaffte er Paramente an und für die Thaddäus-Kapelle ließ er 1678 eine kleine Glocke gießen. Gegen En-

de seiner Regierungszeit begann er mit der Barockisierung der Klosterkirche. Von den neu errichteten Altären steht heute noch der mächtige Hochaltar, den das Wappen des Abtes krönt. Er entspricht noch der architektonisch strengen Lösung des barocken Altarschemas. Im ornamentalen Schnitzwerk herrscht bereits der Akanthus vor. Das Hauptbild malte der berühmte Johann Georg Knappich, ein Augsburger Meister. Er sollte die Kirchenpatrone Petrus und Paulus und andere Heilige als Verehrer Mariens vorstellen. Er schuf für Thierhaupten nicht sein bestes Gemälde.

Durch die Stiftung von Anton Balster (1668) wurde in der Thaddäus-Kapelle an allen Tagen der 14 Nothelfer eine hl. Messe gelesen. Mit Errichtung der Baier. Benediktinerkongregation wurde das Schutzengelfest feierlich begangen. Mancher Jahrtag war mit Almosen für die Armen verbunden. Am Gründonnerstag ließ das Kloster an 12 Arme drei Gulden verteilen; auch sonst verzeichnen die Rechnungen monatliche Almosenspenden von 3 bis 6 Gulden. Damit erfüllte das Kloster eine wichtige soziale Aufgabe für die Armen.

Das Totengedenken erweiterte der Abt durch die Gebetsverbrüderungen mit Aspach (1681), Deggingen und Hl. Kreuz in Donauwörth (1684).

Die Persönlichkeit

In der Vorrede seines Buches hatte sich bereits 1679 Ex-Abt Korbinian Cherle sehr positiv über Abt Benedikt Sartor geäußert, was nach der Vorgeschichte aber nur schwerlich als objektiv angesehen werden kann.

Der Abt starb in der Nacht vom 20. auf den 21. November 1700 im Alter von 59 Jahren eines jähen Todes. P. Benedikt Cherle hielt beim Dreißigstgottesdienst (am 13. Dezember) auf den verstorbenen Abt eine Lobrede, die bei Joseph Gruber in Augsburg in Druck erschien. Cherle, der 1690 Profeß abgelegt hatte, war von den Zerwürfnissen und Parteiungen im Konvent, die 1670 zur Resignation des Abtes geführt hatten, nicht belastet. Er konnte Abt Benedikt würdigen, wie er ihn seit über 10 Jahren im Kloster erlebt hatte. Cherle wußte aber um die Vorgeschichte und hebt deswegen hervor, daß Sartor den guten Ruf des Klosters wieder hergestellt und es von Schulden befreit habe. Im Notjahr 1697 sei er den Untertanen und Fremden mit Getreide zu Hilfe gekommen; bei einer ansteckenden Krankheit habe er sich selbst angeboten, im Dorf die Kranken zu besuchen. Ungeachtet seiner vielen Geschäfte als Abt sei er eifrig im Beichtstuhl gewesen und nie sei er von der Mette aus dem Chor in die Abtei gegangen, ehe er im Kreuzgang auf der Sepultur "aus dem Geistlichen Glöcklein ein Zettelein gehebt und gebetet" habe. Als Charaktereigenschaften lobte der Redner des Verstorbenen Demut und Anspruchslosigkeit. Im Katalog der Thierhauptener Professen, den die Bayer. Benediktiner-Kongregation führte, wird er mit der Bemerkung gewürdigt: "Abt Benedikt, ein Mann voll Würde, der eifrigst an der Erhaltung der Klosterzucht gearbeitet, ziemlich große Schulden glücklich bezahlt, die Kirche mit neuen Altären ausgestattet und verschiedene notwendige Gebäude aufgeführt hat".

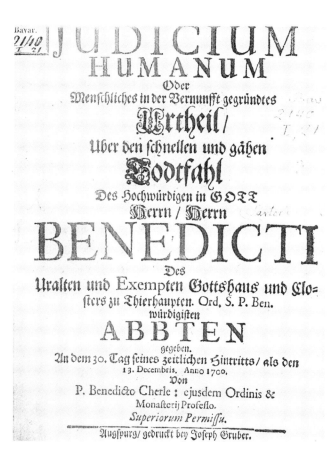

Literatur

Nikolaus Debler, Geschichte des Klosters Thierhaupten, Donauwörth 1912, 115 - 119, weitere Stellen aus dem Register; Franz Häußler, Closter Thierhaupten, Thierhaupten 1989, 80 - 82, 86 f.

Anmerkungen

1) Nach Ausweis eines Epitaphs (Esther Gros, Apothekersfrau, gest. 3.I.1620 im Alter von 66 Jahren) befand sich die Apotheke zu Beginn des 17. Jahrhunderts in den Händen der Familie Gros.
2) Freundliche Mitteilung von Frau Dr. Großmann.
3) Erscheint allerdings nicht in der Universitätsmatrikel.
4) Franz Gressierer, Die General-Kapitel der Bayer. Benediktiner-Kongregation 1684 - 1984, in: StMB 95, 1984, 489 - 521; Anselm Reichhold, 300 Jahre Bayer. Benediktiner-Kongregation im Spiegel der wichtigsten Beschlüsse der Generalkapitel, ebenda 522 - 696; Winfried Hahn, Die Gründung der Bayer. Benediktiner-Kongregation, ebenda 229 - 488; Sigmund Benker, Martin Ruf u. Joachim Wild, 300 Jahre Bayer. Benediktiner-Kongregation, in: StMB 96, 1985, 8 - 64.

Unterschrift des Abtes aus dem Jahre 1693
(BHStAM KU Thierhaupten 280)

Pfarrer Anton Ginter (1679 - 1725), der große Förderer der Wallfahrt zum Herrgöttle von Biberbach

Die Wallfahrtsliteratur erweckt den Eindruck, eine neue Wallfahrt entstehe aus der Eigendynamik des Gnadenbildes. In Biberbach allerdings hing das Aufblühen der Wallfahrt entschieden von den Aktivitäten des Pfarrers ab.

Über Anton Ginter entstanden zwei Biografien: die "Epitome Vitae Venerabilis Domini Antonii Ginther", die von 1728 an Ginters Predigtwerk "Unus pro omnibus" beigedruckt wurden, und die "Letzte und schuldige Ehren-Rede" des Biberbacher Pfarrers Joseph Ignaz Claus (1735 - 1740), die "auf viler Verlangen" bei Joseph Gruber in Augsburg herauskam. Ein Portrait im Pfarrhaus Biberbach vermittelt ebenso einen Eindruck von seiner Persönlichkeit wie seine Bücher.

Die Familie

Anton Ginter wurde am 11. Juli 1655 in Friedberg geboren. Die Taufmatrikel bezeichnet ihn als Sohn des Johannes Ginter und seiner Frau Christina. Das Amt des Paten hatte Andreas Fasold übernommen. Nach späteren Einträgen war der Vater Hucker, der Pate Fasold Weber. Nach Auskunft des Friedberger Pfarramtes aus dem 18. Jahrhundert hatte der Melber am 17. November 1653 die Sattlerstochter Christina Oswald geheiratet. Die unterschiedliche Berufsangabe Melber darf man wohl als Spezialisierung des Huckerberufes verstehen. Anton Ginter war der erste Sohn aus dieser Ehe. Das 2. Kind, Catharina (geb. 1656 Nov. 25) heiratete 1682 den Witwer Jacob Schneider in **Eisenbrechtshofen**. Aus dieser Ehe gingen noch die Tochter Ursula (geb. 1661 April 5) und der Sohn Sebastian (geb. 1665 Jan. 27) hervor. Johann Ginter heiratete am 3. Februar 1671 ein zweites Mal. Aus dieser Ehe gingen die Töchter Christina (geb. 1673 März 31) und Anna (geb. 1675 Juli 1) hervor. Die "Epitome", die von den Eltern lediglich bemerken: "non nobilibus quidem, sed honestis parentibus" ("zwar nicht von adeligen, aber von ehrenvollen Eltern"), erzählen, die fromme Mutter habe, als sie bei der Geburt in Todesgefahr geriet, weil sie das Kind nicht bringen konnte, zum Wundertäter Antonius das Gelübde getan, der Bub solle Priester werden. Aus Dankbarkeit habe sie ihm in der Taufe dann den Namen Antonius gegeben.

Die Ausbildung

In den Matrikeln süddeutscher und österreichischer Universitäten (Dillingen, Ingolstadt, Freiburg, Basel, Innsbruck, Salzburg und Wien) sucht man vergeblich nach einem Studenten Anton Ginter. Dagegen finden wir den 12jährigen Buben am Gymnasium der Augsburger Jesuiten, wo er im Herbst 1667 mit den rudimenta beginnt. Im Jahre 1671 steht er in der Reihe der Rhetoren und im Jahre 1676 unter der der Casisten. Wie lange er dem Studium der Moraltheologie nachging, geht aus dieser Matrikel nicht hervor.

Sowohl die "Epitome" wie die "Ehren-Rede" erwähnen eine auch für das Volksleben in der Reichsstadt Augsburg interessante Begebenheit aus der Schulzeit Ginters: "Als er noch zu Augsburg die Humanität studierte / ist er von seinen Schul-Gesellen einsmahl geführt worden zu einem Theatro oder Schau-Bühne eines Marckt-Schreyers / allwo der Gauckler oder Schalcks-Narr / wie es insgemein zu geschehen pflegt / dem Volck allerhand lächerliche, der Ehrbarkeit zu wider lauffende Zotten / und Possen vortruge. Was geschieht? Habt ihr niemahl gesehen / wann etwann ein liebes Söhnlein wider den Willen deß Vatters auf der Gassen mit anderen Knaben sich aufhaltet / und Muthwillen treibt / da kombt der Vatter hinter ihm drein / versetzt ihm einen Streich / und schafft ihn geschwind nacher Hauß: Also Vätterlich verfahrte Gott mit dem Jungen Antonio, er versetzte ihm einen Streich / das ist / dort bey dem Theatro, in Gegenwart einer großen Mänge Volcks hat er ihn Augenblicklich gestrafft mit einer gefährlichen Ruptur, oder Leibs-Schaden." Diese Begebenheit läßt sich durch eine weitere Angabe in das Jahr 1671 datieren: "Dise gefährliche und beschwärliche Burd hat er zur Abbüssung seines freventlichen Fürwitz eylff gantzer Jahr gedulden müssen / biß er endlich in dem dritten Jahr seines Priesterlichen Stands von dem allhiesigen wunderthätigen Creutz auf wundersame Weiß ist geheylet worden".

Nach Auskunft der Weiheregister erhielt Ginter am 24. September 1678 die niederen Weihen, am 1. April des folgenden Jahres das Subdiakonat und am 27. Mai das Diakonat. Zum Priester wurde er am 23. September 1679 geweiht. Zum Tischtitel hatten sich die Fugger verpflichtet. Diese verhalfen ihm gleich auf die Pfarrei Biberbach, was damals für einen Neupriester eine ungewöhnliche Karriere war.

Das Aufblühen der Biberbacher Wallfahrt

In seinem Mirakelbuch bringt Ginter den Beginn der Verehrung des Kruzifixes in Zusammenhang mit der Predigt des Kapuziners Marcus von Aviano. Im Monat August (1680) hätten "die gemeine Leuth mehr Glauben vnd Vertrawen auff den vnendlich - barmhertzigen Gott zu setzen von ihme erlehrnet / vnd öfftern angefangen dises H. Creutz mehrmalen mit Andacht zu besuchen".

Marcus von Aviano, der wortgewaltige Prediger, war am 16. November 1680 von Neuburg herkommend nachmittags um 4 in Augsburg eingetroffen. Auf den Straßen und Plätzen der Stadt wurden Gebetszettel verkauft, die auch ein Bild des Kapuziners zeigten. Das einzigartige Geschehen hielt der Augsburger Briefmaler Elias Wellhöfer in einem Holzschnitt fest: "Die wahre Abbildung der Hochfürstlichen Bischofflichen Residenz zu Augsburg - da der P. Markus de Aviano Capuziner Prediger anwesend war. Derselbe auf dem Fronhof in Augsburg zum Volke, das mit Kranken und Krüppeln herbeigekommen, predigend". Die Kranken erwarteten Heilung, und viele waren überzeugt, sie durch Segen dieses Apostolischen Missionars auch erlangt zu haben. Unter ihnen befanden sich auch viele aus dem Augsburger Hinterland, insbesondere aus dem Horgauer Raum, aus Biberbach ein Kaspar Zimmermann, dessen Heilung Anton Ginter bezeugt. Der Augsburger Bischof, Johann Christoph Freiherr von Freiberg, ließ die ihm berichteten Gnadenerweise prüfen und beauftragte schließlich den Apostolischen Protonotar Dr. Wilhelm Aymair mit der Zusammenstellung und Herausgabe eines kleinen Mirakelbüchleins, das 1681 bei Simon Utzschneider in Augsburg gedruckt wurde. Das Octavbändchen zieren drei Kupfer: ein Portrait des Predigers, ein Bild des Fronhofs mit dem Erkerfenster, von dem aus er zum Volk sprach und eine Abbildung des Neuburger Mariengnadenbildes. Diese Figur lag, als Marcus von Aviano nach Neuburg kam, "voller staub" in einem Winkel der Kirche, was dem frommen Mann mißfiel, "daß das bild so liederlich geachtet wurde". Als er neben dem Bild auf dem Boden lag und betete, soll sich eine wunderbare Augenwende ereignet haben, sodaß das Bild als miraculös erachtet und kostbar bekleidet auf den Altar gestellt wurde. Wirkte die 1681 im Druck verbreitete Geschichte der "Mater admirabilis Neoburgica" als Vorbild für die Verehrung des Biberbacher Kruzifixes? Hatte man nicht auch in Biberbach ein "ohne sonderbahre Veneration" an der Kirchenwand hängendes "Bild"? Jedenfalls, so schreibt Ginter, habe das "H. Creutz von Tag zu Tag je mehr vnd mehr angefangen, sein vnendliche Gütigkeit verschiedenen presthafften Personen zu erzeigen". Deshalb holte man auch das Kruzifix von der Wand herunter und errichtete einen Kreuzaltar, auf dem am "Fest der Erfindung deß H. Creutzes das erstemal der Gottes-Dienst mit vnglaublichem Trost vnd Zulauf diser gantzen Gegend solenniter gehalten worden". Das erste Biberbacher Mirakel allerdings, das aufgezeichnet wurde, geschah noch durch das in der Höhe angeheftete Kruzifix. Auf den 13. November 1681 war ein "Verhörs-Tag" angesetzt worden, auf dem die Votanten "in Beysein der zu letst notirten Zeugen vmbständlich eingenommen" und "aidlich examiniret" wurden. Vergleicht man den ersten mit dem 2. "Verhörs-Tag" (18./19. Mai 1682), so zeigt sich die allmähliche Ausweitung der Wallfahrt. Im November 1681 hatten sich 8 aus Biberbach, 2 aus Markt und einer aus Eisenbrechtshofen verlobt, d.h. die Wallfahrt bewegte sich im Bereich der Pfarrei. Im Mai 1682 traten zu den Biberbachern (8), Marktern (13) und Eisenbrechtshofern (1) Männer und Frauen aus Albertshofen (3) und Langenreichen (2), Ehekirchen (2), Herbertshofen und Meitingen, und im Sommer 1682 weitet sich das Einzugsgebiet auf die nähere Umgebung aus.

Im Jahre 1682 erfuhr - nach den bereits zitierten Angaben der "Epitome" bzw. der "Ehren-Rede" - Anton Ginter selbst eine Guttat, indem er von seiner Ruptur "auf wundersame Weiß ist geheylet worden". Ins Mirakelbuch übernahm Ginter die eigene Guttat nicht, aber es fällt auf, daß sich die ersten 30 (von 89) berichteten Guttaten mit "schweren Leibs-Rupturen", "gefährlichen Leibs-Schäden" und "schmertzhafften Brüchel" beschäftigen. Auch in seinem "Kurzen Vnnd Aigentlichen Bericht" aus dem Jahre 1697 bemerkt Ginter, das hl. Kreuz habe sich "in vnderschidlichen guettathen, sonderbahr aber in abhelffung viler hundert leibsrupturen in sowohl grossen, als kleinen persohnen sich gantz gnedig" erwiesen.

Manche Wallfahrtsorte zeichnen sich durch Patronate für bestimmte Krankheiten aus. Es scheint so, als habe die Biberbacher Wallfahrt mit einem Patronat über Rupturen begonnen, was durch das persönliche Anliegen Ginters bestärkt wurde.

Nach Ginters Bericht (1697) ist "solches alles neben vor ermelten Bericht auf gnedigsten befelch des Hochwürdigsten ... Herrn Johann Christoph Bischoff zu Augspurg Anno 1682 durch verordnete Commissarios vnnd darzu berueffnen jetzigen vnnd Ältisten Männern ... aidlich verhöret vnnd sodann mit Gnedigster Erlaubnus auch in offnen Truckh zugeben, bewilliget worden". Das kleine Bändchen erschien 1683 unter dem Titel "IN CRUCE SALUS. Das ist: Heil: vnd Wunder-würckendes Creutz Zu Marckt Biberbach Außführliche Erklärung / vnd eigentlicher Bericht Von dessen Herkommen / glaubwürdigen Ursprung / vnd etwelchen deren von Anno 1681 den 13. November biß auf Anno 1682 den 29. December mehrmalen angefangenen / raren / vnd denckwürdigen Gutthaten ..." bei Simon Utzschneider, bei dem im Jahr zuvor auch die Mirakel des Marcus von Aviano herausgekommen waren. Dem Büchlein geht ein Kupferstich voraus, der unter einem mächtigen Baldachin den kleinen Altar vor dem Kruzifix mit den Assistenzfiguren zeigt, auf dem einige Votivgaben liegen.

"Es gehört ohne Zweifel zu den unverwechselbaren Besonderheiten schwäbischer Mentalität, daß dieses monumentale Bildwerk und Gnadenbild – der romanische Kruzifix in seiner über Zeit, Schmerz und Tod entrückten Größe – unter dem so menschlichen und vertraulichen Namen des "Herrgöttle von Biberbach" zu einem Inbegriff für Schwaben überhaupt geworden ist" (Karl Kosel).

Vier Personen beten vor dem Altar, während eine fünfte mit einer Kreuzfahne von links ins Bild tritt. Unter dieser Szene, die mehr als 2 Drittel der Höhe des Bildes einnimmt, öffnet eine Kartusche den Blick auf Biberbach und Markt, während die untere Raum für den Titel läßt: MIRACULOSA IMAGO CRUCIFIXI SALVATORIS IN BIBERBACH. Dem Titelblatt folgt die Dedicatio an den Augsburger Bischof, die 8 Seiten füllt und vom Buchdrucker am 10. April 1683 unterschrieben wurde. Nach der Vorrede und der Relation folgen die BENEFICIA. Die einzelnen Mirakel sind vor allem am Anfang des Buches in theologische, predigthafte Erläuterungen eingestreut, vor deren Beginn meist ein Stich mit einer emblematischen Darstellung steht (insgesamt 12), während den Abschluß des vorhergehenden Abschnittes meist ein mehr volkstümlich anmutendes Blumengesteck bildet. Auf den Seiten 148 bis 159 beschließen "Kurtze Tag-Zeiten Von dem Heiligen Creutz" und eine "Litaney Von dem H. H. Creutz" das Bändchen. Kleine, handliche und gut ausgeschmückte Mirakelbücher gehörten zu einer beliebten Lektüre des gläubigen Volkes. Andererseits aber trugen sie sehr viel zur Verbreitung des Ruhmes gerade einer noch jungen Wallfahrt bei.

Eine neue Wallfahrtskirche

Die alte Kirche, deren Aussehen die mittleren Emporenbilder dokumentieren, konnte die vielen Pilger bald nicht mehr fassen. "Bey ... mehr vnnd mehr größerem Zulauff des Christlichen Volckhs fangte an die alte Pfarrkürchen albereeith zu klain zu wertten", schreibt Ginter in seinem Bericht von 1697. Ein Jahr nach Erscheinen des ersten Mirakelbuches entschloß man sich zur Grundsteinlegung einer neuen Wallfahrtskirche, die am 16. Mai 1684 in Anwesenheit des "durchlauchtigsten Herzogs, H. H. Alexandri Sigismundi Pfalzgrafens bey Rhein ... damahls des Bistums Augsburg coadiutoris" erfolgte. Als Baumeister konnte man Valerian Brenner gewinnen, der aus dem Bregenzer Wald stammte, seit 1678 aber in Günzburg wirkte. Sein Bruder Andreas Brenner unterstützte ihn als Palier, während die Zimmermannsarbeiten Jakob Heel aus Eisenbrechtshofen und Kaspar Burger aus Biberbach ausführten. Fast 10 Jahre sollten die Arbeiten am Außenbau dauern. Er weist die stattlichen Maße von fast 50 m Länge, einer Langhausbreite bei den Kreuzarmen von 22,70 Metern und einer Turmhöhe von ca. 55 Metern auf.

Anton Ginter in Rom

Anton Ginter aber machte sich bereits im Jahr nach der Grundsteinlegung auf den Weg nach Rom, um dort die Bestätigung der Wallfahrt durch den Papst zu erlangen. Die "Ehren-Rede" berichtet: "Da er Anno 1685 zu Rom an dem Päpstlichen Hof Innicentij XI sich befande / hat sich der Hochwürdigste Cardinalis Mareschotus in seinen lebhafften Geist also verliebt / daß er ihm ein- und Öfftermahl anerbotten / er wölle ihn in Ansehen seiner geschliffnen Lateinisch- und Italiänischen Sprach in einer Römischen Cancellarie befördern / allwo er hernach auf dieser Schau-Bühne der Ehren ohne Zweifel Staffelweiß in die Höhe gestigen wäre", doch Ginter habe dieses Angebot ausgeschlagen, um nach Biberbach zurückkehren zu können. Auf Vermittlung dieses Kardinals erhält er eine Audienz bei Papst Innocenz XI., dem er "Sacrosanctae Crucis Biberbacensis iconem" übergibt und die Geschichte des Biberbacher Kruzifixes schildert. Dies tat Ginter offensichtlich mit so großem Geschick, "daß er fünf Leiber Heiliger Martirer als herausragenden Schmuck der Biberbacher Kirche zum Schmuck erhielt". Die von Innozenz ausgestellte, mit der Verleihung von Ablässen verbundene Urkunde verwahrt das Pfarrarchiv Biberbach. Ein Emporenbild hält die Szene vor dem Papst fest.

Fünf Heilige Leiber in Biberbach

Für die Kirche in Biberbach sind die Gebeine "herausragender Schmuck", und Ginter eilt "mit seinem heiligen Schatz" nach Biberbach zurück. Über den Erwerb und die Überführung der 3 älteren Biberbacher Katakombenheiligen informiert zudem eine kleine (4°), ebenfalls bei Simon Utzschneider in Augsburg 1687 erschienene Druckschrift, in der auch die bei der Translation gehaltene Predigt übernommen wurde. Daraus geht hervor, daß die "zwey erstern Heiligen Leibern S. Fortunati martyris et S. Candidae virginis et martyris" im Coemiterium S. Calixti und "des dritten Heiligen Leichnams S. Laureati martyris" in der Catacomba S. Cyriacae erhoben wurden. Über die beiden anderen Biberbacher Katakombenheiligen Valentinus und Ludowicus sagt dieser Bericht nichts. Aus der "Beschreibung" geht zudem hervor, daß Anton Ginter "von Ihro Päpstl. Heiligkeit vor erst besagte Wallfahrt deß H. vnd Wunderthätigen Creutzes ein Altare Privilegiatum, wie auch ewige Bulla der Bruderschafft / vnder dem Titul deß gecreutzitten Erlösers / sambt andern Indulgentie" erhalten hat.

Ginter brachte die Gebeine zu den Benediktinerinnen von **Holzen**, die "mit eigenen Händen, / Müh / Sorg vnd Arbeit dise heilige Corpora gezieret vnd gefasset / also zwar / daß innerhalb 5. Monat dieselbe zu schönster Perfection, wie nunmehr zu sehen, gebracht wurden". Schließlich setzte man als Tag der feierlichen Translation Sonntag, den 27. Juli, fest. Am Tag zuvor versammelte sich "die gesamte Pfarr-Menge zu Biberbach / sambt andern benachbarten Flecken" im Kloster Hol-

IN CRUCE SALUS.

Das ist:

Heil= vnd Wunder-würckendes

Creutz

Zu Marckt Biberbach

Außführliche Erklärung / vnd eigentlicher

Bericht

Von dessen Herkommen / glaubwürdigen Ursprung / vnd etwelchen deren von
Anno 1681. den 13. Novembris, biß auf Anno 1682.
den 29. Decembris mehrmahlen angefangenen / raren / vnd denckwürdigern

Gutthaten /

So auf gnädigsten Befelch der hohen Geistlichen Obrigkeit legitimè examinirt, vnd von derosel-
ben Gutheissen anjetzo mit beygesetzten Sinn-reichen
Figuren der H. Schrifft / sambt denen Tag-Zeiten /
vnd Litaney vom H. Creutz

Zu Trost der Rechtglaubigen in offnen
Druck gegeben

Durch

R. D. ANTONIUM GINTER,

Pfarrherrn allda.

Mit Erlaubnuß der Obern.

Augspurg / druckts vnd verlegts Simon Utzschneider /
Im Jahr 1683.

※] 9. [※

Folgen die von GOtt durch dises
H. Creutz ertheilte wundersame vnd allein
denckwürdigere

BENEFICIA.

JN dem hohen Lied Salomonis hatte ein-
stens die geistliche Braut ein andächtiges / oder soll ich sagen / vilmehr vor-
A 5   wi-

MIRACULOSA IMAGO CRUCIFIXI SALVATO-
RIS IN BIBERBACH Anno 1683.

※ 70. ※

Schmids von Biberbach / mit abgelegtem leiblichen Aid betheuret / den 22. Tag Maij / Anno
1682.

Von contracten Glidern gleichsam
augenblickliche Erledigung durch An-
rueffung deß H. Creutzes.

MAria Magdalena Bayrin von Ekekirch /
nahend bey 60. Jahren / ware ein Zeit
lang gantz contract in ihren Glidern / sonderbahr aber in dem Rucken / daß sie ohne grosse
Schmertzen sich etlich Tag nicht mehr neigen
vnd wenden kunte; In solchem Zustand sucht sie
ebnermassen ihr Hoffnung bey dem H. Creutz /
verspricht sich allhero mit 3. H. Rosenkräntz
vnd gewissem Opffer in den Stock zu legen.
Gleich von selbigem Augenblick deß Versprechens / vergeht aller Wehetag in Glidern vnd
Ruggen / nicht anderst / als wann solcher auf ein-
mahl mit einer Hand wäre abgestrichen worden / sub juramento also eingenommen in Gegenwart vnderschribener Zeugen. Den 18.
Tag Maij / Anno 1682.

E 8

※ 71. ※

ES soll billich einem Christlichen Menschen einen sondern Trost bringen / ja
das Hertz im Leib sich erheben / wann
er höret jene Gnaden-volle Versprechung / so der
gebenedeyte Erlöser (wie Ludov. Blos. in Mon.
spir. c. 2. vermeldet) schon vor Zeiten der seligen
Jungfrawen Gertrudi gethan: Wie offt / sagt
er / ein Sünder mit hertzlicher Rew vnd Andacht anschen wird ein H. Crucifix / so offt ent-
C 4   ge-

※ 28. ※

Auß welchen bißhero erzehlten / wundersa-
men Beneficien leichtlich zu erkennen / wie
wahr es seye / was der ewige GOtt selbsten
gesprochen: Matth. 7. Arbor bona fructus
bonos facit ; Ein guter Baum bringet gute Früchte ; Indeme gewißlich kein besserer
Baum auß allen zu finden / als der Baum
deß H. Creutz / Lignum vitæ, sagt der H.
Joannes, Apocal. 21. v. 2. reddens fructus
suum, & folia ligni ad sanitatem gentium;
Der Baum deß Lebens / so gibe seine
Frucht ; vnd dessen Blätter seynd zur
Gesundheit der Völcker.

✱ ✱ ✱

Abra-

Beschreibung vnd Inhalt
Aller
Begebenheiten vnd Anstalt,
Bey der Erhaltung / Ubertragung / vnd Beysetzung
Deren
3. Heiligen Leiber,
Als nämlichen:
S. FORTUNATI
MARTYRIS,
S. LAUREATI
MARTYRIS,
S. CANDIDÆ
VIRGINIS, & MARTYRIS.
In der Hoch-Gräfl: Herrschafft Biberbach,
In dero Pfarr-Kirchen
Bey dem Heiligen vnd Wunderthätigen
Creutz.
So alles geschehen im Jahr 1687. den 27. Heumonat.
Cum Facultate Superiorum.

Augspurg,
Gedruckt bey Simon Utzschneider / Hoch-Fürstl: Bischöffl:
vnd Stadt-Buchdruckern.

Predigt
Von der
Heiligen
Ehr,
Anruffen vnd Zuversicht,
Welche
Bey der angestellten Uberbringung vnd Einsetzung
Der
Dreyen Heiligen Leiber
S. FORTUNATI
MARTYRIS,
S. LAUREATI
MARTYRIS,
S. CANDIDÆ
VIRGINIS & MARTYRIS.
Von einem Priester Soc: JESU vorgetragen worden
Zu Biberbach,
Den 27. Heumonath / im Jahr Christi 1687.

CUM FACULTATE SUPERIORUM.

Augspurg / gedruckt bey Simon Utzschneider / Hoch-Fürstl: Bischöffl:
vnd Stadt-Buchdruckern.
Zu finden bey Johann Caspar Brandan / Burger vnd Buchbinder /
in der Kohler-Gassen daselbst.

Cuncti SS. Martyres devotissimè percolendi sunt, sed specialiter hi venerandi sunt, quorum Reliquias possidemus, &c.
S. Ambrosius Serm. 78. qui intitulatur de Natali SS. Octavii, &c.

Alle HH. Blut-Zeugen sollen von vns zwar mit möglicher Andacht verehret werden. Absonderlich doch aber sollen wir diser pflegen / von welchen vns einige Heilthum auffzubehalten vergunnet worden.

Dem
Hoch-Gebohrnen deß H. Röm: Reichs Grafen /
Herrn Herrn
ANTONIO JOSEPHO
Fuggeren,
Grafen von Kirchberg / vnd Weissenhoren /
Herrn der Herrschafft Wasserburg/Biberbach/Wöllenburg/Wölden/Gottenau/Gablingen/Reinhartshausen/ auch Pfands-Innhabern der Herrschafft Irmenshofen/ auf dem Walde / dann
Der Chur-Fürstl: Durchl: in Bayrn Cammerern.
Meinem Gnädig: Gebietenden Herrn / ꝛc.
Hoch-Gebohrner Reichs-Graf /
Gnädiger Herr / ꝛc.

In gar uralter / wohl-hergebrachter / bekanter Christlicher Gebrauch ordnet gar recht / daß in denen angestellten Supplication- Procession- Umbgäng- vnd dergleichen Wallfahrten / nach dem vorhero getragnen heiligen Creutz / der Pfarr-Herr vnd andere Pfarr-Kinder darauf folgen sollen. Dises dan so alt- als auch recht- angestellten gewohnlichen Gebrauch wird ich mich auch in diser Verfassung /

Widmung an
Graf Anton Joseph Fugger

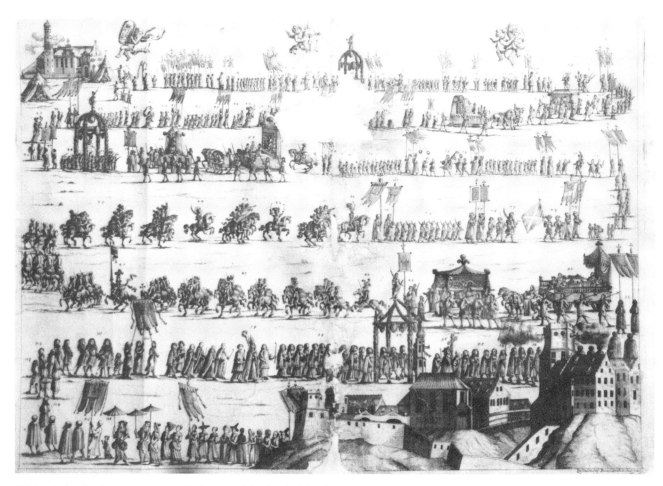

Stich mit der Festprozession von Markt nach Biberbach (oben).

Darstellung der heiligen Leiber in: "Beschreibung und Inhalt..." (unten).

zen, um die Hl. Leiber abzuholen. Nach Predigt und Lobamt wurden "die 3 H. H. Martyrer in ihren schön-gezierten Sarchen ligend / von der Ehrwürdigen Priesterschafft das erstemahl mit der Litania de omnibus Sanctis verehret" und in feierlicher Prozession nach Markt geleitet. Währenddessen wurden "die Weeg aller Orthen zubereitet / schön von erst-berühmtem Hoch-Gräfl. Schloß an biß in die Pfarr- vnd Wallfahrts-Kirchen zu Biberbach mit gleichen Thannen / in das Perspectiv, bestecket / vnd mit hohen grünen Portalen vnd Triumph-Bögen / sambt etwelchen schönen Sinn-Bildern (wie hernach soll ferners gemelt werden) außgeziehret". Am Sonntag um 8 Uhr wurden dann die Hl. Leiber "in Begleitung der anwesenden Hochwürdigen Clerisey / vnder Lösung deß Geschützes / schallender Trompeten / Heerpauken vnd Musicirung / den Schloß-Berg herabgetragen", wo das Volk schon in 3 Gruppen aufgeteilt wartete. "Die Beschreibung" enthält eine detaillierte Schilderung dieser großen barocken Festprozession in all ihren Einzelheiten. Im unteren Teil des Titelblattes ist die Prozession im kleinen festgehalten, während auf einem leider stärker beschädigten großen Stich, der noch im Pfarrhof Biberbach aufbewahrt wird, die einzelnen Gruppen und Festwagen deutlich in Erscheinung treten. In der Kirche war links am Chorbogen ein fliegender Engel angebracht, welcher für "die Landschafft der Herrschafft Biberbach" verkündete "Die drey Heiligen zu haben / Freut sich Biberbach in Schwaben". Die Schreine mit den Heiligen Leibern wurden auf die verschiedenen Altäre gestellt, wobei wir erfahren, daß die Hl. Candida "Bey dem Altar / vnd in der Capellen / sonsten von dem H. Mariae-Bild von Alten Oettingen benamset" ihren Platz erhielt. Die Prozession von Markt nach Biberbach hatte an die 4 Stunden gedauert, denn es heißt, die Predigt mußte gegen Mittag wegen der "fast vnbeschreiblichen Menge Volcks" auf dem Friedhof gehalten werden, "welcher schon vorhero ein tauglicher Orth bereitet worden". "Nach gehaltener Predigt ist mit den Glocken / Trompeten / vnd Heerpauken das Zeichen zu dem darauf in der Kirchen angestellten Gottes-Dienst gegeben worden", den der Augsburger Weihbischof Eustachius Egolf von Westernach zelebrierte. Dabei hat "eine vortreffliche Musica von allerhand Instrumenten / Pauken / vnd Trompeten annehmlich sich hören lassen". Mit dem Te Deum, bei dem das Geschütz so wol vmb das Gottes-Haus / als auf dem Schloß / zu dreymahlen gelöst worden", und dem Segen ging die Feierlichkeit offiziell zuende.

Darstellung der hl. Candida in "Beschreibung und Inhalt" (oben); Präsentation der Candida heute.

Die Wallfahrtskirche Biberbach ist das Hauptwerk des Vorarlberger Baumeisters
Valerian Brenner (1652 – 1715).

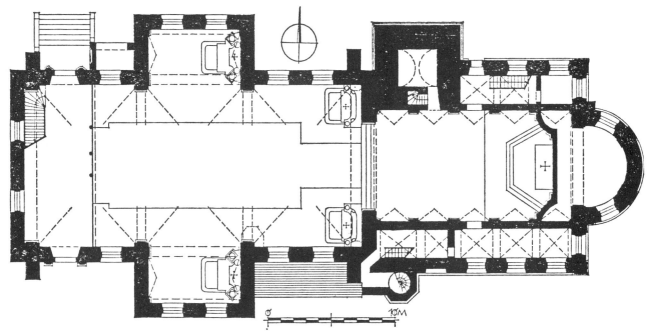

Biberbach, Pfarr- und Wallfahrtskirche, Grundriß

BKD Wertingen S. 47

Die Weihe der neuen Kirche (1697)

Wie weit der Bau 1687 allerdings gediehen war, geht aus den Quellen nicht hervor. Er kostete jedenfalls 20 000 Gulden. Im Jahre 1694 war der Bau vollendet, und im Jahre darauf erhält Valerian Brenner noch eine letzte Zahlung von 12 fl. Wenn bis zur Weihe noch einige Jahre vergehen, dann lag das wohl daran, daß die Ausstattung noch nicht so weit gediehen war, daß der Pfarrer diesen Festakt begehen wollte. Am 27. Juli 1697 wurde noch einmal eine Translation "mit möglichster Solemnität gehalten", die wohl den Katakombenheiligen Valentinus und Ludovicus galt. "Deren Fassung vnd vnkhosten in allem vber 2 000 fl. sich thuen belauffen". Die Weihe der neuerbauten Wallfahrtskirche nahm der Augsburger Weihbischof am 15. September 1697 "in honorem Christi Jesu Crucifixi et Sancti Jacobi Apostoli maioris ac S. Laurentii M." vor.

In seinem "Bericht" von 1697 bringt Ginter auch Angaben zur Frequenz der Biberbacher Wallfahrt: "das nur allein in disen zweyen verstrichnen Monat Juli vnd Augusto vber 24 000 Communicanten bey diser Wahlfahrt observirt worden vnd belaufft sich die Zahl derselben jährlich auf die 50 000 vnnd noch mehr Communicantes". Von den "vilen anderen silbernen anathematen, so bei der Gnaden bildnus zum sehen" haben sich leider keine mehr erhalten. Fehlen diese Votivgaben, so hängen aus der Zeit Ginters noch 4 Votivtafeln unter dem heutigen Bestand.

Auch nach der Weihe der Kirche wurde die Innenausstattung der Kirche weiter verbessert. Die Maler Johann Georg Knappich aus Augsburg und Caspar Menrad aus Friedberg und der Bildhauer Matthias Lotter aus Augsburg waren noch vor 1697 engagiert worden. Offensichtlich nach einer längeren Pause holte dann Ginter von 1712 an die Künstler Dominikus Zimmermann (2 neue Altäre), E. B. Bendel ("für Arbeit an unserer Lieben Frauen Altar und an St. Anna Altar"), Johann Andreas Wolf (Altarbilder), Andreas Lotter, Benedikt Vogl und Andreas Schmutzer (Stuck) und Johann Georg Knappich (Deckenbilder) nach Biberbach.

Durch die Umgestaltung des Innenraumes im Jahre 1753 ging manches Kunstwerk aus der Ginter-Zeit verloren. Der Aktivität Anton Ginters verdanken wir eine der bedeutendsten Barockkirchen in Schwaben.

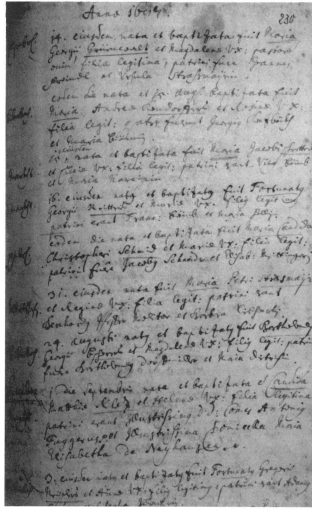

Die Biberbacher gaben ihren Kindern die Namen der Katakombenheiligen.

Das Titelbild zu "Beschreibung und Inhalt..." (s.o.), in dessen unterem Teil die feierliche Prozession dargestellt wird, diente dem Votivtafelmaler 1688 als Vorbild.

Anton Ginter als Prediger und Schriftsteller

Die "Ehren-Rede" zählt "vier geistreiche Bücher" auf:

Speculum amoris et doloris (Augsburg 1706, 1717, 1762) "von dem allerheiligsten Hertzen Jesu";
Mater amoris et doloris (Augsburg 1711, 1712, 1726) "von der schmertzhafften unter dem Creutz stehenden Göttlichen Mutter" (gemeint ist das Gnadenbild im Herzogspital in München);
Currus Israel (Augsburg 1717) "das ist: ordentlich außgetheilte Concepter auf die Sonn- und Feyrtäg deß Jahrs";
Unus pro omnibus (Augsburg 1726, 1733) "von dem gecreutzigten Heyland".
Nach A. M. Kobold wurde der "Currus Israel" achtmal, "Mater amoris et doloris" und "Unus pro omnibus" je viermal aufgelegt, was beweist, welche Nachfrage nach Ginters Werken - auch nach seinem Tod - bestand.

Sicher leisteten auch diese Werke, die im 18. Jahrhundert viel beachtet wurden, ihren Beitrag, die Wallfahrt Biberbach unter der Geistlichkeit, und damit unter den Multiplikatoren, um es mit dem Jargon unserer Tage auszudrücken, weithin bekannt zu machen. Der "Currus Israel" enthält zudem eine "Historia ... de antiquissima et Thaumaturga Imagine Salvatoris nostri Crucifixi in Biberbach", die dem Werk vorangestellt wurde, und zudem in der Consideratio XXVIII eine Predigt "De Quinque SS. Martyribus, Valentino, Ludovico, Fortunato, Laureato et Candida V. M. Quorum Sacra Corpora in templo S. Crucis Biberbaci religiose asservantur".

Neben diesen umfangreicheren Werken sind bisher folgende, in Druck erschienene Predigten Ginters bekannt:
Letzte und schuldigste Ehren-Rede (für) Fr. Maria Anna Victoria Francisca geborene Freyin von Neuhaus (= Gemahlin Anton Joseph Fuggers, gest. 1714 in München, begraben in Biberbach);

Vera Effigies Dolorosæ Matris Monachij in Bavariæ Metropoli Thaumaturgæ

MATER AMORIS ET DOLORIS,
QUAM
CHRISTUS IN CRUCE MORIENS
OMNIBUS AC SINGULIS SUIS FIDELIBUS IN MATREM LEGAVIT:
ECCE MATER TUA.
Nunc
Explicata per Sacra Emblemata, Figuras Scripturæ quàm plurimas, Conceptus varios Prædicabiles, SS. Patrum Sententias, raras Historias,
ET
PIOS AD JESUM PATIENTEM, AC SANCTISSIMAM MATREM EIUS COMPATIENTEM AFFECTUS.
OPUS
Omnibus JESUM & MARIAM amantibus, prædicantibus, aut meditantibus perutile.
Cum triplici Indice Considerationum, Rerum memorabilium, & Concionatorio, formandis per annum Concionibus opportuno.
AUCTORE
A.R.D. ANTONIO GINTHER,
SS. Theol. Lic. Camer. ac Parocho ad SS. Crucem in Biberbach.
CUM FACULTATE SUPERIORUM.
AUGUSTÆ VINDELICORUM,
Sumptibus GEORGII SCHLÜTER & MARTINI HAPPACH.
Typis Joan. Michaelis Labhart, Reverendiss. ac Seren. Princip. & Episcop. Aug. Typographi. 1711.

Vera Effigies antiquissimi et Thaumaturgi Crucifixi in Biberbach, quæ anno 1525 ex Württenbergiæ finibus ab iconomastygis ejecta, et per aurigam Catholicum in plaustro vinario Biberbachium advecta, hucusque insignia et plane admiranda miseris mortalibus exhibet beneficia.

G. Heinr. Schifflin Sculps. Aug.

CURRUS ISRAEL, ET AURIGA EJUS,
Ducens hominem Christianum per vias rectas, & in Sacra Scriptura fundatas in cœlum.
Opus omnibus quidem Christianis, sed præsertim Sacerdotibus, & animarum curam gerentibus, ac Religiosis mentibus ad meditandum & prædicandum, ad plures annos perutile & accommodum.
PARS PRIMA.
PRO DOMINICIS PER ANNUM.
Auctore
R.D. ANTONIO GINTHER, SS. Theologiæ Lic. Camerario ac Parocho ad SS. Crucem in Biberbach.
Cum Facultate Superiorum.

AUGUSTÆ VINDELICORUM,
Sumptibus GEORGII SCHLÜTER, & MARTINI HAPPACH.
Anno M DCC XVII.

Leichpredig ... der Maria Elisabetha Theresia Freyin von Neuhaus (gest. 1691 im Schloß Wellenburg, begraben in Biberbach);

Christlicher Tugendspiegel in einer Lobrede auf dem Hl. Bernhard, Augsburg 1715.

Eine bibliographische Aufarbeitung aller barocken Titel dürfte sicher noch das eine und andere kleinere Werk Ginters ans Licht bringen. Die Bedeutung des schriftstellerischen Werkes von Anton Ginter zu würdigen, muß einer Dissertation vorbehalten bleiben.

Das Titelbild im "Currus Israel" zeigt unter Titel- und Wappenkartuschen das zwischen Biberbach und Markt hoch aufragende Biberbacher Kruzifix. Darunter die Gründungslegende (das auf dem Fuhrwerk liegende Kruzifix).

Die Persönlichkeit

Hätte man nur die "Epitome" bzw. die "Ehren-Rede", würde man bei einem Versuch, Ginters Verdienste und Leistungen zu würdigen, sicher mit größter Vorsicht ans Werk gehen, denn Nachrufe und Leichenreden zeichnen zu allen Zeiten nicht unbedingt ein objektives Bild einer Persönlichkeit. Bei Anton Ginter jedoch spürt jeder die Persönlichkeit, der die Biberbacher Wallfahrtskirche auch noch in unseren Tagen betritt, und wer in den Bibliotheken in seinen Werken blättert, erahnt seine Größe. Daher erscheint es gerechtfertigt, mit einigen Stellen aus den "Epitome" und der "Ehren-Rede" seine Persönlichkeit zu erfassen, wohl wissend, aus welcher literarischen Gattung diese Texte genommen sind. Das 6. Kapitel der "Epitome" trägt die Überschrift: "De Verbi Divini Prädicatione et hausto exinde fructu" und Joseph Ignaz Claus hebt in seiner "Ehren-Rede" charakterisierend hervor: "Wann er wider die Laster donnerte / war er ein ernsthaffter Ambrosius, wann er von denen schönen Tugenden die Red hielte / ware er ein sittlicher Gregorius, redete er aber von dir / O Maria / so ware er ein neuer Bernardus". Kapitel VII schildert sein segensreiches Wirken als Beichtvater. Als er noch keine Kapläne zur Verfügung hatte, sei er oft die ganzen Tage und die halben Nächte im Beichtstuhl gesessen. Kapitel IX handelt "von seiner Demut" und Kapitel X "von seiner herben Buße", Kapitel XI erzählt "von seiner Sanftmut im Unrecht" und Kapitel XIV "von seiner Nächstenliebe", wobei besonders seine Hilfe, die er seinen Pfarrkindern im Jahre des Erbfolgekrieges von 1704 angedeihen ließ, betont wird. Das letzte Kapitel rühmt "seine Geduld im Sterben und seinem seligen Tod".

Im ersten Punkt seines Testamentes, das Ginter am 13. November 1724 abschloß, verfügte er: "Erstlich vermache Ich meine arme Seele Gott dem allmächtigen, Meinen sterblichen Leib nach disem zeitlichen arbeit der Erdten in dem äußern Seelhäuslein in Pilgerhabit begraben zu werden".

Am 8. März 1725 wurde Anton Ginter von seiner schweren Krankheit durch den Tod erlöst, am 12. März fand die Beerdigung statt. Am 9. April lag die "Ehren-Rede" gedruckt vor, nachdem seitens des Ordinariates am 27. April die Druckerlaubnis erteilt worden war. Sie sollte die Erinnerung an diesen "überaus würdigen und 46 Jahre lang sehr eifrigen Pfarrer der großen Wallfahrt Biberbach", wie ihn der Eintrag in der Biberbacher Sterbematrikel bezeichnet, festhalten. In der von ihm erbauten Kirche erinnert noch heute neben dem Wandfresko das Epitaph am Chorbogen, an den großen Wallfahrtsgeistlichen. Die "Epitome" meinen, daß wenn die Menschen schweigen würden, würden die Steine selbst reden, "weil diese berühmte Kirche und Wallfahrt Biber-

Ölgemälde im Pfarrhaus

bach, solange sie stehen wird, den verehrungswürdigen Antonius als Urheber und Begründer wie ein unsterblicher Herold feiern wird".

Eine Bodenplatte vor dem linken vorderen Seitenaltar bezeichnet die Stelle, wo Ginter begraben wurde

Nachruhm: Das Wandfresko zeigt Ginter als Bauherrn der Kirche (r.o.); den gebildeten Leser informierten die "Epitome" (r.u., vgl. S. 67).

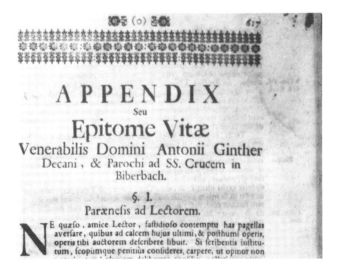

Literatur

Walter Pötzl, Pfarrer Anton Ginter (1679 - 1725), der große Förderer der Biberbacher Wallfahrt, in: HVLA Jb 1980/81, 391 - 409 (Quellen u. Literatur); kurze Zusammenfassung in: Der Landkreis Augsburg Nr. 62;
Karl Kosel, ebenda Nr. 72 u. Wilhelm Neu, ebenda Nr. 83.

Anna Katharina Hildegard von Haslang (zu Hohenkammer), 1677 - 1721 Äbtissin in Holzen und Erbauerin von Kirche und Kloster

Eine Äbtissin auch eines einfachen Benediktinerinnenklosters stand nicht nur einem (stattlichen) Konvent vor und leitete die Geschicke des Klosters, sie präsentierte Geistliche auf die inkorporierten Pfarreien und übte Herrschaft über Untertanen aus.

Ein einflußreicher Vater und seine Familie

Anna Maria Katharina wurde am 16. September 1644 in München in der Pfarrei Unserer Lieben Frau getauft. Die Matrikel nennt als Vater den Hofmarschall Georg Christoph von Haslang, als Mutter Maria Katharina v. Fürstenberg und als Patin Katharina Kurz, "die Oberste Kammerin" (Frau von Maximilian Kurz v. Senftenau, seit 1643 Oberstkämmerer).

Die Haslang, ein altes bayerisches Geschlecht, saßen auf Haslangkreit (Lkr. Aichach-Friedberg) und seit 1550 auf Hohenkammer (Lkr. Freising). Die Söhne Rudolph v. Haslangs (gest. 1593) teilten die Herrschaft: Alexander übernahm Haslangkreit und Heinrich Hohenkammer. Heinrich, der Vater Georg Christophs (und Großvater der Anna Maria Katharina) erwarb 1603 die Hofmark Giebing. Er war mit Barbara v. Closen verheiratet. Georg Christoph wurde am 25. Februar 1602 in Unserer Lieben Frau in München getauft, wobei der Propst Georg Lauter das Patenamt ausübte. Mit vier Jahren verlor Georg Christoph den Vater. Seit 1619 studierte er in Ingolstadt. Im August 1622 heiratete er Anna Katharina Echter, die Witwe Johann Dietrich Echters von Mespel-

Stich von Michael Wening, 1701

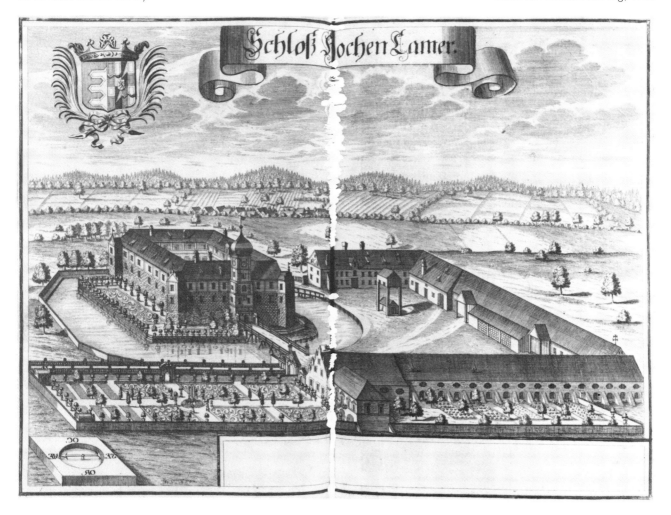

brunn, eine geborene Freifrau von Dalberg. Die Ehe war mit drei Kindern gesegnet:
Heinrich Friedrich, der in die Gesellschaft Jesu eintrat (und dann bei der Profeß der Anna Katharina in Holzen die Predigt hielt),
Barbara Francisca, in 1. Ehe verheiratet mit Ferdinand von und zu Weichs (3 Kinder), in 2. Ehe mit Joh. Heinrich v. Haslang zu Haslangkreit (4 Kinder),
und Maria Catharina, in 1. Ehe verheiratet mit Joh. Christoph v. Preysing, in 2. Ehe mit Franz v. Leublfing (4 Kinder).

Die Kinder sind vermutlich in Hohenkammer geboren, wo für diese Zeit Matrikeleinträge fehlen. Georg Christoph war zwar im Dezember 1621 als Hofrat vereidigt worden, doch stellte ein Gutachten im September 1623 fest, daß er seit seiner Heirat weder in München gewohnt, noch den Hofrat besucht habe. Georg Christoph widmete sich offensichtlich mehr seinem Amt als Landschaftsverordneter. Im schwedischen Krieg führte er 1632 eine Kompanie Reiter. Am 6. August 1634 zündeten feindliche Soldaten Schloß Hohenkammer an, das zusammen mit den Nebengebäuden niederbrannte. Den Schaden in der Hofmark schätzte Georg Christoph auf 40 000 bis 50 000 Gulden. Von 77 Anwesen waren 21 abgebrannt und 16 verlassen. Im Mai 1635 wurde Christoph Georg als Kämmerer aufgenommen; in diesem Jahr war er in verschiedenen politischen Missionen des Kurfürsten unterwegs. Im Dezember heiratete er in Köln Maria Katharina von Fürstenberg, die Tochter von Friedrich v. Fürstenberg, Kölnischer Kammerer und Geheimer Rat, Landdrost in Westfalen und Drost zu Herdenberg, und der Anna Maria v. Kerpen. Aus der Verbindung gehen 13 Kinder hervor, von denen neun in München geboren wurden:

Maximilian Friedrich, get. 1635 XI 25, verh. mit Maria Anna v. Preysing, gest. 1662 II 22
Albert Franz, get. 1636 XII 22
Wilhelm a Sancto Francisco, Karmeliterpater
Johann Franz Karl, get. 1638 IV 8, Domherr in Salzburg seit 1654, Eichstätt (1654 - 1662), Bamberg, Passau (seit 1664) und Propst bei Unserer Lieben Frau, gest. 1669 I 15
Maria Anna Theresia, get. 1639 IX 6, verh. mit Ernst Emerich Graf v. Tilly
Johann Rudolph, verh. mit Maria Franzisca v. Lüzelburg, gest. 1686 II 20
Franz Bernhard, Domherr in Regensburg (seit 1660) und Augsburg (seit 1662), Primiz 1682 in Hohenkammer, gest. 1698 I 26 in Regensburg
Philipp Ignaz, Domherr in Bamberg (seit 1654) und Eichstätt (seit 1662), Stiftspropst an der Alten Kapelle in Regensburg (seit 1683), gest. 1689 IV 10 in Bamberg[1]
Anna Maria Katharina, get. 1644 IX 16, Äbtissin in Holzen
Maria Jacobe, get. 1651, verh. mit Ignaz Franz v. Gumppenberg

Maria Eusebia, get. 1652 IV 22
Maria Benigna, get. 1653 V 17
Johann Xaver, get. 1654 IX 1

Für die Söhne Maximilian Friedrich und Philipp Ignaz übernahm Kurfürst Maximilian das Patenamt, für Johann Franz Karl Herzog Joh. Franz Karl, für Maria Anna Theresia die Herzogin Maria Anna, für die anderen Münchner Kinder Adelige, die im Hofdienst standen. Wo Georg Christoph v. Haslang mit seiner Familie in der Residenzstadt wohnte, läßt sich infolge der schlechten Quellenlage im Häuserbuch für die Zeit vor 1659 nicht feststellen. Am 13. März 1659 kaufte er ein Haus an der Nordseite der Kreuzgasse (heute: Promenadeplatz 4), das er aber bald seinem Sohn Johann Rudolph überließ.[2] Georg Christoph stieg in der Hierarchie der Ämter am Kurfürstlichen Hof auf. Am 14. Dezember 1643 wird er zum Hofmarschall ernannt. Dieses Amt war mit der stattlichen Besoldung von 2 000 Gulden ausgestattet. Am 15. März 1645 wurde Georg Christoph in den Geheimen Rat berufen, zu dem unter Maximilian etwa 20 Persönlichkeiten gehörten. Im Auftrag des Kurfürsten nahm er 1646 an den Verhandlungen in Osnabrück teil. "In ansechung vilfeltiger bemiehungen bei den Münsterischen Friedenstractat" schenkte ihm der Kurfürst 4 000 Gulden. Doch das blieben nicht die einzigen Zuwendungen. Die Hofmark Hohenkammer erlitt im schwedisch-französischen Krieg weitere Schäden. Georg Christoph schätzte die (gesamten?) Kriegsschäden 1648 auf 70 000 bis 80 000 Gulden. Dank hoher Zuwendungen der Kurfürsten Maximilian und Ferdinand Maria (insgesamt 44 100 Gulden, davon allerdings 33 000 in Schuldbriefen) und steigender Gehälter (4 000 Gulden, ab 1662 5 000 Gulden) konnten die Kriegsschäden bald behoben werden. Bereits 1650 waren die Bauerngüter in der Hofmark Hohenkammer wieder bewirtschaftet, ihre Zahl sogar auf 95 gestiegen. Neben den Hofämtern (seit 1662 Geheimer Ratsdirektor, dann auch Oberstkämmerer) versah Georg Christoph die Pflegämter Pfaffenhofen (1639 - 1662) und Friedberg (1662 - 1679). Er baute nicht nur das Schloß Hohenkammer in der heutigen Form auf, sondern kaufte neben dem Haus in München auch Häuser in Bamberg und Eichstätt (für seinen Sohn, den Domherrn Philipp Ignaz). Um den drei Söhnen die begehrten Domherrnstellen zu verschaffen, waren erhebliche finanzielle Anstrengungen nötig. Die Töchter erhielten 4 000 Gulden Heiratsgut, für das Kloster Holzen eine stattliche Summe.

So gut uns die Quellen über den Vater unterrichten, so wenig wissen wir über die Tochter Anna Katharina für ihre Zeit vor dem Eintritt ins Kloster (bzw. ihrer Wahl zur Äbtissin), doch verlief ihr Leben in der aufgezeigten Welt. In gewisser Weise setzte sich diese Welt unter den adeligen Chorfrauen in Holzen fort. Die durch ihre

Familie gegebenen vielfältigen Verbindungen wirkten sich auch auf den Konvent in Holzen sehr positiv aus.

Georg Christoph von Haslang lebte nach der Wahl seiner Tochter zur Äbtissin von Holzen noch sechs Jahre und vier Monate. Für seine treuen Dienste bei Hof schenkte ihm die Kurfürstin Maria Anna eine goldene mit Diamanten und Rubinen besetzte Kette sowie eine weitere goldene Kette bei seiner Entlassung aus dem Staatsdienst. In seinem Testament stiftete er 1681 in der Schloßkapelle drei Wochenmessen, die Grundlage für das 1722 errichtete Benefizium. Er starb am 15. April 1684 und fand in der Pfarrkirche Hohenkammer seine letzte Ruhestätte. Der Erbe von Hohenkammer, sein Sohn Johann Rudolph, überlebte den Vater keine zwei Jahre. Da dessen Ehe kinderlos war, fiel das Erbe an den Sohn seines Bruders Maximilian Friedrich (gest. 1662), der 1703 im Alter von 36 Jahren starb. Nach Beendigung der Vormundschaft übernimmt dessen Sohn Joseph Xaver Benno Maximilian 1722 Hohenkammer. Die Äbtissin in Holzen, seine Großtante, erlebte das nicht mehr.

Georg Christoph von Haslang auf einer vermutlich kurz nach seinem Tod gefertigten Gedenkmünze

Epitaph für Georg Christoph von Haslang und seine beiden Gemahlinnen in der Pfarrkirche Hohenkammer

Bei den Benediktinerinnen in Holzen

Als 11jährige kam Anna Maria Katharina nach Holzen, das damals noch versteckt am Fuß des Berges lag (heute Laurentiuskirche und Friedhof). Dem dortigen Konvent gehörte (bereits seit 1615) M. Constantia Freyin von Haslang an, vermutlich ihre Tante. Sie dürfte den Eintritt in Holzen vermittelt haben. Anna Katharina wurde allerdings erst schulisch ausgebildet, bis sie dann nach vollendetem 16. Lebensjahr Profeß ablegte.

Die Schatten des Dreißigjährigen Krieges lagen noch über dem Konvent, in dem noch 12 Nonnen lebten, die zwischen 1605 und 1628 eingetreten waren und die das Exil in Augsburg (oder in anderen Klöstern) überlebt hatten, von denen aber nicht alle nach Holzen zurückgekehrt waren. Frau Sabina Schenk von Winterstetten starb 1672 in Frauenalb (Baden) und Frau Veronica von Gumppenberg 1669 in Göß (Steiermark). Neben ihrer Verwandten traf Anna Katharina die Chorfrauen Agatha Thun (von Neuburg), Barbara Gertrud Schellenberger und Margaretha Schellenberger (aus Augsburg), Theresia Ilsung (aus Augsburg), Aurelia Freiin v. Leiblfing, Philippina Dorothea v. Braciottini, Freiin von Gansheim, Benedicta Rembold (aus Augsburg, Tochter des Stadtpflegers), Clara Victoria Freiin von Liechtenau, Juliana Lenz (aus Augsburg), Scholastica Truckmiller Freiin von Brunn, geb. in Ingolstadt), Opportunata Freiin von Freiberg (geb. in Justingen), die Donatinnen Catharina Bschorn, Anastasia Miller (aus Lauterbrunn), Afra Baumann (aus Eppisburg), Maria Keelsteck (aus Schongau) und die Laienschwestern Maria Brizelmeyr (aus Mertingen), Magdalena Weiß (aus Uttendorf), Cordula Schmidbeir (aus Allmannshofen), Barbara Schweighofer (aus Allmannshofen), Anna Maria Grimich (aus Augsburg), Ursula Meir (aus Dinkelsbühl), Euphrosina Weissenbacher (aus Schwaz), Elisabeth Werkmeister (aus Murnau), Anna Klockher (aus Augsburg) und Marta Wünsch (aus Mertingen). Im gleichen Jahr (1660) wie Anna Katharina legten Profeß ab: Margaretha Rimer von Altmannstein und Franziska Nimphorosa Gräfin von Törring zu Seefeld. Zu Anna Katharinas Profeß schreibt die Klosterchronik: "Anno 1660 den 10 October thuet profesion Maria Hildtagardis Catharina, Freyin von Hasslang zue Hochenkammer ihres Alters im 17 jar.
NB bey diser Profession sundt gewest neben ihren Herrn Vatter und Frau Mutter ihre 7 Brieder vnd 3 Schwestern, die 6 sundt ihre leibliche, der 7 aber alein von dein Vatter ihr rechter Bruedter gewest, weil diser ein jesuwidter, hat er an der profession Bredigt, die 3 Farben des Regenbogen auf die 3 gelibt gar schen außgelegt, ist in vnserm Kloster nie geschechen, daß aine so vil brieder auf der proffes oder Hochzeit gehabt, oder daß einer bey solchem Act seiner Schwester Bredigt.
NB Der Name Hildegardis ist ihr erst zu der Profession

Kloster Holzen am Fuß des Berges. Ausschnitt aus der Karte der Markgrafschaft Burgau von Joh. Michael Rauch, um 1615 (Bayer. Nationalmuseum München)

geben wordten, hat zu vor Anna Maria Catharina geheisen."

Das Kloster leitete als Äbtissin Barbara Scholastica Gräfin von Törring zu Seefeld, die 1640 (im Exil) Profeß abgelegt hatte und 1647 zur Äbtissin gewählt worden war. Insbesondere mit den Nonnen des Augsburger Exils war sie ins arg mitgenommene Kloster zurückgekehrt. Besitz und Herrschaft des Klosters erstreckten sich vor allem auf das Dorf Heretsried und auf Streubesitz, vor allem den Klosterweiler.

Der Äbtissin gelang es 1652, Druisheim und später Osterbuch zu kaufen. Dem Kloster waren die Pfarreien Heretsried und Salmannshofen inkorporiert. Beim Kloster selbst bestand zudem eine eigene Pfarrei, von der sich seit 1647 (bzw. 1651) die Matrikel erhalten haben. Den Pfarrern oblag auch zeitweilig die Betreuung des Konvents. Die Äbtissin nahm zunächst (1652 und 1653) vier Laienschwestern auf, denen (bis 1660) sechs weitere Laienschwestern folgten. Bei den 31 während ihrer gesamten Regierungszeit abgelegten Professen gleicht sich das Verhältnis dann aus (16 Laienschwestern und 15 Chorfrauen). Profeßliste und Nekrolog einander gegenübergestellt zeigen die Begegnung von neuem Leben und Tod in einem Konvent, wie sie jede Nonne miterlebte.

Die Mitschwestern

(LS = Laienschwestern)

	Profeß	Nekrolog
1661	Mechthild Gräfin v. Hohenzollern u. Simering	
1664	Johanna Luidgard Freiin v. Benzenau auf Widemholzen (aus Salzburg)	Mechthild Gräfin v. Hohenzollern u. Simmering
1666		Catharina Bschorn Barbara Gertrud Schellenberger Theresia Ilsung
1667	Anna Greisler (aus Lechbruck), LS Gertrud Freiin v. Lichtenau (geb. in Amberg)	
1668	Anna Mechthild Gräfin von Leiblfing (geb. in Rein)	Maria Brizelmeyr, LS Anna Greisler, LS
1669	Walburga Steidl (aus Wertingen), LS Caecilia Kraus (aus Friedberg)	Veronica Freiin v. Gumppenberg (in Göß)
1670	Birgida Funk (aus Mertingen), LS Theresia Adlmann v. Adelmannsfelden (geb. in Hochenstatt)	Benedicta Rembold
1671	Abundantia Freiin v. Stein (geb. in Ichenhausen)	Constantia Freiin v. Haslang
1672	Clara Catharina Freiin v. Freiberg Josepha Freiin v. Frauenhofen Constantia Freiin v. Eglof in Zell u. Schenkenau	Agatha Thun (v. Neuburg), Margaretha Schellenberger, Priorin ("gestorben in grossem Ruff der Frombheit") Ursula Meir, LS Brigida Funk, LS Sabina Schenk v. Winterstetten zu Frauenalb
1673	Kunigunda Seid	
1674	Justina Denser (aus Zell), LS Maria Brunner (aus Holzen), LS Ursula Oreiler (aus Warmisried), LS	Anastasia Miller Afra Baumann
1675	Aurelia v. Imhof (Augsburg)	Cordula Schmidbeir, LS Opportina Freiin v. Freiberg

Die Äbtissin Barbara Scholastica Gräfin v. Törring starb am 23. November 1677, nachdem sie in 30 schwierigen Jahren das Kloster geleitet hatte.

Die Äbtissin

Der Konvent wählte am 20. Dezember 1677 die 33jährige Anna Catharina von Haslang "mit allerdings vereinigten Stimmen" zur neuen Äbtissin. Während ihrer 44jährigen Regierung legten 39 Schwestern Profeß ab.

Ihr Konvent

	Profeß	Nekrolog
1678		Barbara Schweighofer, LS Anna Klockher, LS Magdalena Weiß, LS Maria Keelsteck, LS
1679		
1680	Ottilia Kendlmeyr (aus Leitersdorf i. B.), LS	
1681	Agatha Schmid (aus Edelstetten), LS	Aurelia Freiin v. Leiblfing, Priorin
1682	Maria Hildegard Freiin v. Palland (geb. in Belgien) Benedicta v. Remching (aus Sonthofen)	
1684	Maria Antonia von u. zu Sandizell	
1686	Maria Anna Magdalena Columba Gräfin v. Leiblfing (geb. in Pfaffenberg)	
1687	Maria Anna Ehrentraud v. Rehlingen (Augsburg) Anna Franziska Sturm (aus Augsburg bzw. Kirchheim)	Franziska Nimphorosa Gräfin v. Törring zu Seefeld Josepha Freiin v. Fraunhofen, Priorin Anna Maria Grimich, LS
1690	Anastasia Stadlhuber (aus Arensdorf i. Baiern), LS Josepha Freiin v. Bodmann (geb. in Lenzfried)	Justina Denser, LS
1691	Anna Scholastica v. Franciotti (geb. in Alensberg)	Kunigunda Seid
1692	Corona v. Schlechten (München)	
1693		Clara Victoria Freiin v. Lichtenau Clara Catharina Freiin v. Freiberg
1694	Barbara Merkl (aus Sonthofen), LS Margaretha Eisenmann (aus Neuburg), LS	Elisabeth Werkmeister, LS
1696	Catharina Huetersech (aus Faasheim), LS Carolina Auer v. Winckl	

	Profeß	Nekrolog
	Kunigunda Keckhued v. Waldenegg	
	Anna Maria Maur (aus Pfronten), LS	
	Birgitta Holzbeck (aus Neuburg a. d. Kammel), LS	
1697	Bernarda v. Franciotti (leibl. Schwester von Anna Scholastica)	
1698		Juliana Lenz
		Gertrud Freiin v. Lichtenau
1699	Gertrud Gräfin v. Lerchenfeld	
1700	Xaveria Freiin v. Adlmann von Adlmannsfelden ("noch in dem Vndern Kloster")	
	Magdalena Holzmiller, LS	
	Afra Eisler, LS	
1701	Ottilia Freiin v. Muggenthal	
	Radegund Deibner v. Scheibenberg	
1704		Scholastica Truckmiller Freiin v. Brunn, Priorin
1705		Johanna Luitgardis Freiin v. Benzenau auf Widemholzen
1706	Sebastiana Gräfin v. Aheim	Martha Wünsch, LS
1707		Euphrosina Weissenbacher, LS
1708	Johanna Baptista v. Merzenfeld	Philippina Dorothea v. Braciottini, Freiin von Gansheim
1709		Xaveria Freiin Adlmann v. Adlmannsfelden
1710		Margaretha Rimer v. Altmannstein
1712	Placita Mittlburg	
	Catharina Meyr	
	Juliana Siber v. Rain	
1713	Anna Merk, LS	
1715	Adelheid Vogt, LS	Theresia Adlmann v. Adlmannsfelden
	Elisabeth März, LS	Opportuna Freiin v. Freiberg
1716	Theresia v. Hornstein	Gertrud Gräfin v. Lerchenfeld
1718	Ehrentrudis Rehling v. Radau	Ursula Oreiler, LS
	Monica Lechmiller, LS	
1719	Walburga Freiin v. Stain	Anna Mechthildis Gräfin v. Leiblfing
	Gertrud Freiin v. Ridern u. Baar	
1720		Abundantia Freiin v. Stein
		Walburga Steidl, LS
1721		Anna Merk, LS

Beim Regierungsantritt der Äbtissin Anna Katharina gehörten dem Konvent 18 Chorfrauen und 12 Laienschwestern an. Während ihrer Regierungszeit legten 25 Chorfrauen und 14 Laienschwestern Profeß ab; 18 Chorfrauen und 12 Laienschwestern starben. Das bedeutet, daß der Konvent am Ende der Regierungszeit um neun Schwestern (7 Chorfrauen und 2 Laienschwestern) stärker war als vor 44 Jahren. Bei den Laienschwestern und bei den (wenigen) nicht adeligen Chorfrauen nennt die Konventsliste meist keine Herkunft; bei den Adeligen tauchen manche Geschlechter zwei- oder gar dreimal auf (z.B. Adlmannsfelden, Franciotti, Freiberg, Leiblfing, Lichtenau). Profeßliste und Nekrolog korrespondieren miteinander. Die Klöster der Barockzeit kannten keinen Nachwuchsmangel, Neuaufnahmen erfolgten erst, wenn der Tod Lücken gerissen hatte. Eine Ausnahme bildet in Holzen das Jahr 1696, in dem fünf Schwestern Profeß ablegten, was sich wohl aus dem Baubeginn des neuen Klosters erklärt. Auch die Zunahme des Konvents um neun Schwestern dürfte im Neubau eine Erklärung finden.

Die Ausstattung einer Nonne

Ein Platz im Kloster war begehrt, das Kloster konnte Anforderungen stellen. Eine Zusammenstellung, wohl im 1. Viertel des 18. Jahrhunderts geschrieben, gibt darüber Auskunft. Eingefordert wurde das Heiratsgut; als Einstand im Noviziat standen die Kosten für eine Mahlzeit (7 Gulden) an, 5 Gulden bei der Erstaufopferung der Kandidatin, ein Hochzeitskleid bei der Einkleidung, reichliches Bettzeug (u.a. auch ein "Magen-Küßlein" und eine wollene Matratze, 40 Ellen graues Nördlinger Zeug "zum umbfang der bethstatt" sowie 48 Ellen fingerbreites Kölsches Band), Bügeleisen, "Näh-Trüchelein", Schreibzeug, 1 messingnes Krüglein, 1 silbernes Tischbesteck, 12 Hemden "auf Closter Manier", 1 1/2 Dutzend "Fazinetel", 12 Hauben "auf Closter manier", 4 Haar- oder Haupttücher, 3 dicke abgenähte baumwollene Hauben, 6 weiße Schürzen ("Fürtücher"), 4 schwarze Schürzen, 1 Schnürmieder "vorn geschnürt" und 1 "fürstecklein", 12 Tischservietten, 7 Ellen Leinwand zum Fenstervorhang, 1 Bademantel, 1 Badetuch, 12 Paar baumwollene Strümpf, 6 Paar zwirne Strümpf, 1 Paar wollene Strümpf, Betracht- und Lesbücher, die "Geistl.-Gemähl, Brevier samt dem großen lateinischen Officio BMV, wollenes Tuch "zur Noviciat Hochzeit Kutten, Nördlinger Zeug zur Sommerkutten und zum Skapulier, Nördlinger Zeug zum Sommerunterrock, "zwarz futer schächter", den Quinet zum Chormantel, 2 Loth schwarze Seide, mehr Quinet zum Schlafrock und Flanell zum Futter, weißen ungestreiften Barchet zum Camisol wollene weiße Bettdecke, Opfer und Verehrung bei der Einkleidung. Das Kloster selbst brachte auf: 2 Pfund Wachs, eiserne Stangen und Schrauben zur

Bettstatt und die Hochzeitsschuhe nach Klostermanier, die Klosterpantoffel, Hammer, Zange, Kehrwisch und Kleiderbürste, 4 Dutzend Umhängringe, 1 Schüsselzunder und 1 Butscheer, 1 schwarzer lederner Gürtel, für 12 weiße alltägliche Weyhlen, 12 alltägliche Kehl Tücher, 12 "Stürn bindlein", 2 weiße Weyhl von Schleierleinwand zur Hochzeit, 2 Kehltücher von Schleierleinwand, 2 oder 4 Stirnbändel, Kleiderkasten "nach dasigen Brauch", Bettstatt, Tisch, Teppich, 3 Sessel "und waß hierzu an Nägel, Gurth und Zeug vonnöthen", das Gießgestell, das kleine Stühllein, das Betttrühel, den Kommodkasten mit Schublade, der Schreibtisch zu 18 Gulden, die von Wassersfarb geistlich gemahlte Spalier hinter das Kruzifix, Schurz- oder Rockpelz, Rock von grauem Fries, pelzene Strümpf, Ärmel und Kamisol auch beide von Pelz, 3 Füchse zu Hauben und Schlister, den zimmernen Chor zunter mit drei Spitzen und Butzschere, das Weihbrunnen Kesselein, die Bettflasche, das Weinkännlein, das zimmerne Becken, 2 Zimmerteller, 2 tiefe Suppenschüßlein, 2 flach Schüßlein, das sv Kammelgeschirr (Nachttopf), den eisernen Zwicker mit Wachs bewunden, 3 oder 4 Pfund Gelb- oder Weißwachs, 1 pfündige weiße Wachskerze am Hochzeitstag zum Kirchgang.[3]

Aus beiden Leistungen, der Mitgift und dem, was das Kloster stellte, gewinnt man unschwer einen deutlichen Eindruck, mit welchen Möbeln die Zellen eingerichtet waren und was an Wäsche und Kleidung zur Verfügung stand. Ein bescheidener Luxus war auch ins Kloster eingekehrt.

Ämter im Kloster

Der klösterliche Alltag bei den Benediktinerinnen ist bestimmt von den Gebetszeiten. In der Klostertradition gilt die Äbtissin Anna Katharina Hildegard von Haslang auch als Förderin der klösterlichen Disziplin, die das Chorgebet auch zur Nachtzeit (wieder) einführte.

Chorfrauen wie Laienschwestern versahen gewisse Ämter und erfüllten gewisse Aufgaben. Eine Konventsliste von 1695 informiert darüber. Neben den traditionellen Ämtern der Priorin und Subpriorin, der Kustodin und Ökonomin und der Novizenmeisterin kümmerten sich Chorfrauen auch um die Pforte, um die Küche (2), um die Apotheke (2), um die Gäste, um die Sakristei, um die Kleiderstube (3), um die Weinberge, um den Schreibdienst, um die Musik (3). Vielfach bestand die Aufgabe der Chorfrauen in der Beaufsichtigung eines bestimmten Bereiches. Vier Laienschwestern arbeiteten in der Küche, eine im Garten und eine in der Kleiderstube, eine saß an der Pforte und eine war in der Apotheke beschäftigt. Eine Laienschwester stand der Äbtissin in ihren Geschäften außerhalb des Konventes zu Diensten.

Die Konventsliste von 1695 zeigt, daß man auch in Holzen begonnen hatte, der Musikpflege große Beachtung zu schenken. Die Klosterapotheke erfreute sich offensichtlich eines größeren Zuspruchs.

Krisen

Betrachtet man die Sterbedaten des Nekrologs näher, fällt auf, daß Nonnen oft kurz hintereinander sterben. Im Profeßbuch erwähnt Schwester Caelestina Werner (1715) in einer Kurzbiographie, daß den Konvent im Jahre 1709 ein "groß Vnglickh" traf, weil man (infolge einer epidemisch auftretenden Krankheit) "zur Verrichtung des clösterlichen Chorgebets allerdings vndichtig" war. Die Chorfrau Xaveria Adlmann v. Adlmannsfelden starb in dieser Krankheitswelle am 3. Mai.

Eine Nonne als Hexe angeklagt

Belastender als die Krankheit von 1709 wirkte sich der Fall der Laienschwester Agatha Schmid aus, von der "offensichtlich gesagt (wurde), daß sie eine Hex seye". Die zeitgleiche Klosterchronik schreibt im Juni 1708 von einem halben Jahr schwerer Angelegenheiten "wegen der Schwester Agath, die in völligem Verdacht ist, das sie ein Hex solle sein vnd etliche Frauen vnd Schwestern Übel sein zuegericht mit vnderschiedlichen Verzaubereyen". Im nächsten Satz berichtet die Chronik von der Errichtung der Bruderschaft des göttlichen Herzens Jesu "vnd allweilen der böße Feindt kürzlich zue etliche mahlen ausgesagt, das man das große Muetter Gottesbildt an ein rechtes offentlichen Orth vor stellen, so werde es noch große guett thaten erweisen". Der Teufel konnte - nach dem Glauben der Zeit - auch ungewollt in den Dienst des Heiligen treten, ein Motiv, das in Sage und Legende noch lange gegenwärtig ist.

Leider haben sich von dem Prozeß, der der Nonne gemacht wurde, im Archiv des Bistums Augsburg offensichtlich keine Akten erhalten. Im Geist der Aufklärung schreibt Coelestina Werner 1775 zu diesem Fall: "nach aussage aller gelehrten war sie dises Scandalum vnschuldig; ... vnd hat Ihr durch Ihre große Einfalt vnd Unverstand welches ybl vnd nachred selbst verursacht wie mich dessen selbst, die ich dieses schreibe ein hochgelehrter heylig messiger hoch würdiger Herr des hochwürdigsten Vicariats in Augsburg versichert ..." Die Laienschwester wurde nicht zum Scheiterhaufen, sondern zu lebenslänglicher Kerkerhaft (im Kloster) verurteilt, wo sie 15 Jahre "armseeliglich verschlossen war". Sie starb im Alter von 60 Jahren am 23. September 1722, nachdem ihr ein Kapuzinerpater die Sterbesakramente gereicht hatte. In aller Stille wurde sie von zwei Kapuzinern beerdigt.

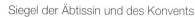

Urkunde, mit der die Gebetsverbrüderung mit Ottobeuren geschlossen wird, 1703 April 16

Siegel der Äbtissin und des Konvents

Der Klosterbereich

Ein Kloster besteht nicht nur aus Kirche und Konventsgebäude, viel mehr gruppieren sich um den eigentlichen Klosterkomplex mehrere andere Gebäude, die funktionell auf das Monasterium ausgerichtet sind. Das galt für das Kloster am Fuße des Berges und erweiterte sich dann beim Neubau. Die bauliche Situation hat sich an beiden Orten bis heute noch weitgehend erhalten. Das Gasthaus, die (ehemalige) Mühle, das (ehemalige) Verwalterhaus und das (ehemalige) Jägerhaus verraten noch Berufe und Funktionen. Viel breiter fällt das Spektrum aus, wirft man einen Blick in die Matrikel der Pfarrei Holzen, zu der auch die vier Gnadenhäuser in Hahnenweiler gehören. In den Jahren von 1678 bis 1721 lassen sich folgende Berufe nachweisen: Pfleger und Subpfleger, Wirt und Brauer, Bauer, Müller und Gärtner, Ziegler und Maurermeister (Georg Radmiller, der auch mehrere Kirchen baute), Schmied und Wagner, Zimmermann und Schreiner, mehrere Taglöhner, Stallknecht, Schweinehirt sowie ein Torknecht; selbst ein eigener Schneider stand für die kleine Klostersiedlung zur Verfügung. Einige arbeiteten als Magd oder Knecht im Kloster.

Ein anderer Weiler vergleichbarer Größe, mit 12/13 Anwesen, weist kaum dieses breite berufliche Spektrum auf. Es erscheint aber typisch für eine Kloster-Siedlung, wie sie seit dem frühen Mittelalter bestanden. Die Kapazitäten waren in der Regel um einiges größer als der Eigenbedarf, woraus diesen Siedlungen eine gewisse Bedeutung für die umliegenden Dörfer zukam.

Im Spanischen Erbfolgekrieg flohen Leute aus der Umgebung Schutz suchend ins Kloster. Die Äbtissin war mit zwei Schwestern nach Augsburg gegangen, wo sie sieben Vierteljahre blieb und erst am 21. September 1704 zurückkehrte. Drei Schwestern befanden sich in St. Emmeram in Regensburg in Sicherheit. Die Schlacht am Schellenberg bei Donauwörth, in der die alliierten Heere unter Marlborough und Prinz Eugen die Franzosen und die mit ihnen verbündeten Bayern besiegten, war nahe. Die Klosterchronik schreibt dazu: "So man ganz starkh durch schiessen allhier gehördt hat, ia auch der Herr Beichtvater mit dem Perspektif in dem Kirchen Thurm Solches gesehen hat." Im Kloster hatte man Angst, die Franzosen könnten auf dem Weg nach Augsburg vorbeiziehen, und die Priorin wollte die jungen Nonnen in Augsburg in Sicherheit bringen. Am 7. Juli bezog sich die Angst auf die Engländer, "die man so fast geforchten hat als die Franzosen." Das Kloster schützte sich durch eine Salva gardia, die aus einem Leutnant und 20 Mann bestand und für sechs Tage 72 Gulden kostete. Ein weiterer Salva-gardia-Brief des Herzogs von "Maulburry" kostete 25 Gulden und verursachte noch weitere Ausgaben; schließlich erstand das Kloster auch noch eine Salva gardia der Franzosen.

Das Herrschaftsgebiet

Im Gegensatz zu anderen Klöstern, wie etwa Oberschönenfeld, die bereits im ersten Jahrhundert nach ihrer Gründung ein Herrschaftsgebiet aufbauen konnten, das sich bis zur Säkularisation nicht mehr wesentlich veränderte, bleibt die Ausstattung von Holzen lange recht bescheiden. Von Streubesitz abgesehen konnte sich Holzen neben dem Klosterort selbst eigentlich nur auf Heretsried stützen. Die Erweiterung zu einem bedeutenderen Herrschaftsgebiet setzte erst nach dem Dreißigjährigen Krieg ein. Die Äbtissin Barbara Scholastica Gräfin von Törring zu Seefeld brachte die Dörfer Druisheim und Osterbuch an das Kloster, die Äbtissin Anna Katharina Hildegard konnte 1688 das Dorf Allmannshofen erwerben und 1719 auch den Zehnt kaufen. Das im Schwedenkrieg veräußerte Landgut Salmannshofen konnte sie 1714 wieder dem Kloster zuführen.

Der Häuserkomplex des Klosters Holzen in Augsburg auf dem Plan von Wolfgang Kilian von 1626. Oben im Bild verläuft die Stadtmauer; von der Straße darunter zweigt im rechten Winkel nach Osten die Kapuzinergasse (ehedem: Schönauer Gasse) ab; an ihr liegt links oben das Kapuzinerkloster (K), ihm leicht schräg gegenüber die beiden Holzener Häuser; mit dem Garten stößt das Grundstück hinten an die Klostermauer von St. Katharina (M)

Am Ende ihrer Regierungszeit erstreckte sich die Grundherrschaft über den eigentlichen Klosterbereich hinaus auf 143 Anwesen:

Allmannshofen	59
Druisheim	56
Heretsried	41
Osterbuch	28
Hahnenweiler	5
Blankenburg	2
Peterhof	1
Salmannsweiler	1

Im Laufe der Jahrhunderte war Holzen (wie etwa Oberschönenfeld oder Fultenbach auch) unter die Schirmvogtei des Hochstifts Augsburg, das auch die Steuerhoheit ausübte, geraten. Das bedeutete, daß bei wichtigen Vorgängen ein Vertreter des Hochstifts anwesend war.

Für die Verwaltung und die Ausübung der niederen Gerichtsbarkeit setzte das Kloster Pfleger ein, in der Regel akademisch ausgebildete Juristen. Der 1678 genannte Abraham Jehlin z.B. hatte sich 1657 in Dillingen immatrikuliert. Mit den Pflegern war das Kloster nicht immer gut bedient. So bemerkt die Chronik zum Abzug von Mauritius Hartmann am 28. September 1711, daß dieser "nit sonders in güete" erfolgt sei, "dan Er hat sich ser widrig aufgeführt". Hartmann wurde dann allerdings in Augsburg in den Inneren Rat aufgenommen. Die tagebuchartige Chronik schildert den Aufzug des neuen Pflegers Johann Caspar Völck, Licentiat und Doktor beider Rechte, am 15. Oktober 1711 recht ausführlich. Man rief dazu alle Untertanen "der vier Dorfschafften ... in die obere firsten stuben zusammen". Das Hochstift war durch Dr. Lindner aus Augsburg vertreten, das Kloster durch die Äbtissin, durch die Priorin und Subpriorin, die Kastnerin und Großkellerin sowie die Schreiberin. Auf einen Tisch war ein Kruzifix gestellt worden. Rechts des Tisches stand Dr. Lindner in einem Mantel, links des Tisches der Pfleger ebenfalls im Mantel. Auf seiner Seite hatten die Äbtissin und ihre Chorfrauen Platz genommen. Dr. Lindner eröffnete den Vorgang mit der Feststellung der Anwesenheit der Untertanen ("vnd wehr nit da wahre mueste die Vrsach sagen"), erwies der Äbtissin und den Nonnen seine Referenz "vnd thuet Eine Röd an die Vnderthonen", in deren Verlauf er ihnen auch den neuen Pfleger vorstellt. Darauf legte der neue Pfleger seinen Amtseid ab. Der neue Pfleger ließ dann den Anwesenden Bier und Brot reichen. Am Aftermontag der nächsten Woche hielt der neue Pfleger den ersten Verhörtag. Der Pfleger war an drei Tagen auch dabei, als seitens des Hochstifts in den Dörfern des Klosters Soldaten ausgehoben wurden. Die Klosterchronistin bemerkte dazu: "... allein die Vnderthonen verhalten sich hierin ser wunderlich vnd ist ihnen alles zue vill ...". Die Äbtissin unterstützte den neuen Pfleger. So fuhr sie am 10. März 1712 selbst in die Klosterhölzer bei Allmannshofen und Druisheim hinaus, weil um diese Zeit alljährlich das Holz ausgegeben wurde "vnd der Neye Herr Pfleger noch nit aller sachen informiert wahre". Im Januar 1712 setzte man über die Bediensteten des Klosters einen "Hofmeister ..., der Tag vnd Nacht solte auf alles acht haben, ob sie trey, ehrlich vnd künftlich sey". Anfang Januar wurde den Ehehalten des Klosters "das neue Jahr gegeben", ohne daß die Chronik, die davon für das Jahr 1706 berichtet, erwähnt, worin die Zuwendung bestand.

Die Äbtissin kümmerte sich um viele Dinge aber auch selbst. So kaufte sie z.B. am 12. Juni 1705 in Augsburg um 500 Gulden sechs Pferde oder schickte am 19. August zwei Wagen nach (Münster-)Schwarzach, um neun Fässer Wein zu holen, wozu die Chronistin bemerkt: Es "ist gar ein absonderlicher guetter Wein, der der gnedigen Frauen spezial Trunckh solle sein". Im März 1706 reiste die Äbtissin dann selbst nach Franken, erbat von dort aus 4/5 Fuhren für den Weintransport und kehrte nach drei Monaten über Bamberg und Nürnberg in ihr Kloster zurück. Um den Kauf eines (neuen) Hauses in Augsburg scheint sie sich persönlich bemüht zu haben (auch wenn der Kauf dann 1707 rückgängig gemacht wurde). Am 10. Oktober 1712 fuhr die Äbtissin mit dem Beichtvater, dem Pfleger, der Großkellerin, dem Maurer- und Zimmermeister nach Druisheim, weil man in Augsburg dort den Kirchenbau angeschafft hatte. Die Äbtissin ließ "den Grund bestehen", und nachdem derselbe für gut befunden wurde, hat man beschlossen, "daß man nur die äussern angesetzten Maurn wolle weck brechen vnd die Innern stehen lassen; Ein neye Döckhe von gibs; Ein Gewölb und neye Fenster vnd Dachstuel machen lassen" will. Zur Begutachtung des Turmes rief man den Maurermeister von Elchingen im Februar des nächsten Jahres nach Druisheim, der dann aus statischen Gründen empfahl, den alten Turm abzutragen.

Die Pfarreien des Klosters

Die Inkorporation verschaffte dem Kloster das Verfügungsrecht über das Vermögen der inkorporierten Pfarrei; damit verbunden war in der Regel das Präsentationsrecht, durch das die Äbtissin dem Bischof einen Geistlichen als Pfarrer vorschlagen durfte.

Unter dem Einfluß der Äbtissin Anna Katharina von Haslang standen die Pfarreien Holzen, Heretsried, Salmannshofen, Druisheim, Osterbuch und Allmannshofen.

Es fällt auf, daß die Äbtissin insbesondere junge Geistliche auf ihre Pfarreien präsentierte (z.B. den 1678 geweihten Joh. Karl Karg aus Günzburg 1679 auf Osterbuch, auf Heretsried den 1681 geweihten Johann Michael Hagen aus Haag 1683, den 1683 geweihten Matthias Magg aus Waal 1684, den 1690 geweihten Franz Koppinger aus Augsburg 1693 und den 1694 geweihten Benedikt Hausch 1699; auf Holzen den 1695 geweihten Joseph Betz aus Dirlewang 1696, den 1699 geweihten Bernhard Wilbold aus Rain 1701, den ebenfalls 1699 geweihten Bernhard Forster 1702 und aus dem gleichen Weihejahrgang Joh. Sebastian Emer aus Dillingen 1703, den 1702 geweihten Matthias Nerlinger aus Gablingen 1707, auf Allmannshofen den 1680 geweihten Johann Schropp aus Mindelheim 1683. Die Liste verrät aber auch, daß die Geistlichen nicht lange auf den Pfarreien blieben. Mitunter wechselten die Geistlichen innerhalb der Pfarreien des Klosters. So ging Johann Betz 1701 von Holzen nach Druisheim, wo ihm 1710 Benedikt Hausch, 1699 bis 1706 in Heretsried, ablöste. Nach Druisheim ging auch Matthias Nerlinger, der dort 1736 starb. Der Holzener Pfarrer wirkte im ersten Jahrzehnt der Regierungszeit der Äbtissin Anna Katharina auch als Beichtvater im Kloster. Im Jahre 1678 berief die Äbtissin Andrea Hofer aus Nauders in Tirol, der sich als 19jähriger 1663 in Dillingen immatrikuliert hatte und der 1670 geweiht worden war. Er starb 46jährig am 20. Februar 1690 und soll nach der Klostertradition auf dem Sterbebett darum gebeten haben, als Beichtväter künftig Religiosen zu wählen, was dann dazu führte, daß für einige Jahre die Beichtväter auch die Pfarrei versahen. Zunächst gewann man Pater Dionisius Jacker aus Neresheim, der als "ein welt berumbter Prediger" gefeiert wurde (1690/91). Ihm folgte Pater Johann B. Hemm aus St. Emmeram in Regensburg (1691 - 1694) und schließlich Pater Christoph Vogt aus Ottobeuren (1694 - 1704). Es hängt wohl mit dem beginnenden Kloster- und Kirchenneubau, der dem Vogt "als Bauinspektor alles dirigiert" hat, zusammen, daß 1696 die beiden Ämter, Beichtvater im Kloster und Pfarrer, wieder getrennt wurden. Nach Vogts Rückkehr nach Ottobeuren begehrte man den nächsten Beichtvater wieder aus diesem Kloster. Von P. Joh. B. Berchmann (1704 - 1730) hielt die Klostertradition (1785) fest, daß er ein "durch mehrere Jahr der hohen geistlichen Schulen gewester Professor" war, "ein verstendiger Herr" und "sehr vorsichtig in seinem Thun und Lassen", der seine "Gewissens Direction mit grosser Vernunft und Wachsambkeit erfüllt" hat.[5] Beichtvater und Pfarrer gewährten eine optimale seelsorgliche Betreuung; zu hohen Festen, wie zum Tag des Klosterpatrons Johannes Baptista (24. Juni), an dem in Holzen auch ein Markt abgehalten wurde, und zur Feier von Jubelprofessen lud man gerne auswärtige Prediger, wie den Abt von St. Ulrich und Afra in Augsburg, ein.

Der Neubau

Im Gegensatz zur allgemeinen Geschichte des Klosters Holzen ist diese Baugeschichte durch die Aufsätze von Michael Harting und Paulus Weißenberger unter Auswertung der einschlägigen Quellen gut erforscht.

Der Neubau liegt in etwa in der Mitte der Regierungszeit der Äbtissin Hildegard. In der unteren Kirche wurde im Jahre 1700 die letzte Profeß gehalten. Diese Kirche, die 1561 geweiht worden war, war eine zweischiffige Hallenkirche mit fünf Altären. Das Klostergebäude war 1556 errichtet worden. Zu Beginn des 17. Jahrhunderts waren auf dem Berg über dem Kloster drei Kapellen entstanden: die Karl-Borromäus-Kapelle (1612 - 1614), die Loreto-Kapelle (1619) und die Hl. Kreuzkapelle. Der Blick war damit auf die Höhe des Berges gerichtet. Durch den Dreißigjährigen Krieg, durch durchziehende Soldaten, aber auch weil das Kloster in den Jahren des Exils des Konvents über Jahre verlassen war, waren große Schäden entstanden. Nach der Klosterchronik erfolgte der Entschluß zum Neubau "Nothzwungner Weiß ... dan gleichsamb Leib vnd Lebensgefahr teglich zu beferchten". Die Äbtissin Hildegard scheint schon bald an einen Neubau gedacht zu haben. Um die finanziellen Mittel aufzubringen, unternahm sie zusammen mit Schwester Columba von Leiblfing eine Reise, die fünf Vierteljahre dauerte (Frühjahr 1693 bis Sommer 1694) und sie bis nach Wien an den Kaiserhof führte, wo ihr Leopold I. und Eleonora Magdalena Theresia Audienz gewährten. Der Kaiser spendete die stattliche Summe von 1 000 Gulden. Die Reise erbrachte dann die Summe von 2 678 Gulden. Der gesamte Prälatenstand in Wien spendete 300 fl., der Prälat von Kremsmünster 500 fl., der Prälat von Melk 200 fl. Unter den deutschen Klöstern ragt Scheyern mit 339 fl. heraus, andere begnügten sich mit 100 fl. (Thierhaupten, Hl. Kreuz, Ulrich und Afra in Augsburg). Das Augsburger Domkapitel stellte 300 fl. zur Verfügung. Die bayerischen Landstände bewilligten die gleiche Summe (durch Graf Leiblfing). Neben Klöstern und geistlichen Institutionen bildet der Kreis der Verwandten der Nonnen ein weiteres Spenderpotential (Freiherr v. Freiberg 525 fl., Baron Adelmann 300 fl.). Frau von Gumppenberg verpflichtete sich am 10. März 1644 für die Bauzeit einen Maurer und einen Zimmermann frei zu halten; zur gleichen Leistung erklärte sich der Prälat von St. Ulrich und Afra bereit. Der Augsburger Bischof gewährte 30 Zentner Eisen (aus seinem Bergwerk zu Sonthofen), die mit 175 fl. veranschlagt wurden; die Materialien, die das Kloster Irsee lieferte, erreichten einen Wert von 200 fl. Der Fürstabt von Kempten stellte Holz und Kalk sowie die Fensterscheiben für den Klosterbau zur Verfügung. Das "Register der Guttäter zum neuen Kloster" aus dem Jahre 1694 errechnet infolge weiterer Zuwendungen die

Summe von 8 173 Gulden. Als weit bedeutender aber erwies sich die Erbschaft von Graf Pankraz von Leiblfing, Geheimer Rat des bayerischen Kurfürsten, gest. 1697. Seiner Nichte, Maria Columba von Leiblfing, Tochter seines Bruders und seit 1682 Chorfrau in Holzen, fielen Sachgüter im Wert von über 20 000 Gulden und Bargeld (zwischen 16 und 18 000 Gulden) zu. Zu diesem Zeitpunkt war der Neubau bereits ein Jahr im Gange.

Pankraz von Leiblfing
Stuck-Bildnis in der Halbkreistonne über dem Chor (links), auf der Seite gegenüber das Leublfing'sche Wappen

In einem Brief vom 22. September 1695 bat die Äbtissin den Bischof um die Erlaubnis, während des Baues an einem dezenten Ort Gottesdienst halten zu dürfen, was ihr ebenso genehmigt wurde, wie die Bitte, dem Beichtvater P. Christoph Vogt, "da er sich auf das Bauen über alle Maßen verstehe" den Bau zu übertragen. Dem Kloster war "ein Conventual Brueder, so ein vortrefflicher Baumaister wahr" empfohlen worden, der Franziskaner-Laienbruder Ulrich Beer, der in Konstanz Profeß abgelegt hatte. Beer hielt sich drei Wochen in Holzen auf, "es ist ihme aber sehr schwer gefallen einen Riß zu machen, Maßen der Platz in dem alten Closter alzu klein". Weil er unter diesen Gegebenheiten "nit vill Lust hette, hier zu bauen", empfahl er seinen leiblichen Bruder Franz Beer, damals Baumeister im Benediktinerstift Zwiefalten und durch Pläne und Baumaßnahmen in Klöstern bestens ausgewiesen. Am 29. Februar 1696 wurde zwischen Franz Beer und dem Kloster, vertreten durch die Äbtissin und die Priorin, der Baukontrakt unterschrieben und gesiegelt. Nach dem ersten Abschnitt "soll meister Franz Beer die Kürchen unnd Closter, wie es dermahlen vor augen stehet, abbrechen, den Platz abraumen, die Stein puzen unnd verordnen, allen neuen Grundt graben und dem gemachten Grundtriß gemäß widerumb new auferpauen, die Kürchen, Creuzgang, und den Gang miteln gaden gewelben (den 3ten mit selb Stainlin zu versehen), alles erfordernde pflaster legen, den Pau inn- und auswendig bestechen oder verbuzen, und deckhen, auch alle, sowohl Maurer, als erforderndte Tagwerckher selbsten aushalten und bezahlen, ausgenommen, daß er Maurmeister die Kürchen innwendig nicht zu verpuzen schuldig, unnd selbiges dem Gottshaus obgelegen ist". Abschnitt 3 legt die Höhe des Kirchturms "auf ohngefahr 110 Schuch" fest und fordert ein "Obertheil von 8 Eggen". Ein Nachtrag von anderer Hand gibt die Höhe der Kirchenmauer mit 55 Schuh an. Der erste und zweite "Gaden" des Klosters soll 13, der 3. Stock 11 1/2 oder 12 Schuh hoch sein. "Vornembste Zimmer muessen und sollen sauber verdinchelt werden" (Abschn. 8). Für die Küche ist "noch ein pastebenofen" vorgesehen, ferner ein Keller bei der Apotheke und ein Krautkeller. - Die anderen Abschnitte regeln das Bauwesen. Franz Beer hat sich um "alle nothwendige Paurüstung" (Schubkarren, Schaufeln, Schragen, Pickel und Hauen) zu kümmern. Der Maurer darf sich mit nichts anderem als mit Hammer, Kelle und Senkblei versehen (Abschn. 4). Das Kloster stellt den Maurern ein Zimmer "zum Geliger" zur Verfügung und stattet es mit Strohsäcken, wollenen Decken und Pfulgen aus. Der Maurermeister trägt Verantwortung für die Gesellen und er soll sie anhalten, "daß das Tabakhtrinckhen in dem Zimmer zu Verhütung Schadens vermeidet werdte". Das Kloster gewährt dem Maurermeister Verpflegung ("den Tisch"), wie sie dem Konvent gereicht wird (mit Ausnahme des Weines), dem Polier aber (nur) den Handwerkstisch. Zum Ein- und Ausstand gibt das Kloster "nach Gelegenheit der Zeit Fleisch oder andere nothwendig speis", "für andere Vortheil" aber pro Mann nur 1 Maß Bier und 1 Brot (Abschn. 11). Für die Ausführung der Bauarbeiten soll Beer die Summe von 9 750 fl. erhalten, die ihm nach dem Baufortschritt in Raten ausgezahlt werden (Abschn. 9 und 13). Der Vertrag bezog sich offensichtlich auf den Platz des bisherigen Klosters, denn nur so erklärt sich die Bestimmung im 2. Abschnitt: "wann aber ein alter

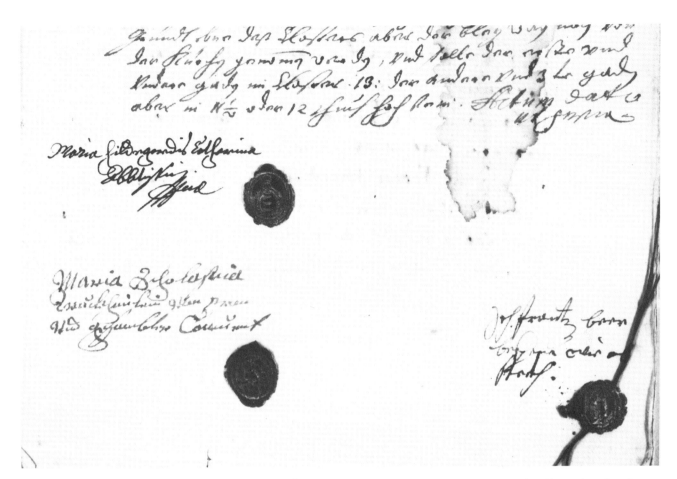

Baukontrakt unterschrieben und gesiegelt von der Äbtissin und der Priorin im Auftrag des gesamten Konvents und vom Architekten Joh. Franz Beer

Grundt auf die Linj des newen Paues zu treffen thete und derselbige bestendig und nit schadhafft were, mag derselbige stehen bleiben". Doch trug man sich bereits mit dem Gedanken, den Neubau auf dem Berg zu errichten. Als Motiv nennt die Klosterchronik die gesündere Luft und das gute Fundament, dessentwegen man hoffte, 10 000 Steine einsparen zu können. P. Christoph Vogt wurde mit einem Riß zum Bischof geschickt, der diesem gut gefiel, doch gab der Bischof zu bedenken, daß es auf dem Berg mit dem Wasser Probleme geben dürfte. Im Auftrag des Bischofs kamen der Pfleger von Westendorf und der Hofbaumeister Valerian Brenner am 2. März nach Holzen. Die beiden Kommissäre begutachteten den Platz und kamen zu dem Ergebnis, daß man sogar 100 000 Ziegel "wegen des guetten grundts" einsparen könne. Die bischöfliche Erlaubnis zum Bau auf dem Berg folgte unverzüglich. Am Benediktusfest (21. März) feierten die Nonnen den letzten Gottesdienst in der alten Kirche. Nach dem 10stündigen Gebet trugen sie das Allerheiligste ins Gasthaus, wo das Fürstenzimmer als Kapelle hergerichtet worden war. Die Nonnen haben "sehr vill Vngelegenheit gedulten müessen", weil oft acht bis zehn Personen in einem Zimmer lebten. Am 12. März begann der Abbruch. Der Bautrupp bestand aus 15 Maurern und 11 "Buben". Auf dem Berg rodete man das Gestrüpp, ebnete den Plan und brach die drei Kapellen ab. Die Nonnen legten selbst mit Hand an. Sie haben "vill 1000 Ziegel stein auf den Berg gebracht, dann eine Persohn nach der andern gestanden vnd die Stein gegeben, daß gewiß oftermallen das blut yber die Hand abgelofen, gleich wollen man bis weillen ledern vnd würkhenn Handtschue angehabt, sogar haben vnß Vnsere Herrn geistlichen, auch in der Nachbarschaft helfen stein büetten". Am 7. April begann der Bau, am 5. Mai wurde durch den Weihbischof der Grundstein gelegt. Am Vorabend hat man "den Plaz außgezeichnet, wo der Chor oder (die) Kirchen hinkhombt, ein Creitz aufgesetzt, andern tags Morgens hat man vnder den freüen Himmel ein Altar am blatz der Neüen Kirchen aufgemacht, ein Tafel, ein Crucifix, 2 Leichter", darauf gestellt und ein Pontifikalamt gefeiert. Im Jahre 1696 wurden für Baumaterial und Maurerlöhne

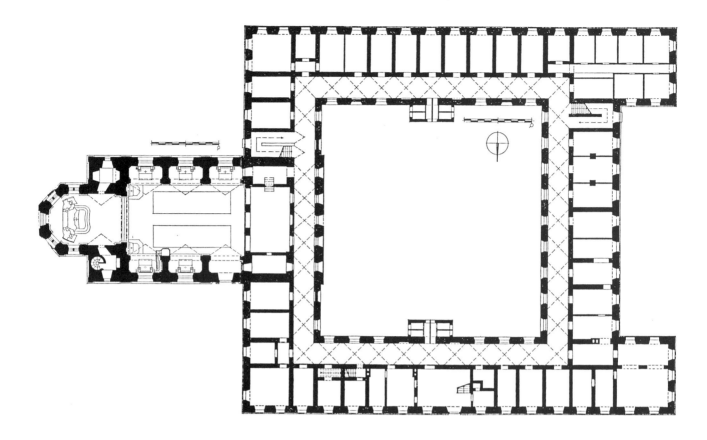

Grundriß der Klosteranlage. Rechteckige Vierflügelanlage, wobei die Westfront der Kirche in den Ostflügel eingestellt ist. Die Kirche bildet den östlichen Abschluß und den Kopf des Gevierts, dessen Nord- und Südflügel um zwei Achsen über den Westflügel hinausgreift (nach Wörner/Neu, BKD Wertingen)

2 093 fl., für Zimmerleute 1 167 und für Schreiner 132 fl. ausgegeben, ein Zeichen dafür, daß die Bauarbeiten gut voranschritten. Wegen einiger Veränderungen schloß das Kloster mit Franz Beer am 7. Mai 1697 einen weiteren Vertrag. Ausdrücklich genannt werden die zwei Schießer, die errichtet werden sollten, nachdem man Nord- und Südflügel des Gevierts der Klosteranlage nach Westen um 27 Schuh verlängert hatte. Keine Rede ist von einem zweiten Turm, der aber gebaut wurde. Die Abschnitte 2 bis 5 gewähren Einblicke in Einzelheiten des Baus. "Die 2 Abbteyen aber sambt Ihren Cabinete und 2 Camern, auch der mittlere Cor oder Schwester Betthaus, 2 Priorat stuben, kleine Flegl zwischen den Kranckhen Zimmern, Refectorium, Conventstuben, 2 große Gast stuben, Canzley und Groß Kellerey sollen verdinkhlet werden". Unklar bleibt, warum man zwei Abteien vorsah; von den zwei Prioratsstuben war offensichtlich eine für die Subpriorin gedacht. Die Choranlage, deren mittlere Etage das "Bethaus" für die Laienschwestern aufnahm, geht auf P. Christoph Vogt zurück. Die Kamine sollen in der Mitte des Gebäudes sauber zum First hochgezogen werden. Auf die zwei Giebel im Westen muß "ein zierlicher auszuch ausgesetzt werden", weil es der Äbtissin so gefiel. Das Hauptgesims der Portale darf, wenn es nicht aus Steinen gefestigt wird, auch mit Ziegeln eingesetzt werden, die übrigen Teile aber sollen "von harten oder Merbelstein gemacht werden". Aus dem Briefwechsel der Äbtissin mit Abt Gordian Scherrich in Ottobeuren, den P. Weißenberger auswertet, und aus den Rechnungen geht der Baufortschritt hervor. Am 13. Oktober 1697 schrieb die Äbtissin, daß sie mit dem aus Ottobeuren geschickten Schlossermeister Jakob Meyr "ganz wol zufrieden" sei. Gleichzeitig hoffte sie, im Frühjahr das neue Kloster beziehen zu können, "dan Gott Lob schon alles under den Dach und das halb Closter mit Gibs und anderen aus gemacht und ausgedrickhnet" ist. Im Jahre 1697 wurden ausgegeben: für Gips 619 fl., für Maurer 254 fl., für Zimmerleute 810 fl., für Gipser und Stukkateure 387 fl., für Schreiner 123 fl. Da Franz Beer gleichzeitig auch andere Bauten betreute (Gengenbach, Beu-

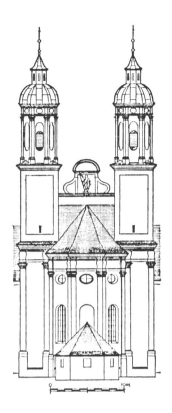

Klosterkirche, Ostansicht (nach W. Neu, BKD Wertingen)

Klosterkirche, Nordansicht

ron, St. Blasien, Frauenalb, Salem, Ehingen a. d. Donau), die vornehmlich in Baden lagen, kam viel auf den örtlichen Bauleiter an. P. Christoph Vogt leistete "ganz sorgfältig und guete Absicht" (d.h. Aufsicht), und die Äbtissin war auch mit den Handwerksleuten aus Ottobeuren wohl zufrieden. Am 6. Mai 1698 schrieb sie an den Ottobeurer Abt: "Mein Bau betreffen, verspir ich teglich mehr die Gnadt und Segen Gottes, weillen alles so glicklich und wol von stadten get, wie dan wirklich der Grundt (Gott Lob) zu der Kirchen schon gelegt und hoffe bis uf den Hörbst under das Dach zu bringen; das Closter aber, welches in 3 oder 4 Wochen das mehrer Deil ausgemacht, hoffe noch vor dem Windter zu bezichen, zu welchen ich noch weidter die gnadt Gottes von nedten. Der liebe Herr P. Beichtvatter (Gott vergeldt es ihnen) duet mir vil guetes bey disem Gebey; ja ich schreib ihme (nach Gott und der selligen Muetter Gottes) alles zue; der liebe Herr ist wol Tag und Nacht darmit bescheftigt mit nachrechen, daß alles guet und ohne Schadten gemacht wirdt".

In den Aufzeichnungen über die Beichtväter hielt man in Holzen über P. Christoph Vogt fest: Er "war ein Mann, sowohl von herrlicher Tugend als zerschieden besitzend Wissenschaft berühmt, welcher als ein Organist und auch Orgelmacher die hiesige noch wehrende Orgel mit unermüdet Fleiß selbst gemacht hat, bestens erfahren in der Baukunst: unter dessen eigener Erfindung und Anordnung der von Holz und Gestrüpp dick angeflogene Wald in eine weite und breite Ebene verendert worden, auf welche sodann das jetzige herrliche neue Kloster sowohl nach alle Proportion als annehmlicher Situation zu der inwohnenden vergnüglichsten Gelegenheit erbauet und als Bauinspektor alles dirigiert, wie auch die schöne Kirchenaltär, die in der Höhe rings herumgeführte Gäng mit dreifachem Chor, da er sich denn durch diese seine nützlichste ins Werk gerichtete Erfindung nicht weniger als durch den Eifer in der Seelsorge einen ungemeinen Ruhm erworben".

Im Jahre 1698 wurden für Gips 631 fl., für Schreiner 252 fl., für Maurer 358 fl., für Gipser und Stukkateure 831 fl., für Zimmerleute 696 fl., im Jahre 1699 für Maurer 1 900 fl. ausgegeben. Die unterschiedliche Höhe in den Ausgaben für die Maurer erklären sich dadurch, daß der Kirchenbau erst 1699 voll in Gang kam. Der Rohbau wurde 1700 abgeschlossen. Am 9. April 1700 vereinbarte die Äbtissin mit Peter Rossier, Glockengießer in Rottenburg am Neckar, die Lieferung von vier Glocken, von denen eine offensichtlich für die Loretokapelle bestimmt war. Reliefs auf der großen und mittleren Glocke zeigen u.a. einen Engel, der die Wappenschilde

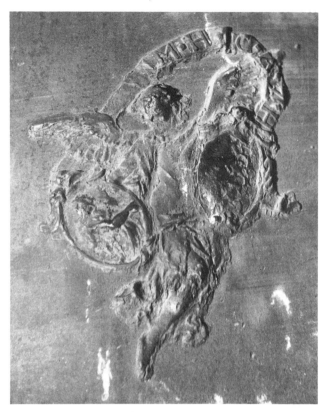

Wappenengel auf den Glocken, links das Wappen des Klosters, rechts das Haslang-Wappen. Auf dem Schriftband: M(aria) H(ildegard) C(atharina) Ä(btissin) Z(u) H(olzen)

des Klosters und seiner Äbtissin hielt.[6] Ein Akkord von 1701 mit dem Augsburger Großuhrmachermeister Christoph Bickelmann sieht für 600 fl. ein Uhrwerk vor. Die Stukkateure nahmen sich zunächst des Psallierchores, den man für das klösterliche Leben am dringendsten benötigte, an und wandten sich dann dem Chor der Kirche zu. Die Arbeiten wurden offensichtlich durch den Spanischen Erbfolgekrieg unterbrochen. Die Äbtissin weilte über ein Jahr lang nicht im Kloster, und im Jahre 1704 wurde P. Christoph Vogt nach Ottobeuren zurückberufen. Erst nach einer Unterbrechung wohl von einigen Jahren nahm man die Stuckarbeiten im Langhaus wieder auf, woraus sich die stilistischen Unterschiede erklären. Michael Hartig hält es für "nicht ganz ausgeschlossen", daß der Triumphbogen, die Stuckfiguren der Apostel und die Brüstung des Psallierchores von wandernden Italienern ausgeführt wurden. Das mittlere Fresko im Psallierchor, das die Geburt Christi darstellt, ist signiert und weist Johann Rieger als Maler aus. Er dürfte auch die anderen Fresken und damit einen der frühesten großen Deckengemäldezyklen ge-

schaffen haben. Im Vergleich zum gleichzeitigen Irsee, wo Bilder auf Leinwand in die Decke eingelassen wurden, bot man in Holzen den Deckenfresken Raum. Den Orgelprosekt entwarf P. Christoph Vogt. Der ebenfalls aus Ottobeuren stammende Schreiner Simon Schropp führte den Entwurf aus. Er schuf auch das Chorgestühl. Ebenfalls nach Vogts Entwürfen gestaltete Schropp aus fourniertem Holz die vier Altäre in den vorderen Seitenkapellen. Für die Herz-Jesu-Bruderschaft wurde im Sommer 1708 unter dem Chorbogen ein Altar errichtet, auf dem ein Muttergottesbild aufgestellt wurde, das eine Schwester der Chorfrau Maria Victoria von Liechtenau 1688 gestiftet hatte. Den "Schein oder die Sonnen" sowie neun Engel und das Herz Jesu ließ die Äbtissin von Ehrgott Bernhard Bendel schnitzen. Nach der Klosterchronik kostete alles zusammen 50 fl.; der Schreiner erhielt für "das Althärl" 25 fl., der Maler aber 100 fl., "welches die gnedige Frau Auß sonderlicher Devotion von ihren Aignen Spesen hat machen lassen" (Der Altar wurde 1730 wieder beseitigt). Die Kirche erhielt am 7. September 1710 durch den Weihbischof Joh. Kasimir Röls die Weihe. Die Feierlichkeiten dauerten von 5 - 10 Uhr. Am gleichen Tag spendete der Weihbischof in 4 1/2 Stunden 1 300 Personen das Sakrament der Firmung. Am nächsten Tag wurde das Kloster (und mit ihm wohl auch die neue Loretokapelle, an die eine Hl. Stiege angebaut wurde) geweiht. Die Weihehandlung wurde auch an der Laurentiuskapelle (1707 durch den Klostermaurermeister Hans Jörg Radmiller, an der Stelle des alten Klosters im Auftrag der Äbtissin errichtet) und an der Mauritiuskapelle bei der Klause vorgenommen. Aus der Regierungszeit der Äbtissin Hildegard stammen in der Klosterkirche die drei Beichtstühle an der Westempore und die Kirchenstühle, die der Thierhauptener Schreiner Hans Schisler im Jahre 1715 lieferte. Die Bautätigkeit der Äbtissin erstreckte sich auch auf andere Gebäude des Klosterkomplexes, das Torgebäude mit dem anschließenden Gästebau, das Gasthaus und die Wirtschaftsgebäude sowie das Beichtväter- bzw. Kaplanshaus, das sich östlich der Kirche erhob, das im vorigen Jahrhundert aber abgerissen wurde.

In Salmannshofen baute Christian Widenmann, der Maurermeister aus Elchingen, die Kirche neu. Nach seinen Plänen wurde von Johann Balthasar Zimmermann, Baumeister in Mönchsdeggingen, die Kirche in Druisheim umgebaut. Obwohl Allmannshofen erst 1719 nach Holzen inkorporiert wurde, übertrug man dort bereits fünf Jahre vorher an Widenmann den Neubau der Kirche. Als Bauherrin hat sich die Äbtissin aber vor allem mit Kirche und Kloster Holzen selbst ein bleibendes Denkmal gesetzt.

Loge der Äbtissin

Nonnenchoranlage

Stuhl der Äbtissin im Chor

Die Sozialstruktur des Holzener Konvents kommt baulich in der Nonnenchoranlage zum Ausdruck: Über der Silberkammer liegt der geschlossene Chor der Laienschwestern, darüber der Psalierchor der Chorfrauen, der in einer geschwungenen Brüstung in den Kirchenraum hineinragt und den ein reich stukkiertes, mit Fresken geschmücktes Tonnengewölbe überspannt. An der Nord- und Südwand je zweireihiges Chorgestühl mit 16 Plätzen, an der Westseite zwei einzelne, reicher ausgestattete Stühle für die Äbtissin und die Priorin.

Am Gottesdienst in der Kirche konnte die Äbtissin in einer eigenen Loge teilnehmen, die in die mittlere Etage als Erker eingebaut ist. Über den drei Fenstern Kartusche mit lateinischer Inschrift, die hervorhebt, daß dieses "Haus des Herrn" unter der Regierung der Äbtissin Maria Hildegard Catharina von Haslang zu Hohenkammer auf den Berg verlegt und erbaut wurde.

Ein Putto auf dem Schalldeckel der Kanzel zeigt auf das Wappen der Äbtissin

Kanzel, gekrönt von der Figur des predigenden Johannes des Täufers, des Kirchenpatrons. Fassung von Veit Joseph Klein aus Allmannshofen, 1731

Über der Skapulier-Madonna zwischen Putten Wappenkartusche mit den Wappen von Gumppenberg und von Haslang

Die barocke Anlage mit (aus perspektivischen Gründen) stark überhöhten Türmen. Ausschnitt aus einem Andachtsbildchen mit dem Holzener Christkindl (von Klauber), um 1750. Östlich der Kirche das stattliche Beichtvater-Haus (im vorigen Jahrhundert abgebrochen)

Über dem Torgebäude (links) das Wappen der Äbtissin Anna Katharina von Haslang

Die Laurentiuskapelle unten am Berg erinnert an den Platz des alten Klosters. Darüber auf dem Berg die barocke Anlage

Die Persönlichkeit

Bestimmte Charakterzüge der Äbtissin wie ihre Geschäftstüchtigkeit, ihre Unternehmungslust und ihre Reisefreudigkeit, aber auch ihre Furchtsamkeit (z.B. im Spanischen Erbfolgekrieg) scheinen in der bisherigen Darstellung bereits auf, andere, wie z.B. ihre Frömmigkeit, wird man noch etwas genauer beleuchten müssen, auch wenn Frömmigkeit schwer bestimmbar bleibt.

Im Jahre 1688 erschien in Augsburg bei Simon Utzschneider das Gebetbuch "Geistliche Aussteurung, das ist auserlesene Andachten aus unterschiedlichen Bett-Büchern Zusammengetragen", dessen Texte die Äbtissin Hildegard von Haslang ausgewählt und herausgegeben hat. Daß dieses Gebetbuch geschätzt wurde, beweist eine weitere Ausgabe in Dillingen (ohne Jahr) und eine weitere 1736 (!) bei Lotter in Augsburg. Es dürfte nicht viele Nonnen geben, die den Druck eines Gebetbuches bewerkstelligten. - Das Buch erreicht den stattlichen Umfang von 1 048 Seiten und gliedert sich in sechs Teile, die durch ein zwölfseitiges Register erschlossen werden:

Portrait der Äbtissin, das Pater Christoph Vogt zu ihrem 60. Geburtstag von Joh. Christoph Beyschlag, einem damals gefragten Portraitisten (gest. 1712 in Augsburg) malen ließ. Die Äbtissin hält ihr Gebetbuch in der Hand

Titel der ersten Ausgabe des Gebetbuches

102

I *Geistliche Übungen und Gebett / Die gantze Wochen hindurch das H. Leben / Leiden / Tod / vnd Auferstehung JESU CHRISTI zu verehren*
II *Beichtt-Buß- vnd Communion-Gebett*
III *Gebett vnd Andachten zu der H. Dreyfaltigkeit*
IV *Gebett zu Unserer Lieben Frauen*
V *Gebett zum H. Schutz-Engel vnd andern Heiligen*
VI *Schöne Gebett in anligender Noth / auch für Krancke / Sterbende / vnd Abgestorbene zu sprechen*

Die Äbtissin hat über 300 Texte zusammengetragen, vorwiegend Gebete, aber auch Litaneien und Psalmen, Protestationes und Seufzer u.a. Nur einige Gebete werden einem bestimmten Autor zugeschrieben (Anselm, Augustinus, Bonaventura, Franziskus, Hieronimus, Ignatius, Johannes vom Kreuz, Karl Borromäus und Thomas von Aquin). Neben Maria und Joseph erscheinen als "Adressaten" von Gebeten die Heiligen Johannes und Maria Magdalena, Joachim und Anna, Benedikt und Karl Borromäus, Sebastian und Laurentius, Leonhard und Antonius von Padua. - Die "Correctur, sambt anderer nöthigen Disposition" nahm P. Amandus Liebhaber von St. Ulrich und Afra auf sich, der auch das Vorwort verfaßte. Er betonte auch die Nützlichkeit dieses Gebetbuches, den er darin sah, daß man nicht mehr "verschidene Bücher mit sich herumb zu schleppen / vil weniger durchzublättern" brauche.

Die Frömmigkeit der Äbtissin war zunächst geformt von der monastischen Art benediktinischer Prägung. Die (Wieder-)Einführung auch des nächtlichen Chorgebetes ging in Holzen offensichtlich auf ihre Initiative zurück. P. Franz Mandl aus Augsburg rühmte in der Leichenpredigt, daß "sie ware unter denen ersten in dem Chor in der Kirchen", womit sie einer Forderung der Benediktinerregel nachkam "Daß gleich bei gegebenen Kirchen-Zeichen alles aus Händen solle gelassen und mit Ehrenbietigkeit dem Gottesdienst solle nachgeeilet werden". Die monastische Frömmigkeit öffnete sich aber auch zur Volksfrömmigkeit hin. "Weil man im Sommer das Vieh erneuert hat", feierte man am 8. November 1706 einen feierlichen Gottesdienst in der Leonhardskapelle Aichertshofen (Pfarrei Salmannshofen), an dem sich neben dem Beichtvater zehn Geistliche der Umgebung und "sechs Frauen Musikantinnen" sowie viel Volk beteiligte.[7] Das Viehpatronat des Hl. Leonhard hatte im Verlauf des 17. Jahrhunderts ältere Patronate (Gefangene, Geburtsnöte) verdrängt. Die Herz-Jesu-Verehrung der frühen Neuzeit erfuhr die wichtigsten Impulse durch Margareta Maria Alacoque (gest. 1690). Unter den 13 Herz-Jesu-Bruderschaften, die in den Jahren 1697/98 errichtet wurden, befand sich auch jene bei den Ursulinen in Wien, als die älteste Bruderschaft dieser Art im deutschsprachigen Raum. Ihr folgten die Bruderschaften in Breslau (1707), Zwiefalten (1703) und Augsburg (1705 bei den Englischen Fräulein, wo auch die erste Herz-Jesu-Kirche gebaut wurde). Die Äbtissin Hildegard schloß sich bei der Errichtung der Herz-Jesu-Bruderschaft in Holzen im Jahr 1708 einer damals ganz modernen Tendenz an. Sie selbst kam für den Altar auf und sie ließ wohl auch die Monstranz in Herzform anfertigen. Das Amt bei der Errichtung der Bruderschaft hielt der Abt von St. Ulrich und Afra in Augsburg, Willibald Popp, die Predigt übernahm Anton Ginter von Biberbach. Das Bruderschaftsfest wurde mit großem Aufwand gefeiert. So schildert die Klosterchronik zum 5. Juni 1712 eine Prozession, die aus 54 Positionen bestand. Voran ritt ein Engel zu Pferd und Engel machten überhaupt die meisten Beteiligten aus. Personen der Heilsgeschichte, wie Adam und Eva, gingen mit oder wurden, wie Daniel in der Löwengrube oder die Menschwerdung Christi, auf einem der sechs Wagen dargestellt. Die Herz-Jesu-Bruderschaft scheint die älteren Bruderschaften (Ursula und Michael, 1626; Skapulier 1671) etwas verdrängt zu haben (erfuhr mit Abbruch des Altares im Jahre 1730 aber selbst eine Beeinträchtigung). Nicht so feierlich wie das Bruderschaftsfest beging man am 24. Juni das Patrozinium. Als Zelebrant und Prediger wurde in der Regel ein auswärtiger Geistli-

Herzmonstranz und Ziborium (rechts mit dem Haslang'schen Wappen am Fuß)

cher eingeladen (besonders gern der Abt von St. Ulrich und Afra, im Jahre 1704 der Karmeliterpater Wilhelm a Sancto Francisco, der Bruder der Äbtissin). An diesem Tag strömte viel Volk in Holzen zusammen, denn es wurde auch ein Markt abgehalten. Holzen entwickelte sich zum Hl. Berg Schwabens. Drei Bruderschaften hatten hier ihren Sitz. Relativ früh, 1626, waren die Gebeine einer Katakombenheiligen, der Hl. Aurelia ins Kloster gelangt. Im Sommer 1721 wurden "mit großem Pomp" die Reliquien der Hll. Nicolinus und Theodora in Holzen "eingeführt", was mit großen Unkosten verbunden war (Leichenpredigt). Die frühe Karl-Borromäus-Kapelle lebt in der neuen Kirche im Altar fort, eine Loreto-Kapelle entstand wieder an der Klostermauer; im Anbau wurde eine hl. Stiege untergebracht (und um 1730 kam noch die Wallfahrt zum Christkindl auf den Nothelfer-Altar hinzu). Trotz des eigenen Angebots wandte man sich in Holzen auch anderen Kultobjekten zu. So reiste im Oktober 1707 die Priorin mit Josepha von Bodmann nach Benediktbeuren, um sich das Anastasia-Haupt (gegen dämonische Gefährdungen) aufsetzen zu lassen. Als im Jahre 1712 ein Laienbruder aus Andechs im Kloster wegen des Kerzenstockes, der schon seit 300 Jahren (!) in Abgang gekommen sei, vorsprach, gab man für 15 Gulden einen neuen "sambt einem darvorgehengten Wappen der Gnädigen Frau und des Konventes" in Auftrag (Klosterchronik). Die Holzener Kerze ist in Andechs nicht mehr vorhanden.

Sehr ausführlich schildert die Klosterchronik die Jubelprofeß der Äbtissin. Zwei Wochen nach der Kirchweihe, am 30. September 1710, fand eine erste Feier statt, wozu die jungen Nonnen Türen und Gänge der Abtei schmückten (Emblemata "mit schenen gemahlten pabier vmbwunden", Blumen und Bäume, Teppiche). Um 2 Uhr kam die Priorin mit dem Konvent und "hat die gnedige Frau in das bad hinab begleid vnder einer schenen musig", die während der Badezeit "heraußen vor der thür" weiter gespielt wurde. Abends um 6 Uhr wurde die Äbtissin zu Tisch in die Tafelstube geführt, wo man ihr einen schönen Kranz aufsetzte, den ihr der Konvent verehrte. Man war ganz unter sich; lediglich Beichtvater und Kaplan nahmen an dem Mahl teil. Die eigentliche Jubelprofeßfeier aber fand am 12. Oktober, am 18. Sonntag nach Pfingsten, statt. Als Prediger hatte der Konvent den Abt von St. Ulrich und Afra eingeladen; auch der Prälat von Fultenbach, Abt Magnus Schmid Freiherr von Wellenstein, "als ein gar guetter Freind" war gekommen. Von ihrer Verwandtschaft wollte die Äbtissin niemand einladen lassen, dennoch kam ihre Schwester Maria Jacobe, Verheiratete von Gumppenberg, mit ihrem Fräulein Tochter, einer Stiftsfrau in Regensburg, aus München. Um 6 Uhr früh holte der Konvent die Äbtissin "als die Hochzeiterin" mit Kreuz und Fahnen ab und geleitete sie zur Kirche. Dort stimmte der Prälat das Veni Creator an. Nach dem Evangelium hielt er die Predigt zum Thema "Die Königin ist gestanden zu Deiner Rechten in einem vergulden Kleid".

Die Klosterchronik urteilt darüber: Er "hats über auß schen herauß gebracht vnd vil Lobwirdiges mit ganzer Wahrheit" gesagt. Zum Offertorium erfolgte die Wiederholung der Profeß. Das Amt endete mit dem feierlichen Tedeum. Erst nachdem die Äbtissin zurückgeleitet worden war, wurden die Gratulationen ausgesprochen. Der Konvent verehrte ihr den Betrag von 50 Gulden. Was der Äbtissin geschenkt wurde, "hat sie alles zue dem Heiltumb Althar auß sonderbahrer Devotion zu denen H.H. Reliquien geben" (schließlich bezahlte sie den ganzen Altar). An die Gratulation schloß sich die Tafel an, die bis etwa 4 Uhr dauerte. - Die geschilderten Umstände der Jubelprofeß nähren die Vermutung, daß sich die Äbtissin im Konvent großer Beliebtheit erfreute. In der Leichenrede erzählte Pater Mandl eine Episode: Als einmal eine Konventualin im Krankenzimmer lag, "sahe die Gnädige Frau eben die jenige zur Aufwartung der Kranken bestellte Schwester die Stiegen hinauf gehen: sagte dann zu ihr: O liebe Schwester, lasset mich diese Speisen tragen". Der Prediger verglich dieses Verhalten mit der Fußwaschung, die Jesus an den Jüngern vornahm.

Am Morgen des 15. September 1721 erfaßte die Äbtissin ein "heftiger Schlagfluß". Zwischen 1 und 2 Uhr legte sie die Beichte ab und verschied dann. Die Leichenrede, die Pater Mandl hielt, erschien bald darauf in Druck. Die Grabplatte rühmt sie als "viler schwährer erlittenen trangsalen / Grossmüthige Yberwinderin / auch / wegen fortgepflanzter Disciplin / geführten Closter-bau erkauffte Güettern / billich, zu nennen seyende / Andere deß Gottshaus Stiffterin". Die Aufzeichnungen von 1785 formulieren das ähnlich: "Dardurch Sie Ihr den Namen, nitt nur einer erneyerin oder ergänzerin, sondern gleichsamb einer andern Stiffterin des Klosters erworben hat".

Sankt Aurelia

Epitaph in der Kirche (oben), Titel der Leichenpredigt (rechts oben) und Ausschnitt aus der Rotel, in dem die Verdienste der Äbtissin gewürdigt werden

Neu-scheinender
Durch den berührenden Tods-Schatten
in seinem heroischen Tugend-Glantz nicht verdunckleter
Voll-Mond.
Das ist:
Ehr- und Traur-Predig
zur Glorwürdigen immerwährenden
Lob-Gedächtnuß
Der
in GOTT ruhenden
Hochwürdigen/ Hoch-Wohlgebohrnen Frauen/
F R A U E N
Maria Anna Catharina Hildegardis/
gebohrner Freyin von Haßlang/ ꝛc.
Deß
Hoch-Adelichen Stiffts und Frauen-Closters
S. Joan. Baptistæ zum Holtz
S. Benedicti Ordens
Preiß-würdigsten Frauen Abbtißin.
Vorgetragen
Bey letzt schuldigst-verpflichter Ehr-Abstattung/
und gehaltnen Dreyßigst
Von
P. FRANCISCO MANDL, Ordin. S. Bened.
des Kayserlichen freyen Reichs-Stiffts zu St. Ulrich
und Afra in Augspurg Professo,
den 9. Octobr. deß 1721. Jahrs.
Mit Genehmhaltung der Obern.

A U G S P U R G/
Gedruckt bey Johann Jacob Lotter.

    Sie ist/ welche dises gantze Closter-Gebäu/ so vor eueren Augen herrlichist pranget / auß den Grund aufgeführet. Sie ist/ welche die Kirche mit Altär/ Orgel/ und Cantzel; die Altär mit heiligen Reliquien; den Tabernackel mit Monstranz und Ciboriis; die Sacristey mit Kelch und Ornat geschmucket. Sie ist/ welche das GOtts-Hauß mit Güter und Zehend bereichet. Sie ist/ welche so vil Löblich- und Erspriessliches gestifftet/ daß man uns billich eines Undancks beschuldete/ da wir Sie nicht/ als ein andere Stiffterin außrufften. Secht jene prächtige Colossos und Æmilianos, welche Sie zu einem unsterblichen Ruhm auf Ihrer Lebens-Bühne vorgestellet.

Quellen und Literatur

a) zur Familie Haslang v. Hohenkammer:

BHStAM Heroldenamt Bd. 16: Personenselekt Cart. 126 (darin das Testament Georg Christophs v. 1681 u. ein Stammbaum v. Philipp Moßer, Verwalter in Hohenkammer); Erzbischöfl. Archiv München, Matrikel der Pfarrei ULF.

Reinhard Heydenreuter, Der landesherrliche Hofrat unter Herzog und Kurfürst Maximilian I. v. Bayern (1598 - 1651), München 1981 (= Schriftenreihe z. Bayer. Landesgeschichte 72), 334 f.; Margit Ksoll, Die wirtschaftlichen Verhältnisse des bayer. Adels 1600 - 1679, dargestellt an den Familien Törring-Jettenbach, Törring zum Stain sowie Haslang zu Haslangkreit und Haslang zu Hohenkammer, München 1986 (= Schriftenreihe z. Bayer. Landesgeschichte 83); Pankraz Fried, Die Landgerichte Dachau und Kranzberg, München 1958 (= Hist. Atlas v. Bayern I, 11/12), 74f. (Giebing); Rudolf Goerge, Hohenkammer, Freising 1984 (= Portrait einer Gemeinde 4).

b) zum Kloster Holzen:

BHStAM KL Holzen 42 (chronikalische u. tagebuchartige Aufzeichnungen), 45 (Konventsliste mit chronikalischen Ergänzungen d. Schwester Coelestina Werner aus dem Jahre 1775), 2 (Fertigungsliste für das Noviziat), 3 (Matrikel d. Pfarrei Holzen), 18 (Rechnungen d. Donauwörther Kramers).

KL Holzen, Augsburger Serie 39 (Aufnahme v. Klosterfrauen 1547 - 1702, Konventsliste v. 1695), 48 ("Acta über die auf absterben der Frau Äbtissin Maria Hildegardis Cath. dem Herrn Pfleger zue Zusmarshausen gnedigst vffgetragene Stöll eines Castelanj vnd darauf erfolgte wahl der neuen Frau Äbtissin zu Closterholzen betr.", darin auch Verzeichnis der Untertanen zur Huldigung bei der neuen Äbtissin).

Holzen: handschriftliche Aufzeichnungen zur Klostergeschichte, 20. Jh.

Eichstätt, Abtei St. Walburg: Gebetbuch "Geistliche Aussteurung" (2 Ausgaben).

Oberelchingen, Pfarrarchiv: Rotel.

Euringer, Auf nahen Pfaden, Augsburg 1893, 736 - 759.

Archiv des Bistums Augsburg: Generalschematismus.

Pirmin Lindner, Monasticon Episcopatus Augustani, Salzburg 1913, 459 - 466 (ältere Literatur, Katalog der (Meisterinnen und) Äbtissinnen.

Klaus Fehn, Wertingen (= HA Teil Schwaben H 3), München 1967, 26 f, 90 Nr. 12; W. Pötzl, Das Benediktinerinnenkloster Holzen, in: Der Landkreis Augsburg Nr. 54.

c) Baugeschichte

BHStAM KL Holzen 22 (u.a. Verträge mit F. Beer), 23, 33; KL Ottobeuren 112a (Briefwechsel).

Michael Hartig, Kirche und Kloster Holzen, in: Jb d. Vereins f. Christl. Kunst VII, 1929, 171 - 183; Paulus Weißenberger, Zur Baugeschichte des Klosters Holzen, in: ZBLG 8, 1935, 459 - 466; Michael Hartig, Die ehemalige Benediktinerinnenabteikirche Holzen, München 1956 (= KlKF), 5. Aufl. 1987; Norbert Lieb / Franz Dieth, Die Vorarlberger Barockbaumeister, München-Zürich 1960; Hans Jakob Wörner, Ehemaliger Landkreis Wertingen (= BKD XXXIII), München 1973, 123 - 146.

Anmerkungen

1) Joachim Seiler, Das Augsburger Domkapitel vom Dreißigjährigen Krieg bis zur Säkularisation (1648 - 1802). Studien zur Geschichte seiner Verfassung und seiner Mitglieder, St. Ottilien 1989 (= Münchner theologische Studien, Hist. Abteilung 29. Bd.) 425 - 427 (zu Franz Bernhard; in Anm. 4 Angaben zu Johann Franz Carl und Philipp Ignaz).

2) Häuserbuch der Stadt München, hrsg. v. Stadtarchiv München (nach den Vorarbeiten von Andreas Burgmaier), Bd. II (Kreuz Viertel), München 1960, 217 f.

3) Fürstecker: dreieckiges Stück steifen Materials, vorn unters Mieder gesteckt, das darüber her zugeschnürt wird. Skapulier: Schulterkleid (geistl.). Barchent: starker Zeug aus Baumwolle und Leinwand. Kamisol: Wams, Weste mit Ärmeln.

4) vgl. Fehn, Wertingen und dann für die Zeit um 1750 die Pläne der einzelnen Orte bei Joh. Lambert Kolleffel.

5) zu Dionisius Jacker: Jack(e)r stammte aus Rochberg und hatte 1668 als 18jähriger Profeß abgelegt. Als Prior vertrat er 1696 sein Kloster auf dem Kapitel der niederschwäbischen Benediktinerkongregation, das 1696 in Ottobeuren tagte; 1714 als Subprior ebenfalls auf dem in Ottobeuren tagenden Kapitel; am 19. Mai 1717 starb er (Augustinus Thiele, Die soziale Struktur des Neresheimer Konvents im 18. Jahrhundert, in: Die Abteikirche Neresheim als Ausdruck benediktinischer Geistigkeit, hrsg. v. H. Tüchle u. P. Weißenberger, Neresheim 1975, 157 - 189; W. Pötzl, Neresheim in der niederschwäbischen Benediktiner-Kongregation, ebenda, 231 - 267; Paulus Weißenberger, Aus dem inneren Leben einiger Abteien der Augsburger Benediktinerkongregation vom Hl. Geist im 16./17. Jahrhundert, in: JbVABG 13, 1979, 51 - 85).

zu Joh. B. Hamm: H. Schlemmer, Personalstand der Benediktinerabtei St. Emmeram in Regensburg, in: Verh. d. HV v. Oberpfalz u. Regensburg 109, 1969, 93 - 114.

zu Christoph Vogt: 1648 in Dietenheim geb.; Studium u.a. in Salzburg; Profeß 1669; Prior in Fultenbach u. Ottobeuren; geschätzt als Architekt und Orgelbauer; P. Lindner, Album Ottoburanum I, in: ZHVSchw. 30, 1903, 139 f.; N. Lieb, Ottobeuren und die Barockarchitektur Ostschwabens, Augsburg 1933, 30 ff.

zu Joh. B. Berchmann: geb. 1670 in Immenstadt i. Allgäu; Profeß 1688; Philosophie- u. Theologie-Professor in Ottobeuren, dann in Irsee; Leichenrede v. Jos. Ign. Claus gedr. Augsburg 1731; P. Lindner, Album Ottoburanum, in: ZHVSch. 31, 1904, 2.

6) Sigrid Thurm, Deutscher Glockenatlas, Bd. 2 (Bayerisch-Schwaben), München 1967, 505 f.

7) zum Leonhardsfest in Aichertshofen: Im Jahre 1728 schreibt Pfarrer Straubner von Salmannshofen: "Die Kirche zu Aichertshofen ist 1262 mit der Pfarrkirche zu Salmannshofen erbaut worden, dem Hl. Leonhard geweiht. Bei dieser Kirche steht ein Bauernhof, den der Stifter im Jahre 1286 den Franziskanerinnen zu Salmannshofen geschenkt hat. Alle vierzehn Tag liest ein Herr Pfarrer in dieser Kirche eine hl. Messe. Am Fest des Hl. Leonhard kommen die Pfarrer von Osterbuch und Heretsried mit dem Kreuz. Die Äbtissin von Kloster Holzen ist verbunden, dem Geistlichen, der mit Amtsingen, Predigt und Beichthören bemüht gewesen, ein gewöhnliches Mittagsmahl zu verschaffen. Die Speisen, Wein und Bier kommen am Vorabend von Kloster Holzen. Es kostet dem Herrn Pfarrer nichts, weil er auch nichts von diesem Fest hat. Früher ist die Mahlzeit auf dem Bauernhof zu Aichertshofen gewesen, weil aber dort eine schlechte Bequemlichkeit, ist sie 1703 in den Pfarrhof verlegt worden. Für die Mesner, Amtsänger, Ministranten und jene Knechte, die am Abend ihre Herren Pfarrer abholen, schickt man auch ein Fäßchen Bier von Kloster Holzen und gibt ihnen die Speisen, die von der Tafel überbleiben und mit diesem müssen sie zufrieden sein.

Franz Beer (II.), der große Vorarlberger Baumeister, als Architekt in Holzen, Oberschönenfeld und Dietkirch

Gewisse Orte und Landschaften erweisen sich als Zentren mit großer Ausstrahlung, wie die Wessobrunner Stukkateure oder die Augsburger Freskanten. Bei den Baumeistern spielen in der Schweiz, in Baden, Württemberg, Hohenzollern und Ostschwaben die Vorarlberger Meister eine besondere Rolle. Als wichtigster Zunftort erwies sich Au im Hinteren Bregenzer Wald. Als "Anfänger der Laadt" ist Michael Beer 1657 bezeugt, der Vater von Franz Beer.

Familie und Persönlichkeit

Der Vater hatte 1654 (I 25) in Andelsbuch Maria Metzler geheiratet, die ihm vier Kinder gebar, 1655 Joseph (den späteren Franziskaner-Laienbruder Ulrich) und am 1. April 1660 Franz. Die Mutter starb bei der Geburt, der Vater heiratete neun Monate später in Au Anna Sailer, die drei Kinder zur Welt brachte. Mit sechs Jahren verlor Franz den Vater durch einen tragischen Unfall. Auf dem Heimritt von Ebersberg (Oberbayern), wo er den Bau des Jesuitenkollegs übernommen hatte, wollte er am 30. Mai 1666 zwischen Au und Schoppernau die Bregenzerache, die der Schneeschmelze wegen Hochwasser führte, überqueren, wurde aber von den Fluten fortgerissen und am folgenden Tag unterhalb der Auer Dorfkirche tot geborgen.

Franz Beer (II.) ging von 1677 bis 1680 bei seinem Vetter Michael Thumb in die Lehre, der damals die Jesuitenkollegien in Landshut und Mindelheim baute. Zeugen der Ledigsprechung von Franz Beer waren Christian Thumb und Willam Ambros. Wohin ihn die Wanderjahre führten, wissen wir nicht. In der Auer Zunft taucht sein Name von 1683 bis 1722 41-mal auf, doch läßt sich oft nicht entscheiden, ob er damit gemeint ist oder der andere Franz Beer (Sohn von Michael Beer und Anna Moosbrugger, lediggesprochen bei Wolfgang Natter, 1659 - 1722). Auch in der Werkliste fällt die Entscheidung zwischen Franz I. und Franz II. nicht immer eindeutig aus.

Franz Beer arbeitete am Bau in Schönenberg über Ellwangen (1682 - 1686) mit. Am 31. März 1687 heiratete er in Saulgau Katharina Eberlin, die Tochter eines Metzgermeisters (und späteren Bürgermeisters) in Saulgau. Noch im gleichen Jahr wurde dem Paar in Bezau die Tochter Anna Maria geboren (die 1707 Peter Thumb II. heiratete), in Andelsbuch kommen zwischen 1690 und 1694 vier Kinder zur Welt, in Bezau zwischen 1696 und 1703 fünf Kinder, von denen nur eines bei der Geburt

Franz Beer mit einer Entwurfzeichnung für St. Urban, 1711/15 (Baden-Baden, Privatbesitz)

starb. Im Jahre 1703 stirbt die Mutter. Im Jahre 1705 zieht Beer nach Konstanz, wo er am Lichtmeßtag 1706 Maria Elisabeth Mallenbrei heiratet, deren Vater Johann Mallenbrei auf dem Gasthof "Hecht" sitzt. Mallenbrei gehört dem Großen Rat und dem Stadtgericht an. Aus der Ehe geht die Tochter Eva Monica hervor. Als Baumeister (und tüchtiger Soldat) machte sich sein Sohn Michael (II) einen Namen (geb. 1700; unter seinem Vater Mitarbeit in St. Katharinenthal, Wörishofen und wohl auch in Oberschönenfeld; bedeutendes Werk St. Blasien). In den Konstanzer Protokollen wird Franz Beer zunächst "Maurermeister", ab 1706 auch "Baumeister" genannt. Als gefragter Architekt verdiente Franz Beer gut. In Bezau versteuerte er 1699 11 500 Gulden, die sich acht Jahre später verdoppelt hatten (1707: 22 700 fl.). In Konstanz wurde sein Vermögen 1713 auf 15 000 fl. und 1719 gar auf 38 000 fl. geschätzt. In Konstanz kaufte er 1713 um 1 800 fl. das Anwesen "Zum Engel" (gegenüber St. Stephan). "Nach Passierung ein und anderer Stadtämter" kam Beer 1717 in den "Großen Rat" und in das Stadtamangericht der Reichsstadt Konstanz. 1722 wurde er in den "Kleinen (oder Innern) Rat" abgeordnet. Mit seinem Wirken in verschiedenen Ämtern der Stadt Konstanz, seinen standesgemäßen Vermögensverhältnissen und seiner "Blutsfreundschaft" mit "gut alten adeligen Familien" mütterlicherseits begründet er sein Gesuch um Erhebung in den Adelsstand, dem Kaiser Karl VI. mit dem Privileg vom 21. Januar 1722 entsprach. Der Kaiser setzte ihn damit in "Stand, Ehr, Würde und Grad des Adels der recht edelgeborenen Lehens- und Turniergenossen, auch rittermäßigen Edelleute" und zeichnete ihn "mit dem Praedicat von Bleichten" aus. Beer hatte 1717 die Alpe Bleichten im Mellental erworben. Mit dem Adelsprivileg wurde auch "das zuvor geführte Wappen und Kleinod erneut und bestätigt". Franz Beer führte in Deutung seines Namens einen aufrechten Bären, der als Baumeisterzeichen einen Zirkel hält. Vom Reichsstift Weissenau kaufte er 1722 um 8 000 Gulden bei Bezau das Gut "die Halden", wo er vier Jahre später, am 31. Januar 1726 starb. Der Meister wird als "prae nobilis, strenuus, clarus Franciscus Beer de Blaichten" gerühmt und in das Auer Jahrtagsverzeichnis als "wohledler Herr" eingetragen. Die Beisetzung in Bezau erfolgte "im Beisein des gesamten Klerus".

Das Werk

Es kann hier nicht darum gehen, die erwiesenen und zugeschriebenen Werke des Meisters aufzuführen, sondern lediglich darum, die Klosterkirchen in Holzen und in Oberschönenfeld im Gesamtwerk zu würdigen.
Als besondere Kennzeichnung der Kirchenbauten der Auer Zunft führte Berthold Pfeiffer 1897 den Begriff "Vorarlberger Münsterschema" ein. In ihm begründen Wandpfeilerstruktur und Einbeziehung von Abseitenemporen eine Zwischenform zwischen Basilika und Halle. Dabei wird die Vierung nicht quadratisch ausgebildet, sondern bildet nur ein tieferes Joch von queroblonger Grundform. Durch weitereintretende Pfeilermauern wird der Chor stark eingezogen. Die unten abgesonderten Begleiträume des Chores öffnen sich oben in breiten Emporen. Chor- und Langhausemporen werden durch brückenartige Laufgänge in den wenig hinaustretenden Querarmen verbunden. Der abstrakte Begriff "Vorarlberger Münsterschema" wird von zwei Bauten Michael Thumbs abgeleitet: von der Wallfahrtskirche Schönenberg (über Ellwangen), 1682, und von der Stiftskirche Obermarchtal, 1686. Die von Franz Beer 1711 begonnene Stiftskirche St. Urban in der Schweiz wird als vollkommenste Kirche dieses Schemas angesehen (nach Norbert Lieb).

In der Werkliste erscheint Holzen als erstes selbständiges Werk Franz II Beer. Die Bauleitung (und Mitgestaltung) übernahm P. Christoph Vogt, der Beichtvater. Das erwies sich auch als notwendig, denn während der Bauarbeiten am Kloster betreute Beer auch den Neubau des Zisterzienserstiftes Salem (ab 1697), beriet um 1698 das Benediktinerstift Ochsenhausen, baute das Kollegium des Stiftes Zwiefalten in Ehingen a. d. Donau (ab 1698) und ab 1699 die Klosterkirche in Irsee. Dabei entspricht Irsee mehr dem "Vorarlberger Münsterschema" als Holzen. In Holzen fehlt das tiefere, die Vierung ersetzende Joch vor dem Chor, und den Chor begleiten keine Abseitenemporen. Diese Emporen und die Wandpfeilerstruktur des Kirchenraumes lassen aber den Vorarlberger Baumeister erkennen. Im Jahr der Vollendung von Holzen und Irsee, 1704, wendet sich Beer dem Bau der Stiftskirche Rheinau zu. In der Stiftskirche Bellelay (im Berner Jura) setzte Beer 1708 einen nicht so breiten Hochaltarraum vor den Chor und erreichte so eine Staffelung der Raumfolge, die besonders am Außenbau erkennbar wird. Diesen Grundriß entwickelte Beer dann über die Stiftskirche in Münsterlingen (1711) und die Klosterkirche von Pielenhofen (1719) zur Klosterkirche in Oberschönenfeld. Im Verlauf dieser Entwicklung trat die Bedeutung des Wandpfeilersystems zurück. In Pielenhofen (Oberpfalz) greifen die an der Stirnseite mit einem Pilasterpaar verzierten Wandpfeiler zwar in den Kirchenraum hinein, sind aber wesentlich weiter voneinander entfernt gesetzt. Der Raumführung des "Vorarlberger Systems" entspricht als Wölbungsform die Tonne. In Pielenhofen tragen die Langhausjoche Hängegewölbe (mit Scheinkuppelmalerei). In Oberschönenfeld befindet sich über dem quadratischen Hochaltarhaus ein von Gurtbogen umfaßtes Hängegewölbe; die Haupträume der Laienkirche und des Nonnenchores überspannen kreisrunde Flachkuppeln über Hängezwickeln. Ein Vergleich der beiden Klosterkirchen Holzen und Oberschönenfeld offenbart die Entwicklung des großen Vorarlberger Baumeisters zwischen 1698 und 1721, die in vielem als typisch gelten darf für die Tendenzen im Spätbarock. Am 5. Juli 1723 wurde in Dietkirch der Grundstein für die neue Pfarrkirche gelegt, wobei man den prächtigen Turm mit seinem Renaissance-Oberbau stehen ließ. Der Bau erscheint in vielem als Fortführung von Oberschönenfeld. Allerdings verzichtet Franz Beer jetzt ganz auf die Wandpfeiler und benützt zur Wandgliederung Doppelpilaster. Fünf durch breite Gurtbänder getrennte Halbkreistonnen mit Stichkappen überspannen den Kirchenraum.
Dietkirch ist Franz Beers letzter Kirchenbau. Am 21. Januar 1726 starb der gefragte Meister in Bezau.

Literatur

Norbert Lieb / Franz Dieth, Die Vorarlberger Barockbaumeister, München - Zürich 1960 (3. Auflage 1976); Vorarlberger Barockbaumeister, Einsiedeln 1973 (Ausstellungskatalog)

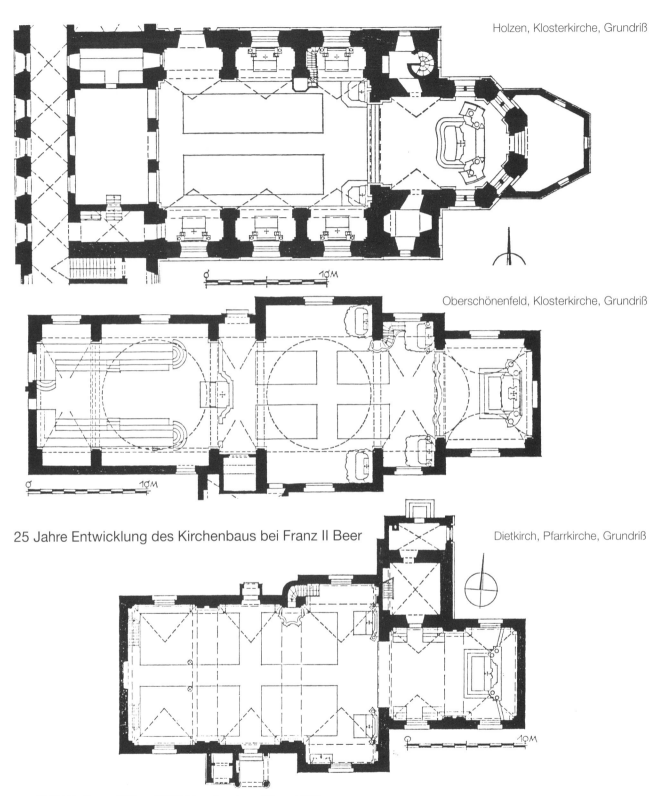

Holzen, Klosterkirche, Grundriß

Oberschönenfeld, Klosterkirche, Grundriß

25 Jahre Entwicklung des Kirchenbaus bei Franz II Beer

Dietkirch, Pfarrkirche, Grundriß

aus: BKD Wertingen 126 und BKD Lkrs Augsburg 79 und 227

Die Äbtissin Hildegard Meixner (1685 - 1722).
Die Ausstattung von Violau und der Bau von Oberschönenfeld

Die Konvente von Holzen und Oberschönenfeld wußten sich der Benediktinerregel verpflichtet. In geistlichen Dingen unterstand Oberschönenfeld dem Abt von Kaisheim, während Holzen keine monastische Instanz über sich wußte; doch pflegte man die freundlichsten Verbindungen zu St. Ulrich und Afra in Augsburg, zu Ottobeuren und zu anderen Benediktinerklöstern. Im Gegensatz zu Oberschönenfeld hatte Holzen im Mittelalter keine bedeutende Grundherrschaft aufbauen können und auch durch die Erweiterungen der Barockzeit erreichte es nicht die Mächtigkeit von Oberschönenfeld. Daraus zu folgern, Oberschönenfeld wäre das reichere Kloster gewesen, führte zu einer Fehleinschätzung. Daß sich in Holzen die finanziellen Verhältnisse günstiger darstellten, liegt in der unterschiedlichen Sozialstruktur des Konvents begründet. Zwar zog sich durch beide Konvente die soziale Schranke, die Chorfrauen von Laienschwestern trennte, doch Holzen nahm nur adelige Damen (und Augsburger Patriziertöchter) auf, und so flossen ihm beträchtliche Gelder über die Aussteuer (oder über Erbschaften) zu; zudem war der Holzener Konvent etwas größer.

Die Familie Meixner

Maria Anna Meitzner wurde am 30. Juni 1649 in Augsburg, Pfarrei St. Moritz, getauft (in Oberschönenfeld nahm sie den Namen Hildegard an). Die Matrikel nennt als Paten den Pfarrer von Oberhausen, Johann Georg Mayr, und die adelige Frau Maria Elisabeth Baur. Dem Vater Simon Meitzner, Augsburger Bürger und Weinzahler, und seiner Frau Justina wurden zwischen 1642 und 1651 neun Kinder, darunter auch Zwillinge, geboren, von denen fünf früh starben. Die Tochter Maria (geb. 1643) starb als Novizin in Oberschönenfeld. Wo die Eltern heirateten, geht aus den Matrikeln nicht hervor.[1] Nach den Hochzeitsamtsprotokollen heiratete Simon Meixner aus Freiberg "in Meissen" im Oktober 1638 Justina Scheifelin. Als Beruf wird Diener bei den Fuggern angegeben. Das Augsburger Hochzeitsbuch bemerkt zum 17. Oktober, daß Simon M. "auf anhalten Michael Scheifelin Weinzahlers, Ires Vatters, ein verkündtzettel bewilliget vnd ertheilt worden, der gestalt daß er im übrigen als frembd, mit seinen brieflichen Urkunden ehelicher vnd freyer geburth der hochzeitordnung gebührende Satisfaction leisten solle". Das darunter gesetzte Datum "21. Oktober" bezieht sich wohl auf den Tag, an dem diese Bedingungen erfüllt wurden. Der in Fugger'schen Diensten stehende Simon M. eröffnete sich mit dieser Heirat den Weg in das reichsstädtische Beamtentum. Dem Weinzahler oblag die Weinkontrolle. Nach dem Steuerbuch von 1645 zahlte er 7 fl. 40 kr., im Jahre 1653 8 fl. 55 kr. Steuern. Wo er mit seiner Familie im Bereich der Pfarrei St. Moritz zunächst wohnte, läßt sich offensichtlich nicht mehr ermitteln, jedenfalls nach den Steuerbüchern von 1639 und 1646 in der Klebsattlergaß (am Weinmarkt). Am 27. August 1650 erwarb er von der Witwe Peter Rehlingers um 1 400 Gulden ein Haus am Weinmarkt (B 33 = heute Maximilianstraße Nr. 68). In diesem Haus lebte Maria Anna Meixner bis zu ihrem Eintritt in Oberschönenfeld. Im Jahr darauf starb ihr Vater. Das Steuerbuch von 1667 erwähnt seine Erben und die Pflegschaft für seine drei Kinder. Die Tochter Anna Katharina heiratete im Juli 1667 den Weinzahler Georg Prost. Als Beiständer fungierte für sie Dr. Heinrich Baumgartner, Stadtgerichtsreferendarius, und für den Bräutigam der Ratsherr Stephan Prost. Georg Prost lebte mit der Schwester der Oberschönenfelder Äbtissin im Haus am Weinmarkt. Georg Prost gehörte von 1685 bis 1720 dem kleinen Rat der Reichsstadt an.

Das Anwesen auf dem Kilian-Plan von 1626, das zweite Haus von links im mittleren Häuserblock (zwischen Armenhaus- und Kapuzinergasse). Im hohen Erdgeschoß zwei Tore, die zu den Geschäftsräumen führen; die Wohnräume liegen im 1./2. Stock. Gegenüber der langgestreckte Weinstadel (vor ihm, Nr. 282, der Salzstadel)

Bei den Zisterzienserinnen in Oberschönenfeld

Obwohl die Stadt Augsburg auch nach der Reformation noch eine stattliche Zahl von Frauenklöstern aufwies, klopften immer wieder Augsburger und ihre Töchter in Oberschönenfeld an. Das Landkloster war in der Stadt seit dem Mittelalter im (Ober-)Schönefelder Hof präsent.

Als Maria Anna 1666 nach Oberschönenfeld kam, stand (seit 1657) Anna Maria Weinhart, die Tochter eines Augsburger Stadtreferendarius, an der Spitze des Klosters. Die erste Novizin, die von der Äbtissin A. M. Weinhart aufgenommen wurde, war Anna Maria Meixner, die ältere, 1643 geborene leibliche Schwester von Maria Anna M. Der Äbtissin oblag die Aufgabe, die Aufbauarbeit nach den Zerstörungen des Dreißigjährigen Krieges, die noch ihre Vorgängerin Elisabeth Herold tatkräftig angepackt hatte, zum Abschluß zu bringen. Der Kirchturm war im Dreißigjährigen Krieg demoliert worden. Lange Jahre waren die verbliebenen Mauern nur notdürftig abgedeckt. Die Äbtissin ließ durch Karl Dietz 1663 einen neuen, den heutigen Kirchturm aufführen. Die Klosterchronik erzählt: "Weil aber der hießige Mörtel nicht so fest ist wie der Augsburger, hat er nicht lange gehalten wegen hiesiger Erde. So wurde der Äbtissin geraten, den Mörtel mit Bier anrühren zu lassen, anstatt dem Wasser, und die Asche aus der Schmiede zu nehmen. Also ist unser Kirchturm mit Bier erbaut worden und stehet heute noch, obwohl er durch die niedergehenden Gewitter viel Schaden leidet". Im Konvent lebten noch mehrere Schwestern, die der jungen Nonne von der Flucht und von den Schrecken des Dreißigjährigen Krieges erzählen konnten.

Die Klosterchronik für die Weinhart-Zeit (aus dem Jahre 1713) macht Angaben zu einigen Mitschwestern der Hildegard Meixner:

Gertrud Egg, geb. 1643 in Jettingen, Tochter eines frhrl. Stallmeisters
Franziska Elisabeth Örber, geb. in Tirol, Tochter eines Kaufmanns
Juliana Denhagen, geb. 1649 in Neresheim; der Vater wird dann Pfleger in Oberschönenfeld
Caecilia Schwabbauer, geb. 1649 in Friedberg, Tochter des Steuereinnehmers
Josepha Gaulhofer, geb. 1646 in Neuburg, Tochter eines Ratsherrn
Aleydis Schell, geb. in Kaisheim, Tochter des Kastners
Anna Justina Anger, geb. in Kaufbeuren, Tochter eines Ratsherrn
Ida Schwarz, Bürgerstochter aus Augsburg
Theresia Aichel, Müllerstochter aus Augsburg
Scholastika Lehner, geb. 1661 in Mindelheim, Wirtstochter
Hedwig Forster, Wirtstochter aus Oberhausen
Violantia Deschler, geb. in Mindelheim, Tochter eines kurfürstlichen Braumeisters
Anna Schmied, Tochter eines Augsburger Weinzahlers (bereits 1686 gestorben)
Antonia Wernher, geb. in Donauwörth, Tochter eines gräflichen Pflegverwalters

Diese Angaben erscheinen bezeichnend für die Struktur des Oberschönenfelder Konvents. Bei den Herkunftsorten spielen die Dörfer im westlichen Augsburger Hinterland kaum eine Rolle; umso bedeutender aber sind die Reichsstadt Augsburg und die anderen schwäbischen Städte. Bei den Berufen der Väter dominieren die Beamten, zu denen sich wirtschaftlich attraktive Berufe gesellen (Kaufmann, Müller, Wirt).

Die Wahl zur Äbtissin

Nach 28jähriger Regierungszeit war die Äbtissin Anna Maria Weinhart am 1. Mai 1685 gestorben und ohne größere Öffentlichkeit am 4. Mai beigesetzt worden. Man befürchtete, das Hochstift Augsburg könnte auf Grund seiner Schirmherrschaft einen Kommissar nach Oberschönenfeld schicken, der durch eine Inventur Einblick in die wirtschaftlichen Verhältnisse des Klosters gewinnen könnte. Deswegen schritt man auch unverzüglich zur Neuwahl. Neunzehn Chorfrauen besaßen das aktive und passive Wahlrecht. Die Chronik (= Continuation) drückt das so aus: "Vndt dise waren alle sowohl zu erwöhlen als erwöhlt zu werden stimm dichtige Frauen". Die Wahl fiel "fast einhellig" bereits beim ersten Wahlgang auf die damals 38jährige Hildegard Meixner. Sie versah die Ämter der Subpriorin und der Novizenmeisterin. In der Konventsliste, die nach der Dauer der Zugehörigkeit und nach der Hierarchie aufgebaut ist, steht sie an der neunten Stelle. Abt Elias Göz von Kaisheim, der als Visitator die Wahl leitete, "schöpfte vor allen große Freudt". Er, "welcher dise Frau jeder Zeit wegen gueth Bereitschaft, vndt Wandels hoch estimiert", war früher in Oberschönenfeld Beichtvater gewesen und kannte die Erwählte. In einer am 6. Mai 1685 in Oberschönenfeld ausgestellten Urkunde bestätigte er als Generalvikar des Zisterzienserordens in Schwaben die Wahl. Dabei assistierte ihm als Notar der Kaisheimer Prior Hyazinth Felneffe und als Zeugen der Oberbursner Richard Keller und der Mittelbursner Anselm Adler. In der Urkunde wird auch klargestellt, daß man das Siegel der verstorbenen Äbtissin zerbrochen habe. Gemeint ist damit wohl die Zerstörung des Typars, damit kein Mißbrauch getrieben werden konnte. In ihrer ersten Urkunde schwor die neugewählte Äbtissin dem Generalabt des Zisterzienserordens Johannes Petit und dem Abt von Kaisheim Gehorsam. Als Generalvikar seines Ordens in Schwaben zeigte er dem Generalabt in Paris

In dem Namen der Allerheiligsten Unzertheilten Dreyfaltigkeit Gott Vatters Sohns und Heiligen Geists Amen.

Wir Elias Von Gottes Gnaden
Abbt des Freyen Reichs Stiffts vnnd Gotteshauß Lauffersheimb.

Nach vollendten Hochen Meß, vnd gesprochenen Räuchen Hora, haben wir vnns in die Sacristei begeben, vnnd alsdann eins nach dem andere dahin beruefen, vnnd nach abgelegtem Gewöhnlichen Iurament ihr pure Conscientiam, vnnd nottien zu be-
fragen, alss vollgende frauen Maria Benedicta Vollmillerin Priorissa. Maria Hilmbelina Lothea Seniorissa et Sacrista. Maria Lutgardis Baumgartnerin Bursaria. Maria Bernarda Vestin. Maria Joanna Fünffernacherin Culinaria. Maria Gertrudis Eggin. Elisabetha Francisca Orberin Custos. Maria Iuliana Lenhagen. Maria Hildegardis Meitznerin Suppriorissa et novitiarum Magistra. Barbara Caecilia Schwabeürin. Maria Iosepha Gailhoverin. Maria Angelis Schellin. Anna Iustina Angerin. Maria Tecla Schwartzin. Maria Theresia Aichlin. Maria Scholastica Lechlerin. Maria Hedwigis Forsterin Celleraria. Maria Violantia Deskherin. Maria Anna Schmidlin. Alss nun alle obige frauen ihre Stimen gegeben, vnnd deren 18 die ordenliche Stimen gesehen, so Canonum conforme wol gesehen, welche auf die Ehrwürdige Frau Maria Hildegardis Meitznerin gefallen, haben wir vnns Straks widerumb in die Capell begeben, vnnd einem Ehrwürdigen Convent besagte Canonisch wohl hergezogen, vnnd genug

Ausschnitt aus der Urkunde, die Abt Elias über die Äbtissinnenwahl am 6. Mai 1685 ausstellte. Nach der Messe ließ der Abt jede Chorfrau in die Sakristei kommen und erfragte nach abgelegtem Eid ihre Stimme. In lateinischer Schrift führt die Urkunde die Namen und Funktionen der Chorfrauen auf. Nach der Stimmabgabe begab sich der Abt ins Kapitel und verkündete das Ergebnis und fragte, ob die Nonnen "die Erwählte für ihr Vorsteherin vnnd Abbtissin erkhennen, ihr Gehorsamb seyn, vnd dieselbe publicieren lassen wollen".

die Oberschönenfelder Wahl an. Dieser bestätigte mit Urkunde vom 13. August die Wahl und beglückwünschte die neue Äbtissin. Diese Vorgänge verdeutlichen - im Vergleich zu den Benediktinern - die zentralistische Struktur der Zisterzienser.

Die Chronik nennt bei der Wahl auch die Gegenwart des Beichtvaters, Franz Taber, sowie die nicht stimmberechtigten Mitglieder des Konvents, die Schultochter Maria Antonia Werscher und die Laienschwestern Maria Hartmann, Helena Dorman, Anna Bögl, Afra Merkht, Katharina Rieder, Salome Walch und Getrud Müller. Die Relation Chorfrauen zu Laienschwestern fällt in Oberschönenfeld anders aus als in Holzen.

Der Abt von Kaisheim setzte als Termin für die Benediktion der neuen Äbtissin den 16. September, einen Sonntag, fest. Die lange Zeitspanne erklärt sich zum einen daraus, daß man auf die Bestätigung aus Paris warten mußte, zum anderen wurde am 17. September der Tag der Hl. Hildegard gefeiert. Konventslisten der Barockzeit führen oft auch die Namenstage auf und belegen so die Bedeutung der Verehrung des Namenspatrons. Zur Benediktion reisten mit dem Kaisheimer Abt fünf Patres an (Eugen Celzle, Superior in Pielenhofen; Raimund Mayr, Philosophieprofessor und Sekretär; Richard Keller, Oberbursner; Joseph Baumgartner, Novizenmeister; Judas Th. Mayr, Pfistermeister). Nach der feierlichen Benediktion wurde der Äbtissin erlaubt, "zue ainer wenigen refamillation vndt recreation" zusammen mit drei Chorfrauen (Franziska Orber, Kusterin; Caecilia Schwabbeyr, Kapellmeisterin; Josepha Gailhofer) nach Kaisheim zu reisen. Erst nach dieser Erholungsreise hat sie "Ihre Regierung erst recht angetretten".

Die wirtschaftliche Lage des Klosters

Als die Äbtissin Maria Weinhart starb, standen Getreidevorräte von nahezu 2 000 Schaff zur Verfügung, doch klagt die Chronik darüber, daß "mehr als wenig in der Caßa an paarem gelt gefunden worden". Das erscheint - im Vergleich zu Holzen - typisch für Oberschönenfeld zu sein: Infolge der stattlichen Grundherrschaft gingen hohe Naturalabgaben ein (die erst durch den Verkauf in Geld umgesetzt werden mußten), während hohe Geldsummen selbst nicht anfielen. Dem Mangel an Bargeld standen die Anforderungen zu notwendigen baulichen Reparaturen gegenüber: Das Klostergebäude mußte neu gedeckt werden, an der Kirche, im Brauhaus, am Ziegelstadel, am Hof in Augsburg und an der Kirche in Violau galt es, Schäden zu beheben. Diese Aufgaben sind der neuen Äbtissin "hart gefallen weillen Sye dises Hauswesens nie sonderbahr erfahren war" (Chronik).

In Oberschönenfeld ließ sie 1691 eine neue Pfisterei errichten, woran noch heute eine Bauinschrift erinnert. Das mächtige Gebäude (jetzt Verwaltungsgebäude des Volkskundemuseums) hat, wie ein Vergleich mit der Darstellung von 1698 zeigt, im Laufe der Zeit an der Westseite erhebliche Veränderungen erfahren. Nach der Klosterchronik erbaute die Äbtissin nach dem Spanischen Erbfolgekrieg den ganzen Bauhof mit dem langen Pferde- und Ochsenstall; ebenso ein neues Brauhaus. Am Brauhausbau übt der Chronist allerdings Kritik: Er sei "gut gemeint" gewesen, habe aber sein Ziel nicht erreicht und sei "allein dienlich zue ainer bequemen Dörre, Underhaltung ainiger Handwerkhs Leuth vndt guethen Köller". Außer der Pfisterei steht von diesen Gebäuden heute keines mehr. In Eigenregie betrieb das Kloster den Wirtschaftshof, den Weiherhof und den Scheppacher Hof. Dazu setzte die Äbtissin Baumeister ein, die je nach Größe des Anwesens von Dienstboten unterstützt wurden (in Oberschönenfeld: 2 Fuhrknechte, 3 Knechte für die Feldarbeit, 2 Stallknechte, 1 Schäfer, 2 Hütbuben und 4 bis 5 Mägde; auf den Weiherhof: 1 Stallknecht, 2 Hütbuben, 1 Magd; auf dem Scheppacher Hof: 1 Knecht, 1 Hütbub, 2 Mägde). In Oberschönenfeld kamen dazu noch: 1 Braumeister, 1 Schäfflermeister, 1 Fischmeister, 1 Holzwart, 1 Ziegler, 1 Bäcker und 1 Müller, die nach Bedarf von Taglöhnern unterstützt wurden. Das unmittelbare Umfeld des Klosters erscheint hier noch vielfältiger als in Holzen.

In der Verwaltung unterstützten die beiden Bursnerinnen die Äbtissin. Zur Wahrnehmung ihrer Interessen bei Ausübung der Herrschaft setzten die Äbtissinnen Pfleger (in Oberschönenfeld noch in der ersten Hälfte des 17. Jahrhunderts "Überreiter" genannt) ein. Das Pflegamt war im westlichen Teil des Torgebäudes untergebracht. Der Pfleger erhielt eine Entschädigung in Geld und Naturalien. Während der 37jährigen Regierungszeit der Äbtissin Hildegard Meixner waren vier Pfleger beschäftigt:
Arnold Denhag
Franz Motz
Jakob Mayr
Joseph Ernst Mayr (dessen Sohn).

Die Pfisterei (mit Bauinschrift) von 1691, in deren Obergeschoß 1709 die Wohnung des Kaplans eingerichtet wurde

Vor Ort vertraten das Kloster die Vögte in <u>Gessertshausen</u>, <u>Fischach</u>, <u>Bonstetten</u> und <u>Altenmünster</u>, die dem Pfleger unterstellt waren.

Besitz und Herrschaft konnte die Äbtissin im Jahre 1692 in <u>Maingründel</u> mehren, als es durch Vermittlung von Kaisheim von dem Kaisheimischen Kastner in Augsburg Johann Leonhard Förg 2 Höfe (von denen damals einer öd lag), 2 Sölden, 14 Jauchert Holz und 1 in die Kornpropstei und St. Georg gilt- und steuerbares Feldlehen um 9 000 Gulden erwarb.

In Violau ließ die Äbtissin einen Zehentstadel bauen, um den Eingang der Abgaben zu sichern. Bei der bisherigen Praxis der direkten Lieferung nach Oberschönenfeld hatte sich "vil Betrug, vndt Bauern List oingeschlichen".

Die Schrecken des Spanischen Erbfolgekrieges 1703/04

Hans Eberlein hat in seinem Buch die Auswirkungen dieser europäischen Auseinandersetzung in Oberschönenfeld nachgezeichnet.

Die erste Behelligung trat ein, als im September 1702 bayerische Truppen in einer Stärke von 4 000 Mann bei Gessertshausen ihr Lager aufschlugen und die Lieferung von Brot und Bier forderten. Der Beichtvater P. Columban Mayr bat beim Kommandeur um Schonung, so daß das Kloster nicht weiter belästigt wurde. Empfindliche Schäden erlitten die klösterlichen Besitzungen im Raum Altenmünster im Frühjahr 1703, als der französische General Villar bei Lauingen lagerte und seine Soldaten bis ins Zusamtal ausschweiften. Der Sommer verlief ruhig, aber am 7. September plünderten kaiserliche Soldaten den Scheppacher Hof und den Weiherhof. Im Kloster nahm man am 12. September eine kaiserliche und am 28. September eine französische Schutzwache auf. Der Kaisheimer Abt Roger Röls wies die Äbtissin trotz der immer bedrohlicher werdenden Lage an, mit dem Konvent bis auf weiteres in Oberschönenfeld zu bleiben. Als das Kloster die hohen Forderungen des bayerischen Hofkriegsrates an Heu-, Vieh- und Holzlieferungen nicht erfüllen konnte, bedrohte man die Äbtissin mit Gefängnis. In dieser Situation riet der Generalvikar zur Flucht. Am 2. November begab sich die Äbtissin nach Augsburg, am 5. November folgten ihr 11 jüngere Chorfrauen und 2 Laienschwestern, die im Kloster Maria Stern Aufnahme fanden. Die Stellung im Kloster hielt die Priorin Maria Benedicta Bollmüller zusammen mit 9 älteren Chorfrauen und dem Beichtvater. Am 6. Dezember, als die Heere der Franzosen und Bayern gegen Augsburg vorrückten, überfielen etwa 200 Franzosen das Kloster, in das sich viele Leute der umliegenden

Dörfer geflüchtet hatten, und plünderten es aus. Die verängstigten Frauen zogen sich in den Nonnenchor zurück. Die wütende Soldateska versetzte den Nonnen einen Schock, der sie veranlaßte, am 7. Dezember zusammen mit dem Beichtvater die Flucht anzutreten, die über Aretsried, Ziemetshausen, Balzhausen und Kirchheim nach Mindelheim führte, wo sie 3 Wochen im Gasthaus zum Ochsen logierten. Am Silvestertag 1703 wandten sich die Nonnen nach Augsburg, wo der Schönefelder Hof durch die Beschießung arg gelitten hatte. Da der Platz fehlte, mußte sich der Konvent trennen: die Äbtissin blieb mit 4 Chorfrauen und einer Laienschwester im Sternkloster, 2 Chorfrauen fanden in St. Ulrich eine Bleibe und 2 Laienschwestern konnten im Schönefelder Hof unterkommen; die übrigen zogen in auswärtige Klöster oder zu Verwandten nach Niederschönenfeld, Raitenhaslach, Kaufbeuren, Donauwörth, Haar, Ingolstadt und München. Im Frühjahr 1704 wagten sich der Beichtvater, die Bursnerin und die Küchenmeisterin wieder nach Oberschönenfeld zurück, das völlig ausgeplündert war. Nach der Niederlage der Bayern in der Schlacht am Schellenberg (bei Donauwörth) wurde die Lage wieder unsicher, so daß die drei wieder nach Mindelheim flohen, von wo sie nach einem Monat, am 6. bzw. 10. August, zurückkehrten. Am 12. August, einen Tag vor der Schlacht bei Höchstädt und Blindheim, in der die Bayern und die Franzosen von den Engländern und Österreichern geschlagen wurden, ging die Äbtissin mit ihren Augsburger Schwestern wieder nach Oberschönenfeld. Es dauerte aber noch bis zum 18. Oktober, bis der Konvent wieder vollzählig in Oberschönenfeld versammelt war.

Der Krieg hatte große Zerstörungen angerichtet. Allein um die Verluste im Viehbestand der drei Höfe und der Schafhaltung auszugleichen, mußten 3 000 Gulden aufgewendet werden.

Die Ausstattung von Violau

Die Bemühungen um die Ausstattung von Violau wurde durch den Spanischen Erbfolgekrieg unterbrochen. Von der Ausstattung des mächtigen, 1620 geweihten Baues haben wir kaum eine Vorstellung, doch darf man annehmen, daß man sich mit Stücken der Vorgängerkirche behalf. Nach dem Dreißigjährigen Krieg blühte die Wallfahrt wieder auf (seit 1657 zwei ständige Wallfahrtsseelsorger, 1663 Anbau des Priesterhauses, 1683 Bau des Gasthauses). Eine noch intensivere Förderung von Violau erschien notwendig, um der Konkurrenz von Biberbach, das damals durch die großen Aktivitäten von Pfarrer Anton Ginter einen gewaltigen Aufschwung erfuhr, zu begegnen. Im Gegensatz zum mittelalterlichen Violau war - so die Klosterchronik - "die Wallfahrt Biberbach gantz New erstandten vndt (wurde) das äußerste mit allerhand Andachten, Nowenen vndt Bequemblichen gebetten, Jährlichem Comödien" betrieben, was wegen der verfügbaren Geistlichen möglich war, während Violau nur von zwei Kaisheimer Patres betreut wurde und deswegen "mercklich abzunemmen geschinen". Wäre der Leib des Hl. Benedict nicht mit entsprechender Feierlichkeit in Violau eingesetzt worden, "vndt dardurch dem Volkh Neuer Eüffer gemacht wordten, wäre es der Wallfahrth zu großem Nachthaill gereicht". Die Attraktivität Biberbachs gründete nicht nur im mächtigen Kruzifix, sondern in den mit großer Feierlichkeit 1685 dort aufgestellten Heiligen Leiber. Diese Attraktivität bewirkte für Violau, daß "die Communicanten vndt die Votiv Messen in geringe Zahl gerathen, da alleß nacher Biberbach gezogen wordten". In Oberschönenfeld und in Violau beggenete man der Biberbacher Konkurrenz, indem man sich auch einen Hl. Leib besorgte.

Initiator war P. Kolumban Mayr, der von Kaisheim nach Stams als Philosophieprofessor geschickt worden war, dann aber als Beichtvater in Oberschönenfeld und anschließend als Vikar in Violau wirkte. In Stams besaß man seit geraumer Zeit den Leib des Hl. Benedikt aus den Calixtus-Katakomben. P. Kolumbans Ansehen bei Abt und Konvent von Stams genügten, um seiner wiederholt vorgetragenen Bitte um den Benedictus-Leib zu entsprechen. Am 2. August 1696 wurden die ungefaßten Gebeine nach Oberschönenfeld abgeschickt. Die Äbtissin und ihr Konvent bemühten sich, die Gebeine schön zu fassen. Besonders betätigten sich dabei die Chorfrauen Luitgard Weiß (Oberkusterin), Johanna Mayr (Bursnerin) und Victoria Farget (Kuchlmeisterin). Nach Abschluß der Arbeiten legte man den gefaßten Hl. Leib in einen hölzernen Sarg, den vier Männer aus Violau abholten. Als sie unter Glockenläuten den Hl. Leib zum Kloster hinaustrugen, haben "ainige Closter Frawen sich auff den Thurm begeben, in Eüffer, vndt Gebett dem Heil. Leib nachgesehen, alß lang sye gekhönt vndt sich selben befohlen". Dabei suchte auch die Jungfrau Maria Concordia v. Bichler "in disen Eüfrigen Fürwitz" einen Platz zu ergattern und geriet dabei unter eine Glocke, von der sie "dergestalten gestossen, daß Sye uhrplötzlich danider gefallen, vndt von allen Beywesenten alß todt gehalten worden". In ihrer Angst riefen alle den heil. Martyrer an, worauf die Schwester wieder zu sich kam. "Zu Ewigen Dank (hat man) ain schöne Votiv·Tafel machen lassen". Seit der christlichen Antike geschahen bei der Übertragung von heiligen Gebeinen Wunder. Der Chronist meldet ein weiteres Wunder, das sich am Zusmarshausener Holzwart ereignete. Dieser war "mit einem harten Leibschaden behafftet, vndt darbey verunglicket, daß er von ainem Pferdt darauff geschlagen vndt toetlich verlezedt wurdte". Als man nun den Heil.

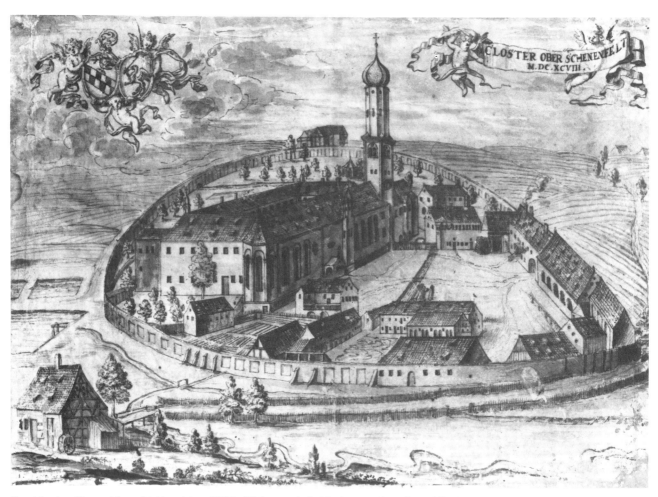

Das Kloster Oberschönenfeld im Jahre 1698, Stich von J. S. Hueber, rechts: Grundriß der Klosteranlage, gezeichnet von dem Wettenhausener Geometer Glink (Ausschnitt) im Jahre 1727. Glink gibt den Zustand nach dem Kloster- und Kirchenbau von 1718 – 1722 wieder. Glink benützt zweimal Großbuchstaben: A – Z für Gebäude (A Das Gottshauß und Kürch – Z Ober vnd vndere Häyhstadel) und L – Z für Grundstücke (L Herren Pfleger Krauthgardten – Z Hopfengardten), eingetragen aber auch H CLOSTER: ANGER. Bei den Wirtschaftsgebäuden besteht weitgehend Übereinstimmung zwischen dem Stich und dem Grundriß. Beide Darstellungen enthalten viele interessante Einzelheiten.

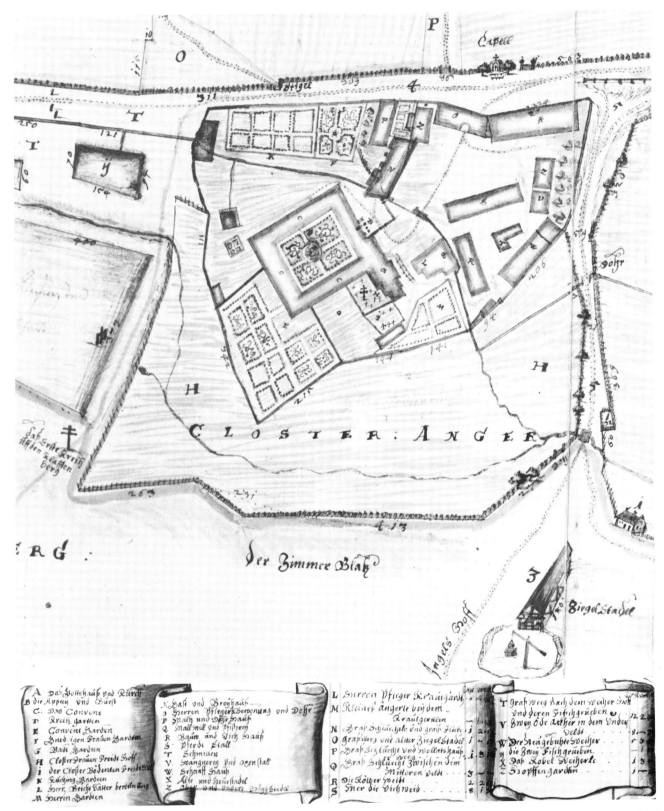

In Oberschönenfeld verehrte man den Katakombenheiligen S. Benedikt in einem Gemälde

Auch Gebetszettel, die Benedikt in figuraler Darstellung zeigen, wurden verbreitet

Zur Übertragung des Heiligen Leibes erschien ein stattlicher Stich, der rechts und links zwischen Schrein und Gnadenbild die Klosteranlage und den Wallfahrtsort Violau zeigt.

Leib "in den Marckht aingelütten" (was auch in allen Dörfern, durch die man kam, geschah), forderte ihn der Ortspfarrer auf, sich zu diesem Heiligen zu "verloben". Der Holzwart versprach u.a. "Er wolle alle Monath ainmahl nacher Veilav gehen, allda seine Beicht, vndt Heil. Communion ablegen", worauf er nicht nur von seinen Wunden genas, sondern auch von seinem Bruch geheilt wurde. Auf diese Weise hat der "Heil. Martyrer schon Ehe vndt Bevor Er in seine Wohnstatt nacher Violav gekhommen, seine guetthaten vnd Verbitt zu Gott außgegossen". - Am Abend stellten die Träger den Sarg in der Pfarrkirche Altenmünster ab. Das letzte Wegstück glich einem Triumphzug. Mit der Prozession ging Abt Bonifaz Daniel von Fultenbach, der der Feierlichkeit wegen die Mitra trug, wobei die Prozession "in Vnzäglichen Zulauf, vndt Begleitung deß Volckhes, vndt der Wallfarther Bey welchen sich von Vnderschidlichen Orthen etlich vndt dreyßig Creutz haben eingefunden" vonstatten ging. Über dreißig Pfarreien im Umkreis von Violau setzt einen größeren Radius voraus. Auf dem Weg nach Violau hatte man drei "Krünungs Porten" aufgestellt. In Violau wartete am Ende der langen Stiege vor dem großen Kirchenchor Abt Roger Röls "mit seinen Ministry". Der Heil. Leib wurde im Josephsaltar "Lünkherhandt von dem Wunderthetigen gnaden Bildt der schmertzhaften Mutter herrüber eingesetzt". Der Hl. Leib wurde demnach bewußt als Pendant zum Gnadenbild betrachtet.[2]

Aus der Chronik geht der Anteil der Oberschönenfelder Äbtissin nicht hervor, da sich der Autor stark auf seinen Kaisheimer Mitbruder konzentriert. Allerdings bemerkt er einleitend zum Violau-Abschnitt, daß "vnder der Regierung der gnädigen Frauen Abbtissin Mariae Hildegardis ein ser Villes zur Verhelfung der Wahlfart ... geschehen". Als erstes erwähnt er eine notwendige Dachstuhlreparatur. Im Gewölbe hatte sich eine Kluft gezeigt, und auf Anraten verständiger Baumeister hat man den vorderen Teil "mit ser vill Eisen, so noch zu sehen, schlaudtern laßen". Da diese Maßnahme als "noch nit genug" erschien und das Dach, "welches mit lautter Haggen vndt Preuß belegt, gar zu schwer, hat man auß Vorhaltung von Oberschenenfeldt das gantze Kirchen Tackh von seinem Last ablehrten vndt frisch durchaus mit lauter Blatten belegen laßen". Das Dach aus Platten ist erheblich leichter als das Dach aus Ziegeln. Aber bereits vor dieser Dachreparatur, die in den Jahren 1692/93 erfolgte, hatte man mit der Erneuerung der Innenausstattung begonnen. Im Jahre 1686 wurde eine neue Kanzel aufgestellt, deren Corpus auf einer Tragfigur (Allegorie der Kirche) ruht, an der das Wappen der Äbtissin angebracht ist. Mit drei Altarblättern wollte man die Ausstattung fortsetzen. Das im Dreißigjährigen Krieg vergrabene Gnadenbild war unansehnlich geworden, weswegen man 1688 ein neues, das heutige, herstellen ließ. Statt der roten Ziegelsteine legte man in der Kirche ein neu-

es, weißes Pflaster. Die "ser alten zerbrochenen Beicht vndt Kürchenstülle" wurden durch neue ersetzt. Für diese Arbeiten engagierte man 1698 die Schreinermeister Ferdinand Zech aus Thannhausen und Georg Zech aus Burgau. Im Jahr darauf auch das Chorgestühl und schließlich die Kirchenportale. Beim Chorgestühl war Johann Georg Stegmüller aus Thannhausen für Ferdinand Zech eingesprungen. Eine Oberschönenfelder Nonne stiftete 1704 den Hochaltar, der im Jahr darauf gefaßt wurde (dessen Figurenschmuck aber erst aus der Zeit um 1720 bzw. 1750 stammt). Als Faßmaler betätigten sich Ferdinand Magg aus Augsburg und sein Lehrling Benedikt Agricola. Beide blieben in Violau und faßten den 1706 aufgestellten Gnadenaltar und 1711 den Josephsaltar.

Ein Andachtsbildchen zeigt den Gnadenaltar (Vorgänger des heutigen Altars). Über dem Gnadenbild das Wappen der Äbtissin. Darüber halten Putti das Schweißtuch der Veronica. Weitere Putti auf der Brüstung präsentieren andere Leidenswerkzeuge. Das Gnadenbild wird flankiert vom Herz Jesu und vom Herz Mariä.

Als Bekrönung ein predigender Christus – Salvator

Die barocke Ausstattung von Violau mit Kunstschreinerarbeiten erfolgte unter der Äbtissin Hildegard Meixner

Als Tragfigur der Kanzel dient die Allegorie der Kirche, an der das Wappen der Äbtissin angebracht ist. Unter dem Wappentier die Initialen MHAZO (Maria Hildegard Äbtissin (der) Zisterzienserinnen (in) Oberschönenfeld) und die Jahreszahl 1686

Oberschönenfeld mußte "wegen gesambleten, jedoch nit erklecklichen Mittlen" das Beste tun, um all diese Maßnahmen in Violau mitzufinanzieren. Im letzten Jahr ihrer Regierung hat die Äbtissin durch ihre kunsterfahrenen Klosterfrauen Aleydis Mayr und Caecilia Wachter für das Gnadenbild "ainen rock machen lassen, alleß Sambth, vndt schön gestickht mit ser grosser Zahl guether Perlein". Zudem verschaffte sie einen Himmel für die Bruderschaftsprozession sowie ein Pluviale. Schon früher hatte man aus gesammelten Perlen, aus Filigran und goldenen Ringen für das Gnadenbild eine silberne Krone mit 12 Sternen fertigen lassen, deren Wert die Chronik auf 500 Gulden schätzt. Einen Rock für das Gnadenbild stiftete auch der Augsburger Bischof Alexander Sigismund (Brokat, reich vergoldet mit darauf gesticktem Wappen) und der Landvogt von Günzburg Baron Volmar (scharlachrot "über vndt über mit silber reich sortiret"). Zudem verschaffte er für die Ampel beim Gnadenaltar Zeit seines Lebens das Öl.

Das Wappen der Äbtissin mit der Jahreszahl 1696 an der Kirche in Altenmünster

Die Äbtissin sorgte sich auch um die inkorporierte Pfarrei Altenmünster. Auf die Erweiterung des Langhauses nach Westen folgte die Ausstattung mit Altären und mit einer Kanzel. Die Figur des hl. Bernhard von Clairvaux vor dem Auszug des rechten Seitenaltars erinnert an die Zugehörigkeit zum Zisterzienserinnenkloster Oberschönenfeld

Parallel zu den Aktivitäten in Violau erfolgte die Erweiterung der Pfarrkirche in Altenmünster. Daran erinnert noch die in die Westfassade eingelassene Wappentafel aus dem Jahre 1696. Einige Jahre später werden ein neuer Hochaltar und eine Kanzel aufgestellt. Zwanzig Jahre später folgen die beiden Seitenaltäre, deren Figurenschmuck Stephan Luidl schuf.

Pfarrherrn, Kapläne und Beichtväter[5]

Über das Präsentationsrecht übte die Äbtissin entscheidenden Einfluß auf die Besetzung der inkorporierten Pfarreien aus. Im 17. Jahrhundert waren das allerdings nur mehr die Pfarreien Altenmünster und Dietkirch. Wollishausen war im 15. Jahrhundert zur Filiale von Dietkirch abgesunken, Mödishofen blieb zwar Pfarrei, wurde aber nicht mehr von eigenen Pfarrern versehen, sondern seit 1679 von den Ustersbacher Pfarrern, die das Domkapitel präsentierte, wobei sich das Kloster Oberschönenfeld dieser Präsentation anschloß. Als Hildegard Meixner zur Äbtissin gewählt wurde, wirkte Georg Hackelschmied als Pfarrer in Altenmünster (seit 1676) und Wilhelm Leutenmair aus Steinekirch als Pfarrer in Dietkirch (seit 1667; geht 1693 nach Tapfheim).

Hildegard Meixner präsentierte:

1690 Andreas Riederer aus Mindelheim auf die Pfarrei Altenmünster (Priesterweihe 1683, 1686 Pfarrer in Leitershofen; geht 1700 nach Schlingen, wo er 1709 stirbt)

1693 Andreas Endres aus Dillingen auf die Pfarrei Dietkirch (Priesterweihe 1692, dann Kaplan in Genderkingen; geht 1696 nach Langenneufnach)

1696 Johann Reiter aus Siegertshofen auf die Pfarrei Dietkirch (Priesterweihe 1695, dann Kaplan in Seeg; stiftet mit 50 fl. in Dietkirch einen Jahrtag; gestorben 1743 in Dietkirch)

1700 Jakob Sandlinger aus Deubach auf die Pfarrei Altenmünster (Priesterweihe 1692; 1698 Pfarrer in Oxenbrunn, Landkapitel Ichenhausen)

1719 Elias Georg Motz, Sohn des Pflegers in Oberschönenfeld auf die Pfarrei Altenmünster (Priesterweihe 1717, in Altenmünster gestorben 1758)

Im Gegensatz zu den Pfarrern, von denen einige lange auf ihren Pfarreien blieben, wechselten die Beichtväter und Kapläne häufig. Beide Stellen wurden, wie auch die Wallfahrtsseelsorge in Violau, mit Patres aus Kaisheim besetzt. Die Chronik nennt für die 37jährige Regierungszeit zehn Beichtväter: Franz Taber, Roman Landert, Coelestin Remmele, Kasimir Marquard, Kolumban Mayr, Johann B. Rehlinger, Christian Mader, P. Burckhard, Bertrand Roth, Christian Mader (zum zweiten Mal). Zur Zeit der Abfassung der Chronik waren von diesen Patres bereits sieben verstorben, Columban Mayr war Subprior in Pielenhofen, Christian Mader Beichtvater in Oberschönenfeld.

Oberschönenfeld begriff sich zusammen mit dem Weiherhof und dem Scheppacher Hof als eine Art Klosterpfarrei (auch wenn eine solche kirchenrechtlich nicht errichtet war). Im Jahre 1660 war ein eigener Matrikelband angelegt worden, dessen dritter Abschnitt mit "Necrologium saecularis familiae in Oberschönefeld" überschrieben wurde.

Die im Mittelalter von den Herrn von Bocksberg gestiftete Kaplanei war in Vergessenheit geraten, nachdem der letzte Kaplan in Hall in Tirol gestorben war. Das Projekt einer Beschreibung aller Zisterzienserklöster in Deutschland bewirkte, daß dem Chronisten (und Beichtvater) die alte Chronik ausgehändigt wurde, der darin auf die gestiftete Kaplanei stieß. Der Äbtissin wurde daraufhin "angedeüttet ..., daß es eine ser hoch vndt wichtige gewüssens Sach seye", worauf sie die Sache durch die Bursnerin Johanna Mayr und den Pfleger Motz untersuchen ließ. Die aufgefundene Stiftungsurkunde schaffte Klarheit. Abt Roger Röls war als Visitator darüber "höchlich verwundert", daß so lange kein Kaplan angestellt worden war. Bei der daraufhin angesetzten Visitation wurde die Äbtissin aufgefordert, "gewüsenhafftlich zu bekhennen, ob Sye von disem niemahl eine Wissenschafft gehabt". Die Äbtissin gab dazu an, daß sie von alten Frauen sehr oft gehört habe, daß in Oberschönenfeld ein eigener Kaplan gewesen sei und daß das Haus hinter der Mühle den Namen Kaplanshaus trage, "im übrigen habe Sye von weithern Umbständte niemal eine Wissenschaft gehabt". Die Visitation endete mit dem Beschluß, die Kaplanei wieder zu errichten und zu besetzen. Als erster Kaplan wurde 1709 Patricius Strehl eingesetzt. Ihm folgten Remigius Seidel, Raymund Märckhle, Hilarion Hartgen, P. Klingensperger und Benedikt Grater. Da das alte Kaplanshaus völlig ruinös war, baute man die obere Stube der Pfisterei, "die gar zu groß ohne alle Nothwendigkeit gewesen", zu einer Wohnung um, und so wohnten Kaplan und Beichtvater nahe beieinander.

Der Oberschönenfelder Konvent

Eine Äbtissin muß infolge ihres Amtes immer wieder auch Kontakte mit der Außenwelt aufnehmen, ihr eigentliches Umfeld aber bleibt der Konvent. Bei der Wahl von Hildegards Vorgängerin - 1657 - bestand der Konvent aus 17 Chorfrauen, 3 Novizinnen und 7 Laienschwestern; bei ihrer eigenen Wahl 1685 waren es 19 Chorfrauen und 7 Laienschwestern. 35 Jahre später, zur Zeit des Neubaus, lebten davon noch 5 Chorfrauen, die als Chorfrau angenommene Schultochter und 2 Laienschwestern. Während der 37jährigen Regierungszeit der Äbtissin Hildegard konnten neben ihr noch neun Schwestern Jubelprofeß feiern, die Chorfrauen Humbelina Poth (Pförtnerin), Margaretha Vöst, Benedicta Bollmüller (Priorin), Gertrud Egg (lange Zeit Subpriorin), Anna Juliana Denhag (ehemals Kellermeisterin), Anna Justina Anger ("würchliche Priorin"), Ida Schwartz (einst Oberbursnerin) und Elisabeth Theresia Aichel (einst Bursnerin, etliche Jahre Krankenwärterin), die Laienschwestern Helena German und Anna Bögel.

Hildegard Meixner setzte - soviel lassen die Herkunftsangaben erkennen - die Personalpolitik ihrer Vorgängerin fort. Es fällt allerdings auf, daß die Öffnung ins Kurfürstentum Baiern (2mal München, Ingolstadt, (Fürstenfeld-)Bruck, Neuötting, Freising und Dachau) stark ausgeprägt erscheint und daß gerne auch Töchter von Klosteruntertanen aufgenommen wurden (Mödishofen, Violau, Gessertshausen).

Der Neubau

In die letzte Phase der Barock-Ausstattung von Violau fällt der Bau der Kapelle in Osterkühbach. Im Jahre 1709 ließ Hildegard Meixner die Kapelle des Jahres 1506 durch einen Neubau ersetzen. Daran erinnert noch heute ihr auf die Täferdecke gemaltes Wappen. In ihre Regierung fällt auch noch die Aufstellung des Altars.

Bei einer Besichtigung des Klosters anläßlich der Jubelprofeßfeier der Äbtissin, zu der auch Abt Roger Röls aus Kaisheim gekommen war, wurde festgestellt, daß das Gebäude des hohen Alters wegen immer baufälliger wurde, "sonderbar auff der seithen gegen denen Weyern". Man kam überein, Franz Beer zu holen, "so ain berümbter Mann auß dem Pregetzter Waldt zu Constanz wohnhafft, welcher auch das Closter Salmannsweil, wie auch St. Urban, vnd das gantze Newe Kaysershaims erbauet". Beer wunderte sich, daß sich bei der großen Gefahr noch kein Unglück ereignet hatte. Kaisheim drängte auf einen Neubau, in Oberschönenfeld wollte man zunächst nur die ruinöse Seite neu errichten, entschloß sich aber dann zum Bau des ganzen Klosters. Am 5. Januar 1718 wurde mit Franz Beer der Baukontrakt geschlossen. Der Architekt wurde verpflichtet, das alte Gebäude abzubrechen, den Platz abzuräumen und einzufüllen, alte Fundamente und einen Keller unter das Kapitel zu graben. Das Erdgeschoß des Neubaus soll 14 Schuh und damit doppelt so hoch wie im alten Kloster werden. Bei den beiden übrigen Stockwerken begnügte man sich mit einer Höhe von 11 Schuh. Mit Ausnahme des Refektoriums und der Rekreationsstube sollte das untere Stockwerk gewölbt werden. Die Rekreationsstube, alle Zellen, Zimmer und Gänge (im ersten und zweiten Stockwerk) sollten mit glatten Decken und einem Gesims oben an den Wänden gestaltet werden. Der letzte Bauabschnitt ("Restbau") sollte bei der Stiege neben der (alten) Kirche beginnen und einschließlich Konvent-Küche und Küchenstübl 300 Schuh lang sein. Dem Architekten gesteht die Äbtissin ein Honorar von 5 500 Gulden zu. Wenn er sich in Oberschönenfeld aufhält, erhält er ein freies Zimmer und die Verpflegung sowie das Futter für seine Pferde. Beers Palier bekommt zum täglichen Essen zwei Maß Bier und das erforderliche Brot, während den Maurern zum Quartier nur das benötigte Brennholz gewährt wird. Beim Ein- und Ausstand und nach Fertigstellung eines Stockwerkes soll den Maurern nach Belieben der Äbtissin eine "Ergötzung" gereicht werden. Franz Beer haftet sechs Jahre mit seinem Vermögen für Baumängel.

Die Chronik erzählt einige Einzelheiten zum Klosterbau. Beim Abbruch des Südtraktes stürzte ein Maurerlehrling "so deß Pawherrn Vötter gewesen" vom Dach und starb. Sonst ereignete sich beim Bau kein Unglück mehr. Die Sterbematrikel, die näher zum Ereignis steht, schildert den Vorfall etwas anders. Michael Arbis, ein Tiroler Maurer stürzte vom Dach des neuen (!) Klosters und starb nach drei Stunden. Am 28. Juli 1719 wurde er beerdigt. Beim Bau verarbeiteten sechs Maurergesellen in einer Woche 30 000 Steine. Bei dieser Geschwindigkeit sorgte man sich um Lieferschwierigkeiten beim Material und engagierte daher "welsche Zügler", die "auff neue Arth" unter freiem Himmel bei einem Brand anfangs 80 000, dann 130 000 und schließlich 180 000 Steine fertigten. Deswegen und "wegen guether Zucht vndt Ordtnung deß Pawherrn" konnten Konvent und Abtei in nur vier Jahren erstellt werden (was man sonst nach Meinung des Chronisten in zehn Jahren nicht hätte schaffen können). Infolge des Eheversprechens des Zimmermanns Michael Bichl aus Egern bei Tegernsee mit der Anna Maria Walter aus Margertshausen, der Tochter des Klostergärtners, am 3. Juni 1720 läßt sich vermuten, daß der Klosterbau auch noch weitere auswärtige Handwerker anzog.

Während des Abbruchs und während des Neubaus hatten die Nonnen viele Ungelegenheiten zu ertragen,

Zwischen 1685 und 1722 wurden 34 Nonnen aufgenommen:

Die Chorfrauen:
Anna Werscher aus Donauwörth
Mechthild Strehle aus Augsburg, später Novizenmeisterin
Genovefa Sickenhauser aus Ingolstadt
Sapientia Sturm aus Augsburg, später Subpriorin und Kappelmeisterin
Hildegund Mayerl
Luitgard Weiß aus Bruck b. Fürstenfeld, Oberkantorin u. Schwestermeisterin, Oberkusterin[3]
Johanna Mayr aus Dillingen, Oberbursnerin
Victoria Farget aus Augsburg, Profeß 1692, Kuchlmeisterin (Äbtissin 1722 - 1742)
Constantia Dorfischler aus München, Unterkantorin
Anna Weiß
Magdalena Schweitzer
Hildegund Probst aus Augsburg
Candida Schweizach aus Neuötting
Hildegard Traber aus Lauingen, Vizekappelmeisterin
Scholastica Textor aus Mindelheim, Apothekerin und Krankenwärterin
Josepha Francisca Karpf aus Freising
Aleydis Mayr aus Höchstadt[4], Oberkusterin
Violantia Kentl aus Augsburg, Kellermeisterin
Caecilia Wachter aus Tapfheim, Profeß 1711, Vizekantorin und Krankenwärterin (Äbtissin 1742 - 1767)
Anna Schmidt aus Mödishofen, Unterkusterin
Gertrud Zwerger aus Burgau
Beatrix Fefer aus München, Profeß 1719
Jacobina Gugler, Profeß 1720
Bernard Öffele, Profeß 1720

Die Laienschwestern:
Ursula Feutel aus Violau
Martha Egenter
Agnes Widemann aus Offingen
Agatha Fischer
Barbara Deuringer aus Gessertshausen
Martha Völckh aus Bobingen
Maria Steigel aus Dachau
Gutta Weinbuech aus Augsburg
Afra Weissenbacher
Agatha Türck

Die Novizin:
Clara Mayr

Der Oberschönenfelder Konvent in der "Idea chronotopographica Congregat. Cisterc. S. Bernardi", 1720

Die Kapelle zu den 14 Nothelfern in Osterkühbach wurde vom Heimatverein Reischenau in vorbildlicher Weise renoviert

weil sie sich "mit ser enger Beysamen Wohnung haben behelfen müssen" (ohne daß die Chronik sagt, wo genau sie in den vier Jahren untergebracht waren). Mit Verwunderung stellt der Chronist fest, daß dabei ", wie es sonst zu geschehen pfleget," keine einzige Nonne erkrankte.

Nach dem Stich von 1698 erreichte das damals nur zweistöckige Konventsgebäude in etwa die gleiche Höhe wie die Kirche. Der neue Klosterbau aber war wesentlich höher, so daß sich zwischen Kloster und Kirche ein Mißverhältnis in der Relation ergab. Da alles neu war "vndt nur allein die Kürchen in ser alten standt vndt Tieffe gelassen, hat man dem üblen Nachreden vorzukhommen (in deme es wohl hette haißen mögen, daß man dem Menschen schöne Wohnung vndt alleß bequemblich erbawet, Gott allein aber in einer vngleichen Wohnung vndt fünsteren Spelunc habe sitzen lassen), sich auch für eine neue Kirche entschlossen. Weil Franz Beer "gar leidentlich mit sich hat tractieren lassen", übertrug man ihm den Kirchenbau. Die Zustimmung aus Kaisheim ließ einige Zeit auf sich warten. Im ersten Punkt des Kontraktes verpflichtet sich Franz Beer, "die alte (Kirche) abzubrechen, die fundamenta herauß zu thuen, zue der newen Kirchen die fundamenta zue graben, die Kirchen sambt dem thurn auf zue bawen, bestechen, gewelben, besötzen und töckhen". Im zweiten Punkt geht es um ein Stück von ca. 30 Schuh Länge zwischen Kloster und Kirche, "wo die Custorey auß zue machen" (wo aber dann der Äbtissinnentrakt mit den Arkaden entstand). Nach Punkt drei übernimmt es Beer, "die Stuckhenthorarbaith zue bestreitten vnd zue bezahlen". Beer gibt sechs Jahre Garantie. Er erhält neben den üblichen Leistungen ein Honorar von 2 500 Gulden. - Nach dem Fest des Hl. Bernhard (20. August) 1721 begann man mit dem Abbruch der alten Kirche. Den Grundstein legte nach Ausweis der Inschrift Abt Roger Röls von Kaisheim. Gegenüber der alten Kloster-

Die abgestufte Raumfolge wird besonders am Außenbau deutlich

Der Steinmetz erhielt für das Kirchenportal 25 fl., "für die Wappen auszuhauen" 10 fl. (womit offensichtlich das 2. Wappen am Äbtissinnenstock mitabgerechnet ist) und für das "Abrichten" des Steines 52 fl.

Links zwischen dem 2. und 3. Putzquader von unten Grundstein mit nurmehr teilweise lesbarer Inschrift

anlage veränderte sich die Situierung der Kirche. Die alte Kirche nahm fast die ganze Nordseite ein, und lediglich die Apsis reichte über den Ostflügel hinaus. Beim Neubau nimmt die Kirche nicht einmal die Hälfte des Nordflügels ein, geht aber fast zur Hälfte über den Ostflügel hinaus. Der Rohbau ist "noch biß auff den Herbst ein namhafftes auffgebauet worden". Als Palier vermutet man Beers ältesten Sohn Johann Michael; die Nähe von Wollishausen spricht dafür, daß Joseph Dossenberger d. Ä. als Maurer mitarbeitete. Das Nordportal krönt das Wappen der Äbtissin Hildegard mit der Jahreszahl 1722, es muß demnach während der ersten Monate dieses Jahres errichtet worden sein, denn die Äbtissin starb am 24. März im Alter von 73 Jahren. Ihr war es nicht mehr vergönnt, die Fertigstellung der Kirche zu erleben.

Der Chronist, der damals in Oberschönenfeld das Amt des Beichtvaters versah, schildert das Ableben der Äbtissin ausführlicher. Während der Kirchenbau in die Höhe wuchs, "hat angefangen zu sünkhen daß Fundament Ihro Hochw. vnd Gnaden der gnädigen Frauwen Äbbtissin Maria Anna Hildegardis". Die Beschwerden des Alters ertrug sie immer mit gutem und fröhlichem Gemüt, ohne den mindesten Schatten einer Zaghaftigkeit und Ungeduld. Trotz der sie ergreifenden Kraftlosigkeit ging sie in den Chor und kam den geistlichen und zeitlichen Verpflichtungen nach, wobei sie die "Beehrungen" der hohen und niederen Gäste, die während des Kichenbaues nach Oberschönenfeld kamen, mit Liebe, Demut und Guttätigkeit vornahm. Schließlich hat sie "ein Schlägel berühret", was man daran erkannte, daß sie "in der Redt öfters gestrauchlet vndt nit recht hat forth kommen khönnen". Dennoch ging sie herum, als ob ihr nichts fehlte, bis auch ihre Knie und Füße schwach wurden und sie sitzen oder liegen mußte. Sie hoffte auf den anläßlich der Papstwahl Innozenz XIII. in Rom, aber noch nicht im Bistum Augsburg verkündeten Jubiläumsablaß. Am 18. März legte sie die Beichte ab, und eine Viertelstunde danach wurde sie "gäntzlich mit dem Hauptschlag überfallen", der ihr die Sprache völlig raubte. Nach Empfang der hl. Ölung ist sie "in die Zigen geqrüffen, in denen Sye (jedoch noch mit guethen gehör vndt Verstandt) 88 stundt gelegen, biß Sye den 24. Marty deß Morgenß früehe umb drey Viertl auff sieben Uhr in Gott seeliglich ihre Seel dem Breutigamb, so Sye lang gedient, übergeben ...". Bereits am Tag danach, nachmittags um 1 Uhr, "da die Closterbedienten zuer Bruderschafts-Andacht nacher Dietkürch gangen", wurde sie im neuen Kreuzgang gegenüber der Tür zum Kapitel bestattet.

Nach dem Ableben der Äbtissin ist die Inventur "wie gewonlich vorgenommen worden". Die Liste führt sehr detailliert das Silber auf, verzeichnet die liturgischen Ge-

wänder ausführlich, aber nur kurz die Leinwand, die Metallmengen (10 Zentner Zinn, 6 Zentner Kupfer, 1 Zentner Messing) hängen mit dem Kirchenbau bzw. dem beabsichtigten Glockenguß zusammen. Als Insignien klösterlicher Würde waren vorhanden: 1 silberner, vergoldeter Abtstab und 1 mit Silber beschlagener Abtstab. Die Ausstattung mit Werken der Goldschmiedekunst war nicht üppig: 1 große und eine kleine Monstranz, 6 Kelche und 1 Ziborium, 1 großes silbernes Kreuz, 1 kleine Monstranz mit dem hl. Blut, 4 große mit Silber beschlagene Heitumkästen, 20 kleine und große mit Silber beschlagene Tafeln, 1 silbernes Muttergottes- und 1 silbernes Bernhardsbild, mehrere silberne Leuchter und Ampeln und einiges Kleingerät. Im Gegensatz dazu steht der Reichtum an liturgischen Gewändern u.ä.: 1 weißer, 1 roter und 1 schwarzer Ornat und noch 1 weißes Pluviale, 34 Meßgewänder und 24 Alben, 1 roter Himmel aus Damast. Das Inventar des Hausrates zeigt, daß Silber offensichtlich nur für die Bewirtung von Gästen vorhanden war. Die höchste Anzahl wird mit den "12 silberne(n) Becherl" erreicht, gefolgt von 10 silbernen Messerbestecken, 6 silbernen glatten Löffeln, 6 großen silbernen und vergoldeten Trinkbechern. Im Konvent bediente man sich einfacher Bestecke und Gefäße, die ebenso wenig aufgeführt werden wie das Geschirr. Der Größe des Konvents entspricht die Zahl der unter dem Silber aufgeführten 34 Rosenkränze. Die einzelnen Zellen und ihre Einrichtung wurden vom Inventar nicht erfaßt, wohl aber die 18 (!) angerichteten Gastbettstätten und die 20 angerichteten Ehehaltenbetten sowie fünf Dutzend Sessel. Hoch erscheint auch die Zahl von 50 Tisch- und Tafeltüchern. - Groß war der Viehbestand am Bauernhof beim Kloster selbst: 21 Pferde und 2 Fohlen, "24 Schieb Oxen 8 Mast Oxen", 40 Kühe und 16 Kälber, 120 Schweine und 470 Schafe. Nicht ganz so viel Vieh stand auf dem Scheppacher Hof (48 Stück) und auf dem Weiherhof (52 Stück Rindvieh). Beim Getreide war der Roggenbestand (805 Schaff) am größten, gefolgt vom Hafer (299 Schaff) und Fesen (239 Schaff). Die Brauerei konnte 150 Schaff Malz verarbeiten. Im Keller lagerten 12 Faß Wein. - Das Kloster war mit 11 246 Gulden verschuldet, hatte aber 13 788 fl. Außenstände.

Bereits zwei Tage später, am 27. März, fand unter dem Vorsitz von Abt Roger Röls die Neuwahl statt, aus der die 46jährige Küchenmeisterin Victoria Farget, wie ihre Vorgängerin eine Augsburger Bürgerstochter, als Äbtissin hervorging. Ihr oblag es, den Kirchenbau zu vollenden. Er zog sich noch bis zum Herbst 1723 hin. Als Zimmermeister hatte die Äbtissin Johann Georg Fertel aus Gabelbach engagiert. Für die gesamte Baumaßnahme, Kloster und Kirche, erhielt er ein Honorar von 4 274 fl. Nach einer Zusammenstellung vom 14. Oktober 1723 kam Franz Beer für die Maurer- und Stukkateurarbeit auf ein Honorar von 12 000 Gulden. Die Differenz zu den in den beiden Kontrakten genannten Summen (5 500 + 2 500) dürfte sich daraus erklären, daß die Materialkosten mitgerechnet wurden. Die gesamte Baumaßnahme kostete 34 531 Gulden. Löhne bzw. Honorare und Materialkosten werden in der Zusammenstellung nicht immer getrennt aufgeführt. Die höchsten Materialkosten fielen für Kalk (4 993 fl.), für Pflastersteine (2 282 fl.), für Eisen und Nägel (2 230 fl.), für Bretter und Latten (1 584 fl.) und für Gips (584 fl.) an. Als "gemischte" Positionen darf man wohl die Ausgaben für den Glaser (2 171 fl.), für den Maler, bei dem eigens hinzugefügt ist "und für Farben und Leinöl" (968 fl.) und für den Hafner (301 fl.) ansehen, während die Ausgaben für den Schreiner (433 fl.), den Schmied (308 fl. "für Arbeit"), den Ziegler (130 fl.), den Schäffler und Wagner (120 fl.) und den Schlosser (60 fl.) nur die Lohnkosten meinen ebenso wie die Summe von 378 Gulden, die den Taglöhnern für das Kalklöschen und -graben gezahlt wurden, und die 55 fl. für die Stukkaturarbeiten in zwei Zimmern. Die in den Kontrakten genannten "Ergötzungen" schlugen (allein) bei den hiesigen Knechten mit 120 Gul-

Epitaph für Hildegard Meixner im Kreuzgang

den zu Buche, was eine gewisse Großzügigkeit seitens der Äbtissin voraussetzt. Zum Abschluß verehrte man Franz Beer einen silbernen, vergoldeten Becher im Wert von 40 fl., dem Maurermeister 36 fl. und dem Zimmermeister für ein Gewand 30 Gulden. - Geweiht wurde die Klosterkirche erst am 25. Juli 1729, nachdem vorher bereits fünf Altäre geweiht worden waren. Weihbischof Dr. Johann Jakob von Mayr weihte an diesem Tag auch die Pfarrkirche in Dietkirch und am Tag darauf St. Leonhard in Gessertshausen.

Quellen und Literatur

HStAM: Urkunden (Die Urkunden des Klosters Oberschönenfeld, bearb. v. K. Puchner, Augsburg 1953, Nrr. 755 - 774)
StA Augsburg, KL Oberschönenfeld 1, 6, 7, 8, 9, 34, 35; Reichsstadt Augsburg L 560 (S. 279 Hauskauf)
StadtA Augsburg: Hochzeitsamtsprotokolle zum 1638 X 17 und 1667 VI 3; Steuerbücher von 1639, 1646, 1653, 1660 u. 1667
Abtei Oberschönenfeld: "Continuation der Oberschenenfeldischen Chronichk von 1685 biß 1722 den 24. Martij"; Stich von 1698; Andachtsgraphik
Hans Eberlein, Oberschönenfeld in seiner Bedeutung als Grundherrschaft und Kulturträger, Augsburg 1961 (= Beiträge zur Heimatkunde des Landkreises Augsburg Bd. 2), 61 - 69 u. 83 - 100
Wilhelm Neu und Frank Otten, Landkreis Augsburg, München 1970 (= BKD 30); Hans Jakob Wörner, Ehem. Landkreis Wertingen, München 1973 (= BKD 33)
Klaus Fehn, Siedlungsgeschichtliche Grundlagen der Herrschafts- und Gesellschaftsentwicklung in Mittelschwaben, Augsburg 1966
Joachim Jahn, Augsburg Land, München 1984 (= Historischer Atlas von Bayern, Teil Schwaben, Heft 11)
Abtei Oberschönenfeld. Ein Zisterzienserinnenkloster in Schwaben (Text von P. Albert Kloth O. Cist. und Rudolf Oberlander), Weißenhorn 1985
Claudia Madel-Böhringer, Die Zisterzienserinnenabtei Oberschönenfeld, in: Gislind M. Ritz und Werner Schiedermair, Klosterarbeiten aus Schwaben, Gessertshausen 1990, 31 - 39

Anmerkungen

1) Die Daten hat freundlicherweise Herr Schubert, Matrikelamt, erhoben. Für die Pfarreien St. Ulrich u. Afra und St. Stephan fehlen allerdings die Matrikel.
2) W. Pötzl, Katakombenheilige als Attribute von Gnadenbildern, in: Jahrbuch f. Volkskunde 4, 1981, 168 - 184.
3) Nach Forschungen im Archiv in Oberschönenfeld wurde sie am 14. September 1672 in Bruck auf den Namen Barbara getauft. Ihr Vater, Paul Weiß, war Posthalter und Gastgeber. Seine Frau gebar ihm noch 5 weitere Kinder. Barbaras Bruder wurde Kapuzinerpater (P. Hieronymus), ihre Schwester Regina trat ins Zisterzienserinnenkloster Heggbach ein (Sr. M. Rosa). Der Posthalter stattete seine Tochter Barbara mit der stattlichen Ausfertigung von 1 000 Gulden aus und reichte noch 300 fl. nach.
Schwester Luitgard faßte mit anderen den Leib des Hl. Benedikt (s.o.). Im Spanischen Erbfolgekrieg floh sie nach Haag zu ihrer Schwester, die den dortigen Posthalter geheiratet hatte. Dort traf sie auch ihre Schwester aus Heggbach.
Schwester Luitgard betätigte sich auch als Schreiberin. Im Jahre 1734 schrieb sie die "Wochentliche Verkostung der götlichen Liebe auß den hohen Liedern Salomons". Am 11. Okt. 1737 ist die Chorfrau Luitgard gestorben.
4) Nach der Chronik "aine freüle Baaß vndt Schwester Kündt" des Weihbischofs und Generalvikars Johann Jakob von Mayr, der selbst zur Einkleidung kam.
5) Anton Steichele, Das Bisthum Augsburg historisch u. statistisch beschrieben, Bd. 2, Augsburg 1864, 43 f. u. 99 f.; zu Dietkirch ABA BO 2578 (Präsentationen).

Johann Rieger aus Dinkelscherben, kath. Direktor der Augsburger Kunstakademie

Mit dem Namen Dinkelscherben verbinden Quellen und Literatur den Barockmaler Johann Rieger.

Der Maler (Johann) Georg Rieger und seine Familie

Georg Rieger heiratete 1659 in Dinkelscherben Magdalena Mayr, die Tochter des Schneiders Nikolaus Mayr. Über dem Matrikeleintrag ergänzte eine andere Hand: "nuptiae pictoris" (Hochzeit des Malers). Ob bereits Georgs Vater, Joh. Rieger aus Munderkingen, Maler war, wissen wir nicht genau. Georg Rieger kam aus Unterthingau nach Dinkelscherben und erwarb hier 1660 das Bürgerrecht. Er zog auf eine Sölde (Nr. 34, heute: Marktstraße 13), die vor Generationen durch Abtrennung von einer anderen Sölde (Nr. 32) entstanden und deswegen in diese noch zinsbar war. Georg Rieger übernahm die Sölde von der Gemain Dinkelscherben. Auf dem Söldplatz stand ein zweigadiges Fachwerkhaus, das mit Ziegeln gedeckt war. Wasser holte man aus einem Schöpfbrunnen.[1]

Magdalena Rieger brachte zwischen 1660 und 1677 zwölf Kinder zur Welt. Die Dinkelscherbener Matrikel verzeichnet für diese Zeit nicht, welche Kinder früh starben, andererseits fanden sie keine Aufnahme in die allgemeine Sterbematrikel. Ein Sohn Johann kam am 27. April 1660 zur Welt; er dürfte mit dem Maler identisch sein, auch wenn später als Geburtsjahr 1655 angegeben wird (Portraitstich von Kilian). Bei der Tochter Magdalena (geb. 1661 VIII 24) übernahm der Obervogt Johann Schenck das Patenamt. Johann erlebte als ältestes Kind dieser Ehe die Geburt seiner weiteren Geschwister: Conrad (geb. 1663 II 27, gest. 1715 im Spital), Sebastian (1665 I 20), Maria Magdalena (1667 I 1), Georg (1668 I 16), Georg (1669 III 31), Matthäus (1670 X 1), Ulrich (1672 VII 2), Sabina (1673 X 2), Andreas (1675 XI 21), Theresia (1677 X 5).

Johann Rieger erlernte die Anfangsgründe der Malerei wohl von seinem Vater. Bisher ist es leider noch nicht gelungen, archivalisch oder durch Signatur ein Werk des Vaters nachzuweisen. Von 1680 bis 1683 arbeitete Johann Rieger bei seinem Vetter Joh. Georg Knappich, der, 1637 in Lechbruck geboren, 1660 das Augsburger Bürgerrecht erworben hatte. Nach 1683 verlieren sich Riegers Spuren. Um 1692 ist er in Rom nachweisbar, wo er in der Schilderbent den Namen "Sauerkraut" erhielt. Spätestens von 1696 an wirkte Rieger wieder in Augsburg.

In Dinkelscherben starb am 22. August 1693 sein Vater. Pfarrer Philipp Jakob Kraus bemerkte in der Sterbematrikel, daß Rieger der (Rosenkranz-) Bruderschaft angehörte und daß er fromm gelebt hat. Die Mutter starb am 12. Juni 1704. Damals hatte sich ihr Sohn bereits einen gewissen Ruf als Maler erworben. In Dinkelscherben hatte sein Bruder Sebastian 1689 Maria Schwaighofer aus dem Sturztal in Tirol geheiratet, doch blieb das Paar offensichtlich nicht lange in Dinkelscherben. Auf der elterlichen Sölde läßt sich dann seine Schwester Sabina nachweisen, die 1699 Martin Meitinger aus Habertsweiler geheiratet hatte. Wann ihr Bruder, der Maler, nach seiner Gesellenzeit bei Knappich nach Dinkelscherben zurückkehrte und wie lange er sich dort aufhielt, wissen wir nicht.

Johann Riegers Augsburger Zeit

Der Maler galt als Dinkelscherbener, als er sich 1696 in Augsburg niederließ.

Die Familie

Johann Rieger wurde am 5. Mai 1696 in Augsburg als Bürger aufgenommen. Für den 13. Mai bemerkt das Hochzeitsprotokoll: "Johann Rieger, Mahler vonn Dinckhelscherben, vnnd Maria Pfantzelltin, vonn Lechprugg, beede ledig vnd lauth Scheins auß dem Lobl. Bauambt de dato 5. vnd 12. diß allhiesig angenommene Burger, Ihre Beystandt Johann Knappich, Bortenmacher, Ihrerseits Heinrich Matthäus Meir, Mahler und Johann Pizner, Fischer". Am 4. Juni 1696 heiratete das Paar in St. Moritz. Als Zeugen fungierten: der Kanoniker Stephan Weiß und der Adelige Joh. Wolfgang Wolff.

Die Verbindungen von Rieger zu den Knappich scheinen eng gewesen zu sein, obwohl die Gesellenzeit bei Johann Georg Knappich (gest. 1704) bereits 13 Jahre zurück und dazwischen eine lange Wanderzeit lag. Rieger ging im Geburtsort seines Vetters Knappich, Lechbruck, auf Brautschau. Leider haben sich für diese Zeit keine Matrikel erhalten, so daß die Familie der ledigen Maria Pfanzelt nicht erfaßt werden kann. Beistandsdienste bei der Reichsstadt Augsburg leistete dann aber nicht der Maler, sondern der Portenmacher Johann Knappich.

Wo Johann Rieger wohnte, geht aus dem gut erschlossenen Grundbuch der Reichsstadt nicht hervor, so daß nur die Vermutung bleibt, er habe eine Wohnung in einem klösterlichen oder in einem anderen, jedenfalls nicht in einem reichsstädtischen Haus genommen. In den Matrikeln der Augsburger Pfarreien tauchen keine Rieger-Kinder auf. Allerdings fehlen für die fragliche Zeit die Matrikel von Hl. Kreuz, wo häufiger Künstler wohnten. Trotz fehlender Matrikel ist ein Sohn Joseph Anton bekannt, der in den ersten Ehejahren geboren sein muß, denn in der Werkstatt des Vaters ist er von 1709 bis 1718 beschäftigt. Am 8. August 1729 heiratete der Sohn in St. Moritz Maria Eva Bronner. Neben dem Vater fungierte Johann Kunz als Trauzeuge. So sehr Georg Christoph Kilian (1709 - 1781) den Vater lobte, so hart tadelte er den Sohn ("ein liederlicher Mensch").

Aus Beneficia et Gratiae Interventu B. Virginis Deiparae et S. Simberti... von P. Romano Kistler, Augsburg 1437

> 54. Anna Maria Riegerin, eheliche Hauß-Frau deß Johann Riegers, Mahlers und Burgers zu Augspurg, leidete die größte Schmertzen in Kinds-Nöthen, ware auch schier kein Hoffnung mehr sowohl das Kind zugebähren, als ihr Leben zuerhalten, unter so großen Schmertzen aber, so sie gelitten, hat Herr Johann Rieger bey dem Wunderthätigen Bild Unser Lieben Frauen in der Oberen Capell ein heilige Meß zu Befreyung und Erledigung seiner Hauß-Frauen, von so großen Schmertzen lesen laßen; und sihe, weil die heilige Meß gelesen worden, ist das Kind noch lebendig gebohren, und getaufft worden, sie aber hat widerum ihr gute Gesundheit erhalten, zu Dancksagung und ewiger Gedächtnus haben sie ein Taffel in die vorberührte Obere Capell aufgehencket, und der Mutter Gottes aufgeopffert. 1703.

In Geburtsnöten, in denen weder Hoffnung bestand, das Kind zu gebären, noch das Leben der Mutter zu erhalten, verlobte sich Johann Rieger zum wundertätigen Marienbild in der oberen Kapelle in St. Ulrich und Afra mit einer hl. Messe, worauf das Kind geboren und getauft wurde, während die Mutter die Gesundheit erlangte. Die Rieger hängten in der Kapelle eine Votivtafel auf.

Die Werkstatt

Am 1. Juli 1696 erwarb Johann Rieger um 16 Gulden 8 kr. die Malergerechtigkeit. Das Malerbuch bzw. die Malerakten der Reichsstadt notieren die Lehrlinge, die Johann Rieger ausbildete, bzw. die Gesellen, die ihre Ersitzjahre bei ihm verbrachten:

1696: Johann Georg Czolmann (?)
1696 (- 1700): Joh. Gg. Ehrlmann von Agram (Sohn des verstorbenen Matth. Ehrlmann)
1699 (- 1703): Franz X. Ledergerber (erstand 1705 bei Rieger seine Ersitzjahre)
1701 (- 1706): Georg Flor (= Sohn des Joh. Flor, Corporal in der Stadtgardi, zahlte 60 fl. Einschreibgeld)
1709 (- 1718): der Sohn Joseph Anton Rieger
1713: Jakob Schuder (Sohn des Franz Schuder von Oberhausen)
1717 (- 1721): Johann Lissens aus den Niederlanden
1718 (- 1723): Ferdinand Ledergerber
1724 (- 1728): Joseph Anton Reiter
1724: Anton Koechner (?)
1727 (- 1729): Philipp Kaudt

Es fällt auf, daß keiner dieser Lehrlinge unter den Namen der bekannten Augsburger Barockmaler auftaucht.

Das Werk

Die 1976 von Karl Kosel im Hinblick auf die 250. Wiederkehr des Todestages des Künstlers ausgesprochene Hoffnung auf eine intensivere Erforschung des Lebenswerkes hat sich leider nicht erfüllt.

Die (bisherige) Werkliste enthält für die Zeit zwischen 1699 und 1729 über 34 durch Signatur oder archivalisch nachgewiesene Gemälde, meist Altarbilder, von denen mehrere verschollen bzw. zerstört sind. Die Zahl der Passionsgemälde, die der Propst von St. Georg in Augsburg für seinen Kreuzgang bei Rieger 1711 bestellte, ist nicht bekannt; die Bilder sind verschollen. Die Liste wird durch drei Zuschreibungen erweitert. Als Freskant erscheint Rieger nur in <u>Holzen</u>, wo er einen der ersten Deckengemäldezyklen schuf.

Die meisten seiner Bilder malte Rieger für die Kirchen Augsburgs und Schwabens, doch gelangte eine "Anbetung der Hirten" (1700) nach Aachen, eine "Anbetung des Allerheiligsten" (1709) in den Würzburger Dom und ein "Tod Mariens" in das Konstanzer Münster. Von einem Fugger-Wappen abgesehen behandelte Rieger ausschließlich religiöse Themen, doch läßt P. v. Stettens Bemerkung, Rieger sei "in Seestücken und Stürmen"

Umrißstich von G. C. Kilian

Der hl. Leonhard befreit einen Gefangenen, darüber Madonna mit Kind; Feder in Braun, grau laviert, 43,5 x 28,2 cm; jetzt Städt. Kunstsammlungen Augsburg

am stärksten gewesen, auch an weltliche Themen denken. Die Ausstellung "Augsburger Barock" präsentierte 1968 neben einem Altarbild unter dem Namen "Johann Rieger" auch fünf Zeichnungen, die sich ebenfalls in der religiösen Thematik bewegen.

Riegers Tätigkeit bei Joh. Georg Knappich erfolgte gewiß unter dem Einfluß von Johann Heinrich Schönfeld, der als der bedeutendste deutsche Maler seiner Zeit gelten darf. Der Biberacher Goldschmiedesohn Schönfeld hatte nach einem 18jährigen Italienaufenthalt 1652 das Augsburger Bürgerrecht erworben, wo er 30 Jahre lang Altarblätter für Kirchen beider Konfessionen, aber auch mythologische, historische und poetische Themen malte. Der 1637 in Lechbruck geborene J. Georg Knappich hatte 1660 das Augsburger Bürgerrecht erworben und konnte bereits auf 20 Jahre umfangreiche Tätigkeit als Maler und Freskant zurückblicken, als sein Vetter Johann Rieger bei ihm als Geselle eintrat. Eine Johann Rieger zugeschriebene Zeichnung des Abendmahls verrät auch Einflüsse von Johann Melchior Schmittner (Augsburg 1625 - 1705), der sich durch einen 15jährigen Italienaufenthalt gründlich geschult hatte. Wo sich Rieger nach seinem Weggang von Knappich (1683) bis zur Rückkehr nach Augsburg (1696) aufhielt, wissen wir, von seiner Zeit um 1692 in Rom abgesehen, nicht. Wenn autobiografische Aufzeichnungen fehlen, bleibt die Rekonstruktion von Wanderjahren auf Zufallsfunde angewiesen. In Rom stand Rieger zunächst unter dem Einfluß der großen römischen Barockmaler Pietro da Cortona, Claude Lorraia und Nicolas Poussin, wandte sich dann aber der modernsten Richtung zu, die der Genuese Giovanni Battista Gaulli vetrat (Karl Kosel). Als Teilstudie nach einem Gemälde aus dem Umkreis C. Marattas wird die Zeichnung "Maria mit Christus und Johannesknaben" vermutet. Damit hätte sich das einzige bekannte Beispiel aus Riegers römischer Zeit erhalten (Germanisches Nationalmuseum Nürnberg).

Der Akademiedirektor

Aus einer Künstlergemeinschaft, die seit 1684 beim evangelischen Teil des Rates Unterstützung fand, entwickelte sich die reichsstädtische Kunstakademie, als deren Gründungsjahr 1710 überliefert ist. Johann Rieger wurde deren erster katholischer, Georg Philipp Rugendas d. Ä. (1700 - 1742) deren evangelischer Direktor. Man brachte der neuen Einrichtung bald allgemeines Interesse entgegen. Nicht nur angehende Künstler, sondern auch Mitglieder des Rates, des Patriziats und des Kaufherrenstandes besuchten die Akademie und gaben ihre Söhne dorthin zur Ausbildung. Im Jahre 1712 wurden der Institution in der Metzg Räume zugewiesen. Die Akademie zählt zu den markanten Äußerungen des Augsburger Kunstwillens im 18. Jahrhundert, dennoch darf sie nicht als das schöpferische und bestimmende Zentrum des Augsburger Rokoko angesehen werden. Der Werdegang der Künstler steckte noch in den überlieferten Rahmen (Lehrzeit, Gesellenwanderung, Erwerb des Meisterrechts). In diesem Kunstleben nach alter Art hatte die Akademie des 18. Jahrhunderts "nur eine ergänzende Funktion, deren Bedeutung trotzdem nicht unterschätzt werden darf" (Norbert Lieb)[2]

Johann Rieger gehörte 1710 selbst dem Rat der Stadt an. Die Verbindung zu anderen Künstlern zeigt sich u.a. darin, daß er 1715 für den Stukkateur Andreas Hainz als Trauzeuge fungierte.[3]

Am 3. März 1730 ist Johann Rieger gestorben. Das Totenbuch der Dompfarrei bezeichnet ihn als "pictor insignis" (ausgezeichneten Maler). Paul von Stetten urteilt in seinen 1765 erschienenen Erläuterungen: "Johannes Rieger, der neben Rugendas der Kunst Academie Director gewesen, war ein Historien-Mahler, und hielte sich lange Zeit, unter dem Band-Namen Saurkraut, in Rom auf. Er war zwar stark in der Academie und Composition, hatte aber in der Zeichnung und Pinsel etwas hartes, welches ihn nicht beliebt machte. In der Dom-Kirche sind von ihm einige Altar-Blätter, und mehrere hat er hinauswärts gemahlt. Hauptsächlich aber war er stark in See-Stücken und Stürmen."[4]

Riegers Lebenslauf und Werk erfordert noch eingehende Forschungen.

Literatur und Quellen

Thieme-Becker, Allgemeines Lexikon der bildenden Künstler, Bd. 28, 1934, 238 (Norbert Lieb); Augsburger Barock (= Ausstellungskatalog), Augsburg 1968, 130 f. (Nr. 139), 235 - 237 (Nrr. 307 - 311); Karl Kosel, Neuentdeckungen zum Lebenswerk von Johann Rieger, in: JbVABG 10, 1976, 245 - 264 (Werkverzeichnis 262 ff.).
Städtische Kunstsammlungen Augsburg, Materialien zu Rieger (darunter Auszüge aus dem Augsburger Malerbuch), Umrißstich von Kilian; StadtA Augsburg: Hochzeitsamtsprotokoll 17 21b Nr. 6; Staats- und Stadtbibliothek Augsburg 2° Codex Halder 30, 20; Umrißstich (2 Exemplare) von Gg. Chr. Kilian.

Anmerkungen

1) W. Pötzl, Dinkelscherben 182 f. (Nr. 34).
2) Norbert Lieb, Die Kunstakademie der Reichsstadt Augsburg, in: Prinzip-Tradition-Verpflichtung. Zur 250. Wiederkehr des Gründungsjahres der Reichsstädtischen Kunstakademie Augsburg, Augsburg 1962, 1 - 6.
3) ZHVS 23, 1896, 54.
4) Paul von Stetten der Jüngere, Erläuterungen der in Kupfer gestochenen Vorstellungen, aus der Geschichte der Reichsstadt Augsburg, Augsburg 1765, 214.

Altarbild "Die sieben Zufluchten" mit den beiden Kapellenpatronen in der Antoniuskapelle Hainhofen aus dem Jahre 1729 (vgl. Der Landkreis Augsburg Nr. 90).

Vom Dorfmaurer zum Baumeister: Der Aufstieg Joseph Dossenbergers (1694 - 1754) in Wollishausen und das Werk seiner Söhne Johann Adam (1716 - 1759) und Joseph (1721 - 1785)

Die Familie Dossenberger ist durch die Arbeit von Gerhart Nebinger, das künstlerische Werk durch die Arbeit von Karl Heinrich Koepf erforscht. Weitere Archivforschungen gehen den Lebensverhältnissen nach.

Die Vorfahren

Der Jäger Caspar Daissenberger läßt sich von 1637 bis 1665 in Etting, Pfarrei Polling (Pfaffenwinkel) nachweisen. Dort wurde ihm und seiner Frau Anna kurz vor Weihnachten 1642 ein Sohn geboren und auf den Namen Thomas getauft. Dieser heiratete im Mai 1665 in Etting Walburga Voglsperger. Zusammen mit seinem jüngeren Bruder Stephan und dessen Frau zog er Anfang der 70er Jahre nach Deubach, wo ihm 1673 die Tochter Sybilla geboren wurde. Beide Familien blieben nicht lange in Deubach. Thomas übersiedelte nach Wollishausen, wo ihm im Dezember 1676 die Tochter Rosa geboren wurde. Thomas war Maurermeister. Er starb am 2. März 1681; vier Tage später wurde die Tochter Walburga geboren. Sein Bruder Stephan war ebenfalls nach Wollishausen gekommen. Nach dessen Tod ging seine Sölde am 16. Dezember 1692 an Mattheis Dossenberger, den noch in Etting geborenen Sohn Thomas Dossenbergers über. Bei der Übernahme der leibfälligen Sölde (des Klosters Oberschönenfeld) entrichtete er sechs Gulden Handlohn und 15 Kreuzer (Verwaltungsgebühr) an den Pfleger.

Der Großvater

Mattheis Dossenberger, wie der Vater Maurermeister, hatte am 31. Januar 1690 Eva Geßler aus Anhausen geheiratet. Eva war die Tochter von Hans Geßler und seiner Frau Barbara. Der Vater war früh gestorben, die Mutter hatte dann Christoph Haintz geheiratet.[1] Eva Geßler gebar ihm sieben Kinder, von denen das erste (gest. 1690 IX 7) und das letzte (gest. 1699 XI 2) Totgeburten waren, die man zum großen Kruzifix nach Ursberg brachte, um sie dort, in der Hoffnung, daß sie ein Lebenszeichen von sich geben, taufen zu lassen. Die Sorge um das Seelenheil ungetauft gestorbener Kinder hatte damals Ursberg zu einem besonderen Wallfahrtsort werden lassen, wohin Tausende ihre totgeborenen Kinder brachten.[2] Zwei Töchter der Dossenberger starben jung (Elisabeth, geb. 1693; Anna Maria, geb. 1697), eine weitere Tochter, Franziska, starb mit 15 Jahren am 9. Juli 1711. Lediglich zwei Kinder erreichten das Erwachsenenalter: die Tochter Barbara, geb. am 23. September 1691 (gestorben am 14. Januar 1749), und der Sohn Joseph, geb. am 17. Februar 1694. Joseph wuchs mit der älteren Schwester Barbara und mit der jüngeren Schwester Franziska auf; als Vierjähriger erlebte er das Sterben seiner Schwester Anna Maria. Ob er als Fünfjähriger mitbekam, daß seine Eltern ihr totgeborenes Kind nach Ursberg brachten, muß dahingestellt bleiben.

Die Sölde, auf der Matthias Dossenberger saß, gehörte zu den einfachsten Anwesen des Dorfes Wollishausen. Nach dem Giltbuch von 1694 wurde sie nur mit einer Henne veranschlagt.

Der Maurermeister Mattheis Dossenberger starb, versehen mit hl. Sakramenten, am 30. Januar 1712. Sein Sohn Joseph war damals noch keine 18 Jahre alt. Drei Jahre später folgte die Mutter dem Vater in den Tod. Joseph suchte als 20jähriger für sein Anwesen eine Hausfrau.

Joseph Dossenberger der Ältere

In dem auf verschiedene Grundherrschaften aufgeteilten Dorf saßen die Dossenberger auf einer Sölde, die dem Kloster Oberschönenfeld gehörte. Als die Dossenberger nach Wollishausen kamen, regierte die Äbtissin Anna Maria Weinhart (1657 - 1685); unter der Äbtissin Hildegard Meixner (vgl. S. xx) übernahm Joseph die Sölde, unter der Äbtissin Victoria Farget (1722 - 1742) schaffte er einen beachtlichen wirtschaftlichen Aufschwung, und unter der Äbtissin Cäcilia Wachter (vgl. S. xx) bauten die Söhne die Kirche in Wollishausen, Joseph mehrere Kirchen im Raum Günzburg und Johann Adam die Kirchen in Herbertshofen und Welden (St. Thekla).

Der wirtschaftliche Aufschwung

Joseph Dossenberger übernahm zu den gleichen Konditionen die Sölde wie einst sein Vater. Seine Frau brachte 90 Gulden (davon allerdings nur 10 fl. bar) Heiratsgut ein. Im Heiratskontrakt gestand er seiner Schwester neben dem lebenslangen Wohnrecht 140 fl. in Raten zu. Zwei Jahre nach seiner Heirat begann der Neubau des Klosters Oberschönenfeld, der aus einem

Das Weihmayer'sche Kleingut, das Dossenberger 1747 erwarb, lag mitten im Dorf, nach der Einmündung der von Osten kommenden Straße.

Die Kleinsölde, auf der Dossenberger vorher saß, läßt sich nicht genau bestimmen.

Die 1740 von Joseph Dossenberger erworbene Mühle ist mit C gekennzeichnet.

Das Dorf Wollishausen um 1750, aufgenommen von J. L. Kolleffel. Mehr als die Hälfte der Anwesen, 28 von 49, standen unter der Herrschaft von Oberschönefeld.
Die Bauern werden als "vermögliche" bezeichnet, "welche an grossen und guten Feldbau, Wieswachs, Viehzucht und aigenem Holz keinen Mangel haben, mit diesem auch den Handel nacher Augspurg treiben."

größeren Umkreis Maurer und Taglöhner anzog. Aus guten Gründen darf man annehmen, daß auch Joseph Dossenberger diese Verdienstmöglichkeit ergriff, die ihm fünf Jahre Brot gab. Diese Beschäftigungsmöglichkeit setzte sich dann beim Bau der Pfarrkirche Dietkirch fort. In der unmittelbaren Nachbarschaft lassen sich in den folgenden Jahren keine größeren Baumaßnahmen nachweisen; man darf aber unterstellen, daß Joseph Dossenberger auch in einem größeren Umkreis tätig wurde. Im Jahre 1728 wurde vom Kloster Oberschönenfeld in Gessertshausen die Leonhardskirche (am heutigen Platz) erbaut. Eine Beteiligung Dossenbergers erscheint wahrscheinlich, konnte aber (bisher) noch nicht belegt werden. Im gleichen Jahre legte er zusammen mit dem Zimmermeister Georg Höck aus Deubach für die Bartholomäus-Kirche in Diedorf Risse und Überschläge vor, doch schritt man fünf Jahre später erst zum Neubau. Der Schritt vom beschäftigten Maurer zum Regie-führenden Baumeister gelang Joseph Dossenberger 1732 in Agawang. Dort hatten der Maurermeister Joseph Meitinger aus Ustersbach und der Zimmermeister Matthias Kraus aus Dinkelscherben Überschläge und Risse eingereicht. Es kam aber zu Unstimmigkeiten zwischen Meitinger und dem Domkapitel. Joseph Dossenberger scheint das erfahren zu haben, denn er legte im März 1732 einen billigeren Überschlag vor. Die Äbtissin Maria Viktoria Farget stellte für den noch nicht etablierten Dossenberger eine Kaution und eröffnete ihm damit neue berufliche Perspektiven. Dossenberger erhielt den Auftrag, allerdings unter der Auflage, sich an den Riß Meitingers zu halten³. Dossenberger konnte hier nicht anknüpfen. Im Jahre 1733 legte er für die St. Bartholomäuskirche in Diedorf einen überarbeiteten Riß und Überschlag vor, kam damit aber nicht zum Zug. Vielleicht baute Dossenberger 1735 in Oberschönenfeld das Torhaus. Zusammen mit dem Zimmermeister Matthias Kraus führte er im gleichen Jahr größere Reparaturen am Pfarrhaus in Häder aus. Zusammen mit Georg Höck aus Deubach legte Dossenberger 1738 einen Überschlag für den Neubau der Pfarrkirche in Reinhartshausen, über die die Fugger das Patronatsrecht ausübten, vor. Die Maurerarbeiten an Kirche und Turm wurden mit 1 682 Gulden angesetzt. Dossenberger begann den Bau im nächsten Jahr, mußte ihn aber wegen Geldmangel bis 1742 strecken.

Daß Joseph Dossenberger mit dem verdienten Geld zu wirtschaften begann, zeigt sich erstmals im Jahre 1737. Am 21. April verkaufte der Gessertshausener Zoller Georg Rudel "dem Ehrbahren Maurermeister Joseph Dossenberger oberschönenfeldter vnder thann zu Wollishausen" ein Grasplätzlein um 21 fl., die Dossenberger bar bezahlte. Am 5. Juli kaufte Dossenberger zusammen mit dem Wollishauser Wirt Anton Schmid um 170 fl. vier Tagwerk Mahd, die am 4. Juni 1738 ausgepfahlt werden. Doch diese Besitzerweiterung erscheint gering im Vergleich zum Erwerb der Mühle im Jahre 1740. Johann Rapp, der bisherige Müller, war stark verschuldet und sah sich gezwungen, die Mühle gegen die Dossenberger-Sölde zu tauschen. Zu welchem Vermögen es Dossenberger gebracht hatte, zeigt sich darin, daß er von der Kaufsumme (1 000 fl.) 773 Gulden bar bezahlen konnte. Er hatte damit allerdings seine finanziellen Möglichkeiten erschöpft. Am 20. März 1741 brachte er vor, daß er zum Erwerb der Mühle "sein völliges Vermög verwendet". Weil er die Mahlstatt wieder so herstellen ließ, daß niemand Anlaß zur Klage hatte, bat er die Äbtissin, die Wollishauser Untertanen zusammenzurufen und ihnen durch den Pfleger einzuschärfen, daß sie nurmehr bei ihm mahlen lassen dürfen. Wenn jemand von den Untertanen klagen wolle, solle er das beim Pfleger tun, "hingegen nit hin und wider vorhero den Müller auf der Bier Bankh herumb ziechen vndt Ihne mit seinem Mühlwerckh verachten vndt verschraidt machen". Aber auch dem Müller Joseph Dossenberger wird unter Strafe befohlen, "die Mahl Conten nach möglichkeit zue förttigen, vndt Ihnen der Gebühr gemäß das Mehl zue geben, auch eines jeden Getraidt vorhero zue besichtigen. Wan sich dasselbe schlecht zaig, solle Er solches vorhero denen Leuthen widerumben andeuten, daß auß solcher Frucht schlechtes Meehl werde herauskommen, oder die Leuth selbsten mahlen lassen, damit sie alsodan nit mit dem Müller wegen des schlechten oder wenigen Meehl, sondern Ihrem schlechten Getraydt die Schult zue messen wissen sollten". Der Oberschönenfelder Pfleger beugt hier den weitverbreiteten Streitpunkten zwischen Müllern und Bauern vor. - Daß Dossenberger an der Kaufsumme der Mühle zu beißen hatte, zeigte sich noch im November 1741 daran, daß er vom Pfleger 30 Gulden rückzahlbar mit einem Zins von jährlich 1 fl. 30 kr. aufnehmen mußte, um eine Schuld von 100 fl. an das Kloster zurückzahlen zu können. Allerdings erholte sich Dossenberger in den folgenden Jahren bald von den finanziellen Belastungen. Am 28. Juli 1747 verkaufte die Witwe Barbara Weyhmayr ihr Höflein in Wollishausen um 1 600 Gulden "gegen dem Ehrengeachten vndt Beschaidenen Joseph Dousenberger, Müller vndt Maurer Meistern". Eine Oberschönenfelder Urkunde, mit der dieses Anwesen im Jahre 1650 an Jakob Weyhemair verliehen worden war, nennt auf der Rückseite die Inhaber: Hans Weyhmair, 1650 Jackob Weyhmair, 1713 Bartl Weyhmair, 1747 Joseph Doßenberger, 1750 Johan Doßenberger, 1760 bis 1797 Thomas Gnand, Müller. Laut Urkunde gehörten zu dem Anwesen: Behausung, Stadel, Hofreite, Garten, 6 Jauchert Acker, 4 Tagwerk Wiesmahd und ein halbes Holz. An Gült waren zu entrichten: 1 Schaff Roggen Herrenmaß, 4 1/2 Metzen Haber, 17 kr. 1 Heller Wiesgült, 1 Fastnachthenne. Der Kaufvertrag legte fest, daß im Höflein stehen blieben: 3 Rösser, 2 Füllen, 1 Ochs, 3 Kühe,

"Gschiff undt Gschirr", 2 Wagen, 1 Pflug, 1 Eggen, Heuseile, Siebe, die Windmühle. Die übrige "Hausfahrnus" behielt sich die Witwe vor. Sie nahm "die unerpaute St. Mauritianische Söld Hofstatt" an. Dossenberger verpflichtete sich, zum Neubau des Söldhauses das nötige Bauholz, darunter "25 Fölz undt 75 andere Brötter" zu liefern. Damit die Witwe ein Schwein mästen konnte, lieferte ihr Dossenberger jährlich 4 Metzen Gerste und 1 Schaff Hafer. Als Pfründe bedingte sich die Weyhmayrin aus: 1 Schaff Kern, 2 Schaff Roggen, 2 Metzen Gerste; zur Unterhaltung einer Kuh 2 Schober Roggenstroh ("Schaib"); 2 Klafter Holz und 2 Schober Borzen. Dossenberger verpflichtete sich ferner, der Verkäuferin jährlich 1 Metzen Lein anzuleinen, den sie aber selbst besorgte. Dossenberger mußte alle Fuhrleistungen erbringen. In Bezug auf den ledigen Sohn Martin Weymayr wurde verabredet, daß er nach dem Tod der Mutter in Krankheitsfällen im Höfle unterkommen sollte. Von der Kaufsumme verpflichtete sich Dossenberger, 1500 fl. auf Weihnachten bar zu erlegen und die restlichen 100 fl. in Jahresraten zu 20 fl. zu zahlen. Die Mühle und das Weihmayer'sche Gütl gab Dossenberger um 3 400 fl. an seinen Sohn weiter. Diese Summe dokumentiert in einzigartiger Weise den wirtschaftlichen Aufschwung Joseph Dossenbergers des Älteren.

Vom Maurer zum Baumeister

Dossenbergers Bautätigkeit wurde unter wirtschaftlichem Aspekt gewürdigt. Seine Fähigkeit wird in Agawang deutlich, auch wenn er es nach den Plänen Meitingers baute. Reinhartshausen verdient aber als künstlerische Leistung durchaus Beachtung. Das Langhaus ist ein einfacher Rechteckraum, der Chor allerdings wird in einem Halbkreis geschlossen. Die zentralisierende Wirkung erreichte der Baumeister durch die weitgespannte Ausrundung der Ecken zum Langhaus hin. Im Langhaus trägt das umlaufende Gesims eine Hohlkehle, die in den vier Ecken ausgerundet ist, wodurch - trotz des Rechteckgrundrisses - eine zentralisierende Wirkung entsteht. Die zentralisierende Form der Deckenspiegel in Chor und Langhaus zeigen "die schöpferischen Regungen eines Baumeisters, der über das rein Handwerkliche hinausgewachsen ist. ... Die Persönlichkeit Joseph Dossenbergers d. Ä. ist in künstlerischer Hinsicht wohl damit gekennzeichnet, daß man ihn einen Landbaumeister nennt, der seinen Söhnen ein sicheres handwerkliches Können und die Anfangsgründe des Entwerfens und Gestaltens mitgegeben hat" (K. H. Koepf). Als Paliere wirkten in Reinhartshausen seine Söhne Hans Adam und (dann) Joseph Dossenberger der Jüngere, als Zimmermeister Georg Höck aus Deubach.

Die Familie

Joseph Dossenberger hatte am 14. Januar 1716 in Dietkirch Catharina Treyer geheiratet. Sie war die Tochter des Fugger'schen Untertanen Michael Treyer und seiner Frau Anna Huber in Bergheim. Sie wurde als drittes Kind am 28. Juli 1695 geboren. Die Eltern hatten am 10. Juni 1687 geheiratet. Die Mutter stammte aus Reinhartshausen. Der Vater starb am 23. Juni 1722 im Alter von 59 Jahren, die Mutter am 21. September 1705 im Alter von 40 Jahren. Der Heiratskontrakt nennt allerdings Anna Trautwein als Mutter; vermutlich hat der Vater nach 1705 noch einmal geheiratet. Der Heiratskontrakt war am 29. Dezember 1715 geschlossen worden. Catharina Treyer bringt 90 fl. Heiratsgut ein. Davon werden 20 fl. bar bezahlt. Von ihrem Vetter Benedikt Böck, ulrikanischem Untertan in Maingründel, kommen 40 fl. und von ihrem anderen Vetter, Gallus Treyer aus Bergheim, 30 fl. In den 40 fl. stecken 25 fl. "verdienter lidtlohn", was bedeutet, daß Catharina Treyer längere Zeit bei ihrem Vetter in Maingründel in Diensten stand. Neben dem Heiratsprotokoll bestätigte der Oberschönenfelder Pfleger Jos Mair Dossenbergers Angabe vom 16. März 1717, daß das Heiratsgut eingebracht ist. Der Hochzeiter "widerlegte" das Heiratsgut mit seinem leibfälligen Söldhäusle samt der damit verbundenen Gemeindegerechtigkeit sowie einem halben Jauchert Gemeindsacker. In den Heiratskontrakt gehen auch die 140 Gulden ein, die Dossenberger seiner ledigen Schwester Barbara (in Raten) auszahlen muß. Eheverträge trafen auch Vorsorge für den Fall, daß die Ehe kinderlos bleiben sollte. Stirbt dann ein Partner, "so solle der überlebende Thaill des Verstorbenen nechsten Befreundten neben der geschlossenen Truchen und Halßklaider 10 fl. an Gelt hinauß zu geben verbunden seyn".

Dieser Fall trat allerdings nicht ein, denn die Ehe war mit 14 Kindern gesegnet. Am Weihnachtstag 1716 wurde Johann Adam, der spätere Baumeister, geboren. Am 23. Februar 1728 kam als zweites Kind Matthias zur Welt, der nach der Familienüberlieferung Bildhauer wurde, seit 1739 aber als verschollen galt. Die Söhne Thomas (1719), Sebastian Anton (1724), Anton (1726) und Anton (1727) sowie die Töchter Ursula Theresia (1730) und Maria Catharina (1731) starben jung. Als vierter Sohn wurde am 9. März 1721 Joseph, der spätere Baumeister, geboren. Als fünftes Kind kam im Juli 1722 die Tochter Franziska zur Welt, die als 20jährige den Anhauser Mühlknecht Joh. Heinrich Peter heiratete, der dann 1749 (als Zimmermann) in Pfersee eine Sölde kaufte. Sorgen bereitete der Familie die Tochter Apollonia (geb. 1725). Sie brachte zwei ledige Kinder zur Welt, wobei der erste Kindsvater nicht bekannt war. Als Vater des 2. Kindes, der Tochter Maria Anna, geboren am 29. März 1754, wird der ledige Andreas Henckhl, Maurer und Stukkator aus Stötten (Herrschaft Mindelheim), genannt. Vermutlich arbeitete Henckhl in Herbertshofen, wo damals Hans Adam Kirche, Pfarrhof und Pfarrstadel baute. Der Vater zahlte für das ledige Kind 40 fl., die erste Rate (20 fl.) am 15. Juni 1754, den Rest 1785. Im Jahre 1773 übernahm Apollonia Dossenberger eine Sölde in Wollishausen, auf der seit 1736 Joseph Schrankenmüller gesessen war (Auffahrt: 34 Kreuzer). Die nächste Dossenberger-Tochter, Theresia, geb. 1729 II 15, legte am 18. Oktober 1750 ein Eheversprechen mit Johann Sommer ab, der aus Waltenhofen bei Kempten stammte und sich in Margertshausen niedergelassen hatte. Von der 1730 (X 15) geborenen Tochter Ursula Theresia haben sich in der Pfarrei Dietkirch keine weiteren Nachrichten erhalten; sie scheint aber vor 1750 verstorben zu sein. Die jüngste Tochter, Walburga, geb. 1736 II 25 (!) folgte ihrem Bruder Joseph nach Wettenhausen, wo sie am 27. Juni 1759 den 29jährigen Schlosser Joseph Anton Liegle heiratete. Walburga starb 20 Jahre später (1779 I 27) im Kindbett.

Catharina Dossenberger starb am 20. Februar 1750 am Schlagfluß. In 34 Jahren hatte sie 14 Kinder geboren, von denen bei ihrem Tod noch sieben lebten, wobei man vom Sohn Matthias seit elf Jahren kein Lebenszeichen mehr erhalten hatte. Ihr 56jähriger Mann ging keine weitere Ehe ein, sondern übergab am 7. Juli 1750 seinen Besitz im Wert von 3 400 fl. an seinen Sohn Hans Adam. Sein Besitz erstreckte sich auf:

1) Das (Weihmayr'sche) Höfle   (Auffahrt: 30 kr.)
2) Drei Jauchert Acker   (Auffahrt: 3 kr.)
3) Die Mühle   (Auffahrt: 2 fl. 8 kr.)
4) Vier Tagwerk Mahd, gegen Fischach auf St. Ulrichsbach gelegen.

Die ledigen Kinder sollten ein Heiratsgut von 100 fl. erhalten, die Töchter zudem noch eine angerichtete Bettstatt und eine Kuh. Bei der Tochter Apollonia wurden 25 fl. abgezogen wegen der Leichtfertigkeitsstrafe, die sie hatte bezahlen müssen.

Die Pfründe für den Vater wurde festgelegt auf jährlich 40 fl., 3 Klafter Holz, 4 Schober Borzen, 1 Metzen Lein. Ferner reservierte er sich in jedem Feld 1/2 Jauchert Acker und 2 Tagwerk Wiesmahd. Er überließ dem Sohn die Mühle und zog sich "auf das Nebengütl" zurück. Der Vater konnte die stattliche Pfründe nicht einmal mehr vier Jahre genießen. Er starb am 22. Mai 1754 - wie seine Frau - ebenfalls am Schlagfluß, der bei ihm aber so heftig wirkte, daß er gleich verschied (während seine Frau noch 24 Stunden gelebt hatte). Die Sterbematrikel bemerkt daher auch: "ohne Wegzehrung und letzte Ölung".

Gemeinsame Werke der Söhne

Wo die Söhne ihre Ausbildung erfahren haben, wissen wir nicht. In Augsburg lassen sie sich nach den Forschungen von Karl H. Koepf nicht nachweisen, auch nicht bei Dominikus Zimmermann in Landsberg, wo man sie aus stilistischen Gründen vermuten könnte. Vermutlich haben beide Söhne beim Vater das Maurerhandwerk gelernt. Von Joseph bemerkte sein zweitjüngster Sohn Franz B. Ferd. Friedrich, Domkapitular in Rottenburg, "daß er, was und wie er war, ohne Schuldbildung durch und aus sich selbst geworden ist".

Beim Bau der Kirche in Reinhartshausen beschäftigte der Vater zunächst Hans Adam, dann Joseph als Palier. Im Jahre 1746 erbauten die Söhne zusammen - offensichtlich ohne den Vater - den Pfarrhof in Dietkirch. Der Äbtissin Caecilia Wachter lag daran, den eigenen Untertanen Aufträge zukommen zu lassen. Das setzte sie dann auch beim Kirchenbau in Wollishausen fort, den die Brüder gemeinsam aufführten. Gemäß dem Kontrakt erhielt Meister Joseph Dossenberger am 20. Oktober 1747 64 fl. Im Sommer 1748 folgten 100 bzw. 150 fl. Im Frühjahr waren an beide Meister, d.h. Joseph und den namentlich nicht genannten Zimmermeister 200 bzw. 150 fl. bezahlt worden. In der Zusammenstellung erscheint Johann Adam lediglich als Maurer, dem über den Zimmermeister am 8. April 36 fl. zugeleitet wurden.

Der ältere Bruder war an Wollishausen zwar beteiligt, doch gilt die Kirche als "charakteristisches Frühwerk" Joseph Dossenbergers, "an dem der ältere Bruder Johann Adam keinen schöpferischen Anteil haben dürfte" (Wilhelm Neu).

Die Modellierung des Außenbaus und die Fensterformen rücken in die Nähe der Arbeiten von Dominikus Zimmermann. Der Turm wächst aus dem Chor heraus. Im Osten liegen zwei geschwungene Fenster übereinander. Die Ecken des quadratischen Turmunterteils sind abgerundet; davon abgesetzt flankieren zwei Pilaster die Fenstergruppe. Über einem vielfach abgestuften Gurtgesims erhebt sich der Achtecksbau mit den verkröpften Eckpilastern. Am Langhaus wurden über Eck Pilaster angeordnet. In der Mitte der Längsseiten fällt die lebendig kurvierte Fenstergruppe auf, welche die Zentralisierung des Innenraumes betont.

Der Innenraum mit den ausgerundeten Ecken leitet sich von Reinhartshausen her, wobei der heute als Sakristei genützte Raum ursprünglich wohl den Hochaltar aufnehmen sollte (vgl. den Grundriß der Thekla-Kirche in Welden). Wilhelm Neu vermutet, daß Joseph Dossenberger auch den Stuck anbrachte. Als Hauptmotiv werden lappig ausgezogene Rocailleformen verwendet.

Die Entwicklung der Grundrisse der Dossenberger-Kirchen (im Landkreis Augsburg)

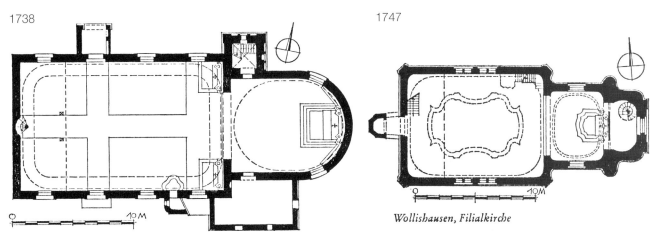

1738 — *Reinhartshausen, Pfarrkirche.*

1747 — *Wollishausen, Filialkirche*

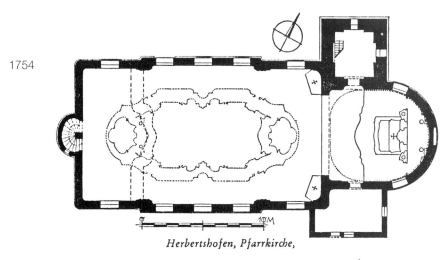

1754 — *Herbertshofen, Pfarrkirche.*

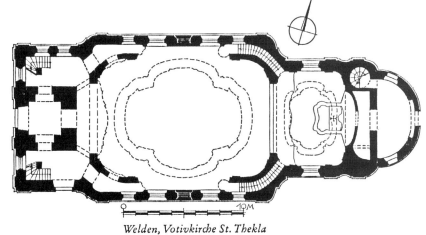

1756 — *Welden, Votivkirche St. Thekla*

Zeichnungen: Wilhelm Neu in den Kunstdenkmälern (Krs. Augsburg bzw. Wertingen)

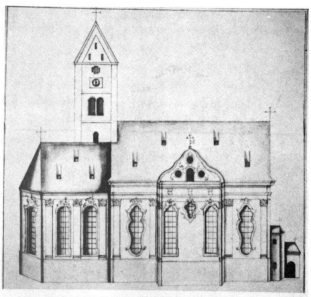

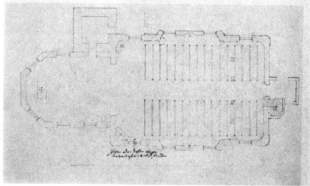

Ein nicht ausgeführter Plan: Die Pfarrkirche in Großaitingen (1748)

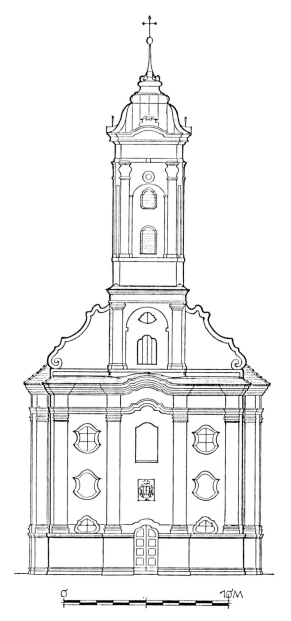

Welden, Votivkirche St. Thekla, Westansicht
BKD Augsburg

Der Stifteraltar zeigt in enger Verbindung mit der Votivkirche ein Schlößchen (links).

Seite 143 oben: Herbertshofen (2), Wollishausen
unten: Welden (2), Wollishausen

Joseph Dossenberger der Jüngere

Der jüngere Bruder begann den Weg zum selbständigen Baumeister früher als der über vier Jahre ältere Hans Adam. Aufgrund stilistischer Kriterien schrieb ihm Karl Heinrich Koepf den um 1745 entstandenen Bau der Pfarrkirche in Hochwang (Landkreis Günzburg) sowie den Bau der Leonhardskapelle in Bannacker (1748) zu. Im Jahre 1751 erstellte Joseph den Kirchenbau in Hochwang (Landkreis Günzburg), dem sich in dichter Folge zahlreiche Sakral- und Profanbauten anschlossen.

Die Familie

Im Jahre 1748 war Joseph Dossenberger zum Baumeister des Stiftes Wettenhausen berufen worden. Dem Stift stand damals Propst Melchior Gast (1740 - 1755) vor.

Mit dem Heiraten ließ sich Joseph noch Zeit. Schließlich heiratete er im Juni 1752 die Witwe des Wettenhauser Stiftskochs Joseph Stengelmayr, der am Weihnachtstag des Vorjahres gestorben war. Er hinterließ drei Kinder im Alter von vier bis neun Jahren. Maria Anna Winkler, geboren 1721 in Ettenbeuren und seit 1742 mit Joseph Stengelmayr verheiratet, brachte am 21. April 1753 Zwillinge zur Welt: Joseph Aloys Georg (gest. 1785 als Bauhandwerker in Oberelchingen) und Maria Walburga Franziska (verh. mit Eustach Lederle in Steppach). Von den weiteren sieben Kindern erreichte nur Joh. Franz Georg (geb. 10.3.1757) das Erwachsenenalter. Er studierte Jura und war dann als Schreiber in Kriegshaber tätig. Maria Anna Dossenberger gebar am 8. Januar 1764 ein zweites Mal Zwillinge, von denen Johann Melchior Ferdinand nach der Taufe starb, während der andere Sohn nach Ursberg getragen wurde. Am 5. Januar 1767 starb die Mutter im Alter von 46 Jahren. Sie hatte in zwei Ehen 14 Kinder geboren.

Fünf Wochen nach der Beerdigung seiner ersten Frau heiratete der 46jährige Joseph Dossenberger die 23jährige Tochter des Kloster-Gastmeisters, Handelsmanns und Gutsbesitzers in Oberelchingen Maria Magdalena Kramer. Aus dieser Ehe gingen zwischen 1768 und 1784 zehn Kinder hervor, von denen sechs das Erwachsenenalter erreichten.

Joseph Dossenberger war nicht nur Baumeister des Stiftes Wettenhausen; er trat auch in die Dienste der Reichsstifte Roggenburg und Ursberg, war Fürstl. Thurn und Taxis'scher Hofbaumeister und baute auch für die Grafen Schenk von Stauffenberg und die Freiherrn von Eyb, von Riedheim und Vöhlin. Er verdiente sein Geld aber nicht nur als Architekt, sondern betrieb Handel mit Eisen und Farben.

Das Werk

In 40 Jahren baute Joseph Dossenberger zahlreiche Kirchen und Kapellen, darunter auch die Synagoge in Ichenhausen, eine Vielzahl von Pfarrhöfen und Amtshäusern und andere Profanbauten. Von mehreren Werken haben sich auch noch die Pläne erhalten.

Das Haupttätigkeitsgebiet liegt zwischen Roth und Mindeltal, wobei mit dem klassizistischen Breitenthal (1785) der südlichste Punkt umschrieben ist. Von einzelnen (isolierten) Bauten wie Dettingen oder Oberndorf abgesehen bildete sich noch eine kleinere Konzentration um Taxis (Dischingen, Trugenhofen, Eglingen). In das Gebiet des heutigen Landkreises Augsburg kehrte Joseph Dossenberger kurz im Jahre 1768 zurück. Er erhöhte den Turm der Pfarr- und Bruderschaftskirche in Gabelbach, dem er durch Putz- und Mauerbänder eine bemerkenswerte Gliederung gab. Dossenberger erhielt dafür die beachtliche Summe von 1 050 fl.

Joseph Dossenberger starb am 15. Mai 1785 im Alter von 64 Jahren. Wohl dem Vorbild Dominikus Zimmermann verpflichtet hat er - vor allem in Allerheiligen (ca. 1753 - 1755), Hammerstetten (1762), Deisenhausen (1765 - 1767) und Jettingen (1768/69) - seine eigene, unverwechselbare Handschrift entwickelt, die ihn von den zeitgenössischen Meistern des späten Rokoko deutlich trennt. Bereits 1769 begann die Auseinandersetzung mit dem Frühklassizismus (Dettingen). Dossenberger versteht es, ohne Stilbruch Altes und Neues harmonisch zu verbinden (Karl Heinrich Koepf).

Hans Adam Dossenberger

Dem älteren Bruder gönnte das Schicksal nur eine wesentlich kürzere Schaffenszeit. Der Entwurf für Großaitingen, die Pfarrkirche in Herbertshofen und die Theklakirche in Welden beweisen aber, welche Kraft auch in ihm steckte.

Die Familie

Erst nach dem Tod des Vaters (1754), der ihm bereits 1750 seinen stattlichen Besitz in Wollishausen übergeben hatte, heiratete Hans Adam, schon 38 Jahre alt. Die Wahl fiel auf Agatha Wiedenmann aus Großaitingen.

Joseph Dossenberger d. J.

Nach dem am 9. November 1754 geschlossenen Kontrakt erhielt sie von ihrem Vater, dem Zimmermann Joseph Steile 80 fl. Heiratsgut in bar, hat aber selbst 50 fl. erspartes Geld. Dem stand Dossenbergers stattliches Vermögen im Wert von 3 500 fl. (bei einer Verschuldung von 1 155 fl.) gegenüber. Die für die Zeit ungewöhnlich hohe Diskrepanz läßt eine besondere persönliche Beziehung vermuten. Am 8. November 1755 wurde den Eheleuten die Tochter Maria Thekla geboren, die früh starb. Am 25. Oktober 1756 brachte Agatha einen Sohn zur Welt, der auf den Namen Wolfgang getauft wurde, der aber nicht alt wurde. Sechs Wochen nach der Geburt, am 7. Dezember 1756, starb die Mutter.

Trotz eines noch lebenden Kindes wartete Hans Adam Dossenberger fast fünf Monate, bis er sich wieder verheiratete. Die Wahl fiel auf Maria (Anna) Catharina Kottmay(e)r aus Altenmünster. Sie war die Schwester des Dietkircher Pfarrers Matthias Kottmayr, dem sie seit 1744 den Haushalt führte. Ihr Bruder Joseph war Bader in Gessertshausen. Die Kottmayerin brachte neben den Kasten und Halskleidern ein Heiratsgut von 500 Gulden Bargeld ein. Die Trauung erfolgte am 2. Mai 1757 in der hölzernen Modellkapelle, die man auf dem Theklaberg in Welden errichtet hatte. Als Trauzeugen fungierten: der Bruder aus Wettenhausen und der Maler Johann Baptist Enderle aus Donauwörth. Am 17. Februar 1758 kam die Tochter Maria Crescentia zur Welt (die dann 1779 Aloys Wagner aus Rechbergreuthen heiratete). Im Jahr darauf, am 5. April 1759, ereilte den Vater der Tod. Er hatte ein halbes Jahr vorher die Einweihung der Theklakirche erlebt (1758 IX 19), trug sich aber, wie ein umfangreicher Holzkauf des Jahres 1758 zeigt, mit dem Gedanken an weitere größere Baumaßnahmen. Die Sterbematrikel bemerkt, daß der "Müller und Maurer, nach christlicher Sitte gestärkt, unter den Händen des Priesters gestorben ist".

Der Heiratskontrakt von 1757 hatte für diesen Fall festgelegt, daß ihr "das sammentlich vorhandene Anwesen" überlassen wird. Am 8. Juli 1760 heiratete die Witwe den in Oberndorf geborenen 30jährigen Joh. Thomas Gnandt. Der vorher, am 25. Juni 1760 geschlossene Kindsvertrag offenbart die Vermögensverhältnisse Dossenbergers. Die Schulden belaufen sich auf 3 570 Gulden, wovon 1 000 fl. zum Holzkauf 1758 aufgenommen worden waren. Diese Schulden scheinen nicht als bedrückend empfunden worden zu sein. Für die 3jährige Tochter werden 1 500 fl. Heiratsgut festgelegt, von denen an Martini 1 000 fl. beim Amt erlegt, die restlichen 500 fl. mit jährlich 70 fl., beginnend auf Georgi 1766, aufgebracht werden müssen. Das Kind soll bis zum 16. Lebensjahr auf dem Mühlgut "christlich erzogen und mit Nothwendiger Speiß und Kleydung unterhalten werden". Wenn die Tochter heiratet bzw. wenn sie das 25. Lebensjahr erreicht, erhält sie auf dem Mühlgut: "ein angerichte Böttstatt mit 2 Bötter, 1 Pfulgen, 2 Küssen, dann Zweyfachen flächsen überzug, 1 Kueh und 1 jungstück, 4 zihnene deller detto 1 Suppen und 1 flache schüssel, auch des Vatters seel. Kasten sambt Kleydern, welche letztere zue verwerthen und der werth zum Ambt zue bringen". Der blieb "das sammentliche Anwesen im Mühl- und Bauernguett". Die Mutter, Dossenbergers 2. Frau, starb am 1. Juni 1785. Ihr 2. Mann heiratete sechs Wochen später Maria Rosina Kraus aus Dinkelscherben.

Das Werk

Im Gegensatz zu seinem jüngeren Bruder konnte sich Hans Adam auf die Mühle und das kleine Bauerngut stützen, die ihm eine solide Existenzgrundlage gewährten. Dennoch fühlte er sich offensichtlich dem väterlichen Erbe verpflichtet und betätigte sich als Baumeister. Im Jahre 1748 legte er einen ausgereiften Plan für die Pfarrkirche in Großaitingen vor. Er wußte sich dabei offensichtlich Zimmermanns Frauenkirche in Günzburg verpflichtet. Die Längswände springen in den beiden mittleren Fensterachsen nach einer Überleitung rosalitartig vor. Mit dieser Raumausweitung und mit den Eckausrundungen strebte er eine zentralisierende Wirkung an. Dossenbergers Plan kam aber in Großaitingen ebensowenig zur Ausführung wie der Plan von Joh. Benedikt Ettl. Der Neubau wurde Franz Xaver Kleinhans übertragen. Nicht zum Zuge kam Dossenberger 1749 in Agawang, wo neben der von seinem Vater gebauten Kirche das Turmoberteil neu gebaut werden mußte.

Beim Augsburger Domkapitel galt Dossenberger offensichtlich nicht viel. Als er sich 1751 um die Zulassung zur Arbeit in den Landämtern des Domkapitels bewarb, wurde ihm das nur unter Vorbehalt genehmigt. Für die Reparatur des Pfarrhofes in Willishausen fertigte Dossenberger 1751 einen Überschlag. Die Württembergische Landesbibliothek in Stuttgart verwahrt einen Plan für einen Kirchenbau aus dem Jahre 1752, auf dem leider die Ortsangabe fehlt. Im Grundriß schreibt dieser Entwurf Großaitingen fest. Statt des geschweiften Giebels über dem Mittelvisalit konstruierte der "Bau- und Maurermeister" jetzt ein Walmdach.

Nach seinem Riß und Überschlag baute man 1753 in Kutzenhausen einen neuen Pfarrstadel. Dossenbergers Ansehen beim Domkapitel schien sich zu bessern. Am 23. Mai 1753 legte er für Kirche, Pfarrhof und Pfarrstadel in Herbertshofen, wohin damals die Pfarrei Ehekirchen verlegt wurde, einen Akkord vor, der für alle drei Gebäude Kosten von 7 600 fl. errechnete. Für die Kir-

Innenräume: Wollishausen (oben); Hohlkehle und ausgerundete Ecken (vgl. S 141), angeschnittene Fenstergruppe.
Welden, St. Thekla: zentralisierende Dreiergruppe von Fenstern mit eingezogener, innen gekehlter Laibung.

Welden, St. Thekla: Übergang von der durch Pilaster gegliederten Wand (in zwei Stufen) zur Decke; unten: Chorbogen.

che war darin die Summe von 4 850 fl. veranschlagt. Ein weiterer Überschlag, der wohl ausgeführt wurde, belief sich auf 3 699 fl. Das Domkapitel besaß das Patronatsrecht über Herbertshofen. Der Grundriß von Herbertshofen leitet sich von Reinhartshausen her. Neu hinzu kommt die Langhausausweitung, die im Plan bereits für Großaitingen vorgesehen war und die den Zentralgedanken noch stärker betont. Im Langhaus wird dieser Baugedanke durch das kompliziert aufgebaute Flachgewölbe abgeschlossen. Der wuchtige Turm setzt fort, was in Wollishausen vorgebildet war, wobei die weitausladenden Gebälkstücke am Übergang derber ausfallen als die Gurtgesimse in Wollishausen. Es erscheint möglich, daß Hans Adam, vielleicht auch sein Bruder Joseph, den Stuck selbst anbrachte. Die Fresken malte Johann Baptist Enderle. Die Kirche in Herbertshofen wurde "der Zierlichkeit halber von menniglich belobet", und in der Tat mußte er als Empfehlung für weitere Aufträge wirken.

Die Votivkirche St. Thekla über Welden verdankt ihre Entstehung, so wurde behauptet, einem Gelübde von Graf Joseph Maria Fugger von Wellenburg (1714 - 1764). Am 2. August 1755 soll er auf der Jagd einen Blutsturz erlitten und der Patronin wider den jähen Tod eine Kirche versprochen haben. Am 9. Dezember 1755 erhielt Dossenberger für "gehabten Augenschein" 22 1/2 fl. sowie eine Abschlagszahlung von 250 fl. Nach den Amtsrechnungen belief sich Dossenbergers Konto 1755 auf 414 fl. Die Grundsteinlegung nahm der Weihbischof am 25. Juli 1756 vor. Die Kosten des gesamten Baues errechnete Dossenberger auf 6 600 fl. Die letzte Rate von 1 000 fl. wurde, da Hans Adam bereits verstorben war, für das Jahr 1759 über Joseph Dossenberger abgerechnet. - Die Thekla-Kirche bedeutet eine Steigerung in der Leistung Dossenbergers, auch wenn sie als (private) Votivkirche von der Disposition her nicht ohne weiteres mit der Pfarrkirche Herbertshofen vergleichbar ist. Die Ausladung der Langhauswand (Entwurf Großaitingen, Herbertshofen) wird hier weiterentwickelt in der konvex-konkaven Überleitung vom eingezogenen Turm/Emporen-Teil zum Langhaus und in der vergleichbaren Überleitung vom Chor zum Langhaus. Dem Baugedanken der Wieskirche vergleichbar wird die Zentralität hier gesteigert durch die schalenartig eingestellten Wände. Der Turm steht im Westen und wächst wie in Wollishausen aus dem Baukörper heraus, um mit der Westfassade eine harmonische Einheit zu bilden. Fassade und Seitenwände werden durch toskanische Pilaster gegliedert. Ein vielstufiges Traufgesims schließt die Wände zum Dach hin ab. Hohe, oben und unten dreipaßbogig geschweifte Fenster lassen viel Licht in den Kirchenraum. - Nicht von ungefähr wurde zu Beginn unseres Jahrhunderts von A. Schröder und G. Dehio die Theklakirche als ein Werk von Dominikus Zimmermann angesprochen. Zwar wurde sie dann schon um 1910 aufgrund ihrer Verwandtschaft mit Herbertshofen als Schöpfung Hans Adam Dossenbergers erkannt, doch erst um 1950 konnte Th. Neuhofer die archivalischen Belege aus dem Fuggerarchiv beibringen. In der Tat erscheint das Innere der Theklakirche ohne die Wieskirche (1745/54) nicht denkbar (Karl Heinrich Koepf).

Noch während Dossenberger mit dem Bau der Theklakirche beschäftigt war, übernahm er die Dachreparatur der Pfarrkirche Anhausen (1757), begutachtete den Bauzustand des Pfarrhofes in Rommelsried (1757) und erbaute (vermutlich) Bräuhaus und Torhaus mit Gastwirtschaft in Oberschönenfeld (1758). Nach seinen Plänen, aber erst nach seinem Tod, entstand 1760 der Pfarrhof in Markt Rettenbach.

Joseph Dossenberger d. J. hat bei einer wesentlich längeren Lebenszeit ein umfangreiches Werk hinterlassen. Es bleibt müßig zu rätseln, was Hans Adam Dossenberger noch geschaffen hätte, wenn er nicht so früh gestorben wäre. Herbertshofen und die Theklakirche zeigen aber, daß Hans Adam in der künstlerischen Leistung seinem Bruder keineswegs nachstand. Fast drei Jahrzehnte lang wußte man im Schwabenland, daß in Wollishausen tüchtige Baumeister saßen.

Quellen und Literatur

Gerhart Nebinger, Die schwäbische Baumeisterfamilie Dossenberger - ein Geschlecht des oberbayerischen Pfaffenwinkels (Daissenberger), in: Blätter des Bayerischen Landesvereins für Familienkunde 24, 1961, 425 - 438; Karl Heinrich Koepf, Joseph Dossenberger (1721 - 1785). Ein schwäbischer Baumeister des Rokoko, Weißenhorn 1973;
BKD Augsburg (Wilhelm Neu und Frank Otten), Register; BKD Wertingen (H. J. Wörner), Register;
Ludwig Langenmair, Welden, Welden 1986, 101 - 115;
StA Augsburg KL Oberschönenfeld Nr. 6 (f 69v Giltbuch), Nr. 9 (S. 481, 496, 498 Dossenberger Anwesen), Nr. 20 (S. 207 Sölde der Apollonia D.), Nr. 35 (f 217r - 218r Heiratskontrakt v. 1715), Nr. 45 (S. 384 Grasplätzlein, S. 389 4 Tagwerk Mahd, S. 452 Auspfahlung), Nr. 46 (S. 45 Mühle), Nr. 47 (S. 16 f Weihmayer'sches Höfle, S. 68, S. 384 - 391 Übergabe an Joh. Adam D., S. 742 Klage eines Knechtes), Nr. 78 (S. 72 f. Henckl, S. 120 f. Heiratskontrakt v. 1754, S. 398 f. Heiratskontrakt v. 1757, S. 492 Holzkauf v. 1758, S. 767 Schulden, S. 768 f. Kindsvertrag v. 1760);
Kloster Wettenhausen. Beiträge aus Geschichte und Gegenwart im Rückblick auf sein tausendjähriges Bestehen, 982 - 1982, Weißenhorn 1983 (= Günzburger Hefte 19).

Anmerkungen

1) Lorenz Scheuenpflug, Ortssippenbuch Anhausen, Frankfurt am Main 1961 (Deutsche Arbeitsgemeinschaft genealogischer Verbände), S. 135/136, Nr. 331a, und S. 144, Nr. 392.
2) vgl. Theodor Jörg, Der Landkreis Krumbach, Bd. 3, Weißenhorn 1972, 205 f.

Der Pfarrhof in Dietkirch; erbaut von Hans Adam und Joseph Dossenberger (1746)

Der Aufbau des Kirchturms in Gabelbach, ein Werk von Joseph Dossenberger d. J.

Die Äbtissin Caecilia Wachter von Oberschönenfeld (1742 - 1767).
Der Kirchenbau in Wollishausen und Mödishofen; die Ausstattung von Violau.

Es überrascht, daß weder die Äbtissin Victoria Farget (1722 - 1742) noch ihre Nachfolgerin die Ausstattung der eigenen neuen Klosterkirche betrieb, sondern daß sich beide ihren "Landkirchen" zuwandten.

Das Elternhaus

Maria Josepha Wachter wurde am 13. Januar 1694 in Tapfheim geboren. Die Taufmatrikel nennt als Vater den "nobilis et consultissimus praefectus supremus" Franz Adam Wachter und als Mutter Maria Anna. Ein Jahr vorher bezeichnete der Pfarrer F. A. Wachter (einfacher) als "Verwalter". Abt Elias Göz von Kaisheim hatte 1692 um 80 000 Gulden von Graf de Hamilton, Kaiserl. Rat und Oberkämmerer, die Hofmark Tapfheim gekauft und Franz Adam Wachter als Obervogt eingesetzt. Wachter läßt sich weder an einer Universität noch in Kaisheimer Akten (auch nicht nach seiner Tapfheimer Zeit) nachweisen. Dem Ehepaar Wachter wurden zwischen 1692 und 1696 fünf Kinder geboren:

Franz Joseph (1692 II 25), stirbt jung
Anna Barbara (1693 V 16)
Maria Josepha (1694 I 13)
Franz Anton (1695 III 26)
Maria Maximiliana (1696 X 14).

Als Paten fungierten: der Gnädige Herr Hans Jacob von Erolzheim und die Oberrichterin (zu Kaisheim und Donauwörth) Barbara Weyringer, bei den beiden letzten Kindern: Joh. Jacob Wenzl, Oberzöllner in Höchstätt. In den Paten zeigt sich die gesellschaftliche Schicht, der Wachter angehörte. Nicht so recht einfügen will sich hier Franz Anton Wachter, der untere Bäcker in Tapfheim, der in seinen Kirchenstuhl seine Initialen und eine Bretze einschnitzte. Die Verbindung von Kaisheim zu Oberschönenfeld vermittelte den Klostereintritt.

Im Kloster Oberschönenfeld

Als 16jähriges Mädchen kam Maria Josepha Wachter nach Oberschönenfeld; am 14. Juni 1711 legte sie dort Profeß ab und nahm den Namen M. Anna Caecilia an. Dem Kloster stand Hildegard Meixner (1685 - 1722) als Äbtissin vor. Das von ihr (und ihrem Konvent) gezeichnete Lebensbild gilt von 1710 an auch für Anna Caecilia Wachter. Die Wachterin scheint musikalisch begabt gewesen zu sein. In einem Konventskatalog wird sie - neben der Kapellmeisterin und Vizekapellmeisterin, Ober- und Unterkantorin (unter 24 Chorfrauen) - als Vizekantorin aufgeführt. Zeitweilig versah sie auch das Amt der Krankenwärterin. Eine weitere Befähigung der Schwester lag im kunstgewerblichen Bereich. Als die Äbtissin Hildegard im letzten Jahr ihrer Regierung (d.h. 1721/22) für das Gnadenbild in Violau ein neues Kleid stiftete, ließ sie es "durch Ihre der Stück Khunst erfahrne Closterfrauen", nämlich Maria Aleydin Mayr und Caecilia Wachter, verzieren.

Die Äbtissin

Warum der Konvent nach dem Tod der Äbtissin Victoria Farget am 31. Januar 1742 die 48jährige Caecilia Wachter zur Äbtissin wählte, wissen wir nicht. Für ihre Regierungszeit hat sich - im Gegensatz zu Hildegard Meixner - leider keine Chronik erhalten. Bis zur Benediktion am 15. April vergingen elf Wochen.

Der Konvent

An der Wahl beteiligten sich 27 Chorfrauen. Caecilia Wachter steht in der Liste, die von der an der Spitze stehenden Priorin abgesehen nach den Profeßjahren aufgebaut ist, an zehnter Stelle. Fünfzehn Chorfrauen hatten unter Hildegard Meixner (1685 - 1722) Profeß abgelegt: Mechthild Strehle (Priorin), Anna Wernher, Sapientia Sturm, Johanna Mayr, Constantia Dorfischler, Hildegund Propst, Josepha Karpf, Aleydis Mayr, Violantia Kendl, Caecilia Wachter, Anna Schmid, Gertrud Zwerger, Beatrix Fefer, Jacobina Gugler. Zwölf Chorfrauen hatte Victoria Farget (1722 - 1742) aufgenommen: Humbliana Zech, Victoria v. Heidenheim, Juliana Haag, Benedicta Pfalzer, Nepomucena Rothmund, Rogeria Schreger, Theresia Löffler, Elisabetha Mayr, Charitas Karner, Hildegard v. Herter, Luidgard Schaad. Als Caecilia Wachter 1767 resignierte, lebte im Konvent aus der Meixner-Zeit noch (die Seniorin) Beatrix Fefer (geb. 1702), aus dem Farget-Konvent lebten nicht mehr: Benedicta Pfalzer und Rogeria Schreger.

Nach dem 1767 gedruckten Konventskatalog legten unter Caecilia Wachter 19 Chorfrauen und fünf Laienschwestern Profeß ab. Von den Geburtsorten der Schwestern her blieb Oberschönenfeld ein mehr städtischer Konvent, wobei das volkreiche Augsburg mit fünf Chorfrauen und einer Laienschwester an der Spitze steht. Schwaben und das angrenzende Oberbayern (Mering, München, Partenkirchen mit drei Schwestern)

Verzeichniß

Deren Hochwürdig-Hoch- und Wohl-Ehrwürdigen Frauen und Schwesteren des Hochlöblichen Stüffts und Gotteshauses

Oberschönenfeld,

des Heiligen befreyten Ordens von Cisterz.

Die Hochwürdige, Hoch-Wohl-Edelgebohrne Frau, Frau

MARIA CHARITAS
Abbtissin und Frau

gebohren zu Mittenwald den 17. Aprilis 1717. Profeß den 10. Julii 1735. Erwählet den 16. Septembris 1767. und benedicirt den 11. Octobris 1767. Nahmens-Fest den 1. August.

Dann

Die Hochwürdige, Hoch-Wohl-Edelgebohrne Frau, Frau

MARIA ANNA CÆCILIA
Abbtissin und Frau

gebohren zu Dapfheim den 13. Januarii 1694. Profeß den 14. Junii 1711. Erwählet den 31. Januarii 1742. benedicirt den 15. Aprilis 1742. Jubilæa den 21. Septembris 1760. Freywillig resigniret den 15. Septembris 1767.
Nahmens-Fest den 22. Novembris.

Nahmen und Vatterland.	Gebohren	Profeß	Nahmens-Fest	Gestorben
Frau Maria Hildegardis von Herter, gebohren zu Costanz, Priorin.	den 14. Febr. 1718.	den 13. Sep. 1739.	den 17. Septemb.	25.10.17..
Maria Beatrix Feverin, von München, Seniorin.	9. Maij. 1702.	15. Octob. 1719.	6. Novembris.	26.3.17..
Maria Humbelina Zechin, von Mühlhausen.	23. Decemb. 1703.	8. Octob. 1724.	21. Augusti.	7.12.17..
Maria Victoria von Heidenheim, gebohren zu Münsterhausen.	8. Junii. 1696.	7. Octob. 1725.	4. Octobris.	12.10.17..
Maria Juliana Haggin, von Reichstatt.	28. Maij. 1702.	7. Octob. 1725.	5. Aprilis.	8.4.17..
Maria Johanna Nepomucena Riettimundin, von Augspurg.	24. Junii. 1710.	3. Octob. 1728.	16. Maij.	23.12.17..
Maria Theresia Löfflerin von Hussheim.	4. Martii. 1714.	3. Sept. 1730.	15. Octobris.	15.3.17..
Maria Elisabetha Mayrin, von Münsterhausen.	22. Maij. 1709.	3. Sept. 1730.	15. Novembris.	
Maria Lutgardis Schadin, von Roßenheim.	8. August. 1723.	2. Octob. 1740.	10. Junii.	4.12.17..
Maria Ismengardis Etichannerin, von Falckenberg.	1. Octob. 1724.	28. Octob. 1742.	3. Octobris.	15.2.17..
Maria Antonia Finckin, von Partenkirch.	19. Septemb. 1725.	6. Octob. 1743.	13. Junii.	24.8.17..
Maria Aloysia Paulain, von Augspurg.	14. Julij. 1722.	11. Octob. 1744.	21. Junii.	22.4.18..
Maria Cæcilia Lapsin, von Kirchheim.	12. Octob. 1724.	18. Septem. 1745.	22. Novembris.	9.5.17..
Maria Sapientia Schröttlin, von Dillingen.	9. Martii. 17..	29. Septem. 1748.	1. Maij.	16.6.17..
Maria Corbiniana Grafieggerin, von Augspurg.	25. Novemb. 1733.	30. Novemb. 1749.	9. Septembris.	15.4.17..
Maria Hedwigis Bschaidin, von Oberdorff, Sub-Priorin.	4. Decemb. 1729.	2. Febr. 1750.	16. Octobris.	12.1.18..
Maria Colestina Reißenhoblin, von Donauwörth.	13. Febr. 1733.	14. Septem. 1752.	19. Maij.	22.2.18..
Maria Crescentia Maderin, von Mergen.	5. Augusti. 1732.	14. Septem. 1752.	15. Junii.	24.4.18..
Maria Bernharda Samweeberin, von Mannheim.	15. Maij. 1737.	19. Julii. 1755.	20. Augusti.	30.4.18..
Maria Johanna Scheppichin, von Wittislingen.	5. Junii. 1739.	21. Septem. 1755.	8. Decembris.	17.9.18..
Maria Hildegundis Randenrathin, von Augspurg.	6. Maij. 1738.	21. Septem. 1755.	20. Aprilis.	7.5.18..
Maria Benedicta Mauracherin, von Augspurg.	5. Septemb. 1738.	13. Novemb. 1757.	8. Julii.	22.3.18..
Maria Violantia Graßhepin, von Augspurg.	16. Octob. 1741.	24. Septem. 1758.	9. Septembris.	24.2.17..
Maria Josepha Prölin, von Hinderbuech.	24. Augusti. 1739.	24. Septem. 1758.	19. Martii.	28.4.17..
Maria Ida Bedalin, von Wien.	3. Aprilis. 1741.	25. Julii. 1762.	13. Aprilis.	15.11.18..
Maria Francka Vötterin, von München.	12. Febr. 1744.	25. Julii. 1762.	26. Aprilis.	10.5.18..
Maria Anna Kraußin, von Pastenegg.	24. Novemb. 1745.	5. Febr. 1763.	26. Junii.	20.11.17..
Maria Aloysis Peischerin, von Mering.	20. Augusti. 1746.	21. Octob. 1764.	4. Aprilis.	30.3.18..

Layen-Schwesteren.

Clara Mayrin, von Ettelried.	1. Januarii. 1704.	6. Januarii. 1723.	12. Augusti.	11.2.17..
Magdalena Steidlin, von Dietkirch.	11. Octob. 1697.	1. Septem. 1724.	22. Julii.	16.12.17..
Anna Pocrerin, von Partenkirch.	6. Martii. 1705.	31. Julii. 1735.	25. Julii.	20.4.17..
Veronica Claßin, von Geisertshausen.	10. Aprilis. 1705.	31. Julii. 1735.	5. Februarii.	16.7.17..
Helena Reiberin, von Türckheim.	10. Januarii. 1712.	15. Septem. 1739.	18. Augusti.	5.1.17..
Martha Meßin, von Groß Schafhausen.	19. Decemb. 1719.	11. Febr. 1743.	29. Julii.	12.4.17..
Afra Berthelin, von Augspurg.	2. Decemb. 1728.	2. Febr. 1750.	7. Augusti.	31.12.17..
Scholastica Cagtinotin, von Laxheim.	25. Decemb. 1729.	6. Decemb. 1754.	10. Februarii.	22.6.17..
Ursula Käzlerin, von Partenkirch.	14. Decemb. 1735.	6. Decemb. 1754.	21. Octobris.	28.11.17..
Catharina Gnanndtin, von Baumheim.	27. Augusti. 1730.	6. Decemb. 1754.	25. Novembris.	20.8.18..
Barbara Martinin, von Apfingen.	8. Septemb. 1732.	8. Septem. 1755.	2. Februarii.	30.11.18..
Agatha Ringlin, von Erckhausen.	25. Maij. 1738.	12. Augusti. 1764.	5. Februarii.	14.12.18..

Der erste (erhaltene) gedruckte Konventskatalog von Oberschönenfeld. Am rechten Rand trug die Archivarin die Sterbedaten ein

dominieren, aber der Ausgriff reicht bis Mannheim bzw. bis Wien. Die in Falkenberg geborene Irmengard Stichaner (Äbtissin 1774 - 1803), die erste Chorfrau, die unter der Äbtissin Charitas Profeß ablegte, dürfte über das Zisterzienserkloster Waldsassen vermittelt worden sein.

Pfarrer, Kapläne und Beichtväter

Für Dietkirch präsentierte die Äbtissin 1743 Matthias Kottmair aus Altenmünster. Er war der Sohn des Baders, der 1736 zum Priester geweiht worden war, dann zunächst 6 1/2 Jahre in Violau und darauf 1 1/2 Jahre in Altenmünster ausgeholfen hatte (Damals gab es einen Priesterüberschuß). Seine Schwester Katharina führte ihm den Haushalt, bis sie Hans Adam Dossenberger 1757 heiratete.

In Altenmünster wirkte bis 1758 der 1719 von Hildegard Meixner präsentierte Elias Georg Motz. Caecilia Wachter schlug Andreas Wiedemann von Bonstetten als Nachfolger vor, der 1744 zum Priester geweiht worden war.

Die Kapläne und Beichtväter wechselten - wie schon immer - häufig. Als Beichtvater betreuten den Konvent die Kaisheimer Patres: Clemens Bauttenbacher (seit 1740), Alexander Keßler (seit 1751), Casimir Laubscher (1755), Hieronymus Schütz (1758 und 1766 bis 1780); die Seelsorge der Klosterleute (einschließlich Weiher-Hof und Scheppacher Hof) kümmerten sich die "Vikare": Barnabas Köhl (1741), Roger Bauer (1744), Jakob Lärnbuecker (1746), Alexander Keßler (1751), Julian Pauker (1756), Eugen Turmann (1759), Thaddäus Egender (1764).

Die Pfleger und das Kloster

Als Pfleger wirkte zunächst noch Johann Michael Fischer, dann Johann Stephan Seitz. "Weilen die arbeithen zue iezigen Zeiten immer häufiger anwachsen", gewährte die Äbtissin 1766 dem neuen Pfleger eine Besoldung von 150 (statt bisher 100) Gulden, von denen aber zunächst einmal 50 fl. an die verwitwete Pflegerin Seiz gehen sollten. Auch diese Summe erscheint gering, doch deckt sie nur einen Bruchteil der Gesamteinnahmen in Geld und Naturalien ab. Der Pfleger erhielt ein Prozent der Steuereinnahmen, bei der Abhaltung des jährlichen Baudings 6 fl., bei der Holzrechnung 8 fl. und vom Holzgeldertrag von 1 fl. 1 Kreuzer. Von Freveln und Strafen stand dem Pfleger die Hälfte zu, was als Anreiz zu harter Strafverfolgung wirkte. Die Leistungen in Naturalien lagen hoch (z.B. wöchentlich 12 Laib Weißbrot zu je 3 1/2 Pfund und 4 Laib Schwarzbrot zu je 6 Pfund, vierteljährlich 1 Viertl Salz, 1 Viertl Ärbis, 1 Viertl getränkte Gerste, 1 Viertl Mueßmehl, jährlich 3 Metzen Lein anleinen usw.). Ferner durfte der Pfleger innerhalb des Klosterhofes eine eigene kleine Wirtschaft betreiben (4 Stück Rindvieh "wozu daß Fueder von Hirten in Stall getragen wird", 1 Stück Jung auf dem Oberhof, 1 Kälble im Kloster auf die Weide, 2 Schweine "auffen zu lassen"; wöchentlich 2 Viertl Kleie; 17 Schaff Hafer, 2 Schaff Hafer zum Neujahr, 4 Metzen Kern zur Besoldung, 1 Schaff Kern zum Namenstag; 40 Klafter Holz; Hennen und Hühner "so vil er halten mag").

Von der im Auftrag der Äbtissin ausgeübten Gerichtsbarkeit und Herrschaft seien zwei Beispiele unter dem Pfleger Johann Stephan Seitz herausgegriffen, die sich auf die Wallfahrt Violau beziehen. Am 10. Mai 1751 wurde der Wirt von Altenmünster, Anton Geißelhardt vor das Pflegamt zitiert, weil seine Tochter, die Köchin und die Mittelmagd am 2. Mai "bey gegenwärthiger Gnaden Zeit zuer Ärgernus viler frembden Wahlfarths leuthen, welche in alten Münster durchpsalmieret, getanzt haben". Beteiligt waren auch 10 oder 12 Stukkatorgesellen sowie der Spielmann Johann Speinle und zwei weitere Spielleute. Die Mädchen wurden zur Strafe öffentlich vor der Kirche in der Geige vorgestellt. Am 24. August 1752 zog der Pfleger Anton Bremer, den Wirt in Violau, zur Verantwortung, wobei ihm vorgeworfen wurde, "das er sein Wirthin mit schlägen hart tractiere", durch sein übermäßiges Zechen, Fluchen und Sakramentieren der Wallfahrt Schaden zufüge. Auch das schlechte Brot, das der Wirt anbot, wird kritisiert.

In der Besitzgeschichte war seit langem die Konsolidierung abgeschlossen. Bischof Joseph verlieh 1762 dem Kloster zwei Hofstätten in Gessertshausen. Lehenträger war der Rat und Pfleger des Klosters Stephan Seitz (vor diesem der Pfleger Johann Michael Fischer). Das Vermögen des Klosters vermehrte sich nicht mehr durch neuen Besitz, sondern durch Stiftungen. Eine mit der stattlichen Summe von 9 000 fl. ausgestattete ewige Messe in der Klosterkirche oder in Violau hatte im Herbst 1742 Justina von Temperer, geb. v. Kleebin, aus Augsburg gestiftet. Am 7. Juli 1749 bestätigte Kaiser Franz in Wien drei Privilegien des Klosters:

die Bestätigung Kaiser Maximilians I. (1510) über den Schirmbrief Kaiser Sigmunds (1411),

die Freiheit Kaiser Ferdinands über ein Weggeld bei Gessertshausen (1555),

die Freiheit Maximilians II. wider die wucherlichen Gesuche und Kontrakte der Juden (1574).

Das Kloster verwahrt noch einen gebrauchten Wappenstein, wie er in den Dietkicher Pfarrhof eingemauert wurde (der Pfarrhof abgebildet auf Seite 149).

Die gleichen Urkunden ließ die Äbtissin dann am 24. Dezember 1766 von Kaiser Joseph II. bestätigen. Derartige aufwendige und teure Bestätigungen dienten der Rechtssicherheit des Klosters.

Die Äbtissin als Bauherrin

An vier Gebäuden des Klosterkomplexes verkündet noch heute das Wappen der Äbtissin ihre Bautätigkeit: am Stadel im Norden des unteren Hofes (1743), am Gartenpavillon (1749), am Bräuhaus (1748; heute Altersheim) und am Stall an der südlichen Klostermauer (1703).

Im Jahre 1746 beauftragte die Äbtissin Hans Adam und Joseph (d. J.) Dossenberger mit dem Bau des Pfarrhofs in Dietkirch, der sich ganz am großen schwäbischen Bauernhaus orientiert. Das Chronogramm unter dem Wappen verkündet stolz, daß dieser Bau "unter der rühmlichen Regierung der Maria Caecilia neu errichtet wurde".

Wollishausen (vgl. S. 140 – 143, 147)
r.o. Grundstein, r.u. Wappen über dem Chorbogen

Im Jahre darauf erbauten die beiden Brüder die Kirche in ihrem Heimatdorf Wollishausen. Ein in die Langhausostwand eingemauerter Stein mit ihrem Wappen erinnert noch heute an die Grundsteinlegung. Mit der Ausmalung beauftragte die Äbtissin Johann Georg Lederer aus Augsburg, der über dem Chorbogen ihr Wappen in das Konventwappen malte.

Warum die Äbtissin bei ihrem nächsten Bau nicht bei den Dossenbergern blieb, sondern sich für einen anderen Architekten (wohl Ignaz Paulus aus Augsburg) entschied, wissen wir nicht. Vielleicht hatte das Domkapitel, dem der Pfarrsitz Ustersbach inkorporiert war, darauf Einfluß genommen. In den Jahren 1750/51 entstand die Kirche in Mödishofen durch den Neubau von Chor und Langhaus-Nordmauer und die völlige Umgestaltung des Innenraumes. Der Stuck dürfte von Franz Xaver Feichtinger stammen. Die Fresken malte Vitus Felix Rigl aus Dillingen. Über dem Chorbogen brachte er das Wappen der Äbtissin an, über der Empore nimmt der Kirchenpatron St. Veit das Gotteshaus in seinen Schutz. Links neben der Kirche knien Äbtissin und Priorin mit einer Ansicht des Klosters.

Die Fresken von Vitus F. Rigl im Chor- und Langhaus Mödishofen. Dazwischen das Wappen der Äbtissin.

Fresko über der Orgel (Ausschnitt): rechts die etwas verdeckte Kirche, links die Äbtissin.

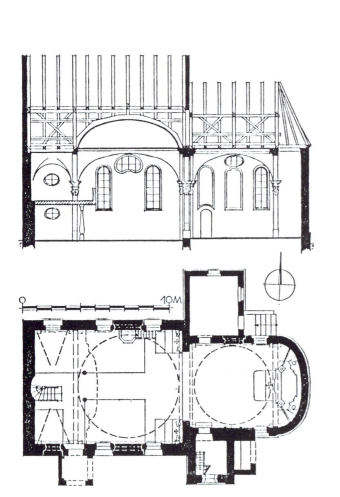

Mödishofen, Filialkirche, Grundriß und Längsschnitt

Wilhelm Neu in BKD Krs. Augsburg

Wappen des Abtes Coelestin Meermoos von Kaisheim und der Äbtissin Caecilia Wachter am Chorbogen in Violau.

Fresko über der Orgel: Unter der Gnadenkelter mit den Herzen Jesu und Mariä ein Füllhorn, aus dem Gaben auf das Kloster Oberschönenfeld niederfallen.

Unter dem Gnadenbild von Violau Wallfahrtskirchs und -weiler, darunter das Kloster, dazwischen das Wappen der Wachterin.

Noch deutlicher fällt die Ansicht des Klosters über der Empore in Violau auf, die Johann Georg Dieffenbrunner aus Mittenwald im Jahre 1751 malte. Damit begann Caecilia Wachter die umfangreiche Umgestaltung der Wallfahrtskirche. Den Stuck schuf Franz Xaver Feichtmayr d. Ä., womit der Wessobrunner Meister nach den Worten der Äbtissin ein "gänzlich und sattsambes Vergnügen geleistet" hat. Der Freskant, der sich um 1746 dem berühmten Matthäus Günther in Augsburg angeschlossen hatte, bekam wohl durch dessen Empfehlung den Auftrag für Violau, denn er besaß das Meisterrecht noch nicht. Dieffenbrunner entwickelte in Violau wohl unter der Anleitung der Kaisheimer Patres und der Caecilia Wachter ein komplexes Deckenprogramm, das der Bedeutung der Wallfahrt, der Rolle der Zisterzienser und hier insbesondere Violaus verpflichtet ist. Johann Michael Fischer aus Dillingen hatte um 1750 die Figuren für den Hochaltar geschnitzt. Zehn Jahre später begann er mit dem Figurenschmuck der beiden kleineren Seitenaltäre, deren Bilder Johann Joseph Anton Huber malte. Im Jahre 1755 war der neue Kreuzweg geweiht worden. Die Gesamtkosten der Umgestaltung beliefen sich auf 8 720 Gulden. Am Chorbogen der Kirche, zu der damals viele Wallfahrer kamen, befindet sich nicht nur das Wappen von Caecilia Wachter, sondern auch das Wappen des Kaisheimer Abtes Coelestin Meermoos.

Kurz nach dem Auftrag für Violau, 1752, bestellte Caecilia Wachter bei Gottfried Bernhard Götz für die Klosterkirche Oberschönenfeld einen Kreuzweg, den als 15. Bild die Hl. Helena abschließt. Bei Johann Joseph Kern in Augsburg ließ die Äbtissin 1757 eine zweite kleinere Glocke gießen.

Warum begnügte sich die Äbtissin mit dem Kreuzweg, warum setzte sie die Ausstattung nicht fort und griff sie auch in späteren Jahren nicht auf? Die Klosterkirche war nur spärlich stukkiert, Fresken fehlten noch ganz, und als Altäre verwendete man noch Ersatzstücke. Waren mit Violau die finanziellen Möglichkeiten erschöpft?

Eine eigene Wallfahrt für die Klosterkirche

Die Äbtissinnen von Oberschönenfeld waren sich ihrer Verantwortung für Violau immer bewußt. Neben Violau betreute das Kloster aber auch die kleineren Wallfahrten zu den Vierzehn Nothelfern in Osterkühbach und in die Loretokapelle beim Scheppacher Hof. Über dem Altar in Osterkühbach prangt auch das Wachter-Wappen, was zumindest bedeutet, daß sie den von Hildegard Meixner aufgestellten Altar renovieren ließ.

In der Bedeutung als Wallfahrt liegt das Prager Jesulein in Oberschönenfeld zwischen dem Scheppacher Hof bzw. Osterkühbach einerseits und Violau andererseits. Die Christkindlverehrung blühte in den Nonnenklöstern seit dem späten Mittelalter. Im Laufe der Zeit bildeten sich verschiedene Christkindltypen heraus, von denen das Prager Jesulein die weiteste Verbreitung fand. Das

Votivgaben aus Silberblech

Eine Wollishauserin und eine Ettringer Dienstmagd führte ein Augsburger Maler auf einer Votivtafel zusammen.

Bei einem kurfürstl. Hofbuchdrucker in München erschien 1756 ein Gebetbuch zum Oberschönenfelder Christkindl. Der Klauber-Stich wurde auch einzeln als Andachtsbildchen verbreitet.

Register.

Erstes Capitel.
Morgens- und Abends- Meß- und andere Gebetter samt der Litaney von dem H. H. Namen JEsu.

	Seite
Morgen-Gebett	7
Gute Meinung	11
Liebs-Anmuthung	13
Nacht-Gebett	20
Meß-Gebett	23
Litaney von dem heiligsten Namen JEsus	34
Gebett des gottseeligen Cyrilli	38
Rosenkräntzlein	39

Andertes Capitel.
Beicht- und Communion-Gebetter.

Gebett vor der Heil. Beicht	42
Reu und Leyd	43
Gebett nach der Heil. Beicht	44
Gebett vor der Heil. Communion	46
Gebett nach der Heil. Communion	50
Andachts-Ubung, das Kind JEsus in dem H. H. Sacrament des Altars zu verehren, und anzubetten, welche auch vor- und nach der Heil. Communion kan gebraucht werden	55

Drittes Capitel.
Die neun-tägige Andacht samt Tag-Zeiten und Litaney von der Heil. Kindheit JEsus: wie auch Tugends-Ubungen.

Vorbericht von der neun-tägigen Andacht	59
Neun-tägige Andacht	60
Das Te Deum Laudamus, oder Dancksagung nach erhaltener Gnad	110
Tag-Zeiten von dem Gnadenreichen Kindlein JEsus	115
Litaney von der H. H. Kindheit JEsus	121
Tugends-Ubungen zu dem Göttlichen Kind	127

Viertes Capitel.
Gebetter auf die vornehmste Fest Kind JEsus.

Gebett am Fest Mariä Verkündigung, und der Menschwerdung des Kinds JEsus	130
Gebett am Fest dessen H. H. Geburt	133
Gebett am Fest dessen H. H. Beschneidung	136
Gebett am Fest dessen H. H. Erscheinung	139
Gebett am Fest dessen H. H. Namens	124
Gebett am Fest Mariä Reinigung, und Aufopfferung des Göttlichen Kinds	146
Gebett am Fest des H. H. Hertzens	150
Gebett am Tag der Einsetzung des hiesigen Gnaden-Kinds	153

Fünfftes Capitel.
Einige Gebetter zu einigen Heiligen.

Gebett zu Maria der heiligen Mutter des Kinds JEsus	159
Gebett zu Joseph dessen H. Nähr-Vatter	161
Gebett zum heiligen Vatter Bernard dessen besonderen Liebhaber	163
Gebett zu den heiligen Englen dessen dienstbaren Geister	165
Gebett zu den Heiligen GOttes dessen liebste Freund	168

Sechstes Capitel.
Unterschiedliche Gebetter in unterschidlichen Anliegenheiten zu dem Kind JEsus.

Gebett zur Zeit einer schweren Versuchung	170
Gebett zur Zeit einer grossen Armuth	172
Gebett zur Zeit einer Kranckheit	175
Gebett zu Erlangung eines glückseeligen Tods	177
Gebett zu Erhaltung einer Gnad in jeder Anliegenheit	49
Gebett zur Kriegs-Zeit zu Erlangung des lieben Friedens	181
Gebett zu Erhaltung des Viehs	183
Gebett zu Erlangung eines schönen Wetters	185
Gebett zu Erlangung eines fruchtbaren Regens	186
Gebett zur Zeit eines schweren Ungewitters	188
Zwey andächtige Gesänger zu dem Pragerischen und hiesigen Gnaden-Kind	294

ENDE

Das Register vermittelt einen Überblick über die verschiedenen Gebets- und Andachtsformen.

Bei bedeutenden Augsburger Stechern gab die Äbtissin Andachtsbildchen in Auftrag. Links ein größeres Blatt mit dem Wappen der Äbtissin über der Klosteranlage. Rechts vom gleichen Künstler ein einfacheres Beispiel, darunter ein unter der Nachfolgerin gefertigter Göz-Stich. Wie in Violau wurden vom Christkindl auch sehr kleine, sogen. Schluckbildchen hergestellt.

Original hatte eine Fürstin Lobkowitz als Hochzeitsgeschenk aus Spanien nach Prag gebracht, wo es 1628 der Karmelitenkirche Maria vom Siege geschenkt und bald hoch verehrt wurde. Zahlreiche Nachbildungen wurden weit verbreitet. Im Jahre 1754 erhielt der Kapuzinerguardian Benedikt Aman "auf inständiges anhalten einiger conventfrauen dieses holdseelige Gnadenkindt von Prag" und verehrte es den Nonnen von Oberschönenfeld, die "selbes recht Kostbahr gekleidet" haben. Alexander Kessler, der Beichtvater, trug die Figur an einem Marienfest aus der Abtei in den Chor. Kaum eine Stunde ging vorbei, wo nicht mehrere Personen vor dem Kind "ihr andächtiges Herz ausgießeten". Auch weltliche Personen setzten ihre Hoffnung auf diesen "allerliebsten und größten Schätz", so daß sich die Äbtissin schließlich veranlaßt sah, dieses Jesulein unter dem großen Zulauf der umliegenden Dorfschaften vom Chor in die Klosterkirche zu übertragen. Nach Ausweis des handschriftlichen Mirakelbuches kamen die Wallfahrer vor allem aus den umliegenden Dörfern. Bisher ist kein gedrucktes Mirakelbuch bekannt geworden, was insofern verwundert, als Äbtissin und Konvent durchaus Druckerzeugnisse schätzten, was vier hochwertige Andachtsbildchen (darunter ein sog. Schluckbildchen), ein größeres Blatt und ein Gebetbuch beweisen. Aus einem offensichtlich größeren Bestand haben sich drei, von geübten Malern geschaffene Votivtafeln erhalten. Zwei Rocaillerahmen präsentieren am linken östlichen Seitenaltar Silbervotive (Herzen und Personen, Unterschenkel und Augen).

Die aufblühende Christkindlwallfahrt beeinflußte dann ein Jahrzehnt später offensichtlich auch das Programm bei der Freskierung der Klosterkirche und rückte das Weihnachtsthema in den Mittelpunkt.

Im Sommer 1746, als die Äbtissin "3 mahl in gefährlicher Todtskrankheit darnider lage", verlobte sie sich mit einer hl. Messe und der "absendung einer vertrauten Persohn statt ihrer", die "eine andechtige Wahlfahrt an allhiesigen Gnaden Orth zu verrichten" hatte, nach <u>Maria Hilf auf dem Lechfeld</u>, worauf sie wieder "frisch und gesundt" wurde. Im Faszikel des Wallfahrtsjahres 1746/47 wurde dieses Mirakel als Nr. 1 eingetragen.

Am 28. September 1760 konnte die Äbtissin ihre Jubelprofeß feiern. Infolge ihres schlechten Gesundheitszustandes resignierte die 73jährige Äbtissin am 15. September 1767 freiwillig (tags darauf wurde Charitas Karner zur neuen Äbtissin gewählt). Das Epitaph nennt als Motiv: "um für das Heyl Ihrer eigenen Seele desto Wachtsamer zu seyn". Doe Alt-Äbtissin lebte noch 15 Monate und zwei Wochen. Sie starb kurz vor Vollendung ihres 75. Lebensjahres am 29. Dezember 1768. Das Epitaph im Kreuzgang nimmt das Wächter-Motiv ihres Namens auf, das bereits ihr Wappen mitbestimmt hatte.

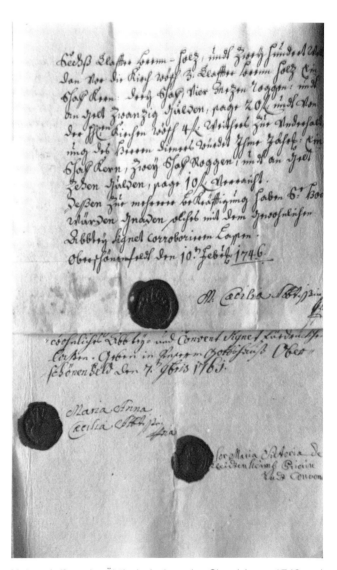

Unterschriften der Äbtissin (neben den Siegeln) von 1746 und 1761

Frau Maria Cæcilia Wachterin 34 Abbtissin Erwöhlt 1742.
den 31 Jenner. resigniert den 15. Herbstmoat 1767. gestorben den 29 Christmon 1768

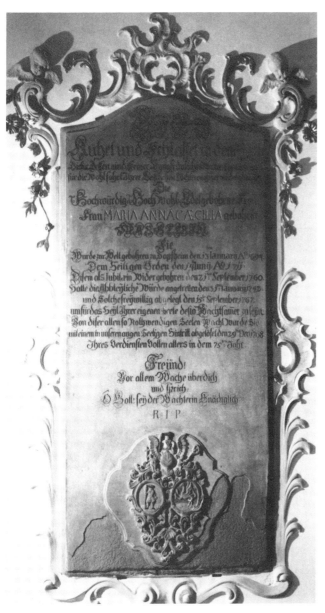

Epitaph im Kreuzgang

Quellen und Literatur

StA Augsburg KL Oberschönenfeld 9, 10, 39, 46, 47, 48; Archiv der Abtei Oberschönenfeld: Verwaltungsbücher, Konventsliste, Andachtsgrafik, histor. Notizen; Archiv des Bistums Augsburg: Mirakelbuch Kloster Lechfeld, Generalschematismus.
UB Oberschönenfeld 786 - 795; KD Dillingen 905.
Hans Eberlein, Das Kloster Oberschönenfeld in seiner Bedeutung als Grundherrschaft und Kulturträger, Augsburg 1961, 72 - 74; W. Pötzl, Die Äbtissin Caecilia Wachter, in: Der Landkreis Augsburg Nr. 56; ders., Gnadenreiche Christkindl und ihre Verehrung durch Wallfahrer und gläubiges Volk, in: Schönere Heimat 71, 1982 (Heft 4), 463 - 474, hier vor allem 469; ders., Mirakelgeschichten aus dem Landkreis Augsburg Nrr. 48, 71, 81, 91, 130.
BKD Landkreis Augsburg 83 (Dietkirch), 214 - 218 (Mödishofen), 224 - 244 (Oberschönenfeld), 332 - 335 (Wollishausen); BKD Landkreis Wertingen 222 - 235 (Violau); Norbert Jocher, Rokoko-Altar vor Barock-Altar, in: Der Landkreis Augsburg Nr. 89; Gode Krämer, Die Fresken in Mödishofen von Vitus Felix Rigl, ebenda Nr. 92; G. Paula, Dieffenbrunner J. G., in: Marienlexikon 2, 188 f.

"Warhafftiges Wunderwerck", wie es sich am fünfjährigen Johann Lauter aus Großaitingen 1648 in der Jakober Vorstadt in Augsburg ereignete

Ein Einblattdruck, den Andreas Aperger "auff vnser lieben Frawen Thor" in Augsburg herausbrachte, verkündet in Wort und Bild ein "Wunder werck", das sich durch Anrufung des wunderbarlichen Gutes ereignete. Wolfgang Kilian fertigte den Stich, der vor einer Häuserzeile der Jakober Vorstadt den Unfall schildert.

In der Wallfahrtsliteratur scheint dieser Druck das einzige Exemplar zu sein, auf dem ein Mirakel über einen Einblattdruck verbreitet wurde. Diese Form ist nicht mit den sekundären Mirakelbildern vergleichbar, wie sie - oft lange Zeit nach dem Ereignis - in die Mirakelbücher gezeichnet oder gedruckt wurden oder wie man sie auf Bildtafeln oder Fresken in den Wallfahrtsorten anbrachte, sondern rückt der Unmittelbarkeit wegen in die Nähe der Votivtafel.

Der Einblattdruck nennt "Hanß Lauter Bawer zu groß Aytingen" und dessen Söhnlein von fünf Jahren.

Johann Lauter aus Eisenbrechtshofen, Bauer in Großaitingen

Am 25. Juli 1639 heiratete der Junghirt Johann Lauter aus Eisenbrechtshofen in Großaitingen die Jungfrau Elisabeth Mägeler.

Eisenbrechtshofen gehört zur Pfarrei Biberbach; die Biberbacher Pfarrmatrikel beginnen erst 1629, und die Großaitinger Sterbematrikel enthalten keine Altersangaben, so daß wir das Geburtsjahr nur etwa um 1610 vermuten dürfen. Der ledige Hans Lauter aus Eisenbrechtshofen leistete 1629 in Biberbach Patendienste. Er dürfte der jüngere Bruder des Bauern Christoph Lauter sein, der als Pate begehrt war, was Ansehen und Wohlstand voraussetzte.

Die Familie

Die Mägeler (Megeler, Megelin, auch Megelach) waren in Großaitingen in mehreren Familien vertreten. Zwischen 1619 und 1638 heirateten 12 Männer und sechs Frauen dieses Namens. Zwischen 1619 und 1634 starben über 20 Mägeler. Die gelegentlichen Berufsangaben markieren die gesellschaftliche Schicht: Neben dem Bauern Hans Megelin und dem Müller der oberen Mühle Mattheis Megele stehen allerdings auch der Mühlknecht Christian Megele und der Roßhirt Hans M. Bei der Hochzeit der Elisabeth Mägeler mit Hans Lauter fungierten als Trauzeugen: der Siegler Johann Pruggmair und der Vogt (praefectus) Michael Danzer. Was bedeuten die beiden Beamten des Domkapitels als Trauzeugen? Sollten sie den Fremden aus Eisenbrechtshofen beim Einleben in Großaitingen unterstützen?

Zwischen 1641 und 1650 brachte Elisabeth Lauter fünf Kinder zur Welt:

Georg (1641 IV 18)
Johannes (1644 III 9)
Michael (1646 I 30)
Maria (1648 I 10)
Caspar (1650 X 27)

Zwischen März 1652 und Februar 1653 fehlen Taufeinträge in der Matrikel; in den folgenden Jahren werden keine Lauter-Kinder genannt, und dann klaffen immer wieder Lücken in den Matrikeln. In der Liste der Firmlinge des Jahres 1671 stehen als Kinder von Johann und Elisabeth Lauter:

Franziskus
Dionysius
Elisabeth

Sie sind nach dem März 1652 geboren. Einen weiteren Sohn nennt der Seelenbeschrieb von 1671, der offensichtlich an einem anderen Tag als die Firmliste entstand. Zwischen Caspar und Franz erwähnt sie (den offensichtlich schon gefirmten) Christoph. 1671 war Johann Lauter sen. bereits gestorben (1667), der älteste Sohn (Georg) hatte sich offensichtlich auswärts und Johann Lauter jun. (1667) in Großaitingen verheiratet. Der Seelenbeschrieb für das Haus Nr. 180, den Dosselbauer; führt auf: die (Witwe) Elisabeth L., Michael, Maria, Caspar, Christoph, Franz, Elisabeth und zwei Ehalten. Der Sohn Dionys wird als "abwesend" erwähnt.

Nach dem Erweis dieser Quellen hatten Johann und Elisabeth Lauter wenigstens neun Kinder. Die Liste der Firmlinge von 1676 nennt Hans und Maria Lauter, die Liste von 1680 Rosina Lauter, doch dürfen diese Kinder eher als Enkel von Joh. Lauter sen. angesehen werden als seine Kinder.

Das Anwesen

Auf welchem Anwesen das Ehepaar zunächst lebte, geht aus den Büchern des Augsburger Domkapitels nicht hervor.

Am 2. März 1640 richtete Hans Lauter eine Supplikation an den Großaitinger Propst, den (Ober-)Vogt des Domkapitels. Ein Jahr später, am 15. April 1641, geht es um den Kauf eines Hofes. Diesen leibfälligen, in die Kornproptei giltbaren Hof hatte jahrelang (so 1629) der Centurio (= Hauptmann) Müller innegehabt. Er wird meist als Scherstetter Hof geführt, heißt aber auch Huebrechter Hof (so 1667). Der Hof lag "in der vndern Huetschafft". Er stieß vorne auf "die Gemein Gass oder Straß", hinten d.h. gegen Westen auf die "selbsthabende Söldhofstatt", oben an die Gemein, "die Bachgaß genannt" und unten an ein kleines Gäßle, "so einen Erbsteig hat". Die Hofstelle war "mit einer wohlerbauten, ganz gemauert(en) Behausung mit angehegten Roß vnd 2 Viehstallungen, 2 absonderlichen Stadell, einem Bachofen (und) einem Brunnen" bebaut. Die Hofraite entsprach mittlerer Größe, der Garten erreichte ein Viertel Tagwerk. Zum Hof gehörten 25 Jauchert Ackerland (350 fl.) und 43 1/2 Tagwerk Wiesen (261 fl.), 1 ganzes Breitlehen (635 fl.), 1/2 Unter- und 1/2 Oberlehen (144 fl.). Der Viehbestand rekrutierte sich 1667 aus 6 Rössern, 1 Jährling, 8 Kühen, 4 Jährlingen und 10 Schafen. Zehn Jahre später waren es 13 Kühe, aber nur 4 Schafe. Im Jahre 1667 wurde das Anwesen insgesamt mit 2 640 Gulden, einer stattlichen Summe veranschlagt. An Abgaben waren u.a. zu leisten: 6 Schaff Kern, 6 Schaff Roggen, 6 Schaff Haber. Mesner und Öschhirt erhielten je 4 Winter- und 4 Sommergarben, der Mesner noch zwei Kreuzlaibe.

Der Centurio (Hauptmann) Müller hatte den Hof auf die Gant gebracht. Nach dem Beschluß des Domkapitels vom 23. November 1639 sollte der Propst dem Centurio Müller anzeigen, daß er sein Hofgut innerhalb von 8 Tagen verkaufen soll. Müller übergab den Hof dann seinem Sohn (1640 VII 23), der ihn aber auch nicht halten konnte. Am 15. April 1641 wird im Domkapitel erstmals über Lauters beabsichtigten Hofkauf verhandelt. Am 24. Oktober besteht Lauter dann den Scherstetter Hof.

Lauter hatte längere Zeit an der Kaufsumme zu beißen. Am 17. Januar 1642 schlug ihm das Domkapitel den begehrten Nachlaß auf die 500 fl. Kapitel und Zinsen für das Breitlehen ab, am 11. Januar 1644 aber gewährte ihm das Domkapitel von einer Schuld von 500 fl. in das Kammeramt einen Nachlaß von 150 fl. "sambt dem, was er noch an Zins vom Vogt negst Jar hero ausstendig" hat.

Das "Wunderwerck" von 1648

Der Text des Flugblattes informiert ausführlich. Hans Lauter hatte im Frühjahr 1648 "deß einfallenden Kriegsvolcks halber die Flucht mit den seinigen naher Augsburg genommen".[1] Hans Lauter und seine Frau Elisabeth gerieten ein zweites Mal unter die Räder des schrecklichen Krieges. Eisenbrechtshofen und Biberbach lagen wie Großaitingen an der großen Durchzugsachse der Heere. Noch bevor 1632 die Schweden einfielen, wütete 1627/28 in Großaitingen die Pest und forderte viele Opfer.[2] Der schwedisch-französische Krieg traf seit 1646 ein Land, das sich in einem Jahrzehnt von den Folgen des Schwedischen Krieges nicht hatte erholen können. Beim Blatternhaus, das im 15. Jahrhundert am Rand der Stadtmauer (H 282, heute Riedlerstraße 8) für die von der Franzosenkrankheit befallenen Menschen gegründet worden war, konnte man Getreide erstehen. Hans Lauter faßte dort am 19. April fünf Schaff Haber. Auf dem Rückweg setzte er seinen Buben, "seines Alters im 5. Jahr" (d.h. den am 9. März 1644 geborenen Johannes), zu sich auf das Handroß, "weilen er selbiges nit fueglicher mit sicxh zu bringen gewust". Als er dann mit seinem Wagen über das erhöhte Brücklein in der Jakober Vorstadt fuhr und das Handroß etwas schneller anzog, fiel ihm sein Söhnlein unversehens zwischen die Pferde hinunter. Obwohl er gleich nach demselben griff, konnte er es doch nicht erreichen, weil die Pferde den Wagen schnell anzogen und dieser ohnedies vom Brücklein her abwärts lief. Der Wagen (mit einem Gewicht von achteinhalb Zentnern zusätzlich der geladenen fünf Schaff Haber) ging mit den Rädern über das Kind, "der gestalt ... daß der Kopff jedesmahl zwischen den Rädern und beide Füßlein außer den Rädern gewesen und also beide, hinter und vorder Rad dem Knaben über die Gemächtlein (den Unterleib) gegangen und denselben also under sich getruckt und zerknirscht, daß jedesmahl der Kopf sowohl als beide Füßlein under jedem Rad über sich gestanden und der mittlere Leib under sich gezwungen worden" ist. Der Vater und das hinzulaufende Volk meinten, "das Kind wäre zerschmettert und ganz zu todt gefahren", weswegen man es in das Haus einer Bürgerin trug und "für todt umbgezogen" hat. In seiner Not fiel dem Vater das Wunderbarliche Gut bei hl. Kreuz ein, und er versprach das Kind dorthin mit einem heiligen Meßopfer. Bald nach diesem "Gelübd ist das Kind wunderbarlicher weiß widerumb zu sich selbsten kommen", und der Vater konnte es "ohne sonderbahre Verletzung" mit sich heim nehmen. Alle, die den Vorfall erlebt hatten, "Catholisch sowol als auch Uncatholische" haben das Geschehene "für ein sonderbahres Wunderwerk Gottes gehalten". Zur Bekräftigung hat die geistliche Obrigkeit die Zeugen gebührend verhört, alles ordentlich examiniert "und für ein wahres und sonderbahres Wunderwerck Gottes in rechtskräftiger Form approbirt".

Warhafftiges Geschicht vnd Wunderwerck/ so sich

in deß H. Röm: Reichsstatt Augspurg/ den 19. Aprilis/ Anno 1648. zugetragen/ mit einem fünff jährigen Knäblein von groß Aytingen gebürtig/ welches durch Krafft vnd würckung deß allerheyligsten wunderbarlichen/ vor allbereit 450 Jahren verwandleten/ vnnd in dem Gottshauß zum H. Creutz Canonicorum Regularium S. Augustini noch heutiges Tages/ mit vilen vnd grossen Wunderwercken leuchtenden Sacraments/ vbernatürlicher weiß bey dem Leben erhalten worden.

Demnach Hanß Lauter Bawer zu groß Aytingen Anno 1648. im Früeling/ deß einfallenden Kriegsvolcks halber/ die Flucht mit den seinigen naher Augspurg genommen/ vnnd den 19. Aprilis mit einem lähren Wagen in das Blatterhauß gefahren/ allda 5. Schaff Haber gefaßt/ solchen mit sich nach Hauß zunemmen/ hat er sein bey sich gehabtes Söhnlein/ seines Alters im fünfften Jahr/ im zuruck fahren/ zu sich auff das Handroß gesetzt/ weilen er selbiges nit füeglicher mit sich zubringen gewust. Als er aber vber das erhöchte Prügglein in Jacober Vorstatt mit besagten Wagen (welcher allein acht vnd ein halben Centner gewogen/) sambt denen darauff geladenen 5. Schaff Haber zuruck gefahren/ vnnd das Handroß etwas schnell gewesen/ ist ihme ermeltes sein Söhnlein vnversehens zwischen die Roß hinunder gefallen/ vnd ob er zwar gleich nach demselben griffen/ hat ers doch nit mehr erlangen/ noch die Pferdt (weiln sie den Wagen zu schnell angezogen/ vnnd solcher ohne das an dem Prügglen abwarts gelauffen) erhalten können/ sondern gleich mit sehr grossem Schröcken seiner/ vnd vilen andern vmbstehender Persohnen/ den Wagen sambt dem darauff geladenen 5. Schaff Habern/ mit dem rechten fordern/ sowol auch mit dem hindern Rad vber das Kind der gestalt gehen lassen müessen/ daß der Kopff jedesmahl zwischen den Rädern vnd beede Füßlein ausser der Räder gewesen/ vnd also beede/ hinder vnd fordere Rad/ dem Knaben vber die Gemächtlein gangen/ vnd denselben also vndersich getruckt vnd zerknirscht/ daß jedesmahl der Kopff sowol als beede Füßlein vnder jedem Rad vbersich gestanden/ vnd der mitter Leib vndersich gezwungen worden. Wiewol nun deß Vatters schröcken/ auch von anderen das Geschrey/ vnd zulauff so groß/ daß der Vatter vnd andere gäntzlich vermaint/ das Kind wäre zerschmettert/ vnnd gantz zu todt gefahren/ gestalten dann es auch für todt vmbgezogen/ vnd dem betrübten Vatter auß gedachten vrsachen in sein Hauß nit gelassen/ sondern von einer bekandten Burgerin in Augspurg in dero Schoß in ihr Hauß für todt getragen worden/ ist doch endtlich ihme dem Vattern in solchen seinen schröcken vnd Kummer/ das hochheylige wunderbarliche Sacrament zum H. Creutz eingefallen/ welcher das Kind also gleich mit einem H. Meßopffer nägst dahin versprochen. Bald nach gethanen Gelübd/ ist das Kind wunderbarlicher weiß widerumb zu sich selbsten kommen/ also vnd der gestalt/ daß der Vatter solches ohne sonderbahre verletzung mit sich heimb genommen/ nit ohne grosse verwunderung aller der jenigen/ so disen trawrigen Fall zuvor gesehen/ vn darbey gewesen/ oder darzu berueffen worden/ welche dann samentlich Catholisch sowol als auch Vncatholische es für ein sonderbahres Wunderwerck Gottes gehalten/ massen dann neben andern der Vatter/ Gott dem Allmächtigen in dem hochheyligen wunderbarlichen Sacrament die Ehr gegeben/ auch der Vatter zur schuldigen danckfagung sein gethanes Gelübd vnd versprechen/ durch das H. Meßopffer auff dem Altar vor dem hochwürdigen Sacrament alsobald verrichten lassen. Zu mehrer bekräfftigung dises grossen Wunderwercks/ seynd von der hochlöbl: geistlichen hohen Obrigkeit allhie zu Augspurg die Gezeugen gebührent verhört/ alles ordenlich examiniert, vnd für ein wahres vnnd sonderbahres Wunderwerck Gottes in forma authenticâ approbirt, vnd erkennt worden.

Gedruckt zu Augspurg/ durch Andream Aperger/ auff vnser lieben Frawen Thor.

Das religiöse Leben in Großaitingen um 1660

Die Familie Lauter nahm, so darf man unterstellen, am kirchlichen und religiösen Leben der Pfarrei teil. Notizen in einer Pfarrmatrikel (vor 1668) gewähren Einblicke.

Im Bereich des Dorfes und der Flur bewegten sich die Prozessionen am Urbanstag (25. Mai; zum Erhalt der Feldfrüchte; um die Äcker, wobei die vier Evangelien gesungen wurden und man mit dem Kreuz(partikel) oder dem Agnus Dei den Segen gab; "vulgo vmb die Ösch"), an Christi Himmelfahrt (um die Äcker; "vulgo vmb die Kreuzlein") und an Fronleichnam. Nicht so aufwendig verliefen: die Totenprozession am Samstagabend, die über den Friedhof zur Krypta, wo sich die ausgegrabenen Gebeine stapelten, führte, und die Prozession zum Zehentstadel am Walpurgistag, wo Brote gesegnet wurden, die man dann an die Armen verteilte. Am Leonhardstag (6. November) zog die Gemeinde - wie jetzt am darauffolgenden Sonntag - zur Leonhardskapelle, die kurz vor 1676 neu gebaut wurde. An den Bittagen gingen die Großaitinger nach Wehringen (Markustag und 1. Bittag), nach Kleinaitingen (2. Bittag), in die Justina-Kapelle (ca. 700 Meter südwestlich von Reinhartshofen; 3. Bittag; auf dem Rückweg Besuch der Jacobus-Kirche in Reinhartshofen). Reinhartshofen besuchten die Großaitinger am Jakobustag, wo dort das Patrozinium gefeiert wurde, zur Justina-Kapelle gingen sie (wiederum) am Afra-Tag (6. August).[2]

Das Wallfahrtsjahr begann am 3. Mai mit Klimmach. Am 2. Bittag brachen die Wallfahrer nach Andechs auf, nachdem sie den Pilgersegen empfangen hatten. Am Abend des Himmelfahrtstages wurden die Andechs-Pilger wieder zuhause empfangen. Am Dienstag nach Christi Himmelfahrt (vulgo Hagelfest) und an Mariä Geburt (8. September) ging man nach Maria Hilf auf dem Lechfeld. An Maria Heimsuchung (2. Juli) besuchten die Aitinger seit 1664 die Frauenkapelle in Schwabmünchen. Am Tag der hl. Maria Magdalena (22. Juli) führte der Wallfahrtsweg zur Loreto-Kapelle beim Scheppacher Hof. Auf dem Rückweg kehrte man in der Laurentius-Kapelle bei der Fugger-Burg Reinhartshausen ein. Am Tag vor St. Johannes (23. Juni) kam etwas später noch ein zweiter Wallfahrtsgang nach Klimmach hinzu.

Die Patrozinien der Pfarrkirche wurden am 1. Mai (Walburga) und am 6. Dezember (Nikolaus), das Kirchweihfest am Sonntag nach Jakob (25. Juli) gefeiert.

Als Ablaßtage galten in der Sebastianskapelle: der 7. Januar (Gottesdienst zur Abwendung der Viehseuche, im Volk "schälfeyr" genannt), der 20. Januar (St. Sebastian), der 3. Mai und der 25. Mai. An den genannten Maitagen beteiligte sich die Sebastiansbruderschaft ebenso an den Pfarrwallfahrten wie an Mariä Geburt, wo man das eigene Kreuz und die Fahne mittrug. Neben der Sebastiansbruderschaft (in der eigenen Kapelle) bestand seit 1631 in der Pfarrkirche die Isidorbruderschaft.

Des jungen Hans Lauters eigener Weg

Das reiche religiöse Leben der Pfarrei band wohl auch den heranwachsenden Hans Lauter. Die Eltern mögen ihm noch lange erzählt haben, durch welches "Wunderwerck" er einst gerettet worden war. Ob sich daraus eine besondere Dankbarkeit und Frömmigkeit entwickelte, können wir nur vermuten.

Im Alter von nicht ganz 23 Jahren heiratete Hans Lauter am 25. Januar 1667 die um einige Monate ältere Katharina Schmid (geb. 1643 IX 5), die Tochter von Bartholomäus Schmid aus seiner (2.) Ehe mit Magdalena Schwab.[4] Als Trauzeugen traten die Väter des Brautpaares an. Johann Lauter sen. allerdings erlebte das Ende dieses Jahres nicht mehr. Er starb am 22. September 1667. Die Mutter übergab nun nicht etwa den Hof an einen der Söhne, sondern bewirtschaftete ihn selbst weiter. Nach dem Seelenbeschrieb von 1671 lebten mit ihr auf dem Hof die Kinder Michael, Maria, Caspar, Christoph, Franz und Elisabeth sowie zwei Dienstboten. Die Mutter starb am 21. Juli 1694. Der Pfarrer rühmte sie als "sittsames Weib" (pudica mulier).

Hans Lauter erwarb 1667 von Christian Mögele einen eigenen Hof, der als Lehen des Hochstifts zur Jakobspfründe in Augsburg gehörte. Der Hof lag im unteren Dorf beim Kreuz, weswegen er auch Kreuzbauer genannt wurde. Als weitere Lokalisation gibt das Steuerregister von 1667 an: "negst gegen der Lupergaß". Als Nachbarn werden angeführt: der junge Hans Baumüller (oben) und der Sattler Michael Mögele; vorne stieß der Hof auf die Gasse und hinten auf den Lehengarten der Rößlerin und der Anna Mögele. Auf dem Grundstück standen 1667: "eine pawfellige mit Ziegel bedeckte Behausung mit angehängten Roßstall, ein unlegsten mit newen geschwellen vnderfangen(er) ... alter paufelliger Stadel mit Stroh bedeckht", eine mit Ziegel gedeckte Backküche und in der weiten Hofraite ein Brunnen. Zum Hof gehörten 30 3/4 Jauchert Äcker (in sieben Stücken) und 24 1/2 Tagwerk Wiesen (in 4 Stücken); daneben bewirtschaftete der junge Lauter noch ein Feldlehen von 4 3/4 Jauchert. Im Stall standen 4 Rösser, 1 Zweijährling, 3 Kühe und 2 Zweijährige. An Gilt mußte Lauter abliefern: 5 Schaff Kern, 5 Schaff Roggen, 10 Schaff Haber. Er zahlte 2 Gulden Wiesgilt. An weiteren Naturalleistungen waren zu erbringen: 4 Fasnachtshennen, 8

Hühner auf Bartholomä, 2 Gänse auf Martini und 200 Eier auf Ostern. Der Kirche (dem Heiligen) in Großaitingen standen zu: 1 Metzen Kreuzroggen und 12 Kirchenlaibe; Mesner und Öschhirt erhielten jeder 2 Winter- und 2 Sommergarben, dem Mesner des weiteren noch ein Kreuzlaib.

Da die Taufmatrikel größere Lücken aufweisen, läßt sich die Familie nicht zweifelsfrei rekonstruieren. Nach dem Seelenbeschrieb von 1671 lebten auf dem Hof neben den Eltern und zwei Ehehalten die Kinder Johann, Maria und Walburga, die ihrer jungen Jahre wegen als "non communicantes" aufgeführt werden. Die Mutter dieser (und wohl weiterer) Kinder starb am 23. Juni 1678. Johann Lauter heiratete bereits am 1. August Helena Schuster. Als Trauzeugen fungierten: Bartholomäus Schmid, der untere Schmied, und Leonhard Schuster, der untere Maier. Da in dieser Zeit die Matrikel die Eltern nicht angeben, läßt sich - bei mehreren Lauter-Familien - die zweite Ehe Johann Lauters nicht rekonstruieren.[5]

In Großaitingen waren von Johann Lauters Geschwistern verheiratet: Caspar, der Wirt (Ehen: 1677 mit Maria Schuster, 1682 mit Anna Mair, Witwe, 1687 mit Anna Wiedemann aus Erringen), der Bauer Franz (Ehen: 1686 mit Walburga Trauch, 1690 mit Maria Schmid, 1694 mit Rosina Schöffl von Langerringen, 1723 mit Ursula Fleiner, Witwe aus Batzenhofen), Christoph Lauter (Ehe 1692 mit Jacobina Schuster aus Kleinkitzighofen), Johannes Lauter, Jüngling (Ehe 1695 mit Maria Seitz).

Johann Lauter starb am 18. Februar 1709 im Alter von nicht ganz 65 Jahren, seine (zweite) Frau folgte ihm am 20. Dezember 1714 in den Tod. Den St.-Jakobs-Pfründ-Hof übernahm Bartholomäus, der Sohn aus zweiter Ehe. Der Hof wurde auf 2 040 fl. geschätzt. Auf Bartholomäus folgte Melchior Lauter (1785 saß Anton Wachter, 1801 Anton Wiedemann auf dem Hof).

Quellen

StA Augsburg Hochstift Augsburg NA L 131 (Grundbuch v. 1670) S. 74 - 77, 140 f., NA L 271 (Steuerbuch v. 1667) S. 111r - 115v, NA 273 (Steuerbuch v. 1687) S. 20 - 23, 48 - 52, 70 f., NA 276 S. 55 f., NA L 621 (Bestandbuch 1686) S. 33 u. 349, NA 5555 - 5561 (Rezessionalien des Domkapitels 1639 (zu IX 23, X 19, X 31) 1640 (zu III 2, VII 23) 1641 (zu III 11 u. 22, IV 15, X 30) 1642 (zu I 17, III 12) 1644 (zu I 11), 1650 (zu XI 23 u. 26).

Anmerkungen

1) vgl. den Abschnitt "Krieg und Migration" bei: Bernd Roeck, Eine Stadt in Krieg und Frieden, Göttingen 1989 (= Schriftenreihe der Hist. Kommission bei der Bayer. Akademie der Wissenschaften Bd. 13), 791 - 843.
2) Winfried Zimmermann, Die Pest und der Bau der St. Sebastians-Kapelle in Großaitingen, in JbHVLA 21, 1987/88, 137 - 163.
3) Zur Kirchengeschichte von Aitingen: Alfred Schröder, Das Bistum Augsburg, Bd. 8, 30 - 49.
4) Bartholomäus Schmid hatte 1631 Afra Seitz und nach deren Tod Magdalena Schwab geheiratet (1637 VII 27). Als Trauzeugen fungierten: der Centurio Müller und Hans Baumüller, als Taufpaten für Katharina: der Vogt (präfectus) Georg Mersi und Magdalena Baumüller.
5) Lauter-Kinder: Helena (1679 V 8), Georg (1680 IV 20), Franz (1681 V 31), Anna (1683 VII 12), Bartholomäus (1685 VIII 24), Ottilia (1688 III 21), Christoph (1690 I 22), Gertrud (1692 III 10), Clara (1694 IV 4), Michael (1696 VIII 26), Christina (1699 VI 13).
Es besteht allerdings eine hohe Wahrscheinlichkeit, daß damit die Kinder von Johann Lauter erfaßt sind. Gestützt wird diese Wahrscheinlichkeit auf die vom Hochzeitsdatum her begründete Geburtenfolge (wobei Bartholomäus als Sohn feststeht) und auf die Paten: Christoph Mayr (1679 - 1690), Barbara Mögeler (1679 - 1681), Christina Schuster (1683 - 1699) und Matthäus Betz (1692 - 1699).

Balthasar Ambos in Hiltenfingen. Vom Brunnensturz zum Priestertum.

Die ausgewählte Votivtafel hängt in der Wallfahrtskirche Maria Hilf auf dem Lechfeld. Die Tafel wurde bisher in der heimatkundlichen Literatur als Beispiel für Hofanlage und Bauweise publiziert. Unter den erhaltenen Votivtafeln fällt sie durch die ungewöhnliche Größe und das Material auf. Ihr Erhaltungszustand ist nicht gut, und vor allem die Beschriftung ist nicht mehr ganz zu entziffern. Man geht wohl nicht fehl in der Annahme, daß die Tafel ursprünglich auch gerahmt war, der Rahmen aber offensichtlich für ein anderes Bild benötigt wurde.

Ein authentisches Bild eines Malergesellen

Der Votationsanlaß ist leicht erkennbar: rechts im Vordergrund stürzt ein männliches Wesen in den Brunnen, weil die Brunnenstange ausgerissen war. Aus dem verdorbenen Textteil seien zunächst der Ortsname Hiltenfingen, der Name des Hofinhabers Jacob Amboß und die Jahreszahl 1681 entnommen, um weitere Quellen ausfindig zu machen, die nach der Objektivität der Darstellung befragt werden können. Der Text im Mirakelbuch bringt dazu nichts. Den dargestellten Hof zu identifizieren fällt deswegen nicht so leicht, weil das stattliche Dorf Hiltenfingen, an der Straße von Augsburg an den Bodensee und in der damals zu Bayern gehörigen Herrschaft Schwabegg gelegen, zu 12 verschiedenen Grundherrn gehörte. In einer Grundbeschreibung von 1687 des Dominikanerinnenklosters St. Katharina in Augsburg, nach der Gerichtsherrschaft mit 5 3/4 Höfen und einer Mühle der zweitgrößte Grundherr in Hiltenfingen, grenzt ein Hof im Oberfeld an "Jakob Ambaiß St. Anthonii in Augsburg Guth". Damit ist die Grundherrschaft des Ambos'schen Hofes zum Antonius-Spital in Augsburg geklärt und der Weg für weitere archivalische Forschungen gewiesen. Im Kataster ist der Hof als Nr. 66 auszumachen. Das Katasterblatt zeigt, daß sich die Art der Bebauung der Hofstelle gegenüber 1681 nicht geändert hatte. Hofstellen, Grundstücksgrenzen und Wege erweisen sich der an ihnen haftenden Rechte wegen als sehr kontinuitätsträchtig. Durch die in der Bildmitte am rechten Rand erscheinende Dorfkirche läßt sich der Platz, von dem aus 1681 auf die Votivtafel der Hof gemalt wurde, fast auf den Meter genau ermitteln. Die Anwendung der Perspektive hebt den Maler aus der Gruppe anderer Fertiger von Votivtafeln, deren Produkte wir als naive Kunst so schätzen, heraus. Unter dem Brunnenzaun wird zudem ein Namenszug erkennbar, dessen Klärung allerdings noch nicht gelungen ist; aber daß der Maler überhaupt signiert, zeigt, daß er sich zu den Zünftischen rechnete und nicht - wie andere Votivtafelmaler - in der Anonymität bleiben wollte. Im Jahre 1680 wurde an der Decke der Hiltenfinger Kirche ein neues Tafelwerk angebracht, das der Augsburger Maler Hans Georg Knappich mit Bildern ausschmückte. Man geht wohl nicht fehl in der Annahme, daß Jakob Ambos den Augsburger Meister bat, die Votivtafel zu malen, daß dieser dann aber den Auftrag an einen Gesellen weiterreichte. Dieser begab sich in entsprechende Entfernung zu der Hofanlge und malte sie so, wie er sie vor sich sah, wobei er nur das unmittelbare Unfallgeschehen einbrachte. Er hielt nicht nur den Hof fest, sondern den zum Nachbarhof gehörigen Stadel rechts neben der Ambos'schen Hofanlage. Das zur Votivtafel zeitgleiche Urbarium der St. Antonspfründe zählt auf: Haus, Stadel und Stallung, "ohne Spaicher" aber "mit einer abgesonderten Bachkuchl vnnd Bronnen". Das auf dem Bild dargestellte Gebäude findet hier keine Erwähnung, andererseits zeigt noch das Katasterblatt, daß sich hier ein größeres Wirtschaftsgebäude befand. Das bedeutet: Das Bild ist nur eindeutig durch die Zuhilfenahme weiterer Quellen - hier des zeitgleichen Urbars und des Katasterblattes - erklärbar, denn das Bild selbst erweckt den Eindruck, als gehörte dieser Stadel zur Ambos'schen Hofanlage, wodurch die Vorstellung von einem noch mächtigeren Gebäudekomplex erzeugt wird. Daß der Maler in der unteren Bildhälfte das zur Darstellung brachte, was er vor sich sah, geht nicht nur aus der Detailtreue hervor, sondern aus der topografischen Situation. Selbst die jahreszeitliche Stimmung - man registriere die Bäume hinter den Gebäuden - ist für Mitte Februar in einem Jahr, in dem offensichtlich früh der Schnee geschmolzen war, treffend eingefangen. Wir dürfen von einem authentischen Bild sprechen. Dieses wird nicht dadurch beeinträchtigt - was man auf einer Votivtafel erwarten müßte -, daß etwa links vorne Jakob Ambos und seine Frau Anna sowie Balthasars Geschwister Franz, Magdalena, Martin, Johann, Georg und Anna betend als Votanten ins Bild gebracht werden. Ein mit den Signifikanten der Votivtafel vertrauter Maler hätte das wohl getan. Vom Textteil abgesehen wird der Votivtafelcharakter des Bildes durch die Wiedergabe des Gnadenbildes Maria Hilf auf dem Lechfeld erreicht. Dort hatte Elias Holl eine Architekturkopie von Santa Maria Rotunda in Rom errichtet, in der die dargestellte Figurengruppe, die die Kunsthistoriker Christoph Murmann d. J. zuschreiben, als Gnadenbild verehrt wurde. Zur Darstellung des Gnadenbildes aber nahm der Maler nicht etwa den zweistündigen Weg in die Wallfahrtskirche auf sich, sondern benützte als Vorbild einen Kupferstich, ein Andachtsbildchen - ein Verfahren, das sich bei vielen Votivtafeln beobachten läßt.

171

Die Ambos in Hiltenfingen

Seit wann saß Jakob Ambos auf diesem Hof? Das Archivrepertorium erwähnt für 1660 einen Vergleich mit Mattheis Echter; dieser hatte von seinem Vater Hans Echter, der in puncto sexti abgestraft worden war, den Hof übernommen, ihn aber bald danach an Jakob Ambos vertauscht. Das scheint kurz vor 1660 geschehen zu sein. Offensichtlich infolge der hohen Strafe wegen eines Sexualdeliktes hatte Mattheis Echter den Hof hoch verschulden müssen, so daß ihn der Sohn dann nicht halten konnte und ihn schließlich gegen ein kleineres Anwesen, auf dem Jakob Ambos saß, vertauschen mußte. Dieses Anwesen läßt sich im überlieferten Archivbestand nicht mehr ausmachen. In den von 1649/50 an erhaltenen Pfarrmatrikeln wird Jakob Ambos erstmals am 28. Mai 1651 bei der Geburt seiner Tochter Maria genannt. Vor 1660, also noch im Vorgängeranwesen, werden ihm die Kinder Eva, Ursula, Martin und Johannes geboren. Da die Sterbematrikel bis 1678 keinen Ambos erwähnen, kann Jakob nicht zu den älteren Hiltenfinger Familien gehört haben und dürfte gegen Ende des 30jährigen Krieges nach Hiltenfingen zugezogen sein. Im nahen, aber schon in den Stauden gelegenen Forsthofen wird 1652 einem Johann Ambos eine Tochter Maria geboren. Weitere Kinder heiraten von 1684 an. Johann Ambos starb am 13. September 1687 im Alter von 69 Jahren und 6 Monaten. Es spricht einiges dafür, daß es sich um Jakobs Bruder handelte. Woher kam Jakob Ambos und sein vermuteter Bruder Johann? Im 16. und beginnenden 17. Jahrhundert läßt sich eine Familie Ambos in Mittelneufnach in zwei unterschiedlichen Generationen angehörigen Geistlichen nachweisen, doch machen die dortigen Matrikel deutlich, daß die Familie zumindest in direkter Linie im 30jährigen Krieg ausstarb. Verheiratete Töchter könnten noch gelebt haben. Am 12. März 1669 wird dort einem Valentin Ambos und seiner Frau Anna der Sohn Georg geboren. Der Pfarrer bemerkt zu den Eltern "ex Bavaria". Demselben Valentin Ambos werden von 1673 an in Könghausen vier Kinder geboren. Der Pfarrer bezeichnet ihn als "Hirt von Vlstat 3 stund von Ethal". Handelt es sich bei Valentin Ambos um Jakobs (und Johannes') Neffen, der ihnen ins Schwabenland nachgezogen war, und ist uns damit Jakobs Heimat überliefert? In die vom Krieg dezimierten schwäbischen Dörfer, unter denen jene am meisten gelitten hatten, die an Fernstraßen lagen - in Hiltenfingen war die Zahl der Kommunikanten von 500 auf 160 gesunken - zogen häufig Familien aus Bayern und Tirol. In den Heiratsmatrikeln von Hiltenfingen tauchen 1681 eine Magdalena und 1684 ein Franz Ambos auf. Es handelt sich mit hoher Wahrscheinlichkeit um Jakobs vor 1650 geborene Kinder.

Im Haus, das auf der Votivtafel dargestellt ist, werden in kurzen Abständen die Kinder Anna und dann 3 1/2 Jahre später Balthasar, der Bub, der dann 15 Jahre später in den Brunnen stürzte, geboren. Zwei jüngere Geschwister, Katharina und Jakob folgen, und dann tummeln sich auf dem Hof 12 Kinder, 6 Buben und 6 Mädchen. Die Altersdifferenz zwischen dem jüngsten Sohn Jakob, geb. im Juli 1669, und dem ältesten vor 1650 geborenen Sohn Franz betrug mindestens 20 Jahre. Die Taufmatrikel meldet am 22. Dezember 1665: Baptizatus fuit Balthasar, filius Jacobi Ambos uxoris Annae. Patrinus fuit Balthasar Jäger matrina Barbara Mairin. Der Bub erhielt also den Namen seines Taufpaten. Im gleichen Jahr wie Balthasar wurden in Hiltenfingen noch 18 Kinder geboren, drei Buben und 15 Mädchen. Dieses ungewöhnliche Verhältnis der Geschlechter war ein Zufall. Balthasar brauchte auf gleichaltrige Spielgefährten nicht zu verzichten. Im Jahr zuvor kamen 8 Buben und 7 Mädchen und im Jahr darauf 10 Buben und 6 Mädchen zur Welt. Der Jahrgang 1665 strotzte vor Gesundheit, lediglich der Sohn Johann vom Nachbarhof starb im Jahr darauf und ein Mädchen 11 Jahre später, während die anderen alle ins Erwachsenenalter kamen. Dagegen verzeichnet die Sterbematrikel des Jahres 1664 unter 10 Toten acht Kinder. Die Kinder wurden durchweg in den Ehen geboren. Das Problem der Illegitimität bestand eigentlich nicht. In 20 durchgesehenen Jahrgängen tauchen bei über 200 Geborenen nur zwei Uneheliche auf, darunter am 5. Februar 1657 auch der Sohn der Magdalena Simnacherin, als dessen Vater Matthias Echter, damals Bauer auf dem dargestellten Hof, genannt wird. In der Ehe geboren hieß aber nicht in der Ehe gezeugt. Etwa 30 v.H. der Erstgeborenen kommen bereits 5/6 Monate nach Eheschluß zur Welt.

Die Welt des jungen Balthasar Ambos

Von Balthasar Ambos haben sich weder Tagebuchaufzeichnungen noch autobiografische Skizzen erhalten, was man eigentlich gar nicht erwarten darf. Dennoch können wir seine Welt mittels der Historischen Demographie fassen, nicht nur in der eigenen Familie, sondern auch in der unmittelbaren Nachbarschaft. Zum Zeitpunkt des Unfalls hatten zwei ältere Schwestern bereits geheiratet, nach Siebnach bzw. Mittelneufnach, und die Schwester Ursula war bereits 1678 gestorben. In Siebnach wuchsen die Kinder seiner Schwester Maria heran, während die Tochter seiner Schwester Eva in Mittelneufnach sub conditione getauft werden mußte. Geburt und Sterben und Hochzeit erlebte der heranwachsende Balthasar aber auch in der unmittelbaren Nachbarschaft mit. Gleichaltrige Kinder wuchsen auf dem Hofgut von Hans Spatz, auf dem Gut Hans Mayrs

Die Nachbarschaft nach dem Urbar

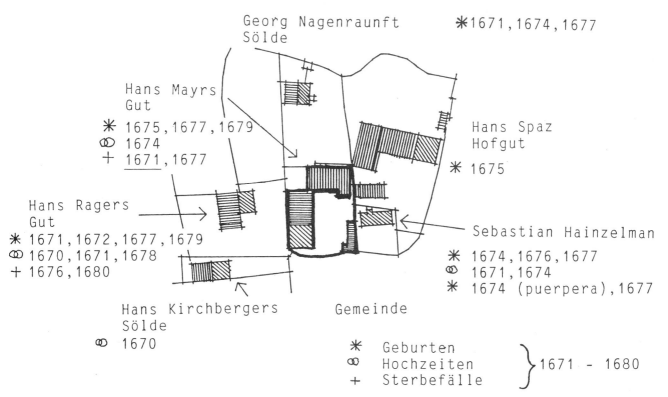

und Hans Regers und auf der Söld Georg Nagenraunfs heran, während die Bewohner auf der Kirchberger Söld und auf Hainzelmanns Anwesen einer anderen Generationsschicht angehörten. Damit ist die Spielwelt des heranwachsenden Balthasar Ambos, soweit sie über die eigene Familie hinausging, abgesteckt. Im Dezennium von 1671 - 1680 wurden in der Nachbarschaft 10 Kinder geboren, 5 Hochzeiten gefeiert und sieben Menschen zu Grabe getragen. Dabei mag der Tod der Maria Hainzelmann, die im Kindbett starb, besonders tragisch empfunden worden sein. Der Witwer heiratete 6 Wochen später eine Witwe aus Gennach, deren erstes Kind nach zwei Monaten starb. Den Tod eines Kleinkindes beklagte man auch auf dem Mayer'schen Gut, und ein 13jähriger starb 1671 auf dem Mayer'schen Gut. Von ihm wird bemerkt, daß er als Sodalis S. Josephi der erste war, der "lugubri thalari et apparatu" von der Bruderschaft zu Grabe getragen wurde. Man darf wohl annehmen, daß auch die Ambos-Kinder von 1671 an in die Josephsbruderschaft eintraten. Das wirkt sich dann in der Namengebung bei den Kindern seines Bruders Franz, des Hoferben, aus, der zwei Buben auf den Namen Joseph taufen läßt und von dem es in der Sterbematrikel heißt: "Benefactor Fraternitatis S. Josephi". Nach dem Text auf der Votivtafel versprachen die Eltern auch ein "hl. Meß zue St. Joseph zu Hiltenfingen". Als Zeugen des Unfalls und der Rettungsaktion werden auf der Votivtafel - nicht im Mirakelbuch - erwähnt: der Ortspfarrer, der Franziskanerbruder Remigius Miller und Paul Gribler von Hiltenfingen. Dafür schildert das Mirakelbuch ausführlicher Unfall und Rettungsaktion.[1] Es ist nun nicht auszumachen, warum 5 Wochen vergingen, bis die Eltern die Wallfahrt nach Lechfeld unternahmen, schließlich benötigte man hin und zurück nicht einmal einen halben Tag. Brauchte der Sohn doch einige Wochen der Genesung oder fand sich der Maler nicht gleich bereit, denn im Mirakelbuch wird ausdrücklich festgestellt: sie "brachten mit sich ein Tafel", oder wartete man bewußt bis zur Vigil des Josephstages?

Als Pfarrer in Stockheim

In den Hiltenfinger Matrikeln taucht Balthasar letztmals auf bei seiner Firmung, die er 1682 in Augsburg empfing. Die Suche nach dem Verbleib der Ambos-Kinder in über 20 Matrikeln führte zu keinem Ergebnis, wohl aber das Register im Kunstdenkmäler-Band Mindelheim, denn dort wird an der Kirche in Stockheim bei Wörishofen ein Epitaph erwähnt, das an den dort von 1693 bis 1742 wirkenden Pfarrer, Kammerer und Dekan Balthasar Ambos aus Hiltenfingen erinnert. Die Rettung infolge einer Votation ließ offensichtlich im Verunglückten den Entschluß reifen, Priester zu werden. Auch als Priester erinnerte sich Balthasar Ambos noch an Rettung und Votation und daß davon eine Votivtafel in der Wallfahrtskirche Zeugnis gab, denn in der letzten Zeile dieser Tafel wird ergänzt "disse Votivtafel hott Renovieren laßen obemelter Balthasar Amon Anno 1707". Im rekonstruierten Weiheregister der Diözese Augsburg erscheint als Weihejahr 1690. Wo hatte Balthasar studiert? In der Matrikel der Universität Dillingen wird er nicht genannt. Die Vermutung, er könnte bei den Jesuiten in Augsburg studiert haben, bestätigte sich, denn in den Schülerlisten, die im Provinzialarchiv in München liegen, läßt sich sein Bildungsgang verfolgen. Er beginnt 1685 bei den Maiores syntaxista und schreitet über die Rhetorik und Logik zu den Casistae und den Metaphysici fort. Sein Vater erlebte seine Priesterweihe nicht mehr, seine Mutter starb ein Jahr danach. Sein Bruder Franz hatte 1684 nach seiner Heirat mit Christina Zellmiller aus Hurlach den Hof übernommen. Dessen ältester Sohn Leonhard folgte seinem Onkel in den geistlichen Stand und begegnete uns dann im Nachbardorf von Stockheim, in Beckstetten, wo noch heute sein Epitaph in die Kirchenmauer eingemauert ist. Im anderen Nachbardorf, in Weicht, saß Balthasars Bruder Jakob. Kunde erhalten wir davon mittels eines von ihm und seiner Frau Anna wohl auf Bitten des geistlichen Bruders gestifteten Gemäldes an der Empore in Stockheim. Die Menschen handelten eben in viel höherem Maß verwandtschaftsbewußt, als das heute der Fall ist.

Patronatsherr über die Pfarrei Stockheim war der Inhaber der Herrschaft Mindelheim. Das erklärt wohl auch die Präsentation von Balthasar Ambos auf diese Pfarrei, denn die Inhaber von Herrschaften bevorzugten bei Personalentscheidungen ihre Leute, zu denen eben der Hiltenfinger gehört. Herzog Maximilian Philipp präsentierte Balthasar Ambos mit Urkunde vom 23. März 1693. Obwohl der neue Pfarrhof erst vor zwanzig Jahren erbaut worden war, fallen bereits noch 1693 Kosten für Reparaturen an, über die Balthasar Ambos genau Buch führt und damit ein ausgezeichnetes baukundliches Dokument liefert. Von 1693 bis 1705 wendet er insgesamt 429 fl. 39 kr. 4 hl. auf, worunter der Stadelbau von 1705 mit 108 fl. 37 kr. 4 hl. die größte Summe verschlingt. Dabei zahlt er den Zimmerleuten 90 Taglöhne zu je 24 kr. (= 36 fl.), den Tagwerkern und Handlangern 45 Taglöhne zu 16 kr. (= 12 fl.) und den Strohdeckern 16 Taglöhne zu je 24 kr. (= 6 fl. 24 kr.). Die 38 Personen, "so zu dem aufrichten vonnöthen", verzehren 10 fl. Der Stadel trug eine Dachhaut aus Stroh, das Wohnhaus war mit Ziegelplatten gedeckt, die Ställe aber mit Schindeln; auch das geht aus den Ausgaben für Ausbesserungen hervor. Für die Jahre von 1706 bis 1726 bringt er für Reparaturen 334 fl. 52 kr. auf. Der Brunnen war offensichtlich etwas anders konstruiert als der bei seinem Elternhaus in Hiltenfingen. 1693 gibt er für ein Brunnenseil samt der Kette 1 fl. 40 kr. aus. An Räumen werden im Wohnhaus genannt: Eine untere und obere Stube, die hintere Kammer und die Gästekammer. In der unteren Stube setzte der Hafner 1698 den Kachelofen, den er 1710 reparieren mußte.

Balthasar Ambos sorgte sich nicht nur um den baulichen Zustand des Pfarrhofes; während seiner Amtszeit wurde 1701 - 1704 auch die Pfarrkirche in Stockheim neu gebaut. Zu Ehren des Kirchenpatrons wurde 1703 die Michaelsbruderschaft errichtet, die dann neben dem Hauptfest an St. Michael noch vier Nebenfeste und sechs gestiftete Jahrtage beging. Abgebrochen wurde 1812 eine recht geräumige Kapelle westlich des Dorfes, in der jährlich vier gestiftete Messen gelesen wurden. Sie führte zuletzt das Patrozinium "Sylvester, Leonhard und Wendelin". Vieles spricht dafür, daß zum ursprünglichen Leonhardspatrozinium im Verlauf des 17. Jahrhunderts, vielleicht anläßlich einer Erweiterung, St. Wendelin trat und daß Balthasar Ambos den gern mit einem Stier dargestellten Sylvester den beiden anderen Viehpatronen voranstellte. Bei der Seltenheit des Sylvesterpatroziniums erklärt es sich wohl daraus, daß Ambos dem Patron seiner Heimatkirche Hiltenfingen auch in Stockheim eine Verehrungsstätte schaffen wollte.

Mit den Stockheimer Bauern vertrug sich Ambos - wenigstens zeitweilig - nicht besonders gut. In den Jahren 1724 bis 1727 lag er mit ihnen im Streit wegen des Gemeindestiers, weil er dessen Haltung ablehnte.

Seine letzten Jahre waren von Krankheit und Altersschwäche gekennzeichnet. Bereits 1735 stellt die "Gemeindt vnd deren Parochianer" das Gesuch, Ambos durch einen Kaplan zu unterstützen. Sie klagten über seine mangelnde Konzentration und seine Schwächen beim Gottesdienst, die sie auf sein hohes Alter, das ihn oft ans Bett fesselte, zurückführten. Der Pfarrer lebte aber dann doch noch bis 1742. Vergleicht man die Inschrift auf seinem Epitaph mit denen auf anderen Priestergräbern der Zeit, so wirkt sie doch recht zurückhaltend.

Biographien: Walter Pötzl, Prosopographie und Volkskulturforschung, in: Volkskultur - Geschichte - Region. Festschrift f. Wolfgang Brückner zum 60. Geburtstag, hrsg. v. Dieter Harmening u. Erich Wimmer, Würzburg 1990, 111 - 129; ders., Gehöfte und Personen auf Votivtafeln. Was archivalische Quellen dazu ergänzen können, in: Schönere Heimat 79, H. 3, 1990, 186 - 192. (Dort auch die Quellenangabe.)

Text im Mirakelbuch, Wallfahrtsjahr 1680/81, Nr. 27 (jetzt: Archiv des Bistums Augsburg): Ein Knab so In einen Bronnen gefallen, wird bey dem leben erhalten. Den 18. Martij kam Zue der H. Wallfart Jakob Ambos samt seiner Hausfrauen von Hildefingen, Brachten mit sich Ihren Sohn Balthasar seines alters 15. Jahr, verrichten Ihr versprochene Wallfahrt, brachten mit sich ein Tafel, und liesen 1 H. Mess lesen, bezeigen, daß gemelter Knab vor 5 Wochen Willen Wasser zue schöpfen war aus einem bronnen im schöpfen aber Ihme die Stang gebrochen sey an welcher der Eimer gehangen, weilen der Knab den Eimer festhalten wolte, war er von disem in den Bronnen hinab gezogen, also das Er mit dem Kopf vnder- und mit den Füessen in die höch gestirzt war, und also lang in dem Bronnen lage, welches ein Nachbauer ersehen, ist in Bronnen hinabgestigen Ihme vor Todt heraus zue ziehen, als solches die Eltern ersehen haben sie ihn mit obgemelten Gelibt vnser lieben Frauen auf das Lechfeld verlobt, Ihn gestürzt von welchen vil wasser gelofen, wie ein Todter ausgesehen hat, nach gethonem Gelibt aber Ihme gleich lebens zeichen kommen sein, wie er nach herkomen frisch vnd gesundt.

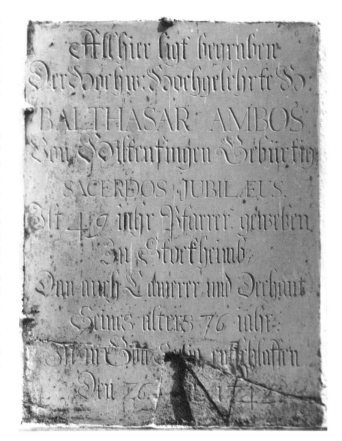

Epitaph an der Kirchenmauer in Stockheim

Das harte Schicksal der Katharina Bleig in Gabelbach

Oft nahmen bedrängte Menschen einen langen Weg zu einem Gnadenort auf sich, gingen keineswegs zur nächsten Wallfahrtskirche. So wandte sich Katharina Bleig aus Gabelbach mit ihrem kranken Kind nicht etwa zu einem Gnadenbild im Zusamtal, sondern ins wesentlich weitere Maria Hilf auf dem Lechfeld.

Anwesen und Familie

Am 19. Oktober 1677 heiratete der ledige Weber Joseph Blaig in Gabelbach die ledige Katharina Gossenbaur aus Horgau. Der Bräutigam wurde am 1. März 1654, die Braut am 19. Oktober 1654 geboren. Die Horgauer Matrikel macht zu den Eltern (Johannes und Anna) keine Angaben, doch gehörten sie sicher nicht zu den Bauern, sondern zu den Söldnern. In Horgau saß ein Hans Blaig, geboren am 22. Februar 1652 in Horgau (Sohn von Balthasar Bleig), der am 10. September 1674 in Horgau Anna Gossenbauer, Katharinas ältere Schwester, heiratete. Joseph Bleig, der Bräutigam, war der Sohn von Kaspar Bleig und Katharina Sumbser (Heirat 1643). Man geht wohl nicht fehl, wenn man Kaspar und Balthasar für Brüder hält; dann wäre Joseph Blaig der Neffe von Hans Bleig (in Horgau). Die Hochzeit von 1677 vollzog sich gewissermaßen im Familienverband.

Als Katharina Gossenbaur heiratete, war ihr Vater bereits gestorben, weswegen die Mutter die Heiratsabrede schloß. Sie gewährte ihrer Tochter "nach einer ehrlichen Ausförtigung" 40 fl. (30 fl. Bargeld). Etwas ungewöhnlich erscheint die Passage: "Sollte auch geschehen, das eines vor den andern die Schuldt der Natur ohne Leibserben bezahlen sollte, ist vertragen, das das überlebende das ander gänzlich erben vndt nichts mehr heraus zue geben schuldig sein sollte". Gewährsleute der Abrede waren: Leonhard Scherer und Hans Bleig aus Horgau.

Joseph Bleig brachte eine Sölde ein, die sein Vater für ihn am 3. Juni 1675 um 300 fl. gekauft hatte. Die väterliche Sölde war für den Sohn Bartholomäus (geb. 1652 VIII 26) bestimmt. Auf der gekauften Sölde saß vorher die Witwe Barbara Schmied, eine Schwester (des Vaters) Caspar Bleig, die mit Matthes Schmid verheiratet gewesen war. Die Sölde bestand aus Haus, Stadel und Garten; zu ihr gehörten 3 Jauchert Acker und 1 Tagwerk Mad. Die Sölde grenzte im Süden an Caspar Bleig, im Osten an den Vogt Hans Jakob Langenmair, im Norden an Georg Klockher und im Westen an die Gemeindsgasse.

Bei Ausübung eines Handwerkes bot die Sölde eine bescheidene Grundlage, den Lebensunterhalt für eine Familie zu bestreiten. Im wirtschaftlichen und sozialen Gefüge des Dorfes Gabelbach rangierten die Bleigs in der unteren Hälfte, standen aber nicht auf der niedrigsten Stufe. Das Steuerregister des Jahres 1679 führt auf "den andern St. Michaellis Termin" auf:

über 2 fl.: 5 (Anwesen)
zwischen 1 und 2 fl.: 15
zwischen 31 und 59 kr.: 11
unter 30 kr.: 3
7 kr.: 6 (Ingehäuste)

Am 1. Juni 1679, 20 Monate nach der Hochzeit, wurde die Tochter Maria geboren. Ihr folgten (Anna) Rosina (geb. 1681 III 28), Anna (1682 VI 3), Katharina (1683 X 10) und Leonhard (1684 X 30).

Die Großeltern väterlicherseits, die auf der im Süden angrenzenden Sölde lebten, starben am 25. April 1686 (Katharina) bzw. am 27. Juni 1687 (Kaspar).

Gefährlicher Zustand bei der ersten Niederkunft

Die Votivtafel und der Eintrag im Mirakelbuch ergänzen sich; allerdings bezeichnet das Mirakelbuch den Ehemann als Votanten, die Votivtafel aber die Frau selbst. Dieser Widerspruch löst sich vermutlich dadurch auf, daß der Mann stellvertretend für die Frau handelte.

Die Votivtafel berichtet, daß sich Katharina "in einem gar gefährlichen Zustand bey ihrer Ersten Kindl Niderkunft" mit einem Meßopfer und einem "Täfele" auf das Lechfeld verlobte. Den Text der aufgehängten Votivtafel konnte jeder Kirchenbesucher lesen, der Text des Mirakelbuches wurde einmal im Jahr von der Kanzel verlesen. Nach dem Mirakelbucheintrag meldete Joseph Bleig am 25. Juli auf dem Lechfeld, "daß sein Hausfrau Katharina, als sye zwar ihr Kündlein Mariam glükhlich auf die Welt geboren, daß selbig(e) aber den driten Tag hernach zu Kopf ganz verrukht sey worden; sye warff alles von sich und wolte sogar ihr Eigenes Kündt nir Anerkennen; daß werde bey 8 ganzer Tag lang. Man hat ihr zwar 2 Mahl zu Ader gelassen, aber keine Böserung gespürht." Katharina Bleig wurde offensichtlich von einer starken Wochenbett-Depression befallen, die man mit Aderlässen zu bekämpfen suchte. Auf den Rat des Pfarrers Bartholomäus Hartmann verlobte Joseph Bleig seine Hausfrau mit einer hl. Messe und einer "gemahlte(n) daffel" nach Maria Hilf. Nach der Votivtafel ist der Katharina Bleig "also bald verwunderlich geholfen worden". Das Mirakelbuch schreibt: "In wenig Stunden nach dem gelibt hat sye sich böser befunden, der Verstandt ist ihr wüder komen, und hat sich des Kündt und des ganzen Hauswesen wüder angenommen mit Verwunderung ihres Manns, wie auch des Pfarrhernnß und aller benachbarten".

Die Darstellung der Votivtafel erscheint für den Fall ungewöhnlich. Statt einer vor ihrem Kind betenden Frau in einer gebirgigen Landschaft erwartete man eine Frau im Wochenbett oder eine angebundene Irre, jedenfalls eine Szene in einem Innenraum.

Schulden

Nach einem Verzeichnis der verzinslichen und unverzinslichen Schulden aus dem Jahre 1682 war Joseph Bleig mit 310 fl. verschuldet (60 fl. Kirchenstiftung, 10 fl. Spitalschreiber, 10 fl. Bruderschaft, 230 fl. Barbara Schmied). Am 20. April 1683 vergleicht sich Joseph Bleig mit seinen Verwandten. Nach dem letzten Willen der (nun verstorbenen) Barbara Schmied war er schuldig 40 Gulden herauszugeben. Entsprechend seiner geringen finanziellen Belastbarkeit verteilte man die Summe auf die Jahre 1684 bis 1687. An Pfingsten 1684 wurden fünf Gulden für die Kirchenstiftung und fünf Gulden für die Bruderschaft fällig, in den nächsten Jahren folgten Balthasar Bleig, Anna Klockher von Anried hinterlassene drei Kinder und schließlich die zwei ältesten Kinder von Balthasar Bleigs Tochter, die mit Leonhard Weber von Steinekirch verheiratet war. Offensichtlich um das Geld aufzubringen, verkaufte er 1684 einen zur Sölde gehörigen Flecken (1/4 Tagwerk) um 14 fl. an Thomas Schuster. Ein Verzeichnis der Schulden aus dem Jahre 1685 (75 fl. Kirchenstiftung, 30 fl. Seelenbruderschaft, 30 fl. Verwandtschaft, 103 fl. in 37(!) verschiedenen Posten) zeigt, daß er zwar die Schulden abbauen konnte, doch waren seine Gläubiger damit offensichtlich nicht zufrieden. Schließlich sah sich Joseph Bleig gezwungen, seine Sölde zu verkaufen. Sie ging um 300 fl. an den Vogt Hans Jakob Langenmayr. Von diesem Betrag wurden 109 fl. Schulden zurückbezahlt, 100 fl. erhielt Joseph Bleig auf die Hand und der Rest von 171 fl. sollte jährlich mit 10 fl. abgetragen werden. Das Bargeld reichte nicht einmal, um die übrigen Schulden zu begleichen.

In den Sommer des Jahres 1685 fiel eine Auseinandersetzung mit Ottilia Hartmann, der Schwester des Pfarrers. Diese hatte Bleig des Diebstahls bezichtigt. Er sollte nachts dem Pfarrer ein Schmalz entwendet haben.

Schließlich nahm Ottilia Hartmann aber davon Abstand, denn sie wollte "ihm den guten Namen mit auf den Weg geben". Mußte Joseph Bleig Gabelbach verlassen? In den Gabelbacher Akten taucht er nach dem 12. August 1685 nicht mehr auf.

Mit vier Kindern als "Ingehäuste"

Das Hl.-Geist-Spital als Herrschaft unterstützte die verarmte Frau mit ihren vier Kindern. Am 24. Juli 1685 gewährte man ihr mit 1 fl. 30 Kreuzern den sog. "Weinkauf", da sie äußerst bedürftig war. Nach dem Verkauf der Sölde mußte Katharina Bleig als "Ingehäuste", heute würden wir sagen als Untermieterin, Unterschlupf suchen. Womit sie ihren und den Unterhalt ihrer vier Kinder verdiente, wissen wir nicht. Vielleicht flossen ihr die 10 fl., die der Vogt jedes Jahr wegen des Söldverkaufs zu bringen hatte, zu. Mit der Sölde waren nicht alle Grundstücke verkauft worden. Ein Jauchert Acker, das mit 75 fl. 40 kr. veranschlagt wurde, bewirtschaftete 1692 der Nachbar Veit Scherer. Katharina Bleig starb am 13. Juni 1692. Ihr Mann war früher gestorben, denn der Spitalschreiber bezeichnet sie als Witwe. Auch der

Sohn Leonhard lebte offensichtlich nicht mehr, denn für ihn wurde kein Pfleger bestellt. Vermutlich war er mit dem Vater aus Gabelbach weggezogen, denn er taucht auch nicht in der Gabelbacher Sterbematrikel auf.

Am 28. Juni notierte der Spitalschreiber, daß "nach tödtlichem Ableben Catharina bleigen seel. weil. Joseph Bleigen hinderlassene gewöste Wittiben, so sich derzeit alß insgehaiset zuvor aber häuslichen zu Gabelbach vffgehalten" deren "Verlassenschaft" zusammengerechnet und beschrieben wurde. Für die vier hinterlassenen Kinder (Maria, Anna, Catharina und Anna) wurden die Gerichtsleute Georg Baumeister und Peter Bleig (der Sohn von Kaspar Bleig) als Pfleger bestellt "und ins gelibt genommen". Die Pfleger sollten "nit allein denen Kindern ihr befindetes Vermögen böstens beobachten, sondern auch sie zue allem guethen zue underweisen schuldig sein". Die Tochter Maria zahlte 1698 als Ingehäuste 7 Kreuzer Steuern. Sie starb 1739 in Gabelbach. Ihre jüngere Schwester Anna war bereits 1734 gestorben. Beide waren ledig geblieben. Die zwei anderen Schwestern waren aus Gabelbach weggezogen.

Quellen

StadtA Augsburg: Reichsstadt Augsburg 93 (S. 301 u. 384), 94 (S. 35, 37, 49 u. 65), 95 (S. 37); Hl.-Geist-Spital Tit X tom 95 Nrr. 134, 145, tom 98 Nrr. 133, 166, 175, 176; Tit XII tom. 9. Archiv des Bistums Augsburg, Mirakelbuch v. Klosterlechfeld.

Franz Hauf, Ortssippenbuch Gabelbach, Frankfurt a. M. 1975 (= Deutsche Ortssippenbücher Reihe B, Bd. 8).

Die Beschreibung des Dorfes Gabelbach bei J. L. Kolleffel

Rätsel um ein Schiff und den Bader Georg Hartmann aus Zusmarshausen

Zu den ältesten Votivtafeln, die sich in Violau noch erhalten haben, gehört ein Bild, in dessen Mittelpunkt eine Kogge auf stürmischer See schwimmt. Das mit Kanonen bestückte Schiff segelte unter österreichischer Flagge. In der Mitte des Schiffes machen sich drei Personen zu schaffen, abseits von ihnen breitet ein Mann seine Hände zum Gebet aus. Über dem Schriftband kniet links ein Mann, zu dessen Füßen auf einem Kissen das gefatschte Kind Georg liegt. Ein (gegen den allgemeinen Brauch) aufgezeichnetes rotes Kreuz zeigt den Tod dieses Sohnes an. Rechts kniet die Mutter mit den Töchtern Magdalena, Maria und Maria Theresia. Nach einer längeren Gebetsempfehlung nennt der Text "Georg Hartmann Bader vnd Wundtartz vnd sein Ehlige haußfrau Apolonia in Zusmerhaußen". Datiert ist die Tafel in das Jahr 1688.

Zwischen dem Text und der Kogge besteht keinerlei Bezug, es sei denn, man erklärt das Schiff als Allegorie für das den Stürmen ausgesetzte Menschenleben und setzt es in Bezug zur Gebetsempfehlung, in der von den widrigen Winden, die sich erheben, von den Versuchungen, den Schroffen der Trübseligkeit, den Ängsten in Gefahren und in zweifelhaften Dingen die Rede ist. Gegen diese Deutung könnte sprechen, daß das Schiff detailgetreu abgebildet ist.

Fuhr der Zusmarshauser Bader tatsächlich zur See und geriet in Not oder war er seelischen Anfechtungen ausgesetzt, die er im Schiff auf stürmischer See darstellen ließ? Keine der beiden Möglichkeiten läßt sich aus den sonstigen Quellen zu Georg Hartmann erklären (was man allerdings auch nicht ohne weiteres erwarten darf).

Georg Hartmann aus Hainhofen, seit 1680 Bader in Zusmarshausen

Am 28. Oktober 1680 heiratete der Wundarzt (Chirurgus) und Bader Georg Hartmann aus Hainhofen die Tochter des Zusmarshauser Hufschmieds Apollonia Deil. Apollonia war die Tochter von Michael Deil, der 1657 Magdalena Telbrecht geheiratet hatte. Sie wurde am 9. Februar 1661 geboren. Der Bader Thomas Gabriel und die Wirtin Anna Schmid hoben sie aus der Taufe. Das elterliche Anwesen lag zwischen Niclaß Mayr und der Gasse. Behausung, Stadel und Garten wurden im Steuerbuch mit 280 fl. veranschlagt. Michael Deil bewirtschaftete (an vier Stücken) 5 1/2 Jauchert Acker. Im Stall standen drei Kühe und ein Stück Jungvieh. Das Steuerbuch von 1677 errechnet die Gesamtsumme von

592 fl. Michael Deil stattete seine Tochter mit einem Heiratsgut von 125 fl., einer angerichteten Ehrenbettstatt und weiterer standesgemäßer Ausfertigung sowie einer Kuh aus.

Im November 1679 hatte Thomas Gabriel, der alte Bader, sein Haus mit dem des Bäckers und Schankwirts Heinrich Schratt getauscht, doch lebte er nicht auf diesem Anwesen, sondern (so 1682) bei seinem Tochtermann Thomas Hofbauer. Das Zusmarshauser Bader-Anwesen lag an der Zusam, unweit der Mühle. Es stieß gegen Osten auf die Gemeinde, gegen Süden und Westen an die Zusam und gegen Norden an Balthasar Brugger, den Ziegler. Im Jahre 1682 wurde das Anwesen mit 600 fl., die Bader-Ehaft mit 300 fl. veranschlagt. In diesem Jahr lasteten 120 fl. Schulden (100 fl. in die Kirchenstiftung, 20 fl. in die Adelmannsche Kornstiftung) auf dem Anwesen. Im Stall standen nur eine Kuh und ein Kalb (1687: 2 Kühe und 1 Stück Jungvieh).

Zwischen Georg Hartmann, dem jungen Bader, und Thomas Gabriel, dem alten Bader, gab es Spannungen. So hatte Gabriel einen an Hartmann gerichteten Brief, den der Bader aus Hainhofen (Hartmanns Schwager) geschickt hatte, geöffnet und zu ihm hinuntergeschickt mit der Nachricht, "Er solle zu Ihme herauf kommen oder solle Ihn s.v. Im Arsch lekhen". Hartmann ließ ausrichten, er habe keine Zeit, worauf Gabriel zu Hartmann hinunterging und ihn "mit truzigen worthen" fragte, ob er von dem Bräuknecht in Steppach für die Behandlung bezahlt worden sei, was Hartmann verneinte. Darauf beschuldigte ihn Gabriel der Lüge und beschimpfte ihn als Hundsfott, was Hartmann erwiderte. "Darauff schlagt der Gabriel den Hartmann in daß Gesicht vnd ziecht Ihn bey dem Haar zue Boden". Für diese Tätlichkeit belegte das Gericht Gabriel mit einer Strafe von zwei Gulden. Hartmann beschwerte sich beim Amt, daß Gabriel "Ihme in der Arzney in der Herrschaft grossen Eintrag thue", wobei doch er die Steuer zahle. Nachdem "in ain oder anderm Würthshaus ainer wider den andern geschmäht vnd allerhand ohngebührliche Redten ausgestossen", untersagte die Obrigkeit und drohte eine Strafe von drei Reichstalern an.

Die Familie

Nach dem Hochzeitsprotokoll vom 17. Oktober 1680 brachte Georg Hartmann (neben dem Bader-Anwesen) 125 fl. Bargeld ein. Zeugen des Protokolls waren der Hufschmied Matthias Deil und der Fischer Niclas Castner. Bei der Hochzeit am 28. Oktober 1680 fungierten als Trauzeugen der Sattler Christoph Miller und der Bauer (colonus) Johann Sing. Am 13. April 1682 gebar die damals 21jährige Apollonia Hartmann einen Sohn, der auf den Namen Georg getauft wurde. Patendienste leisteten Adam Spring und die Metzgersgattin Maria Mayr. Die Paten blieben bei den weiteren Kindern die gleichen. Der Sohn Georg starb bereits am 26. April. Apollonia Hartmann brachte dann drei Töchter zur Welt: Magdalena (1683 III 1), Maria (1685 V 2), Maria Theresia (1686 VII 12). Mit diesen drei Töchtern ließ sich die Mutter auf der rechten Seite der Votivtafel darstellen. Alle vier beten mit einem langen Rosenkranz mit weißen Perlen, alle vier tragen auf einem dunklen Rock eine weiße Schürze und um den Hals einen weißen Kragen, wobei die Krägen der Mädchen rund ausgeschnitten sind, jener der Mutter aber viereckig. Bei der Mutter könnte man auch an ein Goller denken. Auf dem Kopf der Mutter sitzt eine mächtige Pelzhaube, unter der an den Wangen die weiße Unterhaube hervorschaut. Der Bader ließ sich in einem braunen, knielangen Rock, der an Saum und Seitentaschen mit Münzen (oder silbernen Knöpfen) besetzt ist, malen. Unter dem Rock wird eine hellbraune, unter dem Knie gebundene Hose erkennbar. Die weißen Strümpfe führen zu den schwarzen, offensichtlich mit einer Metallschnalle verzierten Schuhen. Vornehm wirkt das weiße Halstuch, das über dem Rock die obere Hälfte der Brust bedeckt. Der Bader betet einen Rosenkranz mit schwarzen Perlen. Es überrascht, daß auch der vor sechs Jahren gestorbene Sohn Georg ins Bild genommen wird. Er liegt gefatscht auf einem Kissen. Ein Kreuz zeigt an, daß er bereits gestorben ist. Dabei orientierte sich der Maler nicht an der geltenden Farbsymbolik und pinselte ein rotes (statt eines für Buben geltendes blaues) Kreuz.

Apollonia Hartmann starb am 13. Juni 1691, im Alter von 30 Jahren, im Kindbett.

Georg Hartmann, der für drei kleine Töchter zu sorgen hatte, heiratete am 11. September 1691 die ledige Rosina Refl aus Anried. Als Trauzeugen wirkten mit: der Schäffler Sebastian Deil und der Weber Michael Mayr. Mit Sebastian Deil wurde die Verbindung zur Familie der ersten Frau gehalten; auch die Paten für die Kinder blieben zunächst die gleichen Personen. Rosina Hartmann gebar in relativ kurzen Abständen fünf Kinder:

Maria Emerentiana (1692 XII 5)
Andreas   (1693 XI 2)
Matthias   (1695 II 22)
Anna   (1696 VII 25)
Johannes Thomas   (1697 XI 21)

Bis zur Geburt des nächsten Kindes, des Sohnes Anton (1702 VI 3), verstreichen dann über vier Jahre. Mit Johannes Thomas hatte der Pate gewechselt (Johann Reitmeier), was sich bei Anton wiederholte (Bartholomäus Bissung).

Mit dem Tauftag des Sohnes Anton erscheint Georg Hartmann das letzte Mal in Zusmarshauser Quellen. Im Steuerbuch des Jahres 1701 wurde er noch veranlagt. Georg Hartmann verließ demnach nach 1702 mit seiner Familie Zusmarshausen.

Quellen

StA Augsburg: Augsburger Pflegämter 1683 (f 722, 734, 736), 1684 (f 158, 201); Hochstift Augsburg NA 1526 (f 156), 1527 (f 286), 1528 (f 157), 1530.

Bobinger Votivtafeln

Aus keiner Gemeinde des heutigen Landkreises haben sich so viele Votivtafeln erhalten wie aus Bobingen. Die Wallfahrt in die 1472 erstmals erwähnte kleine Kirche besuchten nach Ausweis der Namen vor allem die Bobinger selbst, weswegen Herkunftsorte fast ganz fehlen. Lediglich eine Maria Hartmann kam um 1750 aus Hiltenfingen. Von den älteren Votivtafeln gehören drei den letzten Jahren des 17. Jahrhunderts, 47 der Zeit zwischen 1700 und 1721 und 14 der Mitte des 18. Jahrhunderts an. Beeindruckend wirkt auch, daß sich der Brauch, Votivtafeln aufzuhängen, über das 19. Jahrhundert bis in die Gegenwart erhalten hat. Ergänzt wird der Bestand in der Frauenkirche durch einige Tafeln in der Wolfgangs- und Wendelinskapelle, von denen die des Bauern Georg Klocker - Votant mit drei Frauen und dreißig Kindern - in die Zeit um 1665 zurückreicht. Vergleicht man die Namen auf den Tafeln und befragt dazu die Bobinger Stammbäume, so fällt auf, daß manche Familien mehrmals auftauchen. Wenn sich darin nicht die Zufälligkeit der Überlieferung ausdrückt, könnte man zur Annahme gelangen, daß in bestimmten Familien der Votivtafel-Brauch besonders gepflegt wurde. In der Kapelle am Nordende des stattlichen Dorfes stehen auf einem Wandbrett geschnitzte Votivpferdchen. Der Kapellenpatrone wegen bot sich dieser Ort mehr bei Viehkrankheiten an, während diese auf den Votivtafeln der Frauenkirche keine besondere Rolle spielen. Dem entsprechen denn auch die Votivgaben in der Frauenkirche: Beine und Arme, Wickelkinder aus Holz geschnitzt oder in Modeln gegossen.

Die zwei Gnadenorte im Dorf selbst banden die Bobinger nicht in allen Anliegen. Wir treffen Bobinger Wallfahrer natürlich auch auf dem Lechfeld und in Augsburg beim Hl. Simpert bzw. beim Wunderbarlichen Gut und sicher auch noch andernorts. Die Pfarrei brachte 1714 eine große Kerze nach Andechs, auf deren Kartusche die hl. Felicitas mit ihren sieben Söhnen dargestellt ist.[1]

Mehrere Votivtafeln der Frauenkirche bringen den Vorgängerbau ins Bild: an ein dreiachsiges Langhaus schloß sich ein halbrunder Chor an, ein niedriger Turm lehnte sich im Norden an das Langhaus an, Turm und Langhaus trugen ein Sattel-, der Chor ein Walmdach; erstmals 1703 taucht östlich der Kirche ein barocker Rundbau auf. Von der 1679 beschafften neuen Inneneinrichtung überliefern die Tafeln keine Vorstellung. Das Gnadenbild, eine Madonna mit Kind (auf dem linken Arm), erscheint durchweg im roten Kleid und im blauen Mantel. Kind und Mutter tragen Kronen, Maria in der Rechten zudem ein Szepter. Im Votivtafelbestand klafft nach 1721 eine Lücke, die sich offensichtlich aus dem schlechten Bauzustand der alten Kapelle erklärt, die 1726 als ruinös bezeichnet wird. Die Kunde vom beabsichtigten Neubau veranlaßte die Bobinger, von 1746 an wieder Votivtafeln in der Frauenkirche aufzuhängen. Franz Kleinhans vollendete den Neubau im Jahre 1751.[2]

Der reiche Bobinger Votivtafelbestand bildet für die Dokumentation der Kulturgeschichte eine unschätzbare Fundgrube. Die Tafeln zeigen nicht nur den Vorgängerbau, sondern auch einzelne Häuser und Gehöfte und halten so die Baugeschichte fest. Weil es um Krankheiten geht, tauchen häufig Betten und die entsprechenden Nebenmöbel auf. Darüber hinaus dokumentiert eine Tafel einen offenen Herd, eine andere die Verglasung mit Butzenscheiben. Bettzeug und Kleidung sind in reichem Maße festgehalten. Die Freude an der Kulturgeschichte, zu der diese Tafeln so viel beitragen können, darf aber nicht den Blick verdecken für die Anlässe, weswegen diese Tafeln gemalt wurden. Zunächst stehen sie für den gefährdeten Alltag der Menschen.

Zu allen Bobinger Votivtafeln Lebensbilder zu schreiben, muß den Bobingern selbst überlassen bleiben. Die Forschungsvoraussetzungen liegen deswegen günstig, weil Herr Xaver Holzhauser sowohl die Matrikel wie das Material zur Hausgeschichte im Computer gespeichert hat. Er hat die erbetenen Auszüge freundlicherweise zur Verfügung gestellt, wofür ihm an dieser Stelle herzlich gedankt sei.

Literatur

Rupert Holzhauser
Die Wallfahrt zu Unserer Lieben Frau in Bobingen (Zulassungsarbeit), Augsburg 1986

Anmerkungen

1) W. Pötzl, Mirakelgeschichten, Augsburg 1979 (Register); ders., Votivkerzen in Andechs, in: Der Landkreis Augsburg Nr. 64.
2) BKD Landkreis Schwabmünchen 19 - 28; Wilhelm Neu, Unsere Liebe Frau in Bobingen und die Pfarrkirche Westendorf, in: Der Landkreis Augsburg Nr. 85.

Michael Haug auf der Unteren Mühle

In kurzer Zeit ließ die Familie Haug in der Frauenkirche drei Votivtafeln aufhängen.

Die Familie

Am 6. Oktober 1694 schloß Agatha Reitmair, geborene Fischer, "des abgelaibten Leonhard Reitmayr seel. hinderlassne Wittib" den Ehekontrakt mit Michael Haug aus Schöne(n)bach.

Agatha Fischer hatte am 20. Juni 1690 den Witwer Leonhard Reitmayr geheiratet, der nach vier Jahren starb. Aus der Ehe gingen keine Kinder hervor.

Michael Haug war der Sohn des (bereits verstorbenen) Andreas Haug und seiner Frau Christina. Er war am 27. August 1669 in Schöne(n)bach zur Welt gekommen.

Michael Haug brachte an Heiratsgut ein: 800 fl. (davon 600 bar), 1 angeschirrtes Pferd, 1 ganzen beschlagenen Wagen, 1 angerichtete Bettstatt, 2 Kühe und 1 Stück Jungvieh.

Die Braut setzte dagegen: Haus und Mühle mit den zugehörigen Äckern und Wiesen, was vom Domkapitel zu Lehen ging; ferner 2 Jauchert Acker (Lehen von St. Ulrich und Afra), 1 Jauchert Aigen Acker, verschiedene Mäder und einen stattlichen Viehbestand.

Die Hochzeit wurde am 25. Oktober gefeiert. Zeugen waren Philipp Oimüller aus Schönebach und der Bauer Ulrich Völk aus Bobingen. Zwischen September 1695 und März 1704 schenkte Agatha Haug sieben Kindern das Leben:

Michael 1695 IX 24
Barbara 1696 XI 29
Josef   1698 III 17
Ursula   1699 IX 13
Martin   1700 XI 10
Maria   1702 II 24
Maria   1704 III 26

Lediglich die im November 1702 geborene Tochter Maria starb jung. Die Abstände zwischen den Geburten liegen zwischen 12 und 24 Monaten (bei einem Durchschnitt von 16 Monaten).

Gefährdeter Alltag

Im Jahre 1700 hatte der Müller "ein böse geschwollne hand, daran alle natürliche artzney vergebens", weswegen er sich zu Unserer Lieben Frau verlobte, worauf es "gleich bösser worden". Der Maler der Tafel (Öl auf Leinwand, 31 x 27 cm) ließ den Müller neben einen Baum auf einem Feld knien, auf dem auch die Wallfahrtskirche steht. Im Hintergrund scheint über einem Gebirgszug Helle auf. Durch eine mandorlaartige Öffnung in den Wolken tritt, von Strahlen umgeben, das Gnadenbild in die irdische Welt. Der Müller neigt sich leicht zum Gnadenbild hin. Die linke, mit einem schwarzen Rosenkranz umwickelte Hand unterstreicht die demütige Haltung. Der rechte, ausgestreckte Arm ist vom Ellenbogen an mit einer dicken Binde umwickelt, aus der die Finger hervorschauen. Diese Armgeste verdeutlicht, was der Text aussagt. Etwas ungewöhnlich erscheint der Hinweis auf die vergeblich angewandte Arznei, wie er in den Mirakelbüchern, die mehr Raum für den Text bieten, oft als Topos (aber auch mit realem Bezug) auftaucht. Er soll die erlangte Hilfe noch verstärken. Im Sprachgebrauch des Mirakelbuches bleibt auch die Wendung "vnd ist gleich besser wor-

den", die besagt, daß der Votant nicht nur für die vollständige Heilung, sondern schon für die Besserung des Krankheitsbildes dankbar war. Seinem Stand entsprechend trägt der Müller einen blauen Rock (während sonst Brauntöne vorherrschten), dem auch der breitkrempige Hut und vermutlich auch die Strümpfe entsprechen. Die hellbraune Hose wurde unter dem Knie gebunden.

ne größere Medaille. Das Gnadenbild weist ein hellblaues Kleid auf, dessen kostbaren Stoff der Maler andeutet. - Wer die stattliche Literatur über Votivtafeln durchblättert oder die umfangreichen Bestände der Wallfahrtsorte überblickt, sucht wohl vergebens nach einer Votivtafel, die einen ähnlichen Anlaß darstellt.

Im gleichen Jahr ließ auch die Müllerin, offensichtlich von einem anderen Maler, eine Votivtafel fertigen (Öl auf Holz, 29 x 22,5 cm). Sie tritt als Votantin für ihr Kind auf, das sich in einen abgestellten langstieligen Tiegel mit heißem Inhalt gesetzt hatte und Gefahr lief, sich den Hintern zu verbrennen. Dargestellt ist wohl der im März 1698 geborene Sohn Josef, der, da er mit zwei Jahren noch nicht sauber war, mit einem Hemdchen bekleidet wurde. Auf dem gemauerten Herd brennt noch das Feuer, über dem der Pfannenknecht steht, von dem der Tiegel genommen wurde. Agatha Haug, die der Maler - ebenso wie das Büblein - zum Bildbetrachter hin dreht, trägt ein dunkles Kleid und eine Pelzhaube. An ihrem schwarzen Rosenkranz hängt unter dem Kreuzchen ei-

Noch einmal, im Jahre 1703, erscheint Agatha auf einer Votivtafel, die wohl der gleiche Maler fertigte (Öl auf Holz, 29 x 24 cm). Jetzt malte er die Personen mehr von der Seite. Die Mutter kniet mit dem Sohn Joseph, der allein im Text genannt wird, vor dem - jetzt in einen Rundbau erweiterten - Wallfahrtskirchlein. Beim Vergleich der beiden Darstellungen könnte man durchaus darüber spekulieren, ob sich der Maler um eine portraithafte Wiedergabe bemühte. Der Größe nach entspricht das Büblein durchaus einem Fünfjährigen. Es ist wie ein kleiner Erwachsener gekleidet. Weil er "Mit einem Stein verhafft gewesen", hat sich die Müllerin mit ihm zum Gnadenbild gewandt, das jetzt anders gekleidet erscheint (rotes Kleid mit Taille).

Die Untere Mühle

Im Steuerbuch von 1697 wird das Anwesen (heute: Wertachstraße 11), das im Osten auf die Singold, sonst an die Gemeinde stößt, als Mahlmühle mit 2 Mahl-, 1 Gerb- und 1 Brechgang beschrieben. Zu ihr gehören 2 Jauchert Acker und 19 Tagwerk Wiesen. Sie steht unter der Grundherrschaft des Domkapitels. Sie wurde mit 2 fl. 14 kr. 9 hl. Wiesgilt und 9 Schaff Kern belastet. Dem Vogt gehörten 2 Metzen Kern und 2 Metzen Haber. Im Jahre 1701 wurde das untere Mühlanwesen mit 1 200 fl. veranschlagt. Michael Haug bewirtschaftete daneben aber noch 25 Jauchert (in 15 Stücken) und 40 Tagwerk Wiesen, worunter den größten Komplex jene 4 Jauchert und 15 Tagwerk bildeten, die von St. Ulrich und Afra zu Lehen gingen. Durch diese Grundstücke erreichte die Veranlagung die Gesamthöhe von 1 909 fl., denen gegenüber die Verschuldung gering ausfiel (200 fl. Frauen- und Pfarrkirch, 100 fl. in Matthes Millers Kindspfleg). Im Stall standen 4 Rösser, 1 Jährling, 5 Kühe, 2 Stück Jungvieh, 5 heurige Kälber und 3 Schweine.

Der Müller trieb offensichtlich auch einen umfangreichen Pferdehandel, der in den Amtsprotokollen aufscheint, wenn die Handelspartner Juden waren. Die Juden saßen in Pfersee, Kriegshaber und Steppach. Vom Steppacher Juden Abraham Leve z.B. tauschte er 1720 1 Rappen mit einem kleinen Fillen gegen einen braunen Wallach, wobei er noch 30 fl. und 1 Schaff Kern darauflegen mußte.

Irgendwann erweiterte Michael sein Mühlenprogramm durch eine Sägmühle, die "vnder einem absonderlichen paw" untergebracht war (so 1723). Nach dem Steuerbuch von 1723 hatte sich auch der Viehbestand etwas erweitert (6 Rösser, 2 Jährlinge, 8 Kühe, 4 Stück Jungvieh, 4 Schweine, 1 Schweinmutter, 2 Schafe). Dieser Viehbestand stieg bis 1728, als das Anwesen an den Sohn überging, um zwei Rösser.

Agatha Haug starb am 23. November 1727. Am 6. Juli 1728 wurde das Anwesen dem ältesten Sohn Michael übergeben, der tags zuvor Regina Haider, die Tochter des Bauern Franz Haider und seiner Frau Regina aus Wehringen geheiratet hatte.

Quellen

StA Augsburg: Hochstift Augsburg, Augsburger Pflegämter 668 (S. 228 - 230), 669 (S. 71 f., 380, 632, 658, 685), 673 (S. 147, 709), 675 (S. 17 - 21);
StadtA Augsburg: Historischer Verein H 43 (S. 704 - 712) H. 117 (S. 1212 ff.)

Andachtsbildchen der Wallfahrt zu Unserer Lieben Frau in Bobingen, entstanden nach dem Bau der neuen Kirche. Originalkupferplatte im Pfarrarchiv Bobingen.

Die Familie Hamler und ihre Votivtafeln

Über 200 Jahre lang haftete an der Pfarrsölde (heute: Römerstraße 18) der Hausname "Hamler". Schon vor 1673 läßt sich auf diesem Anwesen eine Hamler-Familie nachweisen, und bis 1844 bleibt diese Familie auf dieser Sölde.

Caspar Hamlers, Leinwebers, Töchterlein Eva nahm am Osterabend 1659 ein Stücklein Glas in den Mund, das dem 5 Vierteljahre alten Mädchen dann im Halse steckenblieb, sodaß "das Kind darüber erschwarzet vnd schier erstickt wäre". Der Vater verrichtete am Ostermontag eine Wallfahrt "Zu Vnser Lieben Frawen Hülff auf dem Lechfeld", worauf sich das Kind zwar etwas erholte, das Gläslein aber immer noch in ihm steckenblieb. Das Mädchen konnte keine Speise aufnehmen und magerte merklich ab. Am Freitag verlobten die Eltern das Kind dann mit einer hl. Messe zum Wunderbarlichen Gut bei Hl. Kreuz in Augsburg, worauf das Kind durch den Mund das Gläslein von sich stieß. In dem gedruckten Mirakelbuch wurde das Gläslein in seiner Größe in einer Zeichnung vorgestellt.

Von Caspar Hamler, gestorben am 20. Mai 1676, übernahm Ambros Hamler das Anwesen. Ambros starb am 20. Juni 1691. Das Steuerbuch von 1697 nennt die Witwe Maria Hamler als Inhaberin, doch steht darüber geschrieben: Christian Hamler Metzger. Christian Hamler ist am 26. Dezember 1676 geboren. Beim Söldhaus liegt ein kleines Gärtlein, das dem Pfarrheiligen mit 8 kr. zinsbar ist. Gegen Osten stößt das Anwesen an den Bauern Hans Fischer, gegen Süden an Mattheiß Kuefer, gegen Westen an die vordere Straß und gegen Norden an das Gemeind-Gäßle. Das Anwesen selbst wird mit 175 fl. veranschlagt. Hamler bewirtschaftete 7 3/4 Jauchert Acker (an vier Stücken). Im Stall standen 2 Kühe und 2 heurige Kälber. Insgesamt erreicht dieser Besitz den Wert von 349 fl.

Christian Hamlers erste Ehe

Am 9. November 1699 regelte Christian Hamler angesichts der beabsichtigten Verehelichung die Erbschaft mit seinen Geschwistern und traf die Heiratsabrede (Die Mutter war am 9. Februar 1699 gestorben). Als Beiständer waren mit aufs Pflegamt gekommen: Hans Fischer, Hans Cramer und Michael Hartmann. Christian übernahm als elterliches Erbe die Söldbehausung und den Acker, "den Schlag Kobl genannt". Mit seinen Geschwistern Elisabeth (geb. vor 1673), Apollonia (geb. 1674 II 8), Hans (geb. 1679 V 17) und Georg (geb. 1681 XI 17),

vereinbarte er, viermal 175 fl. anzusetzen. Da Apollonia (sie heiratete 1696 III 5 den Witwer Michael Hartmann) bereits 80 fl. empfangen hatte, sollte sie so lange warten, bis die beiden Buben einen Betrag in dieser Höhe erreicht hatten. Der Sitte der Zeit entsprechend erklärte sich Christian bereit, seinen Brüdern, falls sie erkranken sollten, Unterschlupf zu gewähren. An die Schwester Elisabeth sollte jenes Braitjauchert übergehen, das seine Braut mit in die Ehe brachte. Die Hochzeiterin, Maria Jaufmann (geb. 1679 IV 6 als Tochter von Johann und Rosina Jaufmann, geborene Völk), erhielt neben dem Braitjauchert 75 fl., "woran 25 so bey Ayrnschmalz, wie man pflegt zu sagen, erlegt", 1 Kuh und eine "ehrliche Ausförtigung ihrem Standt gemäß".

Warum das Paar nicht noch im November, vor Beginn der Adventszeit, heiratete und bis zum 10. Januar wartete, wissen wir nicht. Als Trauzeugen stellten sich der Bauer Jakob Wolfmüller und der Halbsöldner Johann Fischer zur Verfügung.

Maria Hamler gebar in 17 Jahren zehn Kinder:

Anna Maria	1700 IX 15
Theresia	1701 X 14
Felizitas	1704 VI 29
Magdalena	1706 VI 18
Maria Magdalena	1708 VI 16
Anna	1709 VII 10
Rosina	1711 VIII 28
Maria Magdalena	1713 VI 1
Martha	1715 VII 11
Joseph	1717 I 22

Von ihnen starben die beiden Magdalenen (1706 und 1708) früh. Als Taufpaten kamen (bei allen zehn Kindern) in die Kirche: Vitus Walter (der obere Müller) und Anna Zientner, die Frau des Kirchbräus Lukas Zientner.

Zwei Votivtafeln

Daß sich eine Votivtafel auch ohne viel Text mitteilen kann, beweist das Beispiel von 1700. Eine querschwingende Wiege mit einem tiefsitzenden Kasten war umgefallen und das gefatschte Kind war trotz der Verschnürung auf den Boden gestürzt. Die Haltung der Frau wirkt so spontan, als hätte sie der Maler in einer Momentaufnahme erfaßt. In der Kleidung unterscheidet sich Maria Hamler nicht von Agatha Haug. Sie betet einen Rosenkranz mit roten Perlen und einem roten Kreuz. Eine so konstruierte Wiege gerät nicht so leicht aus dem Gleichgewicht; es muß jemand heftig dagegengestoßen sein. Ein Eintrag im Mirakelbuch könnte hier Aufklärung bringen. Das Neugeborene kann nur die Tochter Anna Maria sein (s.o.).

Im Vergleich dazu erschließt sich die zweite Tafel nicht. Die Eltern knien mit einem Töchterchen vor der Kapelle, deren Turm nur angeschnitten ist. Nah an die Westseite der Kapelle ist ein Haus herangerückt, das man wohl als die Söldbehausung der Familie ansprechen darf. Christian Hamler trägt einen braunen Rock ohne besondere Merkmale der Auszier. Er wirkt vom Gesicht her hager. Vor den Eltern kniet ein 8-10jähriges Mädchen (die Tochter Theresia) in grünem Kleid mit weißer Latzschürze. Auf ihrem Kopf sitzt eine weiße Haube. Alle drei Personen beten Rosenkränze mit schwarzen Perlen. Das Mädchen scheint der Anlaß für die Votation zu sein. Steht der Anlaß im Zusammenhang mit dem (teilweise) mit abgebildeten Haus? Über vage Vermutungen über den wahren Grund der Votation geraten wir nicht hinaus.

Christian Hamlers zweite Ehe

Im Verlauf der Jahre 1717/18 (bzw. in der ersten Hälfte von 1719) starb Maria Hamler. Die Bobinger Matrikel verzeichnen ihren Todestag nicht, was zur Annahme berechtigt, daß sie auswärts begraben wurde.

Am 18. Juli 1719 heiratete Christian die ledige Barbara Dopfer aus Bernbeuren. Trauzeugen waren der Söldner Joseph Rock und der Bauer und Gastwirt Ulrich Zech (vgl. den nächsten Beitrag). Der Kinder- und Heiratsvertrag wurde am 22. Juli 1719 geschlossen. Die Braut war zwar in Bernbeuren geboren, aber in Bobingen aufgewachsen. Als ihr Gewährsmann trat vor dem Pflegamt der Bierbräu und Weinwirt Joseph Völckh auf, "bey welchem sye Hochzeiterin allerdings auferzogen vnd viel Jahr gedient hat". Sie erhielt neben der standesgemäßen Ausfertigung lediglich 45 fl. und eine Kuh zweiter Wahl (die ihr aber erst nach dem Ableben ihres Mannes überführt werden sollte). Den sechs Mädchen erster Ehe - Rosina wird hier nicht aufgeführt - stehen neben einer ehrlichen Ausfertigung insgesamt 500 fl. sowie jeweils eine Kuh zweiter Wahl zu; damit er ein Handwerk lernen kann, reserviert der Vertrag dem Sohn 25 fl.

Barbara Hamler gebar in 17 Jahren elf Kinder:

Johanna	1720 V 9
Elisabeth	1721 VII 5
Margaretha	1722 VII 13
Barbara	1724 XII 3
Franziska	1726 III 3
Christina	1727 V 31
Cäcilia	1729 XI 4
Ambros	1730 XI 24
Juliana	1732 I 7
Christian	1735 IV 22
Felix	1737 II 15

Keines der Kinder starb früh. Sie wurden von den gleichen Paten aus der Taufe gehoben wie die Kinder aus erster Ehe. Ab 1724 allerdings trat dann Johann Michael Bertele an die Stelle von Vitus Walter, der weggezogen war.

Um Christian Hamlers wirtschaftliche Verhältnisse stand es besser als man nach den Verträgen von 1719 hätte vermuten können. Am 29. Juni 1712 hatte er von seiner Schwiegermutter um 435 fl. im unteren Dorf eine Halbsölde gekauft. Seine "letzte Willens Disposition" vom 15. Juli 1737 zeigt, daß er sich weiter verbesserte.

Seiner noch ledigen Tochter Martha (aus erster Ehe) gedachte er 300 fl., eine standesgemäße Ausfertigung und eine Kuh zweiter Wahl zu. Der Sohn Joseph (ebenfalls aus erster Ehe) erhielt die Behausung mit Zubehör, 7 Jauchert Äcker, 5 Strangen Ehegarten und 4 1/2 Jauchert Hochfeldäcker, das vorhandene Handwerkszeug, Kasten und Halskleider, was zusammen auf 500 fl. veranschlagt wurde. Das vorhandene "Haus Gerüst als Holz, Fässer, Truhen, Säcke, Wannen, Zuber, Pflegel usw. sollten sich Mutter und Sohn teilen. Ausgenommen davon war das Zinn (2 Schüsseln, 1 Kanne, 1 Teller), das er den Kindern zusprach. Bei seiner Verheiratung fielen an ihn 500 fl. Seiner Ehewirtin gestand er (an Geld) "in ansehung ihrer gegen ihme iederzeit erzaigten Lieb, Trew vnd fleißen" 200 fl. zu, ebenso jeder seiner 5 Töchter. Dabei standen 500 fl. Bargeld sofort zur Verfügung, der Rest sollte mit jährlich 25 fl. abgezahlt werden. Bei der Verheiratung der Tochter Magdalena 1734 nach Gennach hatte das Ehepaar Hamler bei der Frauenkirche 100 fl. aufgenommen, deren Rückzahlung den Sohn belastete. Ferner mußte der Sohn noch an Heiratsgut an seine Schwestern bezahlen: 75 fl. an Theresia Stempfle, 75 fl. an Anna Sumpfer und 25 fl. an Magdalena Strobl in Gennach. 25 fl. bekam die Mutter zusätzlich zur Reparierung der ihr vermachten halben Söldbehausung.

Christian Hamler fühlte bei seiner letzten Willens Disposition den nahen Tod, der ihn dann am 5. August ereilte. Seine (zweite) Frau Barbara lebte noch bis zum 11. Juli 1761.

Auch der Sohn steht in der Votivtafeltradition

Beim Tod des Vaters war der älteste Sohn 20 1/2 Jahre alt. Er ließ sich mit dem Heiraten viel Zeit. Schließlich ging er am 17. Oktober 1747 mit der ledigen Theresia Wägeler aus Langerringen die Ehe ein. Theresia gebar ihm in 7 Jahren und 3 Monaten fünf Kinder:

Ursula	1748 X 18
Lorenz	1750 VIII 7
Johann Nepom.	1752 V 3
Anna Maria	1754 II 1
Franz v. Sales	1756 I 27

Im Jahre 1752 stiftete Joseph Hamler eine Votivtafel, die ihn gegenüber seiner Frau und einem heranwachsenden Mädchen zeigt. Zwischen beiden Gruppen liegt auf einem Kissen ein gefatschtes, mit einem roten Band gewickeltes Kind, wohl der im selben Jahr geborene Sohn Johann Nepomuk (über die Nichtbeachtung der

Farbsymbolik vgl. oben). Eine Krankheit dieses Kindes bildete wohl den Anlaß für die Votivtafel. Schwierigkeiten bereitet die Identifikation des Mädchens. Die Tochter Ursula war damals vier Jahre alt, das Mädchen ist aber keineswegs wie ein vierjähriges Kind dargestellt, sondern eher wie eine 13-/14-Jährige. Man wird eher an eine Schwester des Vaters oder der Mutter denken müssen. Joseph Hamler trägt über einer roten, mit Silberkettchen geschnürten Weste einen knielangen braunen Rock mit Stehkragen. Die schwarze Kniehose steht im Kontrast zu den weißen Strümpfen. Die Frau hat auf den dunklen Rock eine blaue, das Mädchen auf den (helleren) grünen Rock eine weiße Schürze gebunden. Das Mädchen erscheint in einer weißen Bluse unter einem roten Mieder. Die Häupter bedecken Bockelhauben, unter denen Spitzen hervorschauen. Die Rosenkränze aller drei Personen sind mit Medaillen behängt.

Die Frau des Webers Josef Hamler starb am 11. August 1756. Ein Jahr später, am 7. Februar 1757, heiratete er die ledige Barbara Heiß, die ihm am 30. Januar 1758 Zwillinge gebar (Johann Georg, früh gestorben, und Alois).

Joseph Hamler starb am 8. Juni 1793.

Quellen

StA Augsburg: Hochstift Augsburg, Augsburger Pflegämter 669 (S. 51 f.), 673 (S. 177 - 182), 676 (S. 56, 316 - 320); StadtA Augsburg H 47 (S. 306 - 308), H 117 (536 ff.)

In die Chorkuppel der neuen Kirche malte V. F. Rigl vier Mirakelbilder. Als Textvorlagen könnten ihm Texte in einem (nicht mehr erhaltenen) Mirakelbuch gedient haben.
Auf einem der Fresken retten Männer einen Mann, der in einen Brunnen gefallen war.

Reiche Bobinger Bauern

Votivtafeln, die Unfälle bei der Arbeit schildern, zeigen die Menschen, wie sie sich am Werktag kleideten (im Gegensatz zu den Betern, die dem Gnadenbild in ihrem besten Gewand entgegentreten). Wie gefährlich den Holzfällern ihre Arbeit werden konnte, hält die Tafel fest, die Ulrich Zech im Jahre 1701 malen ließ. Was wissen wir über den "Wirt und Gastgeb" Ulrich Zech?

Die reiche Heirat eines Bauernsohnes

Ulrich Zech wurde am 2. Mai 1676 als Sohn des Bauern Johann Zech und dessen Frau Maria geboren. Der Vater bewirtschaftete den Wagner-Hof (heute: Hochstraße 15).

Er stattete seinen Sohn mit einem Heiratsgut von 800 fl. aus.

Am 23. November 1700 heiratete dieser die Witwe Anna Fischer. Anna stammte aus dem Klockerbauer-Hof (heute: Hochstraße 70). Sie war die Tochter von Georg Klocker, der nach einem Erbhuldigungsakt von 1650 neben diesem, dem Heilig-Geist-Spital in Augsburg gehörigen Hof, über drei Söldplätze verfügte (1 Domkapitel, 1 Vogelbauer, 1 Pfründe). Georg Klocker, der um 1680 starb, hatte von drei Frauen 30 Kinder. Das teilt uns eine Votivtafel mit, die um 1665 entstand und die in der St.-Wolfgangs-und Wendelinskapelle hängt. Die Kinder wurden alle vor 1673, dem Jahr, von dem an Bobinger Taufmatrikel erhalten sind, geboren. Die meisten scheinen früh (oder dann ledig) gestorben zu sein, denn ein Erbvertrag, der am 7. September protokolliert wurde, führt nur acht Kinder, d.h. Geschwister von Georg Klocker, der vom Vater den Hof übernommen hatte, auf. Der Erbvertrag war notwendig geworden, weil Georg (II) Klocker gestorben war. Von den acht genannten Erben leben zwei nicht mehr (Johann Klocker von Göggingen und Afra, geweste Obermüllerin), weswegen ihr Anteil an ihre Kinder geht. Mattheis Klocker (1.) sitzt in Wehringen, und Ursula (6.) ist mit Franz Saule in Haunstetten verheiratet, die übrigen leben in Bobingen: Susanna, verheiratet mit dem Bäcker Sebastian Heiß (heute: Hochstraße 72)
Valentin, Bauer (heute: Vogelberg 6)
die Witwe Anna Fischer
Johanna, verheiratet mit dem Bauern Simon Wolfmiller (heute: Römerstraße 62).

Anna Klocker heiratete am 17. Juni 1680 den Bauern Andreas Fischer. Aus der Ehe gingen sieben Kinder hervor, von denen drei früh starben. Den Vater ereilte am 13. Mai 1700 der Tod. Die Witwe entschloß sich, Ulrich Zech zu heiraten, weswegen am 23. Oktober ein Vertrag protokolliert wurde. Dieser dokumentiert den Reichtum von Andreas Fischer. Zum Erbe gehörten:
die Gastwirtschaft (heute: Hochstraße 74)
der St.-Katharina-Hof (heute: Hochstraße 25)
der St.-Moritz-Hof (heute: Autowerkstätte Häring)
das alte Amtshaus (Unteres Schlößchen)
das Panzauische Holz.

Georg Klocker mit 3 Frauen und 30 Kindern

Unter den Kindern auch Anna Klocker, die spätere Frau von Ulrich Zech (vierte v.l.)

Auch Annas Bruder Valentin ist mit einer Votivtafel vertreten. Sie zeigt einen großen Bobinger Bauernhof, dessen Wohnhaus mit Ziegel, dessen Stadel aber mit Stroh gedeckt ist.

Das Gesamtvermögen wurde mit 5 338 fl. veranschlagt. Ihnen standen Schulden von 1 070 fl. (St. Katharina: 500 fl.; Kirchenstiftung St. Felicitas: 130 fl.; Spital Dinkelscherben: 200 fl.; St. Moritz: 100 fl.; Michael Messerers Kindspfleg: 140 fl.) gegenüber.

Der Witwe (und damit Ulrich Zech) wurde der damals öd liegende St.-Katharina-Hof unter der Auflage zugesprochen, innerhalb von zwei Jahren Haus und Stadel zu bauen. Innerhalb dieser Zeit stand der Witwe die Gastwirtschaft zu. Der übrige Besitz ging an die Kinder:

Maria (geb. 1683 XI 17, heiratet 1704 den Bauernsohn Joseph Völk)
Joseph (geb. 1685 I 6)
Georg (geb. 1690 IV 16)
Theresia (geb. 1695 II 22, heiratet 1711 I 26 den Bauern Martin Wagner, 1715 VII 1 Joseph Markle, Brauersohn)

Ulrich Zech verwaltete das Erbe seiner Stiefkinder bis zu deren Verheiratung.

Ein Arbeitsunfall auf einer Votivtafel

Die Votivtafel von 1701 bezeichnet Ulrich Zech als "Wirt und Gastgeb", was genau seiner Biographie entspricht. Die zunächst auf zwei Jahre angesetzte Zeit für die Gastwirtschaft verlängerte sich bis 1704. In diesem Jahr ging die Gastwirtschaft (Hausname: Kapellwirt) an die Stieftochter Maria über, die am 25. September Joseph Völk heiratete. Die Sölde mit "Würthschaffts Behausung samt Hofraitung, Stadel und Stallung" stieß im Osten an Hans Schreiber, im Süden an Hans Rößles Garten, im Westen an die hintere Straß und im Norden an sein eigenes Lehen an der Hofstatt. Bei der Sölde lag ein Garten von einem halben Tagwerk. Die Wirtssölde wurde mit 500 fl. veranschlagt. Grundherr war das Domkapitel, an das 34 kr. 2 Heller und 2 Hennen abzuliefern waren. An diese Sölde grenzte eine Söldhofstatt, die ebenfalls Ulrich Zech bewirtschaftete. Sie erreichte aber nur den Wert von 110 fl., lieferte aber dem Domkapitel 12 kr., 4 Gänse und 4 Hühner ab. Im Jahre 1701 führte Ulrich Zech mit Georg Waltkircher einen Tausch durch. Er trennte für Waltkircher von seinem St.-Katharina-Hof an der vorderen Straße so viel Platz ab, wie dessen Sölde ausmachte; im Gegenzug gingen Waltkirchers Söldplatz und Garten, die gegen die hintere Straße lagen, an Zech über. Zech zahlte darüber hinaus noch 40 fl. und lieferte ihm 1 Metzen Kern und 4 Metzen Roggen. Zech beabsichtigte, Waltkirchers Söld völlig abzubrechen und auf dem vorderen Platz neu aufzubauen.

Die Votivtafel schildert den Vorgang sehr detailgetreu. Ulrich Zech wollte mit einer Axt eine Eiche fällen. Dabei brach ein mächtiger dürrer Ast ab und traf ihn am Kopf. Der Künstler malte wirklich eine Eiche, die an einem Waldrand oder an einer Lichtung stand. Er hielt den Unfall gleichsam in einer Momentaufnahme fest: Als Ulrich Zech von dem sehr großen Ast, "so von einem Aichbaum abgefallen", übel getroffen wurde, ließ er die Axt zu Boden fallen und faltete die Hände zum Gebet. Andere Votanten wickelten einen Rosenkranz um ihre betenden Hände, doch hätte das in diesem Fall realitätsfern gewirkt. Ulrich Zech trägt einen kurzen, roten Arbeitskittel. Die braune Hose ist unter dem Knie geknüpft. Die schwarzen Halbschuhe halten kräftige Bänder zusammen. Auf dem rötlichen gelockten langen Haupthaar und auf der Stirn sitzt eine niedere schwarze Kappe. Wie bei anderen Bobinger Votivtafeln auch, gewinnt der Betrachter den Eindruck, daß sich der Maler um eine portraithafte Darstellung bemühte. Weniger Sorgfalt verwendete er auf die Schrift, die er zwar kalligraphisch gut meisterte, nicht aber im Text (vgl. grosen nast). Während das Bild Unfallhergang und Votation festhält, verrät der Text, daß die Tafel später entstand, denn "nach gethanem glibt zu unser lieben frauen (ist es) bald widerum bösser worden".

Anno 1701 Bin ich Ulrich Zech wirt und gastgeb zu [...] einem ser grosen nast So von einem Aichbaum abgefallen vbel ge[...] aber nach gethanem glibt Zu unser lieben frauen bald widerum voller worte[...]

Auf dem St.-Katharina-Hof

Da die Stieftochter erst im September 1704 heiratete, konnte sich Ulrich Zech mit dem Bau des St.-Katharina-Hofes Zeit lassen. Als er dann den neuen Hof bezog, entstand der Hofname "beim alten Wirt", wobei das Adjektiv "alt" im Sinn von "damalig" gebraucht wurde, denn Ulrich Zech zählte damals erst 28 Jahre. Der Hof stieß (1697) im Osten an die hintere Straße, im Süden an Ulrich Vischer und Marx Haider, im Westen an Thomas Mickefallers halbes Söldhäusle und Garten und im Norden an die Gemeindgasse und an Georg Waltkircher. Zum Hof gehörten 18 Jauchert Acker und 86 Tagwerk Mad. Er wurde mit 1 005 fl. veranschlagt und hatte an Abgaben zu leisten: 6 Schaff Kern, 6 Schaff 6 Metzen Roggen, 11 Schaff Haber, 25 kr. 5 hl. Wiesgilt, 3 Gänse, 6 Hühner, 150 Eier, 3 Metzen Heiligenkorn und 9 Kirchenlaibe. Mit dem Hof verbunden waren

56 Jauchert Acker (an 16 Stücken) und 40 Tagwerk Wiesen (an 5 Stücken).

Im Jahre 1730 besteht der Katharinenhof "in einen schier ganz Neu gemauerten zweygädigen Haus, Hof und Stadl". Ulrich Zech wirtschaftete mit 7 Pferden und 10 Kühen.

Wie andere Bauern auch trieb er mit den Juden in Kriegshaber und Steppach Pferdehandel. So tauschte er im Jahre 1705 u.a. von Leonhard Leve einen Rappen gegen einen Wallach ein.

Eine kinderlose Ehe

Die Ehe von Ulrich Zech und Anna Fischer blieb kinderlos; die Witwe hatte aber vier Kinder in die Ehe mitgebracht. Anna Zech starb am 1. Juni 1730. Ulrich Zech heiratete am 11. September die ledige Agnes Geißler aus (Ober-)Ottmarshausen. Auch diese Ehe blieb kinderlos. Da Agnes Zech aber in ihrer zweiten Ehe vier Kinder gebar, wird man die Ursache für die Kinderlosigkeit bei Ulrich Zech vermuten dürfen. Ulrich Zech starb am 18. November 1731, 14 Monate nach seiner zweiten Eheschließung. Seine Witwe heiratete 1732 I 22 den Hans Haider von Wehringen.

Quellen

StA Augsburg: Hochstift Augsburg, Augsburger Pflegämter 669 (S. 124 f., 132 - 137, 173 f.; 570, 654, 779) 671 (S. 127, 229), 673 (S. 504), 675 (S. 185 - 190)
StadtA Augsburg, Hist. Verein H 47 (S. 541 - 567) H 117 (S. 955 - 992 u. 5, 7, 9 ff.)

Nicht leicht zu indentifizieren ist Magdalena Geyrhos (vgl. S. 194 ru). Die Tafel dokumentiert Bobinger Wohnkultur um 1700. Neben dem hohen Pfostenbett mit dem verzierten Kopfaufsatz steht die Bettruhe

Der Brand in der Oberen Mühle bedrohte Johann Geirhos' Sölde

In bescheideneren Verhältnissen als Ulrich Zech und die Klocker lebte Johann Geirhos; dennoch gehörte Geirhos keineswegs zur sozialen Unterschicht des Dorfes.

Heirat gegen den Willen der Eltern

Am 9. Mai 1681 erschienen vor dem Pflegamt zum Heiratsprotokoll: der Bauer Andreas Saurle mit seiner ledigen Tochter Maria und der Bauer Georg Wildegger mit seinem Stiefsohn Johann Hans Georg Geirhos. Die beiden jungen Leute, deren Geburt wegen der fehlenden Matrikel nicht zu ermitteln ist, hatten sich "bis auf des Priesters Handt einandter zue ehelichen verlobt". Während sonst bei den Heiratsabreden festgelegt wird, welches Heiratsgut die Eltern ihren Kindern mitgeben, heißt es in diesem Fall im Protokoll: "wegen ain oder des ander zu bringen aber ist nichts ausgemacht" worden. Die Begründung lautet: "weilen sye miteinander selbsten sich also versprochen". Gerichtsordnungen der Zeit entheben die Eltern der Verpflichtung zur Mitgift, wenn sich die Kinder gegen die elterlichen Vorstellungen verbinden. Die Kinder waren in solchen Fällen auf das Wohlwollen der Eltern angewiesen. Das Protokoll formuliert, daß "selbige (d.h. die Brautleute) der Haußsteuern halber bederseits vf ihr (d.h. der Eltern) wolverhalben gedult haben sollen".

Das junge Paar drängte auf die Heirat, weil das Mädchen im dritten Monat schwanger war.

Am 20. Mai heirateten die jungen Leute. Dabei fällt auf, daß der Pfarrer in der Matrikel vier Trauzeugen eintrug: Vater und Stiefvater, den Bauer Hans Echter und den Söldner Hans Brecheisen.

Johann Geirhos schafft seiner Familie eine Heimat

Da die Eltern zur Mitgift nicht verpflichtet waren, verzeichnen die Protokolle keine Zuwendungen an die Kinder. Bürgschaften, die geleistet wurden, kann man unterstellen. So stehen die "Gegenschwecher", Andreas Saurle und Georg Wildegger, als "Beistänger" im Protokoll, als Johann Geirhos am 27. Oktober 1682 einen Acker (4 Jauchert) und 12 1/2 Tagwerk Lechfeldmad kaufte. Von der Kaufsumme von 375 fl. konnte er lediglich 50 fl. bar bezahlen. Vom erworbenen Grund waren an Abgaben zu entrichten: 2 Schaff Kern, 2 Schaff Roggen, 4 Schaff Haber, 36 kr. Wiesgilt, 1 Henne und 30 Eier.

Der Kauf stand in Zusammenhang mit einer größeren Transaktion. Aus dem vor einem Jahr von Baron de la Poippe erworbenen Besitztum sollte ein leibfälliges Hofgütlein gebildet werden. Von alters her bestanden im Schloßgarten drei Söldgerechtigkeiten. Im Jahre 1682 befand sich im alten Schloßgarten ein schlechtes, baufälliges Gartenhäusl. Das Hofgütlein, auf dessen Areal die meisten alten Bäume wuchsen, erhielt Johann Geirhos, die drei Söldplätze gingen an den Schneider Martin Schneid, an den Gärtner Adam Meßmann und an den Schmied Thomas Hessele. Johann Geirhos bekundete seine Absicht, auf dem Platz ein Haus zu bauen.

Das Steuerbuch von 1697 registriert: Hans Geirhos hat "ein neuerbautes Haus" auf dem Schloßgarten und dabei einen Gras- und Baumgarten in der Größe von einem halben Tagwerk. Das von Geirhos erbaute Haus "stoßt gegen aufgang auf die Landstraß, Nidergang auf

Lorentz Porten, jenseits der bruggen an der neuen fahrt, mitag wider die gemeine fahrt und Mitnacht an Peter Schmelzen behaußung vnd Garten hinab, dan an Joseph Müller obermüller Mühl-Hofraitung" (heute: Krumbacher Straße 2).

Hauskundlich erweist sich die Darstellung des Hauses deswegen als bedeutsam, weil wir - etwa im Gegensatz zum großen Gehöft in Hiltenfingen (vgl. S. 171) - wissen, wann das Gebäude errichtet wurde. Johann Geirhos baute ein eingadiges Haus mit einem verbretterten Giebel. Die Detailtreue des Malers zeigt sich auch in der Wiedergabe der Art der Verbretterung. Der Maler unterscheidet auch das Ziegeldach der Kapelle vom Strohdach des Söldhauses. Selbst die Dicke der Dachhäute stimmt. Die Giebelseite verrät die Innenaufteilung des Hauses. Neben dem Wohnraum mit zwei Fenstern liegt ein gleich breiter Raum, dessen Ständerkonstriktion nicht verputzt wurde. Ihn erleuchtet nur ein kleines Fenster. Dieser Raum diente offensichtlich als Werkstatt (oder als Stall, obwohl eine solche Raumanordnung bei uns nicht üblich gewesen zu sein scheint). Eng vor dem Haus verläuft ein Zaun aus schweren Dielen (vgl. den Zaun beim Hof von Valentin Klocker).

Das Steuerbuch von 1697 veranschlagt dieses Anwesen mit 210 fl. Gegenüber 1682 bewirtschaftete Johann Geirhos weitere zehn Jauchert Acker (an drei Stücken). Im Stall standen vier Kühe und zwei heurige Kälber. Insgesamt errechnet das Steuerbuch den Besitz auf 494 fl. Obwohl Johann Geirhos 1682 von 375 fl. nur 50 fl. hatte bar bezahlen können, belief sich 1697 seine Verschuldung lediglich auf 70 fl. (50 fl. an das Hochstift, 20 fl. an die Frauenkapelle).

Die Familie

Maria Geirhos gebar nach Ausweis der Matrikel in 25 Jahren zwölf Kinder:

Katharina	1681 XI 4
Maria Magdalena	1683 V 10
Katharina	1684 XI 5
Maria	1686 III 11
Josef	1688 I 8
Franz	1690 X 3
Matthias	1693 II 14
Johann	1694 XII 13
Johann	1696 V 14
Michael	1700 IX 12
Anna	1703 VII 24
Eva	1706 XII 23

Die Kinder Katharina (1681) und Johann (1694) starben früh. Die Votivtafel läßt allerdings Zweifel aufkommen, ob der Pfarrer alle Geirhos-Kinder in die Matrikel eingetragen hat. Johann Geirhos trägt auf der Votivtafel ein Wickelkind zur Kapelle. Das dargestellte Kind kann auf keinen Fall der 1690 geborene Sohn Franz sein. Einen 15jährigen Buben hätte der um Detailtreue bemühte Maler sicher anders ins Bild gebracht. Der auf der Tafel gemeinte Sohn Franz läßt sich in die Reihe der Geirhos-Kinder gut in den Jahren 1704/05 einschieben.

Die Patenschaft der Geirhos-Kinder übernahmen der Bauer Georg Fischer und die Söldnerin Katharina Köler (und nach deren Tod im Jahre 1701 Elisabeth Sedelmayr).
Der Text der Votivtafel bereitet einige Schwierigkeiten. Es scheint so, als habe der Maler bei der Übertragung eine Zeile ausgelassen. Der Anlaß steht fest: "Alß es bey der obern Mihl zu Bobingen gebrunen hat und Hanß Geirhosen sein Hauß in groser gefahr stehent" (wohl zu ergänzen: befunden hat). Auf der Tafel zieht von rechts starker Rauch, in dem sich Flammen zu verbergen scheinen, über das Strohdach, das als besonders feuergefährdet gelten mußte. Das Wickelkind Franz erfuhr durch diesen Brand in der Oberen Mühle irgendeine gesundheitliche Beeinträchtigung, die der Maler zu erwähnen vergaß. Erlitt das Kind eine Rauchvergiftung? In dieser gefährlichen Situation hat der Vater seinen Knaben Franz verlobt. "dan auch das Kind zue Unser Lieben Frauen in die Capel getragen, ist durch ihre Fürbüt erhalten worden. Got sey lob und danckh".

Johann Geirhos unterscheidet sich in seiner Kleidung nicht von den bisher vorgestellten Bobingern. Das Bild dokumentiert, daß die Männer in Bobingen neben braunen auch rote Röcke trugen (vgl. Ulrich Zech).

Johann Geirhos starb am 13. April 1714 (wohl nicht erst 1743). Die Bobinger Pfarrer halten sich mit Bemerkungen in den Matrikeln sehr zurück. In diesem Zusammenhang gewinnt die (lateinische) Bemerkung "Er vollendete, nachdem er vorher mit den heiligen Sakramenten gestärkt worden war, glücklich den Lauf seines Lebens" eine gewisse Bedeutung.

Nicht eindeutig identifizierbar ist jene Magdalena Geyrhosin, die 1704 in einem Bett liegend auf einer Votivtafel dargestellt wird. Gemeint sein könnte die 1683 geborene Tochter von Johann Geirhos, aber auch die Frau von Georg Geirhos (seinem Bruder?), eine geborene Fischer und verwitwete Klocker (Heirat: 1692).

Quellen

StA Augsburg: Hochstift Augsburg, Augsburger Pflegämter 666 (S. 1 - 3, 209 f., 216);
StadtA Augsburg: Historischer Verein H 47 (S. 182 - 185).

Eine gefährliche Feuersbrunst auf dem Lechfeld

Gerichtsordnungen des 18. Jahrhunderts enthalten deutliche Bestimmungen zum Brandschutz. Brach dann aber ein Feuer aus, waren ihm die Menschen der geringen Mittel zur Brandbekämpfung wegen stärker ausgesetzt als wir heute. Bevor die Feuerversicherungen aufkamen, traf ein Brand die Hausbewohner härter, bedrohte ihre Existenz (auch wenn Nachbarn und Herrschaft halfen).

Bei Maria Hilf entsteht ein typischer Wallfahrtsweiler

Zu der von Regina Imhof 1602 gegründeten Kapelle entwickelte sich rasch eine Wallfahrt, die zunächst ein Wirtshaus zur Versorgung und Unterbringung der gläubigen Besucher notwendig machte. Der Augsburger Fürstbischof verlieh den Imhofs 1604 die niedere Gerichtsbarkeit im Umkreis von 250 Schritt um die Kapelle (was keineswegs großzügig bemessen war). Zum Wirtshaus gesellten sich bald weitere Anwesen. Der Kupferstich von Daniel Manesser aus der Zeit um 1630 stellt bereits zwischen Rotunde (und Kloster) und Wirtshaus vier kleinere Anwesen vor. Nach der Steuerbeschreibung von 1671 sorgten um die Wallfahrer: 2 Wirte, 1 Brauer, 3 Bäcker, 1 Lebzelter, 1 Kramer, 2 Pater-noster-Kramer, 1 Söldner, 1 Weber, 1 Tagwerker und 1 Mesner; angesiedelt hatte sich auch ein Zimmermann. Das stattlichste Anwesen war der obere Wirt (Haus, Hof und Stadel, Garten, Bräuhaus, 18 Jauchert Acker, 20 Tagwerk Mad, 5 Rösser, 4 Kühe, 1 Rind). Nicht so gut ausgerüstet war der andere Wirt, aber er unterschied sich wie der Bäcker Georg Straub und der Kramer Alban Weiß doch noch deutlich von den übrigen, deren Anwesen lediglich als "Häusl" eingestuft wird. Bei einigen bringt die Steuerbeschreibung dann auch Wertungen an wie beim Lebzelter, dessen Handwerk einen "schlechten Fortgang" aufweist. Gleiches wird vom Weber gesagt, sowie vom Bäcker Michael Wild und vom Bäcker Daniel Ledergerber heißt es: "hat nichts zu pachen". Offensichtlich hatten sich in der Hoffnung auf ein gutes Auskommen zu viele neben der Wallfahrtskirche, an deren Rotunde in den Jahren 1656 - 59 das Langhaus angebaut worden war, angesiedelt. Im Jahre 1687 ließ sich ein Schmied nieder. Nach der Grund- und Steuerbeschreibung von 1740 hatte sich das Berufsspektrum um 2 Schuster, 2 Schneider und einen Schreiner erweitert. Ein Untervogt übte die Polizeigewalt aus. Mehrere ledige Krämerinnen hielten sich zudem in dem Weiler auf.

Die Mirakelbücher registrieren, wieviele Wallfahrer jedes Jahr auf das Lechfeld kamen. So zählte man im Wallfahrtsjahr 1748/49 75 000 Kommunikanten (womit die unterste Besucherzahl erfaßt ist), 184 Prozessionen und Kreuzgänge einzelner Pfarreien und Gemeinschaften und 8 400 gelesene Messen.

Das Steuerbuch von 1740 macht Angaben über die Dachhaut und darüber, ob ein Haus gemauert ist. Dabei erscheinen nur die bedeutenderen Häuser als "gemauert" und mit Ziegeln gedeckt. Zu ihnen gehören die beiden Wirte und der (erste) Bäcker, Caspar Rotl, der Vater des Votanten auf der Votivtafel. Das Rotl-Anwesen erscheint als mächtiges, zweigadiges Haus, dessen Ziegeldach zur gezeigten Seite hin abgewalmt war. Die drei angrenzenden brennenden Häuser waren zwar auch gemauert, trugen aber Strohdächer. Das mittlere Haus war als sog. Staudenhaus erbaut worden, dessen Giebel verbrettert war. Hochgemauert durch das steile Dach war in jedem Fall der Kamin.

Die Familie Rotl

Am 20. August 1716 heiratete der ledige Caspar Rotl aus <u>Obermeitingen</u> die ledige Anna Maria Trieb, die Tochter von Matthias und Ursula Trieb in Klosterlechfeld. Rotl übte das Bäckerhandwerk aus.

Anna Maria Rotl gebar zwischen 1717 und 1737 elf Kinder, von denen lediglich die Tochter Maria Anna früh starb:

Bernhard Anton	1717 VII 12
Thomas	1718 XII 12
Johann Adam	1720 XII 9
Maria Veronica	1722 XII 3
Maria Anna	1725 I 3
Johann Nepomuk	1726 V 3
Maria Theresia	1728 X 23
Sebastian	1731 I 11
Johannes Chrisostomus	1732 I 19
Joseph Joachim	1734 III 20
Katharina von Siena	1737 IV 27

Als Taufpate fungierte der Wirt Bernhard Wehl, nach dem der erstgeborene Sohn getauft wurde (während sein zweiter Vorname wie ein Zugeständnis an die Franziskaner erscheint). Mit der Namenswahl für den vierten Sohn schloß sich die Familie Rotl früh der Johann-Nepomuk-Verehrung an, die damals stark aufblühte. Als Patin der drei ersten Kinder wirkte Anna Baumann; ihr

folgte für die nächsten fünf Kinder Anna Brandtner aus Großaitingen und schließlich Theresia Baumann.

Der Vater starb am 3. April 1746. Der Pfarrer bemerkte in der Matrikel, daß "der fromme Mann ... sanft im Herrn entschlafen" ist. Ein Jahr später, am 19. Mai 1747, folgte ihm seine Frau, die an einem Fußleiden darniederlag. Sie bezeichnet der Pfarrer als fromme Witwe, die sanft ihren Geist aushauchte. Achtzehn Tage später, am 7. Juni 1747, starb die zehnjährige Tochter Katharina, die ein heißes Fieber erfaßt hatte.

Der um 20 Jahre ältere Sohn Bernhard Anton, der das Bäckerhandwerk erlernt hatte, übernahm das väterliche Anwesen. Er heiratete am 17. Juli 1747 Maria Johanna Hainzler aus Untermeitingen. Die Braut war als Tochter von Joseph und Theresia Hainzler am 20. Mai 1722 geboren worden. Trauzeugen waren Matthias Hieber aus Lechfeld und Michael Mayr aus Meitingen. Am 23. Juli 1748 wurde dem Paar ein Sohn geboren und auf den Namen Johann Ignaz getauft. Aus der Taufe hoben ihn der ledige Johann Bamann und Anna Maria Hemer aus Stadl. Das Kind starb allerdings bald danach. Weitere Kinder verzeichnet die Taufmatrikel nicht.

An Mariä Geburt 1749 brach im Weiler neben der Wallfahrtskirche ein Brand aus, "der 5 Häuser in die ashen gelegt". "In diser höchsten gefahr" verlobte sich Bernhard Rotl mit seiner Hausfrau Johanna "zu disser gnaden Muetter" mit der abgebildeten Tafel, sodaß durch deren Schutz sein Haus "noch erhalten worden" ist. In der Tat drohten die Flammen schon überzugreifen, beim Ziegeldach jedoch entzündeten sie sich nicht so schnell wie bei den Strohdächern.

Das Mirakelbuch schildert die Feuersbrunst mit bewegten Worten: " Zumahlen vor einem Jahr, eben an disem Tag der Gnadenreichen Geburt der Himmels Königin Maria auf dem Lechfeld, ein so große, entsetzliche Feurs Brunst entstanden, daß mit worten nit zu sagen. Es ware ein grausamer Sturm-wind die Anzahl, vnd ungeheure Menge deren Wahlfartern diente mehr zur Verwirrung als Hülf. Der Abgang des Wassers kunte mit druckhnen Augen nit angesehen werden. Mit einem Wort: der greuliche Sturm-wind (bey würklich brinnenden 5 Häusern, so gänzlich verbrunnen) wendete sich völlig und triebe die Flammen der Marianischen Wallfahrts-Kirche zu. Und was die gefahr noch grösser machte, ware die mit Öel getrenckte hölzerne dirren Schindlen gedeckte Cuppen der Capell des H. Joseph; wo, wen daß Feur gefangen, Kirch und Kloster, in die Aschen unfehlbar wären gelegt worden. Nun stunde der wohlehrwürdige P. Guardian mit dem Hochwürdigsten und allerheiligsten Altars Sacrament gegen dem Feur und witten des Winds und hörte man nichts von den geistlichen Einwohnern des Convents und andern beywesenden Lithen, als: O Hilf! Maria Hilf! Du selbsten, O Liebste Mutter! erhalte unverletzt dein wundervolles gnaden Hauß! dan ansonsten ist es um alles Geschehen. Auch erhörte so erbärmliches geschrey, bitten, und anflehen, die Liebreiche Hilfs-Mutter; inmassen sich alsobald der wind gewendet und das Lobwürdige Gnaden-hauß sambt dem Closter aller Gefahr deren Feurs-Flammen entsetzet worden. Den anderen Tag gemäß seines Versprechens hielte der Wohl Ehrwürdige P. Guardian, zu Ehren der Gnadenreichen Erretterin Maria, ein herrliches Lob-Ambt, dardurch sambt seinen Geistlichen Ordens Brüdern Gott und Maria um erwisne Guthat und geleisten Schutz unendlichen Dank zu erstatten. - Gleiche Guthat schribe Mariä Hülff zu, Herr Simon Müller, Schneider und Handelsmann und Bernardus Rottl, Böck allhier deren beyden Behausungen durch gemachtes Gelübt zur Mutter Gottes un Mitten der Gefahr des Feurs von dem Untergang frey erhalten worden."

197

Bernhard Anton Rotl starb im Alter von nicht ganz 42 Jahren am 18. März 1759 versehen mit den heiligen Sakramenten. Er gehörte einer Bruderschaft an, weswegen der Pfarrer in der Matrikel bemerkte, daß Rotl unter dem Geleit des Leichenzuges der Bruderschaft begraben wurde.

Seine Witwe heiratete am 8. Januar 1760 den ledigen Bäcker Anton Zürschke aus Schwenningen; das Paar scheint jedoch bald weggezogen zu sein.

Quellen

StA Augsburg Hochstift Augsburg NA L 1777 (Steuerbeschreibung von 1679) und 841 (Steuerbeschreibung von 1740)
ABA: Mirakelbuch Klosterlechfeld

Literatur

W. Pötzl, Maria Hilf auf dem Lechfeld, in: Der Landkreis Augsburg Nr. 61 (Quellen u. Literatur); ders., Kleidung im 18. Jahrhundert, ebenda Nr. 121.

Der damals 32jährige Bäcker trägt über einer roten Weste einen bis fast zu den Knien reichenden blauen Rock mit Stulpen an den Ärmeln und langen Knopfreihen. Silberne Knöpfe verzieren auch die Rocktasche und den Ansatz der Gesäßfalten. Im Gegensatz zu den Bobinger Männern z.B. steckt er in einer dunkelblauen Kniehose. Der Blauton dominiert auch bei seiner Frau. Unter deren Jacke schauen ein rotes Mieder und ein weißes Goller (oder Hemd) hervor. Frau und Mann haben um den Hals ein schwarzes Band gewunden. Auf dem Kopf trägt die Frau eine Bockelhaube.

Das Paar repräsentiert allein das Hauswesen. Das einzige Kind war gestorben, und die jüngsten Geschwister des Mannes, damals 15, 17 und 18 Jahre alt, befanden sich (wohl in einer Lehre) außer Haus.

Ein Fall von Besessenheit

Votivtafeln wurden nicht immer so geschätzt, geschützt und gesichert wie heute. Ältere Verzeichnisse führen noch manches Exemplar auf, das heute fehlt. Mitunter gaben auch Geistliche und Mesner von ihrem reichen Schatz etwas an Sammler ab und begründeten so die Bestände der Museen. Einzelheiten über den Weg der abgebildeten Votivtafel von Klosterlechfeld in das Germanische Nationalmuseum in Nürnberg wissen wir nicht. Interesse fand die Tafel sicher wegen des dargestellten Falls von Besessenheit. Die Tafel stellt Maria Agnes Seizen (verschrieben: Seigen) aus Dinkelscherben vor, von der am 15. Mai 1758 in dieser Wallfahrtskirche "der Leifige Teifel hat mies ausfahren".

Wer war diese Agnes Seiz aus Dinkelscherben? Was geben die Akten zu ihrem Fall her?

Zwei Familien in Dinkelscherben

Agnes Seiz war die Frau von Georg Seiz, den sie 1728 geheiratet hatte. Mit dem Mädchennamen hieß sie Menzinger (auch: Minzinger). Sie war die am 18. Januar 1696 geborene Tochter von Martin und Anna Menzinger. Martin Menzinger war um 1670 in das Gnadenhaus an der Burggasse gezogen (heute: Burggasse 5), das sein Vorbesitzer, der Zimmermann Jakob Schlutterer neu gebaut hatte. Da in den folgenden Jahrzehnten Nachrichten über die Lieferung von Baumaterialien fehlen, dürfte die Beschreibung des Hauses aus dem Jahre 1730 noch zutreffen: eingadiges Wohnhaus in Riegel gebaut mit einem doppelten Ziegeldach, dabei ein Schöpf- und Seilbrunnen. Martin Menzinger und seine (erste) Frau Maria hielten sich aber bereits 1668 in Dinkelscherben auf, wo ihnen am 21. Oktober der Sohn Wolfgang geboren wurde. Von einer Lücke in den Jahren 1672/73 abgesehen, folgen in dichter Reihe von 1670 bis 1682 weitere neun Kinder:

Anna	1670 V 6
Barbara	1671 X 18
Maria	1674 III 24
Felix	1675 VIII 30
Christina	1676 XII 13
Joseph	1678 III 6
Regina	1680 III 9
Regina	1681 V 22
Ursula	1682 X 20

Als Paten erbaten die Eltern Johann Rauner, der dann von Melchior Rauner abgelöst wurde, und Anna Kraus.

Martin Menzingers zweite Ehe wurde nicht in Dinkelscherben geschlossen.

In zweiter Ehe werden von Anna die Kinder

Maria	1686 X 1
Afra	1688 IV 11
Johannes	1689 VII 11
Melchior	1691 VI 23
Daniel	1692 XII 10
Agnes	1696 I 18
Catharina	1697 II 21 geboren.

Sicher starben mehrere Kinder früh. Zwei Schwestern starben ledig (Christina 1715 XII 4 und Maria 1729 VIII 22) und nur zwei heirateten in Dinkelscherben, neben Agnes noch Maria (1706 II 8 Nikolaus Bierbihler). Die übrigen Geschwister suchten außerhalb Dinkelscherbens ihr Fortkommen, ihre Voraussetzungen im Markt gestalteten sich offensichtlich nicht günstig.

Nach dem Tod der Eltern (1718/19) hatten die Geschwister Agnes "das vorhandentne schlechte häuslein" überlassen. In den folgenden neun Jahren konnte sie 50 fl. zusammensparen, die sie mit dem ererbten Leerhaus in die Ehe einbrachte. Ihr Mann, Georg Seiz, der aus Grünenbaindt stammte, verfügte über ein Heiratsgut von 80 fl. Er kalkulierte wohl bereits den Verkauf der ererbten Behausung in der Burggasse (1729 an seine Schwägerin Anna Menzinger) ein, als er am 24. November 1728 für 900 fl. von Sabina Meyer und ihren Kindern ein anderes Anwesen erwarb. Diese grundzinsfreie Söld bestand aus einem zweigadigen Fachwerkbau, bei dem sich der ebenfalls in Riegel errichtete Stadel an den Wohnteil anschloß. Das Wohnhaus bedeckte ein doppeltes, den Stadel ein einfaches Ziegeldach. Im Garten befand sich ein Schöpfbrunnen (heute: Spitalgasse 12). Der Weißgerber wohnte mit seiner Frau zehn Jahre in diesem Haus. Am 10. März 1740 verkaufte er es um 640 fl. an den Maler Joseph Hueber. Es ist nicht zu ermitteln, wohin der Weißgerber dann zog, aber er blieb offensichtlich in Dinkelscherben, denn auf der Votivtafel kommt die Frau aus diesem Markt.

→

Der Markt Dinkelscherben, wie ihn um 1750 J. L. Kolleffel aufgenommen hat. Die Burggasse verläuft vom Spital (E) nach Norden. Das 2. Haus an der Westseite war Agnes Menzingers Elternhaus. Mit ihrem Mann Georg wohnte sie dann in der Spitalgasse, die von E nach Westen führt. Es ist das 5. Anwesen (von E her).

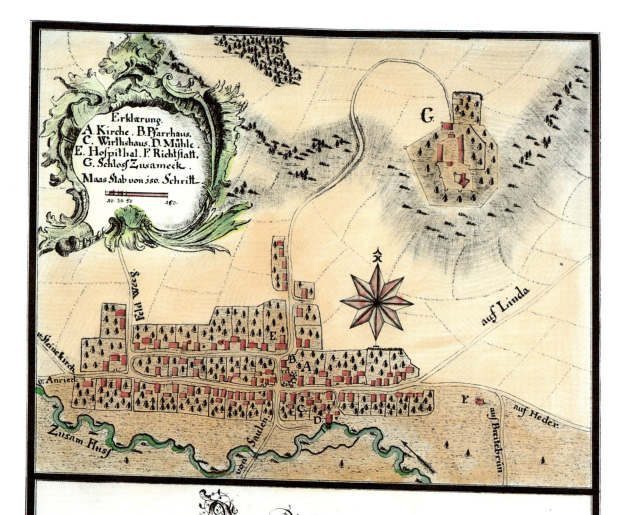

Erklærung.
A Kirche. B Pfarrhaus.
C Wirthhaus. D Mühle.
E Hospital. F Richtstatt.
G Schloß Zusameck.
Maas Stab von 150. Schritt

Dünckelscherben.

Ein Marckt Flecken von 66. Feuerstätten, worunter 2 Preystätt und 2. Zapfenwirth, auch Mahl und Säg=Mühle mit 4. Gäng, hat jährlich 2. Jahr Märckte, als einen am Philippi und Iacobi, und den andern an Mariä Gebürth.

Bey dem Ort befindet sich ein großer Feldbau, Wießwachs und Viehzucht, wächst auch viel Kern=und Stein=Obst, desgleichen hat eigene Waldung, woraus die Einwohner den Handel nach Augspurg treiben; weben sie vielen Flachs und Baumwollen spinnen, auch Leinwand, Schnürtuch und Domosin würcken, so ebenfals in Augspurg und Burtenbach verkaufft wird. Die Land Straße von Augspurg nach Ulm ist vor Zeit hierdurch gegangen, so man aber anjezo nicht vieles mehr gebrauchet.

Das Schloß Zusameck, auf einem hohen Berg liegend, und mit zweyfacher Maur umgeben, könnte durch geringe Uncosten zu einem Wehrhafften Berg Schloß gemacht werden, da es das Zusam Thal, die völlige Reischenau, und den Weg von Augspurg

Der erste Sohn aus dieser Ehe (geb. 1728 X 29) erhielt den Namen des Vaters. Anna Agnes Seiz brachte noch drei weitere Kinder zur Welt (1729 bis 1735):

Maria Regina   1729 XI 12
Victoria   1731 III 29
Joseph   1735 III 1

Paten waren Leonhard Fertl und Maria Victoria Winkler.

Agnes' Stiefschwester Maria, die 1729 das elterliche Gnadenhaus übernahm, verlobte sich 1738 zum Wunderbarlichen Gut in Hl. Kreuz, weil sie "über ein halbes Jahr daß gehör verlohren" hatte. In Augsburg hat sie "als gleich daß verlohrne Gehör widerum bekommen", nachdem sie eine hl. Messe versprochen hatte.

Die Besessenheit

Das Domkapitel hatte sich mit dem Fall der Agnes Seiz bereits im Jahre 1754 beschäftigt. Am 3. Mai wurde nach Augsburg berichtet, daß in Dinkelscherben "eine mit dem bösen gaist besessen sey", "welche zerschidene Ärgernissen vnd Verwirrungen unter denen leuthen anrichte, so nit wohl mehr geduldet werden könnte". Die bisher angewendeten geistlichen Mittel bewirkten nichts, weshalb man vermutete, es könne sich bei ihr auch nur um Bosheit handeln. Dem Pfleger soll aufgetragen werden, "dem Herrn Pfarrer mit nöthiger Ambtshilf anhanden zu gehen". Wenn es notwendig werde, solle er "soliche Persohn allenfalls in eine bürgerliche behaltnus einsperren lassen". Die Drohung mit einem schärferen Vorgehen und mit Zuchthaus solle erfolgen, "vmb zu sehen, ob selbe nicht etwan andurch in bessern stand zu bringen seye". Am 8. Juli berichtet der Syndicus, der mit Agnes Seiz selbst gesprochen hat, daß er "selbe zwar ganz sittsam zu seyn befunden", doch habe er gehört, daß sie der Pfarrer von Elchingen "ohne weiteres für besessen halten wolle". Während der hl. Messe habe sie "zerschiedene blasphemias ausgestossen", weshalb der Syndicus den Pfarrer beauftragte, die Umstände dieses Weibes zu untersuchen, damit man unter Umständen einen Arzt zuratziehen könne. Er selbst wirft die Frage auf, "ob selbe nicht villeicht mit dem malo hypochendrico behaftet seyn dürfte". Der Pfleger urteilt am 18. November, daß ihr Betragen von einer "corrupta sive depravata phantasia" herrühre und daß er es nicht ausschließe, daß "selbe gar wohl mit einem starkhen Malefix behaftet seyn könne, wordurch dan auch der Teuffel mehrern gewalt hette".

Der Pfleger fragt auch an, ob man sie zur Ader lassen oder sonstige Kuren verordnen solle. Er wolle das "zu unterbrechung der vielen familiaritet mit einigen weibern, welche all ihrem geschwätz den vollkomnen glauben beylegen" betreiben. Das Domkapitel aber befindet, daß man sie "zu hebung des hierauf erwachsenden höchst sündhafften aberglaubens" ins Leprosenhaus nach Erringen schaffen soll, und trifft am 2. Dezember die Anweisung, dort für diese Person ein Zimmer zuzurichten. Am 9. Dezember erfolgt eine weitere Anzeige wegen der "obsessa", und am 18. machen neue Umstände eine Verordnung notwendig. Am 20. Dezember bringt man sie zu einem Arzt nach Augsburg, und am 23. Dezember liegt das Attest des Paters Narzissus von Elchingen vor, der die Seizin für besessen hält. Auf einer Sitzung am 30. Dezember erläßt das Domkapitel der inhaftierten Seizin wegen eine Relation, aber die Angelegenheit zieht sich auch ins nächste Jahr hinein. Sie war wohl aus dem Leprosenhaus in Langerringen entkommen und "vagierte herum", weswegen das Kapitel am 15. September 1755 über die "wider in Verwahr zu bringende Agnes Seizin" befand. Am 13. Oktober legte dann der Oberrichter von Erringen einen Bericht vor.

Alle Maßnahmen bewirkten offensichtlich keine Besserung, so daß als letzter Ausweg die Votation zum Gnadenbild der nahen Wallfahrt auf dem Lechfeld erfolgte, die die Votivtafel dokumentiert.

Quellen und Literatur

W. Pötzl, Dinkelscherben 366 - 371, 398, 400

Eine Nadel über einer Votivtafel überdauert die Jahrhunderte

Die Beschriftung einer interessanten Votivtafel in Habertsweiler bereitet insofern Schwierigkeiten, als sich die genannte Franziska Weitinger weder in der Pfarrei Langenneufnach noch in den angrenzenden Pfarreien nachweisen läßt. Anzeichen dafür, daß die Wallfahrt in die Kapelle Habertsweiler zu einer Kopie des Gnadenbildes von Re weiter ausstrahlte, fehlen. Deswegen darf man mit guten Gründen annehmen, daß der Schreiber des Textes ein vorgegebenes "M" als "W" gelesen hat. Von "Meitingern" wimmelte es geradezu in der Pfarrei Langenneufnach (und in den Nachbardörfern). So führt z.B. die Liste der Firmlinge von 1710 allein in der Pfarrei Langenneufnach Kinder aus sieben Meitinger-Familien auf. Franziska Meitinger läßt sich so unschwer identifizieren.

Das Elternhaus in Münster

Johann Meitinger aus Habertsweiler heiratete am 24. November 1744 die ledige Franziska Promberger aus Münster, einer Filiale von Mickhausen.

Franziska wurde am 21. September 1721 als Tochter von Joseph Promberger und seiner Frau Maria Anna geboren. Joseph Promberger hatte am 2. April 1718 Maria Anna Bugenmoser aus Angelberg geheiratet. Zwei Jahre vor Franziska, am 25. September 1719, war ihre Schwester Maria Ursula auf die Welt gekommen. Joseph Promberger hatte in Münster noch drei weitere Kinder: Katharina (geb. 1723 X 15, früh gestorben), Leonhard (geb 1725 XI 3) und Juliana (geb. 1728 II 15). Als Paten stellten sich zur Verfügung: Anton Kröner und Maria Ursula Kueffer aus Ingolstadt. Bei den beiden letzten Kindern allerdings hoben Anna Leinthaler bzw. Theresia Reiter die Kinder aus der Taufe.

Der Sohn Leonhard starb 1734 im Alter von neun Jahren, allerdings, wie ein Eintrag in der Matrikel bemerkt, nicht in Münster. Die Tochter Juliana wurde am 1. April 1741 gefirmt. Danach verlieren sich in den Matrikeln von Mickhausen die Spuren der Promberger. Franziskas Schwestern haben nicht in Mickhausen geheiratet, ihre Eltern sind nicht dort gestorben, wohl weil sie zu einer der Töchter gezogen waren, die sich auswärts verheiratet hatten.

Das Schreiner-Anwesen in Habertsweiler

Zunächst verwundert es, daß in einem Weiler von 17 Anwesen ein Schreiner sitzt, doch bereits Johanns Vater, Joseph Meitinger, übte das Schreinerhandwerk aus.

Joseph Meitinger heiratete am 8. Februar 1706 die ledige Katharina Semnacher aus Habertsweiler. Josephs Vater läßt sich schwer bestimmen, da zwischen 1681 und 1684 in der Pfarrei Langenneufnach drei "Joseph Meitinger" (mit jeweils unterschiedlichen Vätern, s.o.) geboren werden. Als Trauzeugen wirkten mit: Georg Meitinger und Martin Kugelmann.

Katharina Meitinger brachte in 15 Jahren neun Kinder zur Welt:

Georg	1707 IV 23
Maria	1707 IV 23
Ulrich	1708 VII 1
Andreas	1709 XI 19
Alban	1712 V 17
Maria	1715 I 16
Johann	1717 V 27
Ursula	1719 X 27
Simon	1722 X 20

Alle Kinder hob Apollonia Keller aus der Taufe, als Pate fungierte bis 1709 Johann Hösle, dann Anton Lueger. Bei der Namengebung fällt auf, daß sich Eltern (und Paten) stark an den Heiligentagen des Kalenders orientierten. Der stärker abweichende Alban erklärt sich von der Ausstrahlung der Albanusverehrung in Walkertshofen her.

Die älteren Kinder heirateten relativ früh:

Maria am 8. Juni 1728 Georg Berger aus Dinkelscherben;
Georg am 6. Februar 1730 Maria Seiz von Könghausen
Andreas am 20. August 1735 Maria Hiller in Langenneufnach (Witwe)

Der Sohn Alban war früh gestorben. Der Vater segnete das Zeitliche am 20. April 1738. Dem 21jährigen Sohn Johann fiel die Übernahme des Schreiner-Anwesens zu, doch ließ er sich mit dem Heiraten noch einige Jahre Zeit.

Die Familie von Johann Meitinger

Johann Meitinger heiratete kurz vor Beginn der Adventszeit 1714 Franziska Promberger, die ihm am 14.

Oktober des folgenden Jahres die Tochter Maria gebar, die bald starb.

Als Belastung erlebte die Familie sicher auch den November 1746. Johanns jüngere Schwester Ursula war von Matthäus Reiner geschwängert worden (" ab illo inprägnata"). Aus welchen Gründen auch immer, jedenfalls wartete man mit der Hochzeit zu lange hin. Schließlich heiratete das Paar am 19. November 1746, wobei der Bruder Johann Meitinger und der Langenneufnacher Mesner Laurentius Schwinhag als Trauzeugen mitwirkten. Am Abend des Hochzeitstages kam die Braut mit einem Buben nieder, der auf den Namen Benedikt, den Kirchenpatron von Münster, getauft wurde. Noch am Abend ihres Hochzeitstages starb Ursula im Kindbett. Ihre Mutter, die Witwe Katharina Meitinger, hatte diesen dramatischen November 1719 nicht mehr erlebt; sie war fünf Wochen vorher, am 14. Oktober, gestorben.

Eine Steuerbeschreibung der Herrschaft Seifriedsberg, zu der die ganze Siedlung Habertsweiler gehörte, aus dem Jahre 1753 bemerkt: Johann Meuttinger besitzt ein reutgütiges ("Reithgüttiges") Haus und Garten, zwischen Balthas Mayr und Matheis Guetbrod gelegen. An

Habertsweiler bei Kolleffel. Der Ort hatte damals keine Kapelle. Das Schreiner-Anwesen lag mitten im Weiler; auf dem vom Weg umkreisten Areal war es das Haus gegenüber der Einmündung des südlichen Weges, der von Langenneufnach kommt.

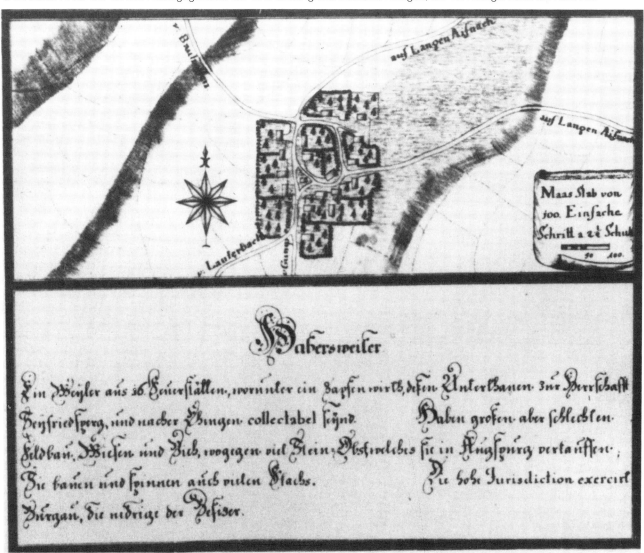

Abgaben aus dem Anwesen selbst leistete Johann Meitinger: 13 kr. 5 hl., 1 fl. Dienstgeld und 1 Henne. Johann Meitinger bewirtschaftete darüber hinaus: 1 Tagwerk Reutmad, 1 Drittel Anger, 1/2 Tagwerk Mad, ein weiteres Tagwerk und 7 1/2 Jauchert Reutäcker, wovon er jeweils eigens veranlagt wurde. Ein Vergleich mit den von den anderen Habertsweilern bewirtschafteten Ackerflächen zeigt, daß Johann Meitinger in etwa in der Mitte lag: 8 Anwesen nützten mehr Ackerland - bis zu 23 3/4 Jauchert -, sieben Anwesen hatten weniger - bis zu 1 1/2 Jauchert. In der Bezeichnung Reutäcker bzw. Reutmad wirkt die Erinnerung an die Gründung von Habertsweiler als Rodesiedlung nach. Der Boden gab allerdings nicht viel her.

Der Familie Meitinger blieb der Kindersegen versagt. Vierzehn Jahre nach der (verstorbenen) Tochter Maria, am 13. Mai 1759, brachte Franziska Zwillinge zur Welt. Sie wurden auf den Namen Franz und Joseph getauft. Die Mutter war damals fast 38 Jahre alt. Als 43jährige Frau gebar Franziska dann am 26. April 1765 noch einmal eine Tochter, die auf den Namen Katharina von Siena getauft wurde, die aber auch bald starb. Bei der Namensgebung orientierten sich die Eltern an den Großeltern der Kinder bzw. an der Mutter.

m Jahre 1764 hatte sich Franziska Meitinger "einen Nadelspitz in (den) Fuß getreten", woran sie "lange große Schmerzen gelitten" hat. Schließlich setzte sie "ihr völliges vertrauen" auf das Re-Bild in der inzwischen errichteten Kapelle, worauf sie "wunderbar den 2. April 1772 davon (ist) erledigt worden". Das bedeutet, daß die Nadelspitze acht Jahre im Fuß steckte. Sie wurde dann in einem geschnitzten Rokokoaufsatz über der Votivtafel angebracht. Hat Franziskas Mann, der Schreiner Johann Meitinger, die Tafel selbst gefertigt? Es scheint aber so, daß der Schriftzug bei einer Restaurierung der Tafel nachgezogen wurde (worauf auch die Verschreibung von Weitinger für Meitinger zurückgehen dürfte).

Franziska Meitinger trägt das typische Frauengewand, wie es sich in den Stauden und in der Reischenau um die Mitte des 18. Jahrhunderts entwickelt hatte. Votivtafeln in Neuhäder und Osterkühbach (aus Habertsweiler!) zeigen in gleicher Weise gekleidete Frauen. Der braune, bodenlange Rock ist weit ausgestellt. Darüber trägt Franziska einen schwarzen Spenzer, unter dem das weiße Goller (oder Hemd?) erkennbar wird. Um den Hals hat sie ein schwarzes, vorne gebundenes Halsband gewickelt, das sie vorne gebunden hat, so daß seine Enden weit über die Brust herabhängen. Die blaue Schürze reicht bis zum Boden herab. Auf dem Kopf sitzt eine Bockelhaube, unter der die Spitzen hervorragen. Franziska Meitinger betet einen langen Rosenkranz, dessen Kreuz und Vater-unser-Perlen hell glänzen.

Franziska Meitinger überlebte die Befreiung von der Nadelspitze nicht lange. Sie starb versehen mit den hl. Sakramenten am 23. November 1774. Ihr Mann überlebte sie fast um sechs Jahre. Er starb 64jährig am 10. Oktober 1780. Der Pfarrer bemerkt, daß er "josephinischer Rothsverwanter" war, ein Beweis, daß er sich bei der Herrschaft großer Hochachtung erfreute.

Das Habertsweiler Schreiner-Anwesen übernahm Franz Xaver Gaßner, den auch das Kataster von 1808 nennt.

Quellen

StA Augsburg: Adel von Oettingen 281 (f 342v - 351r); Rentamt Schwabmünchen 1a

Literatur

Leopold Krezenbacher, Das verletzte Kultbild, München 1977 (darin: Die Blutmadonna ("Maria Steinwurf") von Re in Valle Vigezzo, S. 24 - 45;
W. Pötzl, Dinkelscherben 312 - 314.

Das stattliche Dorf Horgau um 1835 (Katasterblatt)

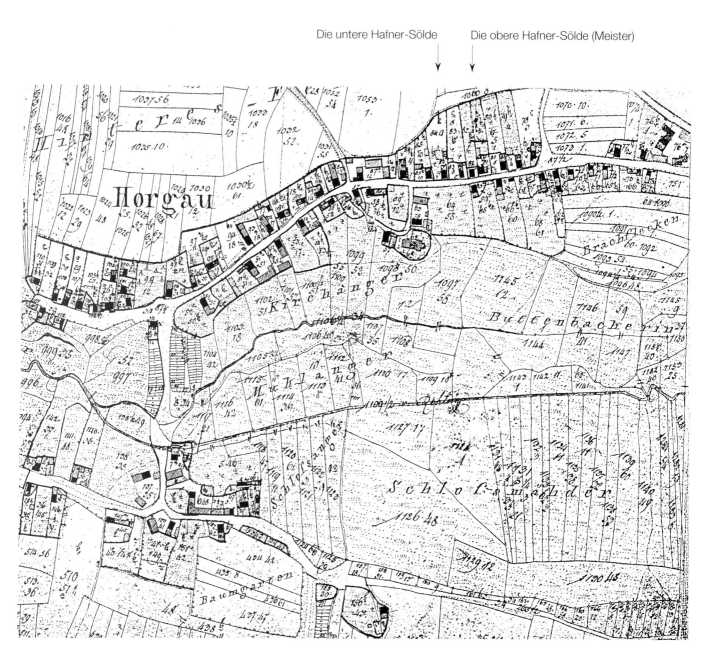

Die untere Hafner-Sölde ↓   Die obere Hafner-Sölde (Meister) ↓

Hartes Hafnerleben

Nach der Information der Votivtafel verunglückte der Hafnersohn Andreas Meister am 13. Juli 1831 im Rauhen Forst beim Lehmgraben.

Die Familie Meister in Horgau

Am 25. Mai 1807 heiratete der 19jährige Hafnersohn Johann Ev. Meister aus Lützelburg die ledige, um drei Jahre ältere Horgauer Hafnertochter Maria Mayr.

Lützelburg gilt als der bedeutendste Hafnerort im westlichen Hinterland von Augsburg.[1] Die "Meister" lassen sich als Hafner aber auch in Oberstaufen und Weiler im Allgäu nachweisen. Der Rauhe Forst wurde von den Hafnern offensichtlich intensiv zum Lehmabbau genützt. So liegt bei Adelsried (südlich der Autobahn) das Tongrubenfeld, das noch heute den Namen "Hafnergehau" trägt. Dort lassen sich noch wenigstens 214 runde Gruben im Durchmesser von 5 - 8 m nachweisen.[2]

Johann Meister war der Sohn des Lützelburger Hafners Joseph Meister und seiner Frau Victoria, eine geborene Gwalt, und Maria Mayr war die Tochter des Horgauer Hafners Joseph Mayr und seiner Frau Theresia, eine geborene Schwab. Johann Meister wurde am 21. August 1788 in Lützelburg und Maria Mayr am 20. Mai 1785 in Horgau geboren. Den Heiratskonsens hatte das Von Rehling'sche Patrimonialgericht am 22. Januar erteilt. Zur Heirat am 25. Mai erfolgte eine Dispens von der Pflicht zur Verkündigung, wobei der Horgauer Pfarrer den Grund nicht nennt. Als Trauzeugen fanden sich ein: der Hafner Joseph Mayr und der Söldner Johann Kreidenweis.

In Horgau gab es laut Kataster eine obere (HNr. 6) und eine untere (HNr. 9) Hafner Sölde. Johann Meister übernahm die obere Hafner Sölde "durch Kauf und Heyrath" von Anton Mayr. Auf der Sölde stand ein halbgemauertes Wohnhaus sowie die Stallung und der hölzerne Stadel (letztere unter einem Dach). Johann Meister unterschrieb dann mit eigener Hand den Eintrag im Kataster, wogegen Joseph Mayr, der untere Hafner nur drei Kreuze kritzelte. Statt seiner leisteten Johann Weigand und Simon Braun die Unterschrift.

Maria Meister gebar in 16 1/2 Jahren 15 Kinder:

Johann v. Gott	1808 II 3
Victoria	1808 XII 13
Maria	1809 XI 29
Andreas	1810 XII 3
Johann v. Gott	1811 XI 24
Maria	1813 III 7
Maria	1814 II 2
Victoria	1814 XII 2
Josepha	1816 III 18
Maria Anna	1817 III 4
Theresia	1818 IX 27
Maria Anna	1819 X 30
Maria Crescentia	1821 VIII 27
Johannes	1822 XII 19
Johannes	1824 X 8

Die dichte Geburtenfolge ergibt sich u.a. daraus, daß Maria Meister in zwei Jahren, 1808 und 1814, im Februar und dann bereits wieder im Dezember ein Kind zur Welt brachte.

Patendienste leisteten der Kleinbauer Andreas Nagg und die Weberin Anna Braun, die 1810 von der Weberin Anna Fischer abgelöst wurde.

Die drei ersten Kinder starben nach vier, neun und zehn Monaten an den "Gichtern" bzw. an der Ruhr (2). Johann v. G. (1811) erlag bereits nach 7 1/2 Stunden der Geburtsschwäche, Maria (1813) starb nach 3 Monaten an der Frais, Maria (1814) noch nach 9 Jahren und 4 Monaten an den Gichtern, ebenso Josepha (1816) nach 7 Jahren und 3 Monaten; Maria Anna (1819) überlebte im Alter von 7 Monaten eine Diphterie nicht. Die drei jüngsten Kinder erlagen im Alter von 20 Tagen (Maria Crescentia), 4 Monaten (Johannes) und 6 Monaten (Johannes von 1822) den Gichtern. Der heranwachsende Andreas, der Verunglückte auf der Votivtafel, der nach einer leichten Geburt abends um 11 Uhr auf die Welt gekommen war, erlebte von Kindheit an immer wieder die Einkehr des Todes in seinem Elternhaus, wobei der Tod im Juni 1823 - Andreas war damals 12 1/2 Jahre alt - gleich dreimal zuschlug. Er holte seine neunjährige Schwester Maria (13. Juni), seinen 6monatigen Bruder Johannes (20. Juni) und seine 7jährige Schwester Josepha. Groß geworden sind mit ihm - von 14 Geschwistern - lediglich die um vier Jahre jüngere Schwester Viktoria, die um fast acht Jahre jüngere Schwester Theresia und die um fast 9 Jahre jüngere Schwester Maria Anna.

Der Hafner-Unfall

Das von Cornelius Hipp unter dem EX VOTO signierte Ölbild (H. 33 cm, B. 55,7 cm) informiert durch die lebendige Darstellung und den umfangreichen Text. Wohl um die Gefährlichkeit der Tätigkeit wissend, gingen die Hafner in einer Gruppe zum Lehmgraben. Ihr gehörten am 13. Juli 1831 an: Vater und Sohn, 2 Gesellen, der Schwager und dessen Magd. Bei der Betrachtung darf man nicht der Gefahr unterliegen, die ganz links stehende Person der langen, wie ein Kleid wirkenden Schürze wegen als Frau zu interpretieren. Die rote Weste unter der Schürze und der breitkrempige Hut weisen sie als Mann aus. Während der Arbeit ist "plötzlich die Erdsprause (die Abstützung) gebrochen", woraufhin der in der Grube arbeitende Sohn von der Last der Erde ganz zugedeckt wurde und so in augenscheinliche Todesgefahr geriet. In dieser Situation verlobte sich der Vater sogleich mit einer Votivtafel zum Wundervollen hl. Kreuz in Biberbach, "und sein Sohn kame wieder unverhofft unter dem Erdenschutt hervor und konte mit seinem Vater, Gesellen und verwandtschaft - Gott sey Ewig wieder gedanckt - nach hauße gehen".

Die Votivtafel erweist sich als höchst interessante Bildquelle zur Kleidungsforschung ebenso wie zur Ergologie. Der Vater trägt eine kurze grüne Jacke mit Stehkragen, unter der die hochgeschlossene rote Weste mit doppelter Knopfreihe erkennbar wird. Die rote Weste bevorzugten neben dem Sohn noch zwei weitere Männer, während sich der mittlere, am Boden kniende für eine (modernere?) dunkle Weste entschied. Ihrem Stand als Handwerker entsprechend sind sie mit enganliegenden langen Hosen bekleidet und damit ihrer Zeit gegenüber den Bauern "modisch" voraus (Walter Wörtz). Die kleine goldbestickte Mädchenhaube der Magd will als Arbeitskleidung ebenso wenig einleuchten wie das weiße Goller, unter dem ein rotes Mieder durchschimmert. Der Maler scheint sich nicht ganz schlüssig gewesen zu sein, ob er sich an der Arbeitssituation oder der Hinwendung zum Gnadenbild orientieren soll. Vielleicht entspricht er gerade deswegen der Realität, weil die Menschen noch lange das ältere Sonntagsgewand auftrugen.

Johann Meister, der Votant der Votivtafel, starb am 10. April 1845 an Lungensucht. Die Matrikel verzeichnet ihn als Pfründner, was bedeutet, daß er sein Anwesen bereits übergeben hatte. Vier Jahre später folgte ihm seine Frau in den Tod. Sie erlag am 10. März 1849 einer Leberverhärtung, bei der ihr auch der herangezogene Chirurg Wolf aus Batzenhofen nicht mehr helfen konnte. Maria Meister scheint ihren Mann (beim Verkauf der Ware?) unterstützt zu haben. Der Umstand, daß sie von der Geburt ihrer Tochter Maria Crescentia in Aichach überrascht wurde, deutet u.U. darauf hin.

Quellen

StA Augsburg Rentamt Zusmarshausen 696 I und 1117 (Kataster)

Anmerkungen

1) Chronik Lützelburg, Lützelburg 1978, 81 - 84. Von den 11 Hafner-Anwesen sind drei von Mitgliedern der Familie Meister besetzt: Georg Meister (HNr. 20), Johann Meister (HNr. 31) und Dominikus Meister (HNr. 46).
2) Wolfgang Czysz u. Werner Endres, Archäologie und Geschichte der Keramik in Schwaben (= Neusässer Schriften, Bd. 6), Neusäß 1988, 22 - 24.

Tongrube im Hafnergehau.

Ein Verkehrs- und Arbeitsunfall aus dem Jahre 1884

Den heutigen Verkehrsunfällen entsprechen die häufiger auf Votivtafeln dargestellten Szenen, in denen Menschen unter einen Wagen geraten. Ein solches Unglück widerfuhr auch der Creszenz Holland aus Altenmünster.

Die Familie des Söldners Leonhard Holland

Der am 3. November 1795 in Wörleschwang geborene Leonhard Holland (Eltern: Sebastian und Maria Anna, geb. Eisele) heiratete am 17. Juni 1828 die verwitwete Anastasia Eisele, wozu wegen des Hindernisses der Schwägerschaft 3. Grades in gerader Linie apostolische Dispens eingeholt werden mußte. In erster Ehe war die 1788 in Vallried geborene Anastasia Neuß mit dem Bauern Andreas Eisele verheiratet. Aus der am 28. September 1813 in Altenmünster geschlossenen Ehe gingen zwischen 1814 und 1826 acht Kinder hervor, von denen sieben bald nach der Geburt starben. Lediglich der Sohn Andreas (geb. 1826 II 18) erreichte das Erwachsenenalter; er heiratete später nach Oberschöneberg. Am 27. März 1828 erlag der Bauer Andreas Eisele einer Lungensucht, die auch der Doktor aus Ichenhausen nicht hatte kurieren können. Drei Monate später ging die Witwe die Ehe mit Leonhard Holland ein, doch währte die Ehe nur zweieinhalb Jahre, denn Anastasia Holland starb am 27. Dezember 1830 am Blutfluß. Kinder gingen aus dieser Verbindung nicht hervor, doch brachte Leonhard Holland den 5jährigen Stiefsohn Andreas mit in seine zweite Ehe.

Am 14. Februar 1831 heiratete der Witwer Leonhard Holland die ledige Maria Anna Gilg aus Altenmünster: Sie war am 27. März 1801 als Tochter von Joseph Gilg und Maria Josepha Gilg (geb. Steißner) geboren worden. Der Pfarrer vergaß, in die Matrikel die Trauzeugen einzutragen. Aus der Ehe gingen in 14 Jahren acht Kinder hervor:

Maria	1831 XI 21
Walburga	1832 XII 25
Anton	1836 VI 12
Maria Anna	1839 IV 12
Vitus	1840 VI 20
Joh. Bapt.	1841 VI 17
Kreszenz	1842 VII 12
Afra	1845 XI 19

Altenmünster um 1835

Die Sölde von Leonhard Holland:
Wohnhaus mit Stallung, Stadel;
14 Tw. Äcker, 4 Tw. Wiesen
(1600 fl)

Die Hollands erwiesen sich als eine robuste Natur, denn alle Kinder erreichten das Erwachsenenalter, was nur selten vorkam.

Belastet wurde die Familie durch drei ledige Kinder. Am 11. August 1859 schenkte die 26jährige Walburga einem Mädchen das Leben, als dessen Vater sie einen ledigen Dienstknecht angab. Vom Maiersohn aus Steinekirch bekam die 25jährige Maria Anna 1864 (VII 29) ein Kind und zwei Jahre später folgte (von derselben Tochter) ein weiteres lediges Kind (geb. 1866 IV 28), dessen Vater Maria Anna nicht angeben konnte. Ihre beiden ledigen Kinder wurden nicht alt. Beide hießen Carolina (gest. 1865 III 15 und 1869 XII 9).

Die Kinder von Leonhard und M. Anna Holland heirateten nach Baiershofen (Maria), Burgau (Walburga), Affing (M. Anna), Dinkelscherben (Vitus und Johann Baptist) und Hegnenbach (Afra). Ein lediges Kind zu haben, bedeutete kein Ehehindernis. Ledig blieben der Sohn Anton (gest. 1913 VI 11) und Kreszenz, die Frau auf der Votivtafel.

Der Vater Leonhard Holland war am 13. Dezember 1864 an Lungensucht gestorben. Der Sohn Anton trieb mit der Mutter und der Schwester Kreszenz das Anwesen um. Als Kreszenz Holland unter das große Rad geriet, war die Mutter allerdings bereits seit vier Jahren tot. Die 79jährige war am 30. September 1880 an Altersschwäche gestorben.

Bis ins kleinste Detail hält der Maler den beladenen Wagen fest. Die hinteren Räder des Leiterwagens sind wesentlich größer. Die oberen Leiterbäume werden durch Leuchsen, die von den Achsen ausgehen, gehalten. In den Bauchketten wird eine Garbe mitgeführt.

Schwere Bauernarbeit

Der Maler bildet sehr detailgetreu einen mit Garben beladenen Wagen ab. Aus irgendeinem Grund war das vordere Seil, mit dem der Wiesbaum festgebunden war, gerissen. Das (unbekannte) Ereignis erschreckte auch die vorgespannten Kühe, sodaß sie unverhofft anzogen, weswegen Kreszenz unter das hintere große Rad des Wagens, der zur Heimfahrt gerüstet war, geriet. Kreszenz hatte sich zur Erntearbeit recht bunt gekleidet und sich auf den Kopf ein weißes Tuch gebunden.

Kreszenz Holland wurde im Alter von nicht ganz 77 Jahren am Morgen des 28. April 1919 tot aufgefunden. Der Priester hatte sie nicht versehen können. Als Todesursache schrieb er in die Matrikel: Altersbronchitis und Herzlähmung. Zwei Tage später, in der Früh um 1/2 8 Uhr wurde Kreszenz Holland beerdigt.

Auf die Rückseite dieses Gebetszettels schrieb der Pfarrer: "In die Herz Jesu Bruderschaft wurde aufgenommen Kreszenz Holland von Altenmünster. Violau den 18. Juni 1871 Wolf Pfarrer

Kolorierte Andachtsbildchen erfreuten die Wallfahrer auch noch in den letzten Jahrzehnten des 19. Jahrhunderts

Franz Anton Keck und der Schwabmünchner Strumpfhandel

Modernisierung ist das Stichwort, unter dem die Geschichte des Schwabmünchner Textilverlegers Franz Anton Keck (1770 - 1838) und seiner Familie beschrieben werden kann[1] Denn an seiner Person und an der Person seines Schwiegersohnes Carl Joseph Holzhey (1807 - 1881) zeigt sich exemplarisch Schwabmünchens "Aufbruch ins Industriezeitalter". Diese Familie stellte im 19. Jahrhundert das wichtigste Bindeglied zwischen dem vorindustriellen Handel mit handgestrickten Strümpfen auf Verlegerbasis und der industriellen Produktion und dem Vertrieb von Textilien dar. Zunächst soll der Schwabmünchner Strumpfhandel allgemein kurz beschrieben werden.

Strumpfhandel in Schwabmünchen

Strümpfe, Strumpfstricker und Strumpfhändler sind bis heute das "Abzeichen" von Schwabmünchen, verschaffen dem Ort lokale Identität. Erst 1990 wurde der "Strickerbrunnen" aufgestellt; das "Herzstück" des 1913 eröffneten Bezirksmuseums war die Dokumentation der damals schon niedergegangenen Hausindustrie der Strumpfstrickerei. Auch schon im 19. Jahrhundert fungierten Strümpfe als lokales Abzeichen: Als König Ludwig I. auf seiner Reise durch den Oberdonaukreis 1829 auch Schwabmünchen besuchte, überreichte man hier dem König ein Paar besonders fein gestrickter Strümpfe.[2]

Zu dieser Zeit, 1829, war Franz Anton Keck der erfolgreichste Strumpfhändler Schwabmünchens. Er verdiente, wie über zwanzig weitere Händler dort, sein Geld mit der Beschäftigung von Heimarbeitern zur Herstellung von Strümpfen und anderen Strickwaren und dem Verkauf dieser "selbst fabricierten" Produkte. In und um Schwabmünchen wurden also per Hand und zu Hause Strümpfe, Schlafhauben und Handschuhe gestrickt[3], Garn versponnen, das die Händler dann aufkauften und weiträumig vertrieben.

Erste Belege des Schwabmünchner Strumpfhandels sind aus dem 17. Jahrhundert erhalten[4]. Es scheint, daß hier, wie in vielen anderen ländlichen Regionen im Umkreis größerer Städte, Textil-Hausindustrie als eine Möglichkeit entstanden ist, neben und parallel zur Landwirtschaft die zahlenmäßig anwachsende Landbevölkerung zu ernähren.[5] Außerdem mag die zunehmende Verbreitung des Tragens von Strümpfen in allen Bevölkerungsschichten eine wichtige Rolle gespielt haben: Während die Oberschichten gewirkte Seiden- und andere feine Strümpfe bevorzugten und diese zu einem modischen Luxusartikel machten, trug die breite Bevölkerung im 18. und 19. Jahrhundert eher gröbere handgestrickte Woll- oder Baumwollstrümpfe.[6] Die Strümpfe, die in Schwabmünchen hergestellt wurden, deckten wohl den gestiegenen breiten Bedarf. Sie waren Massenartikel, "ordinaire Baumwollen-Waaren", wie sie genannt wurden.[7]

Die konjunkturelle Entwicklung des Schwabmünchner Strumpfhandels[8] hing von der allgemeinen Wirtschaftssituation ab: In der zweiten Hälfte des 18. Jahrhunderts schien weiträumig Handel "mit den vornehmsten Handelshäusern in Livorno, den Niederlanden und Holland", auch mit Frankreich getrieben worden zu sein[9]. Die Revolutionskriege bewirkten eine "Lähmung" der Handelsgeschäfte, während der Kontinentalsperre konnte sich dann kurzfristig der Absatz der Schwabmünchner Baumwollwaren "über Frankfurt, Elberfeld, Aachen bis Amsterdam" ausdehnen.[10] Nach Beendigung des "Continental-Sistems" trat eine anhaltende Krise ein, die den Absatz zunehmend auf das Inland und die Landbevölkerung[11] beschränkte. Deren auslösende Faktoren wurden auch in Schwabmünchen erkannt: "Die Ursache des Zerfalles dieses Industrie-Zweiges ligt theils in dem Fabrikwesen, weil nämlich Sachsen, Preußen, Würtemberg, die Strümpfe in Webstühlen erzeugen, wodurch das Fabrikat schöner u. um wohlfeilere Preise geliefert wird, die Manufaktur-Arbeit (gemeint ist hier die Hausindustrie, die Verf.) den Markt ... nicht aushalten kann".[12] Obwohl man also Gründe der Absatzkrise kannte, tat man in Schwabmünchen nichts dagegen: Der Strumpfwirkstuhl[13] wurde auch weiterhin nicht eingeführt, Fabriken nicht gegründet[14]. Offensichtlich schien das System der ländlichen, "handarbeitenden" Hausindustrie in einer Phase des Übergangs zur Industrialisierung für die Unternehmer immer noch lukrativ genug gewesen zu sein, so daß es, mit zunehmendem Preisdruck auf die Heimarbeiter, bis nach Mitte des 19. Jahrhunderts aufrecht erhalten wurde.

Der Verleger Franz Anton Keck

Der Strumpfhändler Franz Anton Keck ist ein typischer Vertreter dieser Übergangsphase: Einerseits setzte auch er, erfolgreich in Zeiten einer allgemeinen Wirtschaftskrise, das vorindustrielle System der Handarbeit in der Hausindustrie fort, andererseits argumentierte er für seine Zeit modern und fortschrittlich mit Begriffen wie "Gewerbefreiheit"; auch scheute er sich nicht, seine

Interessen bis in die höchsten Instanzen hinein zu vertreten. Dies soll im folgenden in der Biographie Franz Anton Kecks dargestellt werden.

Franz Anton Keck wurde 1770 als ältestes Kind des Söldners und Strumpfhändlers Caspar Keck (1743 - 1831) und seiner Frau Maria, geb. Wagner in Schwabmünchen geboren. Er entstammte einer bis ins 17. Jahrhundert in Schwabmünchen nachweisbaren, sehr weit verzweigten (Strumpfhändler-)Familie.[15] 1793, im Alter von dreiundzwanzig Jahren, heiratete Franz Anton Keck, der katholischer Konfession war, Franziska Zörle (1771 - 1843), Tochter des Schwabmünchner "Bauern und Bürgers" Johann Adam Zörle[16] und dessen Frau Maria, geb. Schorer. Die Braut brachte eine "standsmässige Ausfertigung" an Heiratsgut im Wert von immerhin 800 Gulden mit in die Ehe und der Bräutigam unter anderem ein vom Vater übergebenes bzw. abgekauftes Söldgut im Wert von 2 100 Gulden.[17]

Es ist anzunehmen, daß Franz Anton Keck, über dessen Ausbildung bisher nichts bekannt ist, um diese Zeit in die väterliche Handelsfirma als Teilhaber aufgenommen wurde. Unter dem Firmennamen "Caspar Keck und Sohn" betrieben Vater und Sohn vor allem Strumpf-, aber auch anderen Handel. Sie schienen schon 1810 zu den größten Strumpfhändlern Schwabmünchens gezählt zu haben, denn die Firmen "Gebrüder Keck und Söhne"[18] wurden, neben dem Großaitinger Verleger Andrä Matulka[19] damals als wichtigste Auftraggeber für die "unbegüterten und armen Einwohner" des Landgerichts Schwabmünchen genannt.[20] Es fällt auf, daß die Schwabmünchner Strumpfverleger immer wieder als soziale "Wohltäter" und Arbeitsbeschaffer für die arme Bevölkerung des Landgerichtes dargestellt wurden bzw. sich selber so einschätzten.[21] In diesem Zusammenhang ist aber auch die völlig ungesicherte Lage der Heimarbeiter zu bedenken, denn dem Verleger stand es offen, ihnen je nach wirtschaftlicher Lage Aufträge zu vergeben, Lohnkürzungen vorzunehmen oder sie gar zu entlassen. Somit waren Heimarbeiter, die zum Teil noch einen kleinen landwirtschaftlichen Nebenerwerb betrieben, billige Arbeitskräfte. Sie boten den Verlegern die Möglichkeit, sich schnell und flexibel auf Marktschwankungen einzustellen und dadurch selbst in einer sich allmählich überlebenden Produktionsweise Gewinne zu sichern. Die Stricker aber waren die Verlierer dieses Systems. Sie verdienten nur eine "kümmerliche Zulage zu ihrer Hauswirthschaft"[22] und wurden so bei sinkenden Löhnen zunehmend zu potentiellen Kandidaten für die kommunale Armenpflege.[23]

Stricker und Strickerin im Heimatmuseum Schwabmünchen

Franz Anton Keck entwickelte sich in den 1820er Jahren zum erfolgreichsten Strumpfhändler Schwabmünchens. Ein Gewerbezeugnis von 1817 bzw. 1822 beschrieb Kecks Handelstätigkeiten[24]: Zum einen beschaffte er als Verleger seinen Heimarbeitern Rohmaterialien wie Baumwolle, ließ Strümpfe und anderes stricken, kaufte und veredelte diese dann durch "färben, bleichen und brodieren". Zeitweise beschäftigte er bis zu 1 500 Heimarbeiter. Zum anderen betätigte sich Keck als "Verleger der Verleger": Die Firma Caspar Keck und Sohn setzte nicht nur selbst in Auftrag gegebene, sondern auch "wollen- und baumwollen Erzeugnisse derjenigen hiesigen Produzenten (ab), welche wegen ihrer beschränkten Umstände nicht selbst Märkte beziehen können". Keck war also nicht "zunftmäßig" gebundener Großhändler, der den größten Teil seines Verkaufes "ins Ausland" trieb. Der Erfolg der Firma Caspar Keck und Sohn zeigte sich auch darin, daß sie auf Industrieausstellungen Preise gewann, so z.B. 1829 die Goldene Medaille auf der Augsburger Industrieausstellung[25].

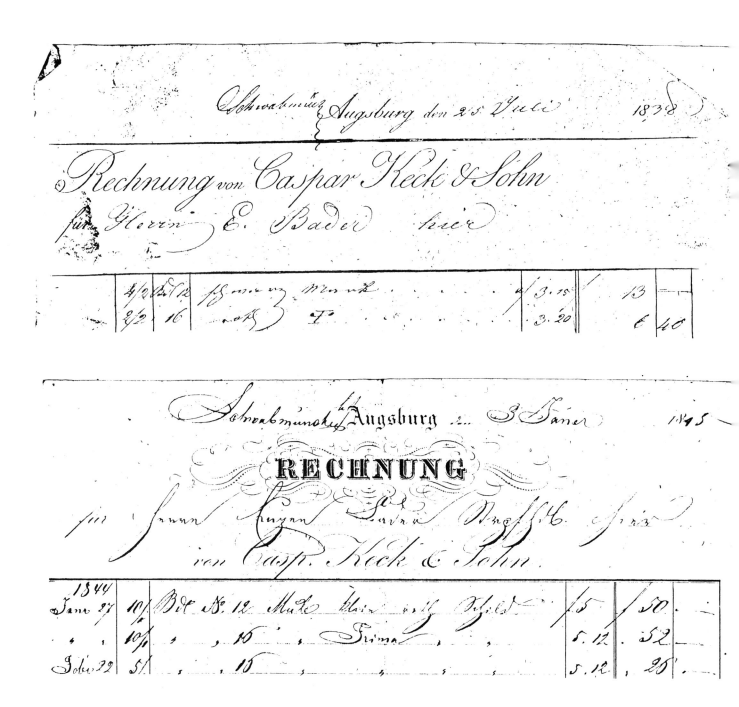

Briefköpfe der Firma Caspar Keck und Sohn

Keck versuchte, seinen Handel dahingehend zu expandieren, daß er einen geschlossenen Kreislauf bildete und ihn selbst in "geldarmen" Zeiten weitgehend autark machte. Parallel zum Strumpfhandel betrieben Caspar Keck und Sohn in Augsburg eine "Detail"- oder "Waarenhandlung"[26]. "Mit bestem Erfolge" setzten sie hier Produkte ab, die sie im Tauschhandel für ihre Baumwollwaren erhalten hatten[27]. 1820 - 26 versuchte Franz Anton Keck dann, dieses Geschäft auch auf Schwabmünchen auszudehnen und eine Konzession zum Handel mit "Manufakturen und Spezereywaaren" zu erhalten. Obwohl Keck mit dem zu erwartenden Nutzen für das Umland argumentierte, denn wenn sein Absatz steige, könne er auch wieder mehr Arbeiter beschäftigen, scheint der Hintergrund dieses Konzessionsgesuches doch wohl der Versuch gewesen zu sein, zum einen als Groß- und Zwischenhändler die Schwabmünchner Krämer und das Umland mit Produkten aus einem neu zu erbauenden großen Warenlager zu versorgen. Und zum anderen wollte er möglicherweise seine Heimarbeiter in einer Art Trucksystem nicht mit Geld, sondern mit Waren entlohnen können. Jedenfalls ist für Schwabmünchen das Trucksystem als eine übliche Methode der "Bezahlung" der Heimarbeiter beschrieben worden.[27]

In diesem Streit mit dem Schwabmünchner Magistrat um die Konzession zeigte sich Keck als geschickt die Gesetze interpretierend ausnutzender Handelsmann, der den neuen bürgerlichen Idealen von Handelsfreiheit und "Speculationsgeist" anhing. So beschwor Keck, als ihm 1820 sein erstes Konzessionsgesuch abgeschlagen wurde, "Gewerbefreiheit" anstelle von "kleinen Krämergeist", denn der Schwabmünchner Magistrat hatte seine Ablehnung des Gesuches mit örtlicher Überbesetzung des Gewerbes und mit fehlenden lokalen Absatzmöglichkeiten begründet. Als das Gewerbegesetz von 1825 dann die Kompetenz zur Gewerbekonzessionierung erneut auf den Staat übertrug, startete Keck gegen den Widerstand des Schwabmünchner Magistrats einen zweiten, diesmal erfolgreichen Versuch: Am Beispiel der Handelsstadt Augsburg zeigte er auf, daß dort trotz großer Konkurrenz Gewinne gemacht werden könnten, wenn die Handelsleute ihre Geschäfte, unter "Beseitigung des Luxus" mit "Einsicht, Fleiß, Ordnung und Rechtschaffenheit" führten, denn, so Keck, die "einzelnen Menschen wissen viel besser, was ihnen frommt, Nutzen oder Schaden bringt, als die Obrigkeit". Somit sei das Argument des beschränkten örtlichen Absatzes ein "Hemmschuh aller Industrie" und damit hinfällig. Nicht Beschränkung, sondern Konkurrenz und Expansion der Geschäfte seien notwendig für den Handel, der auf "der obersten Stelle in der Stuffenleiter der Nationalgewerbe" stehe. Diese "moderne" Argumentation überzeugte die Regierung des Oberdonaukreises, und Franz Anton Keck erhielt 1826 die erwünschte Konzession. Zu dieser Zeit war Keck bereits im Besitz von drei (Söld-)Anwesen in Schwabmünchen und kaufte sich, nach Genehmigung seines "Spezerey"handels, 1828 ein viertes Söldhaus mit Handlungsgerechtigkeit dazu.[29]

In Schwabmünchen selbst scheint Keck, seiner Tendenzen zum "Monopolist", "Großhändler" und seiner fehlenden "Anhänglichkeit gegen seinen Magistrat"[30] wegen nicht sonderlich beliebt gewesen zu sein, jedenfalls bekleidete er hier, im Unterschied zu anderen Mitgliedern der Familien Keck, keine öffentlichen Ämter.

Franz Anton Kecks eigene Familie war nicht sehr groß: Obwohl ihm und seiner Frau Franziska zehn Kinder geboren wurden, erreichten offensichtlich nur drei Töchter das Erwachsenenalter[31]. Diese Töchter Therese, Josepha, Maria wurden wiederum mit Handelsleuten verheiratet[32], wobei Josepha (1806 - 1884) für ihre Hochzeit mit dem aus Sonthofen stammenden Handelsmann

Franziska Keck

Carl Joseph Holzhey eine Aussteuer im Wert von 10 000 Gulden (!)[33] erhielt. Als "Söldgutsbesitzer" beschäftigte Keck mehrere Dienstboten[34]. Im Museum der Stadt Schwabmünchen erhaltene Portraits von Franz Anton Keck und seiner Frau zeigen diese als wohlhabende und standesgemäß gekleidete Bürger.

62jährig beendete Franz Anton Keck 1832 seine Karriere als Strumpfhändler: Nachdem er im Jahr zuvor eine größere Summe Geld von seinem verstorbenen Vater Kaspar Keck geerbt hatte[35], übergab er sein Wohnhaus, in dem auch der Strumpfhandel betrieben wurde (Nr. 235), an seinen Schwiegersohn Carl Joseph Holzhey und er verzichtete zu seinen Gunsten auf seine Strumpf- und Manufakturwaren-Handlungskonzession.

Bis zu seinem Tod 1838 lebte Franz Anton Keck in seinem Söldanwesen Nr. 226 und betrieb dort eine "Spezereihandlung"[36]. Ein Testament hat sich, soweit bekannt, von Franz Anton Keck nicht erhalten. Seine Witwe Franziska erbte wohl den verbliebenen Besitz und die Handelsgerechtigkeiten. 1840 übergab sie das Augsburger Geschäft an ihren Schwiegersohn Franz Xaver Stadler[37] und löste sich auch von ihrem Schwabmünchner "Spezerei"geschäft zugunsten ihres Schwiegersohnes Carl Joseph Holzhey.[38] Franziska Keck starb 1843 ebenfalls ohne Hinterlassung eines Testamentes, nach vorheriger mündlicher Abmachung stiftete sie aber der Schwabmünchner Pfarrkirche, der Schule und dem Armen- und Krankenhaus ein Vermögen im Wert von 1 500 Gulden.[39]

Es wäre das Thema einer weiteren Lebensgeschichte, zu beschreiben, wie Schwiegersohn Carl Joseph Holzhey auf der Grundlage von Franz Anton Kecks Kapital und weitreichenden Handelsbeziehungen das ererbte Handelsgeschäft "Caspar Keck und Sohn" in Schwabmünchen fortführte und ausbaute[40]: 1863 erhielt er die Lizenz, nicht nur zu handeln, sondern auch Strümpfe, Stoffe und Strickgarne selbst zu verfertigen.[41] Damit war der erste und entscheidende Schritt zur späteren Weberei Holzhey (1894 - 1969) getan, der ersten größeren und bis in die erste Hälfte des 20. Jahrhunderts hinein wichtigsten Fabrik Schwabmünchens.

Anmerkungen

1) Danken möchte ich Frau Renate Wengenmayr für die Hilfe bei der Materialzusammenstellung.
2) vgl. Stadtarchiv Schwabmünchen (SAS), Bi 6; Sammlung Wörle 1, Mappe IV; vgl. Rolle, Theodor: Augsburg und Umgebung in der Ära Ludwigs I. von Bayern. In: HVLA Jb 1987/88, S. 202.
3) vgl. Staatsarchiv Augsburg (StAA) Regierung (folgendes immer: Kammer des Innern) 5142.
4) vgl. Zorn, Wolfgang: Handels- und Industriegeschichte Bayerisch-Schwabens 1648 - 1870. Augsburg 1961, S. 101: Schwabmünchner Strumpfhändler 1675 auf der Nördlinger Messe.
5) vgl. Bohnsack, Almut: Spinnen und Weben. München 1981, S. 154 ff.
6) vgl. Bamann, Anna: Begehrte Maschen. In: Münchner Stadtmuseum (Hg.): Beinnahe. München 1990, S. 34 ff; vgl. Junker, Almut: Der Reiz des Beins 1780 - 1830. In: Diess.; Stille, Eva: Die zweite Haut. Frankfurt 1988, S. 70 ff.
7) vgl. StAA Regierung 5142 - genannt werden Jahres-Produktionszahlen beispielsweise von 200 000 Paar Strümpfen; vgl. StAA Regierung 5094.
8) beschrieben von Vogel, Rudolf: Die Schwabmünchner Hausindustrie der Strumpfstrickerei. In: Landkreis Augsburg (Hg.): Landkreis Schwabmünchen. Augsburg 1974 (Landkreisband), S. 181 ff.
9) vgl. StAA Regierung 5142.
10) StAA Regierung 5074.
11) vgl. Vogel, R., Landkreisband, 1974, S. 184: ... "Strümpfe für den Landgebrauch" (1854); z.B. Schwabmünchner Strümpfe als Bestandteil der Dachauer Tracht - vgl. Hanke, Gerhard: Die Dachauer Strumpfstricker. In: Amperland 2 (1989), S. 222 ff.; vgl. Nauderer, Ursula: Eröffnungsrede zur Ausstellung: Vom Hausgewerbe zum Hausfleiß ... (fotokop. Bl., SAS) 1990.
12) StAA Regierung 5102; andere Ursachen vgl. ebd., Regierung 5085.
13) Der Strumpfwirkstuhl war schon im 16. Jahrhundert erfunden worden und ermöglichte, da die Maschen nicht einzeln, sondern reihenweise gebildet wurden, ein schnelleres und feineres Arbeiten - vgl. Bamann, 1990, S. 34 ff.; in der zweiten Hälfte des 19. Jahrhunderts kamen dann zunehmend Strickmaschinen in Gebrauch, denen die Schwabmünchner Strumpfstrickerei schließlich erlegen ist.
14) dies lag wohl z.T. auch an der Nähe Schwabmünchens zu Augsburg: vgl. StAA Regierung 5120.
15) Stammbaum nach Franz Metzger (fotokop. Bl., SAS), den Pfarrmatrikeln im Bistumsarchiv Augsburg und SAS, Sammlung Wörle: Symon Kekh und Ursula Müllerin, 1695 Heirat, deren Kind: Phillip Keck (1703 - 1766) und Maria ?, deren Kind Casparus Keck (1743 - 1831) und Maria Wagner (1772 gestorben), 1767 Heirat, deren Kind: Franz Anton Keck (1770 - 1838) und Franziska Zörle (1771 - 1843), 1793 Heirat; 10 Kinder, deren Kind Josepha (1806 - 1884) und Carl Joseph Holzhey (1807 - 1881), 1832 Heirat, deren Kind: (Carl) Anton Holzhey (1838 - 1885) und Wilhelmine Lechner (1845 - 1924), Heirat 1868; deren Kind: Carl Joseph Holzhey (1870 - 1949) und Elisabeth Fischler, Gräfin v. Treuberg (1887 - 1971), 1909 Heirat, deren Kinder Anneliese, Ruth, Karl Heinz; Bruder von Carl Joseph Holzhey: Eugen Holzhey (1878 - 1946) und Käthe Schlink (1891 - ?), 1921 Heirat, deren Sohn Eugen Holzhey (1928 - 1969).
16) vgl. SAS, Slg. Wörle XIIb; SAS 9241.
17) Es handelt sich wohl um das Haus Nr. 235 - vgl. StAA Augsburger Pflegämter Lit 785.
18) wohl Math. Keck und Sohn, Caspar Keck und Sohn - vgl. SAS 82623.
19) vgl. Vogel, R., Landkreisband 1974, S. 181.
20) StAA, Regierung 5142.
21) vgl. StAA Regierung, 5142, 5120, 5102; vgl. Vogel, R., Landkreisband 1974, S. 184; vgl. SAS 2586.

22) StAA Regierung 5085.
23) vgl. SAS 4111: Brief der Lokalarmenpflege an den Schwabmünchner Magistrat vom 13.6.1854: ... "denn Stricken kann als eine hinlängliche, die tägliche Nahrung sichernde Beschäftigung nicht betrachtet werden."; vgl. Jahn, Joachim: Schwabmünchen. Schwabmünchen 1984 (Schwabmünchen), S. 200 ff.
24) folgendes vgl. SAS 82251.
25) vgl. Vogel, R., Landkreisband 1974, S. 184 - weitere Auszeichnungen siehe dort.
26) wohl in Lit D 68, später Nähe Obstmarkt 1 (Obere Karolinenstraße/ Weißmahlergasse) - vgl. Stadtarchiv Augsburg (STA), Hausbogen; Familienbogen "Anton Keck".
27) dies und das Folgende vgl. SAS 2586 - 826GG, 821.
28) vgl. SAS 821, S. 185 ff.: Streit um Genehmigung einer Spezereihandlungs-Konzession für Johann Nepomuk Keck 1842: "Würde ihm auch der Spezereihandel genehmigt, so wären die vielen Stricker, die ihm ihre Strümpfe abliefern, gezwungen, bei ihm einzukaufen, wenn sie ihre Waren weiterhin anbringen wollen." Und: "Wenn die Stricker ihre Strümpfe zum Verkauf bringen ..., so werden sie gefragt, was sie an Waren brauchen ...".
29) vgl. StAA Rentamt Schwabmünchen Kataster 948 I, III, IV, ebd. 979 I, 1005: Zu dem Haus Nr. 235, waren 1821 die Häuser Nr. 296, 297 um 3 030 Gulden und 1828 das Haus mit Handlungsgerechtigkeit Nr. 226 um 5 500 fl. angekauft worden.
30) vgl. SAS 2586 - 826GG.
31) vgl. STA, Familienbogen "Anton Keck": hier sind nur drei Töchter genannt; vgl. Stammbaum nach Kaplan Metzger (fotokop. Blätter, SAS) und nach den Pfarrmatrikeln im Bistumsarchiv Augsburg: Maria Magdalena (1795 - ?), Maria Victoria (1796 - ?); Caspar (1798 - 1821); Ignaz (1799 - ?); Maria (1802 - ?); Aloys (1803 - 04); Maria Theresia (1804 - ?); Maria Josepha (1806 - 1884); Joseph (1809 - ?); Aloys (1814 - 14).
32) so z.B. Tochter Maria mit dem Kaufbeurer Kaufmann Joseph Jakob Probst (1788 - 1859), Theresia mit dem Kaufmann Franz Xaver Stadler aus Augsburg und Josepha mit dem Kaufmann Carl Joseph Holzhey in Schwabmünchen - vgl. StAA, Bezirksamt Schwabmünchen 1608.
33) folgendes vgl. StAA Landgericht Schwabmünchen Lit 40; vgl. SAS 821, 826 (1831/32), 8261 (1857).
34) vgl. z.B. SAS 3311 (1829).
35) vgl. StAA Landgericht Schwabmünchen Lit 38.
36) vgl. SAS 826GG, 8261, 8416.
37) vgl. STA Familienbogen "Anton Keck".
38) vgl. SAS 8416.
39) vgl. StAA Bezirksamt Schwabmünchen 1608.
40) vgl. SAS 02412; vgl. Vogel, R., Landkreisband 1974, S. 184, 198 f.; vgl. SAS, Sammlung Wörle; vgl. Jahn, J., Schwabmünchen, 1984, S. 198, 239 f.
41) vgl. SAS 826GG (1863).

Barbara Michal

Der Bahnhof Schwabmünchen um 1855, Aquarell von Herle (Verkehrsmuseum Nürnberg)

Dr. Johann Friedrich Lehner - Apotheker und Chemiker - Erfinder und Kunstseidefabrikant (1855 - 1912)

Eine ungewöhnlich dynamische, der Gründerzeit entsprechende, erfinderische und unternehmerische Persönlichkeit darf Dr. Friedrich Lehner genannt werden. Der Apotheker und Chemiker war erster Kunstseideerfinder und Fabrikant in Deutschland. Trotzdem ist es nicht selten, daß man bei einem Fabrikanten ungleich weniger von seinem Leben als von seinen Unternehmungen weiß.

Der Vater Lehners, Wagenfabrikant, betrieb in Nürnberg am Frauentor eine bedeutende Huf- und Nagelschmiede mit seiner Ehefrau Katharina Barbara, geb. Scheiderer.[1] Die Jugendzeit verbrachte Lehner in Nürnberg, wo er auch eine Lateinschule besuchte.[2] Nach dem Abschluß an der Höheren Schule studierte der junge protestantische Lehner in Erlangen und München Chemie und Pharmazie.

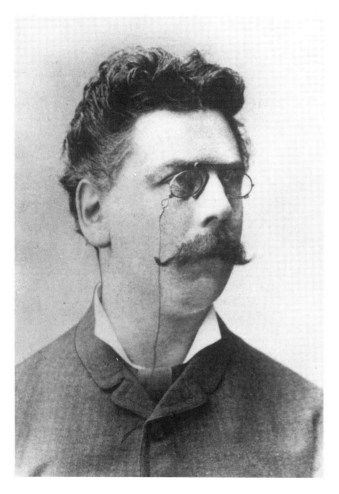

Mit einem Corpsbruder der Cisaria München[3] führte er nach erfolgreichem Studium mehrere Jahre die "Alte Apotheke" in Diessen in der St. Johann-Gasse 228.

1880 heiratete Johann Friedrich die protestantische 24-jährige Johanna, deren Vater der vermögende Brauerei- und Gutsbesitzer Johann Georg Lederer aus Bonnhofen im Bezirksamt Ansbach war. Schon einen Monat später zog die junge Familie nach Diessen um.[4] Am 27.6.1881 wurde der Sohn Alfred Simon im Apothekerhaus geboren. Zwei Monate später meldete Lehner sein erstes Patent beim Kaiserlichen Patentamt in Berlin an, ein Gummi-Ersatzmittel bei der Bronzefarbenfabrikation.[5]

Schon bald wohnte die junge Familie in Augsburg. Das Familienblatt meldete den Zuzug und den Zweck des Aufenthalts mit dem Eintrag "Arbeit".[6]

Hier begann Lehner seine unternehmerische Tätigkeit aufzubauen, indem er die Seybold'sche Mineralwasserfabrik mit einem Ertragsanschlag von 2 000 Mark in der Steuerperiode 1886/87 und einer Gewerbesteuer von 38 Mark betrieb. Ein Obsthandel zur Saftgewinnung für das Mineralwasser war ebenso im Familienblatt eingetragen. Am 1.10.1882 wurde die Tochter Anna Babette Doris geboren. Das Melderegister zeigt die Familie in der Lechhauser Str. 4, ebenso später in der Bäckergasse 4 und 5, wo Lehner in der unmittelbar angrenzenden Kleiter'schen Kunstmühle, energiegeladen und rastlos, experimentelle Forschungen in den verschiedensten Bereichen aufnahm.

Weitere Patente wurden angemeldet. Am 2.2.1886 ein Verfahren zur Herstellung von Hochglanzbronzefarben sowie im gleichen Jahr eine technische Einrichtung zum Zerstäuben von Wasser. Der Erfinder zeigt hierin die gelungene Kombination von technischer sowie chemisch-physikalischer Begabung. Eine Rarität, ja ein Kuriosum, brachte die Erfindung des Versicherungshalters 1887. Es handelte sich hier um ein einem Garderobenhaken ähnliches Gebilde, von dem nur der Besitzer eines Kleides, Schirmes oder Hutes denselben mittels Buchstabenschlosses oder Schlüssels entfernen konnte. Ein Jahr später reichte der Apotheker noch das Reichspatent Nr. 45210 ein, ein Verfahren zur Herstellung von Chymosin und Pepsin, er wendete Kohlensäure bei der Extraction aus Labmagen und zur Fällung der Schleimstoffe an.[7]

Die Arbeiten Lehners traten nun jedoch in eine entscheidende Phase ein. Durch einen Zeitungsartikel über den Kunstseideerfinder Graf de Chardonnet[8] angeregt, beschäftigte er sich systematisch mit einfachsten Mitteln, mit den Problemen der Kunstseidefabrikation. Allerdings war ihm die Nitro-Zellulose-Lösung von der Heilkunst her sicher bekannt. Der Gedanke, aus einer zähflüssigen Masse nach dem Vorbild der Seidenraupe künstliche Fasern zu textilen Zwecken zu erzeugen, ließ ihn nicht mehr los. Der puritanische Kunstseidepionier, asketisch und von strenger Selbstzucht[9], spann von nun an die Fäden Hookes (1664), Rèaumurs (1734) und anderer weiter. Er behandelte Baumwolle mit Salpeter- und Schwefelsäure, gelangte dadurch zur Schießbaumwolle[10] und löste die Zellulose in Äther und Alkohol auf. In Augsburg entwickelte Lehner weiterhin ein modifiziertes Verfahren, das, abweichend von Chardonnet, Naßspinnbäder verwendete. Ebenso experimentierte er mit der nachträglichen Verstreckung des noch plastischen Fadens zur Erhöhung der Reißfestigkeit und zur Verfeinerung des Fadenquerschnitts, um ein fülligeres und weicheres Material zu erhalten.[11] Er stellte seine Versuche vollkommen unabhängig von Chardonnet an. Die ersten Fäden wickelte er auf eine horizontal gelegte drehbare Flasche, die er durch das Räderwerk einer Kuckucksuhr antreiben ließ;[12] daneben betrieb er eine Einrichtung, die seine Hausglocke ertönen ließ, wenn der Faden abriß. Damit war das heutige, moderne System der elektrischen Kettfadenwächter vorweggenommen.[13] Aus der Zeit dieser ersten größeren Versuche stammt eine Stoffprobe, deren monofile undenitrierte, aber gefärbte Fäden zu einem Blumenmuster gestickt sind.

Kaum nachvollziehbar sind die vergeblichen Bemühungen des Forschers, für die zahlreichen Aufwendungen das nötige Material, vor allem aber Kapital zu beschaffen. Wohl war gerade in Augsburg durch die zurückhaltende ansässige traditionelle Textilindustrie keine Chance für ein neues Konkurrenzprodukt gegeben. Es fanden sich keine Geldgeber - der Prophet gilt nichts im eigenen Land. Dr. Lehner mußte 1892 sein Vaterland verlassen, obwohl er schon 1889 ein Verfahren und einen Apparat zur Herstellung künstlicher Fäden unter der Nr. 55949 patentieren ließ. Die Herstellung eines Grundstoffes für künstliche Fäden, gekennzeichnet durch die Behandlung von Seidenpapier, Baumwolle, Cellulose und Spinnereiabfall mit einer ammoniakischen Kupferlösung, und die Gewinnung der Nitrocellulose war erreicht. Außerdem konstruierte er einen Apparat, der drucklos einen Mischfaden durch Mitlaufenlassen eines fertigen Fadens aus anderem Material erzeugte.

Der Gründerzeitunternehmer packte nun mit enormem Einsatz, Verstand, Intelligenz und Kapital die einmal begonnene Sache an. Das Familienblatt Augsburg endet lapidar mit dem Eintrag: "Abgemeldet mit Familie nach Zürich 29.7.1892."[14]

1889 hat Dr. F. Lehner die Fäden dieser Stickerei aus Nitrocellulose hergestellt

Am 22.8.1892 meldet sich Dr. F. Lehner in Zürich an, die 12 Einwohnerkontrollkarten geben als Anschrift die Weinbergstr. 73 an. Lehner selbst in seinem Vortrag: "Auch mir war es nach vieler Mühe gelungen, eine englische Gesellschaft (1893 Lehner Artifical Silk Co. Ltd. Bradford) zur Durchführung meines Verfahrens im Großbetrieb ins Leben zu rufen",[15] und zwar wurde die Fabrik wegen des hohen Alkoholzolls 1894 in der Schweiz errichtet.

Von der Mühle an der Glattbrugg haben wir erstmals im Jahre 1302 Kenntnis. Das Frauenmünster in Zürich und Kloster Einsiedeln treten als Grundherren auf.[16] Nachdem 1889 die Mühle mit einer Jonval-Turbine und waagrechtem Schaufelrad versehen und zur Fabrik ausgebaut wurde, erwarb Dr. Friedrich Lehner mit Hilfe des englischen und eines schweizerischen Konsortiums die Anlage. Sie wurde erweitert und aufgestockt.

Nahezu gleichzeitig nahm Chardonnet unweit von Glattbrugg in Spreitenbach im Limmattal die Kunstseidenproduktion auf.[17] Beide Unternehmer hofften, in der gut entwickelten schweizerischen Seidenindustrie einen Abnehmer für die künstlichen Produkte zu finden. Die Seidenindustriellen hielten sich, ebenso wie die Banken, zurück. Auch in qualitativer Hinsicht konnten die künstlichen Garne den schweizerischen Anforderungen noch lange nicht genügen. Im Jahre 1899 brannte durch explodierende Nitratzellulose an einer Spinndüse Chardonnets Fabrik ab.[18] Es kam zur Fusion Chardonnet und Lehner. Unter der Führung der neu gegründeten "Vereinigten Kunstseide AG, Frankfurt a. Main". Der Betrieb in Glattbrugg spezialisierte sich auf einen gröberen Faden, sog. "Kunstrosshaar". Es hatte die Vorteile der unbegrenzten Länge und leichter Einfärbbarkeit und wurde als Band, Litze und Damenhutgeflecht verwendet. Beide Betriebe beschäftigten 227 Arbeiterinnen (eine Sensation) und Arbeiter. Diese waren vor allem italienischer Herkunft, weil sich schon damals für die sehr ungesunde, den giftigen Dämpfen der Lösungsmittel ausgesetzte Tätigkeit kaum Schweizer finden ließen. 1904 mußten die Schweizer Werke wegen Unrentabilität, aufgrund der rationeller arbeitenden deutschen Werke, geschlossen, in den Jahren 1910/12 liquidiert werden.[19]

Doch der unermüdliche Lehner, ein eigenwilliger Kopf mit vielseitigen Interessen, sollte seine unternehmerischen Aktivitäten noch bedeutend ausweiten. Am 7.6.1899 unterschrieb er den Kaufvertrag für die ehemalige Bleicherei Fischer in **Bobingen** vor dem kgl. bayer. Notar in Schwabmünchen als Direktor der "Lehner Kunstseidefabrik Glattbrugg". Die Urkunde beinhaltet Wohnhaus, Bleichereifabrik mit Anbau, Stadel, Stall, Trockenhaus, Wasserkraftanlage und 2,38 ha um den Kaufpreis von 95 000 Mark. Die Legende von den Schmackhaften Singoldforellen, die Lehner nach Bobingen geführt hätten, ist so nicht haltbar, denn das Geschäft wurde im Auftrag der Frau Fischer von zwei Münchner Maklern eingeleitet und unter Prokura des späteren Fabrikleiters Dr. Hans Zürcher, Chemiker, abgewickelt.[20]

Nach Abriß der alten Fabrik wurden umfangreiche Baumaßnahmen durchgeführt. Der Einbau von 3 neuen Dampfkesseln und einer Dampfturbine, 2 Dynamos für Licht und Kraft, eine Nitrieranlage, Filterei, Haspelei und Spinnerei legte die Grundlage für die 1902 beginnende Produktion von Nitro-Seide und künstlichem Roßhaar sowie Glühstrumpfseide aus gebleichter Baumwolle. Lehner ließ den Produktionsausstoß auf ca. 600 kg/Tag anwachsen.

Da Äther immer teurer wurde, errichtete man ein neues Gebäude zur Rückgewinnung des wertvollen Rohstoffes; ein Beispiel für die Marktsteuerung des Recycling durch den Preis. Hervorzuheben ist hier die Tatsache, daß bei der Errichtung der Fabrik auf ingenieurtechnischem und chemischem Wege Neuland betreten werden mußte, es sich also um eine Pioniertätigkeit des frühen Unternehmertums handelte. Außerdem wurde das industrielle Continue-Verfahren der Kunstseideherstellung vorweggenommen, indem Lehner und Zürcher das Streckspinnverfahren einführten, bereits an der Spinnmaschine gezwirnt wurde, Spinnen, Zwirnen, Denitrieren und Aufspulen in einem Arbeitsgang angelegt waren.[21] Während diese hochmodernen Produktionsanlagen liefen, führte Dr. Zürcher die Fabrik, Dr. Lehner jedoch gab seinen Schweizer Wohnsitz in Zürich und die Sommervilla am Zürcher See nicht mehr auf.

Den Bobinger Bürgern ist er weitgehend unbekannt, wenn auch eine Dr.-Lehner-Straße heute noch an ihn erinnert.[22]

Wie wenig manche soziokulturellen Werte für eine moderne Fabrik gelten konnten, beweist das Gesuch der Vereinigten Kunstseidefabriken AG an das Königliche Bezirksamt Schwabmünchen vom 17.12.1902 um "Gestattung der Arbeit an einzelnen Festtagen ... Maria Lichtmeß, Maria Verkündigung, Maria Geburt, Maria Empfängnis, St. Joseph, Johannes der Täufer, Peter und Paul, St. Ulrich". Das Bezirksamt gab dem Antrag unter Auflagen statt: "Wenn die Arbeiten im Inneren der Fabrik durchgeführt werden, keine Hof- und Transportarbeiten aufgenommen werden und kein Pausen-Dampfpfeifenzeichen ertöne. Das kath. Pfarramt ist davon in Kenntnis zu setzen".[23]

Erwähnenswert ist auch die Errichtung einer Fabrikkrankenkasse für die Kunstseidefabrik, die zeigt, daß das soziale Engagement Lehners nicht unterzubewerten ist.

1911 wurde die Produktion auf Viskose-Kunstseide nach einem anderen Verfahren umgestellt, Zellulose mit Ätznatron und Schwefelkohlenstoff behandelt und durch Pumpendruck in einem Säurebad zu Fäden ausgesponnen, die im Säurebad erstarrten und fest wurden. Auch diese Umstellung konnte zur Massenproduktion ausgebaut werden.

Nachdem, als sich Dr. Friedrich Lehner mit eiserner Energie dem hohen, selbst gesteckten Ziel der Kunstseideproduktion erfolgreich gewidmet hatte, etwas ganz Großes entstanden war, das ihm für alle Zeiten den Platz in der Reihe bedeutender Erfinder einräumt, fand er seinen Platz als technischer Leiter in der Gesellschaft der "Vereinigten Kunstseidefabriken AG, Frankfurt a. Main". Seiner unentwegten Tätigkeit ist es mitzuverdanken, daß diese Gesellschaft, Chardonnets Fabrik im Glattbrugg nahen Spreitenbach eingebunden, beispielhaft prosperierte, bis zwei Hauptfaktoren den Produktionsprozeß der Kunstseide entscheidend veränderten. Die wirtschaftlich schwierige Zeit vor dem ersten Weltkrieg ließ die Preise für die bei der Herstellung so wichtigen Rohstoffe Äther, Alkohol und Nitro, nicht zuletzt auch durch neue Zollbestimmungen, deutlich steigen, außerdem bahnte sich die technische Vormachtstellung der Viskoseproduktion an. Diese Faktoren konnte Lehner selbst mit aller Intelligenz, Fleiß und Arbeit nicht mehr überwinden. Das von ihm erfundene Verfahren zur Kunstseideherstellung konnte nicht mehr vervollkommnet werden - trotzdem zog er sich nicht enttäuscht von weiterem Schaffen zurück, sondern nahm mit Begeisterung die Forschung an neuen Viskoseverfahren auf.

Zu seinem Schmerze aber setzte ein allgemeines vermindertes körperliches Wohlbefinden seiner direkten Mitarbeit ein Ziel, und Dr. Lehner war 1911 gezwungen, die Tätigkeit als Technischer Leiter des Aufsichtsrates der Vereinigten Kunstseidefabriken niederzulegen. Der Vorstand jedoch schlug in Anerkennung seiner treuen, aufopfernden und langjährigen Arbeit vor, Dr. Lehner als Mitglied in den Aufsichtsrat zu wählen. Die Generalversammlung leistete dem Vorschlag einstimmig Folge.[24] Lehner konnte dem Werk auch in dieser Position immer noch mit Rat und Tat zur Seite stehen, bis ihn der Tod in seinem Sommersitz in Meilen abberief.[25] Das Werk, das seinem Erfindergeist die Existenz verdankt, bildet das Denkmal, das diesem Europäer, der bei all dem Hohen, das er geleistet, doch allezeit bescheiden in der Stille zu wirken sich bemühte, gebührt.

Die Kunstseidefabrik Bobingen im Jahre 1927

Anmerkungen

1) Werksarchiv Hoechst Bobingen (WaHB), Dr. Alfred Lehner, Genf; Mitteilungen des Sohnes in einem Brief an Dipl.Ing. Otto Clamroth vom 1.11.1951.
2) Stadtarchiv Nürnberg (StaN), Jahresbericht der kgl. Studieranstalt zu Nürnberg 1866/67.
3) Archiv der Cisaria München; Beiblätter. Die Rolle des Dr. Lehner im Corps Cisaria.
4) Mitteilung Standesamt Diessen a. Ammersee.
5) Kaiserliches Patentamt, Patentschrift Nr. 14953, 14.12.1880.
6) Stadtarchiv Augsburg (StaA), Familienblatt Diarium Nr. 318. Deutsches Patentamt München, Informationsdienst 543/1-B 7, 2-50.
7) Liste der eingereichten und anerkannten Patente beim kaiserl. Patentamt
Nr. 14953 vom 11.08.1881 - Gummi-Ersatzmittel bei der Bronzefarbenfabrikation
Nr. 34623 vom 29.05.1885 - Verfahren zur Darstellung von Hochglanzbronzefarben
Nr. 39571 vom 10.10.1886 - Einrichtung zum Zerstäuben von Wasser
Nr. 44772 vom 27.11.1887 - Versicherungshalter
Nr. 45210 vom 22.04.1888 - Verfahren zur Darstellung von Chymosin und Pepsin
Nr. 55949 vom 09.11.1889 - Verfahren und Apparat zur Herstellung künstlicher Fäden
Nr. 58508 vom 16.09.1890 - Verfahren und Vorrichtung zur Herstellung von künstlicher Seide
Nr. 82555 vom 15.11.1894 - Verfahren zur Herstellung von glänzenden Fäden aus nitrierter Cellulose.
8) Louis Marie Hilaire Bernigaud Comte de Chardonnet de Grange stellte erste Kunstseide auf der Weltausstellung 1889 in Paris aus.
9) Brief des Sohnes Dr. Alfred Lehner kennzeichnet den Vater als puritanischen Kunstseidepionier: "Er war kein Freund von Repräsentation und von photographiert werden", 1.11.1951.
10) Grundprodukt der Schießpulverherstellung. Die Fabrik in Bobingen wurde von 1914 an als Rüstungsbetrieb der Köln-Rottweiler-Pulverfabrik betrieben, da die technischen Einrichtungen dies leicht ermöglichten.
11) Robert Bauer, Das Jahrhundert der Chemiefasern, München 1951, S. 287 - 290, und Hermann Klose, Geschichte der Chemiefaserforschung, Berlin 1985, S. 29.
12) Brief vom 1.11.1951.
13) ebenda.
14) StaA, Diarium Nr. 318.
15) Vortrag gehalten 1906 auf der Hauptversammlung des Vereins deutscher Chemiker in Nürnberg. Am 7.6.1906 veröffentlicht in der Zeitschrift für angewandte Chemie, 19. Jahrgang 1906, II.
16) 1302 Frau Anna Ulrich, Gattin des in Zürich eingebürgerten Ritters Truchsäss von Rappentswil.
17) Historisches Neujahrsblatt 1990 der Stadt Opfikon, Herausgeber: Kommission "Neujahrsblätter im Auftrage des Stadtrates von Opfikon".
18) Die Kunstseidefabrikation war äußerst gefährlich, daher zog Lehner die Kunstfaser nicht an der Luft, sondern in einer Erstarrungsflüssigkeit aus. Dem eidgenössischen Fabrikinspektor erklärte er, daß "sein Herstellungsprozeß weniger explosionsgefährdet sei".
19) Daetwiler, Richard; Die schweizerische Kunstseidenindustrie, Rechts- und staatswissenschaftliche Fakultät der Universität Zürich zur Erlangung der Würde eines Doktors der Volkswirtschaft (Dissertation), Zürich 1952, S. 15 u. 16.
20) WaHB, Kaufvertrag Fischer - Lehner, Gesch.Re.Nr. 696 kgl. Notar Adolf Schmitt in Schwabmünchen, 7.6.1899.
21) zur Erzielung festerer und feinerer Fäden.
22) WaHB, Bobina Nachrichten, Dez. 1952, S. 6.
23) Kgl. Bezirksamt Schwabmünchen an Gemeindeverwaltung Bobingen am 29.1.1903.
24) Staatsarchiv Zürich, DA 2025, Neue Zürcher Zeitung Nr. 163, 13. Juni 1912.
25) Die Urnennische im Friedhof in Meilen wurde längst aufgehoben, das herrschaftliche Domizil verkam zur Absteige für Obdachlose; in den siebziger Jahren wurde das Haus abgebrochen und mit dem Garten am See ein kleiner öffentlicher Park geschaffen.

Reinhold Lenski

Statistik Hoechst, Bobingen

Entwicklung Bobingens und des Werkes

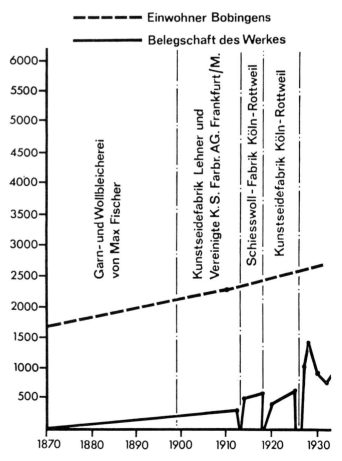

Franz Xaver Egger (1798 - 1869), Pfarrer und Sparkassen-Gründer in Dinkelscherben

Franz Xaver Egger wurde am 6. Januar 1798 als Sohn der Eheleute Johannes und Magdalena Egger in Denklingen geboren; Taufpate war der ortsansässige Franz Xaver Dedler.

Der Jäger ("venator") Johann Egger (geboren am 16. November 1755, gestorben am 3. Februar 1817) hatte am 13. Februar 1792 die am 29. Dezember 1765 geborene Maria Magdalena Zeller aus Brug (gestorben am 7. Januar 1805) geheiratet (Trauzeugen: Michael Stehele und Dominikus Unsinn) und außer dem Sohn Franz Xaver noch eine Reihe weiterer Kinder mit ihr gezeugt, von denen jedoch die meisten bei oder bald nach der Geburt starben:

16. November 1792 Joseph
                                  Pate: Franz Xaver Dedler
29. November 1793 Maria Catharina, gestorben
                                  Patin: Maria Catharina Dedler
19. Dezember 1794 Franz Xaver, gestorben
                                  Pate: Franz Xaver Dedler
21. April 1796 Johannes Georg, gestorben
                                  Patin: Maria Catharina Dedler
15. Februar 1797 Maria Juliana, gestorben
                                  Patin: Maria Catharina Dedler
6. Januar 1798 Franz Xaver, der spätere Pfarrer
                                  Pate: Franz Xaver Dedler
11. Dezember 1798 Maria Catharina, gestorben
                                  Patin: Maria Catharina Dedler
30. Januar 1800 Joseph Anton
                                  Pate: Franz Xaver Dedler
28. März 1801 Maria Anna
                                  Patin: Maria Catharina Dedler
10. Januar 1803 Sebastian
                                  Pate: Franz Xaver Dedler
6. März 1804 Maria Crescentia, gestorben
                                  Patin: Maria Catharina Dedler
7. Januar 1805 N.N., gestorben

Die bei der Geburt ihres letzten Kindes am 7. Januar 1805 verstorbene Mutter war die Tochter von Martin Zeller und dessen Ehefrau Juliana.

Das enge Band zwischen den Eheleuten Johann und Maria Magdalena Egger auf der einen Seite und dem Ehepaar Dedler auf der anderen Seite kam nicht nur dadurch zum Ausdruck, daß ausschließlich die Dedlers bei Kindern der Eggers Pate standen, sondern auch umgekehrt ausschließlich die Eggers bei Kindern der Dedlers, so Johann Egger bei den Dedler-Kindern Johann (6. August 1798, gestorben), Joseph (16. August 1800, gestorben), Joseph Anton (31. Mai 1802, gestorben) sowie Maria Magdalena Egger bei den Dedler-Kindern Maria Magdalena (29. Oktober 1792), Maria Josepha (24. März 1796), Maria Aloisia (21. Juni 1797), Maria Juliana (12. September 1799, gestorben) und Anna Maria (21. Mai 1803, gestorben).

Geht man von den Angaben in den Geburtsmatrikeln aus, so dürfte also Franz Xaver Egger (1798) im Geschwisterkreis von einem älteren (1792) und zwei jüngeren Brüdern (1800 und 1803) sowie einer jüngeren Schwester (1801) aufgewachsen sein. Man kann wohl davon ausgehen, daß bereits damals ein starker Hang zur Häuslichkeit und Fürsorge gegenüber Nahestehenden und Schutzbefohlenen, eine Eigenschaft, die man Steinbock-Geborenen im allgemeinen nachsagt, erkennbar ausgeprägt war.

Am 28. Mai 1825 erhielt Franz Xaver Egger die Priesterweihe. Für 1833 ist er dann als I. Stadtkaplan in der Pfarrei St. Ulrich und Afra zu Augsburg belegt. Am 29. September 1840 übernahm er die Pfarrei Dinkelscherben. Die im Landgerichtsbezirk Zusmarshausen liegende Marktgemeinde zählte 1839/1840 88 Häuser mit 103 Familien bzw. 719 "Seelen".

Nachdem am 4. Oktober 1840 die Eisenbahnlinie München - Augsburg eröffnet worden war, begann man 1851 mit dem Bau ihrer westlichen Fortsetzung, der Linie Augsburg - Ulm, die quer durch den Landgerichtsbezirk Zusmarshausen führen sollte.

Der Bau einer solchen Verkehrsverbindung erforderte eine Unzahl von Spezialisten und anderen Arbeitskräften, die sich nicht nur aus Bewohnern der Umgebung rekrutierte, sondern - vor allem wegen der guten Verdienstmöglichkeit - auch durch den Zuzug einer großen Anzahl Auswärtiger gestellt wurde, die nun möglichst nahe bei der Arbeitsstätte eine Unterkunft suchten. So stiegen in dieser Zeit die Einwohnerzahlen von Dinkelscherben, Anried, Fleinhausen, Gabelbach, Gabelbachergreut (1840: 139; 1852: 430; 1855, nach Beendigung der Bauarbeiten: 143), Grünenbaindt und Steinekirch kurzfristig stark an.

Sowohl der Eisenbahnbau selbst als auch der damit verbundene Bevölkerungsanstieg durch Zuzug hatten für den Handel und Wandel in den Orten erhebliche Auswirkungen. Handarbeiten, Lohnfuhren und andere Betätigungen für den Eisenbahnbau brachten den Ortsansässigen zusätzliche Einkünfte, und die Befriedigung der durch den Zuzug der fremden Arbeitskräfte gestiegenen Bedürfnisse eröffneten den Einheimischen neue Erwerbsquellen. Schon bald jedoch sahen Behörden und Geistlichkeit mit Sorge die negativen Folgen der neuen, materiell besseren Lebensverhältnisse: Leichtlebigkeit (Anstieg der unehelichen Geburten!), Verschwendungssucht, Mangel an Sparsinn. Neben den Bemühungen amtlicherseits, Auswüchse in dieser Richtung einzudämmen, bekümmerte sich kirchlicherseits auch Pfarrer Franz Xaver Egger um das bedrohte Seelenheil seiner Gemeinde, beließ es aber nicht bei lediglichen Ermahnungen zu einfacherer Lebenshaltung, vernünftigem Wirtschaften und Sparsamkeit, sondern erkannte, daß weitergreifendes Handeln erforderlich war.

1854 regte er im Distriktsrat Zusmarshausen, einem aufgrund des Distriktsratsgesetzes vom 28. Mai 1852 gebildeten Gremium, dem er selbst angehörte, die Einrichtung einer Sparkasse für die Bevölkerung des Distriktes an. Der Distriktsrat stimmte Eggers mit Nachdruck eingebrachtem Antrag zu und beschloß die Gründung einer "Sparkassen-Anstalt für den Landgerichtsbezirk Zusmarshausen". Ziel war es, Dienstboten, Taglöhner sowie minderbemittelte Handwerks- und Bürgerleute zu Sparsamkeit und Fleiß anzuregen, indem man ihnen die Möglichkeit bot, ihre Ersparnisse sicher und gewinnbringend anzulegen. Am Mittwoch, dem 3. Januar 1855, kam es zu ersten Beratungen über die vom Landgericht entworfene Sparkassensatzung, zu denen der Landrichter die Mitglieder des Distriktsausschusses und den Distriktskassier eingeladen hatte und denen weitere Treffen folgten.

Nachdem die Regierung von Schwaben und Neuburg die vorgelegten Statuten genehmigt hatte und noch einige notwendige Vorarbeiten erledigt waren, konnte am 16. Juli 1855 die Distriktssparkasse ihren Geschäftsbetrieb aufnehmen. Ca. zwei Wochen zuvor, am 3. Juli 1855, hatte das kgl. Landgericht eine entsprechende Anordnung erlassen, ebenso dann am 17. Juli, in der es u.a. hieß:
"Die Hr: Vorstände der Armenpflege und die Vorsteher werden hiemit aufgefordert, dieß in Ihren Gemeinden bekant zu machen, und die Angehörigen ihrer Gemeinden, vorzüglich die Vormünder und Dünstboten wiederholt zu ermuntern, daß sie ihre Ersparnisse bei dieser Anstalt anlegen, welche in folge der Garrantie des Distriktsrathes vollkommene Sicherheit bietet. -
Dabei kan nicht unbemerkt gelassen werden, daß bei vorhablichen Ansäßigmachungen auf solche Bewerber besondere Rücksicht kann genommen werden, welche ihre Ersparniße in der Sparkasse angelegt haben, in dem sie da durch ihren häußlichen Sinn an den Tag legen und das wirkliche Bestehen ihrer Ersparniße auch nach weisen können. Es ist nicht zu zweifeln, daß die Anstalt für den bezirk von den wohlthätigtsten folgen seyn wird, wän die Vorstände der Armenpflege und die Vorsteher durch Belehrung und Ermunterung die Bevölkerung zur fleißigen Betheiligung an der Anstalt veranlaßen. -
Sollten weitere Aufschlüße über die Anstalt gewünscht werden, so werden der Herr Pfarrer Egger in Dinkelscherben, sowie die übrigen Verwaltungs Mitglieder gern bereit seyn, solche Aufschlüsse zu ertheilen. -"

Daß man die Marktgemeinde Dinkelscherben zum Sitz der Sparkasse erkor, war mit ihrer zentralen Rolle im Zusammenhang mit dem Eisenbahnbau in der Umgebung begründet. Diese Vorgabe hatte auch Auswirkungen auf die Zusammensetzung des fünfköpfigen Verwaltungsausschusses der neuen Sparkasse. Vorstand wurde der Initiator des Projektes, Pfarrer Egger in Dinkelscherben, zum Rechnungsführer ernannte man den Pfleger der Hospitalstiftung in Dinkelscherben namens Hauck, und auch die drei restlichen Mitglieder des Ausschusses waren aus Dinkelscherben, darunter der Vorsteher (Bürgermeister). Der Ausschuß trat zu den Geschäftszeiten der Sparkasse, also am 15. bzw. 16. eines jeden Monats zwischen 9 und 11 Uhr zusammen, um die Ein- und Auszahlungen abzuwickeln. Der Mindestbetrag der Einzahlungen war auf 5 Gulden, der Höchstbetrag der Einlage auf 300 Gulden festgelegt worden. Jeder eingezahlte Gulden wurde mit 2 Kreuzern pro Jahr verzinst. Rasch erhöhte sich der Kapitalstand der Sparkasse. Während er am 15. Juli 1856, also ein Jahr nach Geschäftsbeginn, bereits 4 223 Gulden betrug, hatte er am 1. Oktober 1857 die Summe von 12 016 Gulden erreicht.

Die Eröffnung der
Sparkasse betref.

Zusmarshausen den 3ten Juli 1855

Königliches Landgericht!

Die für den Landgerichtsbezirk Zusmarshausen begründete Sparkasse, deren Verwaltung in Umbsrhofsroben ihren Sitz hat, wird am Montag den 16ten dießes Monats eröffnet, und es werden an diesem Tage zum erstenmal Capitals-Anlagen bei der Anstalt angenommen werden.

Künftig wird die Annahme von Einlagen u: die Rückzahlung gekündigter Capitalien am 15ten eines jeden Monats, oder falls dieser Tag ein Sonn- oder Feyertag wäre, am darauffolgenden Tage stattfinden. —

Die Vorsteher haben dieß öffentlich bekannt zu machen, und wiederholt zur zahlreichen Betheiligungen an der Anstalt ein zu laden.

Königliches Landgericht Hier.

Anordnung des Kgl. Landgerichts Zusmarshausen vom 3. Juli 1855

Dinkelscherben; Gemälde von Christian Glocker aus dem Jahre 1865. Der Schloßberg ist noch nicht bewaldet, von der großen Burganlage ragt nur mehr die Kapelle auf. Sie war um 1850 im neugotischen Stil umgestaltet worden, wobei Joseph Scherer die Glasgemälde schuf (vgl. S. 233). In den Jahren 1845/46 hatte man den Berg hinauf Kreuzwegstationen aufgestellt und 1852 an der Stelle der Hauptburg einen Kalvarienberg errichtet

Seit 1858 war Pfarrer Egger auch II. Kapitel-Assistent. Der Schematismus für das Jahr 1862 führt ihn zudem als Beichtvater des Filial-Instituts der Barmherzigen Schwestern im Spital und Krankenhaus zu Dinkelscherben. 1863 übernahm er die Funktion des Kammerers im Landkapitel Agawang.

Die Marktgemeinde Dinkelscherben zählte 1864 660 Seelen in 101 Häusern (6 Bauernhöfe, 70 Sölden und 25 Leerhäuser). Die mitten im Ort gelegene Pfarrkirche St. Anna, die 1855 unter Pfarrer Egger restauriert worden war, hatte 200 gestiftete Jahrtage und Messen. Die Pfarrwohnung, die 1782 nahe der Kirche neu gebaut worden war, galt als schön und geräumig. Die Ökonomiegebäude hingen mit dem Pfarrhaus zusammen.

Bei der Pfarrkirche bestand die Rosenkranzbruderschaft. Eingepfarrt war der Weiler Au mit 85 Seelen bzw. 16 Häusern. "Der verödete Schloßberg (gemeint ist Zusameck, der Verf.) wurde in neuester Zeit durch Pfarrer X. Egger und die Gemeinde Dinkelscherben in eine Stätte religiöser Erbauung - Kalvarienberg - umgewandelt, indem im J. 1846 ein Kreuzweg mit Stationsbildern vom Fuße bis zur Höhe des Berges angelegt, die Kapelle zum hl. Kreuze aber, der einzige Rest von der ehemals mächtigen Veste, im J. 1857 restaurirt und mit schönen Glasgemälden von Jos. Scherer in München versehen wurde. Es wird in ihr auf Ersuchen die hl. Messe gelesen." (Steichele 1864)

Die Pfarrdotation setzte sich 1863/1864 aus folgenden Einnahmen zusammen:

1. aus der Kirchenstiftung:
   bar   18 fl. 16 kr.
   an Kirchkorn 1 Schaff 3 Metzen
   4/11 Bl.   14 fl. 1 4/8 kr.
2. vom k. Rentamt bar   10 fl. — kr.
   Getreidecompetenz:
   Roggen 9 Schaff 4 Metzen 3 Sz.

Haber 10 Schaff 1 Metzen 3 B. 1 Sz.	141 fl.	35 kr.
3. aus Pfarrkapitalien (35 fl. und 825 fl.)	34 fl.	30 kr.
4. Zins von abgelösten Zehnten und grundherrlichen Rechten (14,275 fl. Kapit.)	576 fl.	— kr.
5. aus Grundstücken: Gärten und Krautg. 0,34 Jauchert, Äcker 0,64 Jauchert, Wiesen 8,93 Jauchert	72 fl.	30 kr.
6. an Holz aus Staatswaldungen: 6 Klafter hartes, 6 Klafter weiches Holz und 600 Wellen	91 fl.	30 kr.
aus dem Gemeindewald: 1 1/2 Klafter gemischtes Holz und 100 Wellen	9 fl.	8 kr.
7. Wohnungsgenuß	50 fl.	— kr.
8. von gestifteten Gottesdiensten	140 fl.	3 kr.
9. an Stolgebühren	49 fl.	54 kr.
10. herkömmliche Gaben	3 fl.	— kr.
zusammen	1210 fl.	47 4/8 kr.

Dem standen als Lasten gegenüber:

1. für Staatszwecke	42 fl.	7 7/8 kr.
2. wegen des Diöcesan-Verbandes	5 fl.	44 5/8 kr.
3. Baukanon zur Kirchenstiftung	10 fl.	— kr.
4. wegen besonderer Verhältnisse	4 fl.	26 1/8 kr.
zusammen	62 fl.	18 5/8 kr.

Der Reinertrag betrug somit 1148 fl. 28 7/8 kr.

Am 10. Juli 1869 starb Pfarrer Egger nachts um $^{1}/_{2}$ 1 Uhr an einem Gehirnschlagfluß. Die Beerdigung, die am 13. Juli 1869 stattfand, nahm der Zusmarshauser Pfarrer Joseph Kirschner (Kgl. Geistlicher Rat, Dekan, Bezirks-Kammerer I. und Kgl. Schulinspektor im Distrikt Zusmarshausen) vor.

Quellen

Matrikel der Pfarrei St. Michael in Denklingen (entsprechende Jahrgänge) (im Archiv des Bistums Augsburg)
Schematismen (entsprechende Jahrgänge)
Anordnung des Landgerichts Zusmarshausen vom 3. Juli 1855
Anordnung des Landgerichts Zusmarshausen vom 17. Juli 1855
Sterbematrikel der Pfarrei Dinkelscherben von 1869 (im Archiv des Bistums Augsburg)

Literatur

Georg Friedrich Kramer; Statistisches Handbuch für den Regierungs=Bezirk von Schwaben und Neuburg in zwei Abtheilungen, nach den neuesten officiellen Hilfsquellen bearbeitet; Augsburg 1839
M. Siebert, Das Königreich Bayern topographisch-statistisch in lexicographischer und tabellarischer Form dargestellt, München 1840
Anton Steichele; Das Bisthum Augsburg, historisch und statistisch beschrieben; 2. Band; Augsburg 1864; hier: S. 46 - 51
100 Jahre Kreissparkasse Augsburg (Jubiläumsschrift), herausgegeben von der Kreissparkasse Augsburg, Augsburg 1955
Leonhard Both und Franz Helmschrott, Zusmarshausen. Heimatbuch einer schwäbischen Marktgemeinde, Weißenhorn 1979

Georg J. Abröll

Die Malerfamilie Scherer

Zu Unrecht im Schatten, ja im Abseits der schwäbischen Kunstgeschichte stand bis in die jüngste Zeit hinein das 19. Jahrhundert. Gerade in der häufig abgewerteten kirchlichen Kunst zeigt sich eine Vielzahl bedeutender Künstler, die überregional tätig waren, Anerkennung fanden und im Stil der Nazarener malten. Nazarener, ursprünglich als Spottname für eine deutsche Künstlergruppe in Rom gedacht, die in kirchlich-romantischem und nationalem Geist eine von "Herz, Seele, Empfindung" (Overbeck) geprägte, an Raffael und Dürer (Wackenroder) orientierte Erneuerung der Kunst suchte, wurde zu einem Begriff für einen Stil, der die kirchliche Kunst im 19. Jahrhundert kennzeichnete. Nachdem König Ludwig I. 1825 mit Peter Cornelius, Joseph Schlotthauer, Heinrich Maria Heß, Konrad Eberhard, Moriz Schwind, Friedrich und Ferdinand Olivier führende Nazarener an die Münchner Kunstakademie, damals die einzige in Bayern und eine der angesehensten im Gebiet des Deutschen Bundes, berufen hatte, setzte sich die Kunstrichtung auch in Bayern durch. Mit der Ausmalung der Allerheiligen Hofkirche, der Ludwigskirche und St. Bonifaz wurden in den folgenden Jahrzehnten die maßgebenden und stilbildenden Kunstwerke geschaffen. Sämtliche bedeutenden schwäbischen Nazarener von Johann Kaspar, Liberat Hundertpfund, Ferdinand Wagner, Johann Schraudolph bis zu den Gebrüdern Scherer erhielten hier ihre künstlerische Ausbildung und Prägung.

Bis zum Beginn des 18. Jahrhunderts läßt sich die Familie Scherer nach dem heutigen Stand der Forschung in Dinkelscherben zurückverfolgen. Der Urgroßvater unserer vier malenden Brüder stammte (?) aus Dinkelscherben, der Großvater Johann Georg, geb. am 31.3.1749, war einer der vier am Ende des 18. Jahrhunderts im Markt belegten Maurermeister, und auch der Vater der Künstler, Johann Scherer (12.12.1779 in Dinkelscherben - 6.9.1857 in Ettelried), begann seinen Berufsweg als Maurer. Dinkelscherben, seit 1514 ein domkapitelischer Markt, hatte, begünstigt durch die Marktordnung von 1566, die den Zuwandernden bei Erwerb des Bürgerrechts die Befreiung von der Leibeigenschaft zusicherte, im handwerklichen und gewerblichen Bereich ein breit angelegtes berufliches Spektrum, dem über die Herrschaft hinaus für die nähere Umgebung, etwa im Umkreis von 20 Kilometer, Zentralität zukam. Am Ende des 18. Jahrhunderts zählte man hier einen Müller, 3 Bäcker, 2 Metzger, 5 Schmiede, 1 Wagner, 4 Gerber, 3 Schuster, 2 Weber, 1 Färber, 1 Schneider, 4 Maurer, 4 Zimmerleute, 2 Schreiner, 2 Glaser, 1 Maler, 1 Hafner, 1 Schlosser, 1 Dreher. Gerade die Bemühungen des Domkapitels aus Gründen des Brandschutzes den Ziegelbau zu fördern, brachte dem örtlichen Bauhandwerk ein erhebliches Auftragsvolumen.

Johann Scherer, der Vater unserer Künstler, erwarb 1813 die Halbsölde Nr. 10 in Ettelried und heiratete am 27.4.1813 die aus Anden im Kanton St. Gallen stammende Maria Anna Thom. Seine damaligen wirtschaftlichen Verhältnisse waren höchst bescheiden. Die Sölde kostete 415 Gulden, davon entrichtete Johann 125 Gulden in bar, 240 Gulden versprach er in einem halben Jahr zu zahlen und die weiteren 50 Gulden in 5 Jahresraten zu 10 Gulden. Auch das Heiratsgut der Frau mit 25 Gulden kann als dürftig angesehen werden.

Der Wegfall der baufreudigen domkapitelischen Herrschaft durch die Säkularisation zwang Johann Scherer wohl dazu, für seinen Lebensunterhalt weitere Erwerbsquellen zu suchen. Wird er bei der Geburt des ersten Sohnes 1814 noch als Maurer bezeichnet, so 1818 bei der Geburt seines Sohnes Alois als Uhrmacher. Im ersten Kataster erhält sein Haus den Namen Uhrmacher Halbsölde.

Aus den Erzählungen seines Sohnes Josef, die uns dessen Freund und Biograph Hyazinth Holland überliefert, wissen wir, daß er ein handwerklich, technisch und kunsthandwerklich vielseitiger und begabter Mann war, gut schwäbisch ein "Mächeler". Als Kleinuhrmacher fertigte er Uhren, bemalte und verzierte sie, bemalte Gegenstände des bäuerlichen Hausbedarfs wie Brauttruhen und Schränke, aber auch Särge und Grabkreuze, und machte überhaupt alles, was man heute unter dem Begriff der Volkskunst zusammenfaßt. Johann Scherer, der von seinem Sohn Josef in einem Brustbild in Öl zusammen mit seiner Frau portraitiert wurde, hatte ein feingliedriges Gesicht und scheint noch im Alter ein heiterer und fröhlicher Mann gewesen zu sein. Seine kleine Werkstatt, die uns in einer feinen Bleistiftzeichnung Josefs überliefert wurde, war freundlich eingerichtet, hatte ein großes rundbogiges Fenster, eine Werkbank mit Geräten, eine mächtige Standuhr und einen vornehmen Armsessel. Johann Scherer war trotz bescheidener Verhältnisse großzügig und weitsichtig genug, dreien seiner Söhne eine künstlerische Ausbildung an der Münchner Kunstakademie zu ermöglichen. Beruflich hatte er in Maßen durchaus Erfolg, denn im Jahre 1825 konnte er in Ettelried für die immer größer werdende Familie die Sölde Holzwart für 700 fl. erwerben.

Johann Scherer hatte insgesamt zehn Kinder, zwei Mädchen und acht Buben. Drei Kinder, der zweitgeborene Josef (2.11.1814 - 25.3.1891), das vierte Kind

Aloys (7.12.1818 - 27.5.1887) und das achte Kind Leo (21.1.1827 - 29.4.1876 in München) studierten in München. Sebastian (13.1.1823 - 20.8.1873 in München) betätigte sich als Ornamentmaler und Glasmaltechniker in der späteren Werkstätte der Brüder in München. In der dritten Künstlergeneration war dann nur mehr Johann (13.9.1858 - 7.1.1934) tätig, der Sohn des 9. Kindes Albert (27.1.1828 - 10.1.1874). Insgesamt bestand die Malerfamilie also aus vier Kunst- und Kirchenmalern und aus zwei im kunsthandwerklichen Bereich tätigen Mitgliedern.

Joseph mit Leo und Aloys Scherer, Ölgemälde von Johann Scherer

Zweifellos der berühmteste Künstler der Familie und zugleich eine faszinierende Persönlichkeit war Josef Scherer, an dessen 100. Todestag der Markt Dinkelscherben durch eine Gedächtnisausstellung und die Anbringung einer Erinnerungstafel an der Schererkapelle erinnerte. Der große Sohn der Gemeinde stellt in Werkstattgemeinschaft mit seinen Brüdern Aloys und Leo einen der bedeutendsten schwäbischen Künstler des 19. Jahrhunderts dar, dessen Werk bis heute noch auf die wissenschaftliche Erforschung wartet. Hinzu kommt, daß gerade in der Glasmalerkunst, dem Hauptarbeitsgebiet von Josef Scherer, in Folge von Kriegsereignissen und einem Wandel in der künstlerischen und denkmalpflegerischen Auffassung vor allem in den 1950er und 1960er Jahren, zahlreiche Arbeiten verlorengegangen sind oder aus den Kirchen entfernt wurden. So sind gerade die beiden größten Arbeiten der Brüder in der Evangelischen Stiftskirche in Stuttgart und in St. Martin in Landshut nur mehr in Entwürfen, Stichen oder Fotografien teilweise rekonstruierbar.

Die Begabung von Josef Scherer zeigte sich offensichtlich bereits im frühen Alter, als er für den Vater Hilfsarbeiten geschickt und mit Begeisterung ausführte. Mit 15 Jahren schickte ihn der Vater auf die höhere Kunstschule nach Augsburg, die Nachfolgeinstitution der ehemaligen berühmten reichsstädtischen Kunstakademie, die damals unter der Leitung von Michael Veith und Theodor Mattenheimer stand. Josef besuchte 1828/29 und 1830/31 sowohl die Kunstschule wie die Sonn- und Feiertagszeichnungsschule mit großem Erfolg. Er erwarb sich in den Fächern Zeichnen, Köpfe nach Vorlagen 1828/29 eine 2. Preismedaille, in der Sonntagsschule eine Preismedaille, 1830/31 dann in der Kunstschule im Zeichnen nach der Natur eine erste und im Zeichnen nach der Antike eine 2. Preismedaille sowie in der Sonntagsschule eine 2. Preismedaille und eine Ehrenerwähnung. Scherer war also bereits in jungen Jahren ein fleißiger, mit ausgezeichneten Gaben versehener Schüler.

1832 immatrikulierte er sich an der Kunstakademie München (Matrikel-Nr. 1876), 1835 und 1843 folgten seine Brüder Aloys und Leo. Josefs dortige Lehrer waren Joseph Schlotthauer und Heinrich Maria Heß in der Freskomalerei und in der religiösen Historienmalerei sowie Wilhelm Voertel in der Glasmalerei. Den Unterhalt verdiente er sich durch Zeichenunterricht und durch Glasmalereiarbeiten. Im Auftrag von Sulpiz Boisserée, einem der führenden Kunstwissenschaftler, -theoretiker und Sammler der Zeit, zugleich Kunstfreund Goethes, kopierte Scherer Bilder aus dessen an König Ludwig verkauften Bildersammlung auf Glas wie Holbein, Memling, Lukas von Leyden, später auch italienische Werke (Raffael, Guido Reni). Heß gab ihm den Auftrag, für die Allerheiligen Hofkirche eine Madonna auf Glas zu malen. Durch zahlreiche weiterer solcher "Glasarbeiten" konnte er das Studium für sich und seine Brüder finanzieren.

Bald schon begegnet bei Scherer ein Charakterzug, der so vielen Schwaben zu eigen ist, die Wander- und Reiselust, das Ziehen in die Ferne. Ausflüge, Kunstwanderungen im altbayerischen Raum, ins Schwabenland, ins Lechtal, nach Tirol, später in die Schweiz standen am Anfang. 1839/40 kam die erste größere Reise nach Wien, Budapest und durch ganz Ungarn, auf der seine Arbeiten gut ankamen. 1842 folgte er mit anderen romantischen Malern wie Ulrich Halbreiter, Josef Kranzberger, Claudius Schrandolph, Franz Wurm, Thomas Guggenberger, einer Einladung König Ottos von Griechenland, eines Bruders Ludwigs I., zur Ausmalung der Residenz in Athen. Er schuf dort 1842/43 zwei größere Werke, die "Schlacht von Patras" und die "Ankunft König Ottos in Griechenland"; zahlreiche Bleistiftzeichnungen und kolorierte Studien zu Land und Leuten, Daphni, Mykene, die Halbinsel Chalkidike waren der Ertrag seiner Reisen in ganz Griechenland, die von Oktober 1842 bis Ende 1844 dauerten.

Die "Rückkehr" führte ihn dann noch nach Smyrna und Konstantinopel, mit einem längeren Aufenthalt, und dann über Malta, Sizilien (Palermo, Syrakus, Messina, Katania), Neapel, Pompei, Orvieto, Rom, Florenz, Mailand, Chur in seine Heimat. Der Ruf war ihm vorausgeeilt, denn 1845 erhielt er mit seinen Brüdern den ersten größeren Auftrag: die Anfertigung von drei großen Glasfenstern nach den Entwürfen von Bernhard Neher und eigenen Entwürfen, die 1851 fertiggestellt wurden. 1865 und 1871 kamen hier weitere Fenster hinzu. Es folgten ausgedehnte Reisen ins Rheinland, nach Holland und Belgien, bis sich Scherer in Werkstattgemeinschaft mit seinen Brüdern in München niederließ und 1853 ein Atelier für Glasmalerei eröffnete, das bis 1879 bestand. Eine Vielzahl von ehrenvollen und bedeutenden Aufträgen aus dem In- und Ausland in den nächsten Jahren belegen das Ansehen, das die Werkstatt genoß, die neben der Glasmalereianstalt von Ainmüller in München und Mittermaier in Lauingen zu den angesehendsten in Bayern zählte.

Zu erwähnen wären hier die Lieferungen nach Seekirchen bei Salzburg (1858) und Salzburg Nonnberg (1882), ausgeführt von Johann Scherer, Amsterdam (1855/56), New York (1855/57, 1863), Boston (1869 / Skizzen für Glasgemälde), Buffalo (1855/57), Latsch bei Schlanders (1857), Rorschach (1875/76), Sickowez in Böhmen (1861), dann vor allem die großen Chor- und Langhausfenster für St. Martin in Landshut (1855/57, 1859, 1860, 1872/73, 1873/74), Bonn (1857/58), Kannstadt (1858), Worms (1859), die neue Synagoge in Stuttgart (1861), Passau (1863), die Frauenkirche in München (1864/65), Hl. Geist (1862) und St. Peter in München (1868/69), Worms, Rottenburg, Ursprung, Neustadt a. d. Saale, Schliersee, und viele kleinere Kirchen besonders in Schwaben wie die Burgkapelle in Dinkelscherben (1851 - 1858), Fleinhausen, die Pfarrkirche und die Marienkapelle in Ettelried (alle 1884/85), die Kapelle im Mutterhaus der Barmherzigen Schwestern in Augsburg (1871) die Pfarrkirche in Oberschöneberg (1882).

Nach dem Tod des jüngsten Bruders Leo 1876 beschlossen Josef und Aloys, in ihre Heimat Ettelried zurückzukehren, ein Zeichen der Heimatverbundenheit, das sich bei zahlreichen schwäbischen Nazarenern (Johann Kaspar, Johann Baptist Dollenbacher, Ferdinand Wagner, Liberat Hundertpfund) nachweisen läßt. Der Bau eines repräsentativen Hauses mit gotisierendem Giebel, das in den 1890er Jahren Johann Scherer, der Schüler und engste Mitarbeiter Josefs seit 1880 mit Fresken schmückte, bereitet ihre Heimkehr 1879 vor. Eine Vielzahl kleinerer Aufträge in den folgenden Jahren, bei denen Johann Scherer zum Teil die Ausführung übernahm, zeugte von der ungebrochenen Schaffenskraft Scherers, der sich nun wieder stärker der Öl- und Freskomalerei widmen konnte - Werke in Ettelried, Wollbach, Wettenhausen.

Alle diese Arbeiten wurden in engster Zusammenarbeit mit den Brüdern Aloys und Leo, später mit Johann durchgeführt, wobei Josef meist die Entwürfe lieferte. Die wenigen erhaltenen Zeichnungen und Ölgemälde von Aloys und Leo Scherer zeigen ein perfektes technisches Können, lassen aber eine künstlerische Einordnung nicht zu. Auch bei der Zusammenarbeit Leo Scherers mit Thomas Guggenberger beim Deckenfresko in Boos (1859 - 1861) ist zu vermuten, daß er "mehr als Gehilfe unter der Leitung von Guggenberger arbeitete".[1]

Das Werk der Scherers ist umfangreich. Über den kirchlichen Bereich hinaus bildet es eine kulturgeschichtliche und landeskundliche Fundgrube sondersgleichen. Es umfaßt Portraits, damals für die meisten Historienmaler ein notwendiges Betätigungsfeld zum Erwerb des Lebensunterhalts, mit interessanten Hinweisen auf Kleidung und Sitte, Landschaften, Genrebilder, Buchillustrationen, Reise- und Architekturstudien und reicht besonders bei Johann Scherer bis in die Volkskunst (Schützenscheiben, Kommunionandenken).

Josef blieb wie seine Brüder Aloys und Leo unverheiratet. Sie arbeiteten wie die Mitglieder des Lukasbundes in klosterähnlicher Gemeinschaft und lebten wie zahlreiche andere schwäbische Nazarener (Kaspar, Hundertpfund, Lukas Schraudolph) allein für ihre Kunst - ein Lebensweg, der in der Beuroner Schule zum Kunstprogramm wurde. Das Portrait Josefs[2] zeigt einen ernsten, auf den ersten Blick seinem Vater ähnlichen Mann. Während bei diesem aber Lachfältchen und ein verschmitzter Ausdruck die Schwere der Lebensfurchen mildern, bleibt Josefs Ausdruck ernst, angespannt, energiegeladen. Sein direkter Blick zeugt von Selbstbewußtsein, die Kleidung weist ihn als arrivierten Künstler aus. Zu seinem Bekannten- und Freundeskreis zählten die führenden kirchlichen Künstler der Zeit. 1860 wurde er zum zweiten Vorstand des neugegründeten christlichen Kunstvereins in München gewählt. Sein Ansehen in kirchlichen Kreisen, auch in seiner Heimatdiözese, belegt etwa der Auftrag für den Pfarraltar im Augsburger Dom 1862 - 1865. Umgekehrt zeigte sich seine Frömmigkeit und kirchliche Bindung besonders in den letzten Jahren bei der Ausmalung und Gestaltung der Ettelrieder Kirchen, für die er praktisch sein ganzes Vermögen (30 000 Mark) zur Verfügung stellte.[3]

Seine Arbeiten, die sich durch eine kräftige Farbigkeit, perfektes zeichnerisches Können, eine sorgfältige Durchgestaltung und durch eigenständige Gestaltung auszeichnen, zählen zu den besten, was die Nazarener-

Leo Scherer, Jesus klopft an;

Joseph Scherer, Glasfenster aus der Burgkapelle

Joseph Scherer, Liegender Grieche

Joseph Scherer, Erzieher mit zwei Prinzen

kunst in Bayern zu bieten hat. Das kleine Portrait seiner Eltern ist ein Meisterwerk, die Zeichnungen sind klar, fein und sicher. Die Vielschichtigkeit seines Werkes, das durch Lithographien damals auch einer breiteren Öffentlichkeit bekannt war, ist besonders in seinen profanen Teilen erst noch zu würdigen.

Literatur

Bibliographie der Kunst in Bayern, Bd. 4,5.583;
Elgin Vaasen, Peintures en aprèt. Die zerstörten Glasgemälde der Brüder Boisserée, in: Kölner Domblatt 48 (1983), S. 7 ff.;
Peter Fassl (Hg.), Sehnsucht nach Seligkeit. Nazarener in Schwaben, 2 Bände, Augsburg 1990; Peter Fassl / Eva Sebald, Verzeichnis schwäbischer Künstler und Kunsthandwerker des 19. und frühen 20. Jahrhunderts, Augsburg 1990 (Manuskript beim Bezirk Schwaben).
Über die Malerfamilie Scherer wird zur Zeit vom Verfasser eine Arbeit vorbereitet. Für Hinweise und Mitteilung eigener Forschungsergebnisse danke ich Herrn Richard Wagner, Schwabmünchen, und meinem Mitarbeiter Herrn Stefan.

Anmerkungen

1) Eva Maria von Haeften, Thomas Guggenberger (1815 - 1882), ein Münchner Historienmaler, Magisterarbeit, München 1987, S. 10.
2) Augsburger Rundschau, Nr. 34 v. 29.5.1920, S. 399 u. 403.
3) Leo Meitinger, Kunstmaler Johann Scherer Ettelried, 75 Jahre alt, Manuskript im Pfarrarchiv Dinkelscherben.

Peter Fassl

1882 bemalten die Scherer die barocke Kassettendecke in der Pfarrkirche Ettelried. Die Dekorationsmalerei wurde nach Entwürfen von Josef Scherer ausgeführt.

Das Scherer-Haus in Ettelried

Ferdinand Wagner, 1819 - 1881, ein schwäbischer Künstler von Rang und Namen

Die vom Bezirk Schwaben im Jahre 1990 veranstaltete Ausstellung "Sehnsucht nach Seligkeit - Nazarener in Schwaben" rückte nicht nur eine bis dahin teilweise wenig beachtete und künstlerisch unterbewertete Stilrichtung wieder verstärkt in das Bewußtsein der Gegenwart, sondern verhalf auch in diesem Zusammenhang dem aus Schwabmünchen gebürtigen Historienmaler Ferdinand Wagner als einem der ausdrucksstärksten Künstler seines Faches im gesamtschwäbischen Rahmen im 19. Jahrhundert zu einer schon längst überfälligen nachträglichen Ehrenrettung. Obwohl der Künstler zu seiner Zeit in der Fachwelt und in der Gesellschaft wegen seines unbestrittenen Könnens geachtet und anerkannt war, verlor sich die Kenntnis um seine Persönlichkeit und sein Werk in den nachfolgenden Jahrzehnten mehr und mehr. Genau genommen blieb sie auf wenige überlieferte Fakten beschränkt. Eine systematische Forschung wurde nie begonnen. Zwar blieb der Künstler in seiner Heimatstadt Schwabmünchen als lokale Größe zumindest im Gedächtnis, doch geriet er wie viele seiner Zunft und Zeit mehr oder minder in Vergessenheit. Zu Unrecht, wie die eingangs erwähnte Ausstellung belegte und wie neuere Forschungen aufzeigen. Das Verständnis für seine von ihm ausgeübte Kunst ist im Wachsen. Das Heimatmuseum in Schwabmünchen richtete in den vergangenen Jahren eine eigene nach dem Künstler benannte Galerie ein, die die zu einem stattlichen Bestand angewachsenen Werke des Malers nunmehr einem weiten Bevölkerungskreis wie der Fachwelt zugänglich macht.

Leben und Werdegang

Ferdinand Wagner wurde am 16. August 1819 als jüngstes von neun Geschwistern der Kürschnerseheleute Ludwig und Maria Anna Wagner, geborene Schorer, in Schwabmünchen geboren. Sein Geburtshaus steht heute noch, inzwischen unter Denkmalschutz gestellt. Schon früh entwickelte der junge Ferdinand ein angeborenes Talent zum Zeichnen und Malen. Von 1835 bis 1841 erhält er als Eleve an der Königlichen Kunstakademie in München nicht ohne schwere innere Auseinandersetzung die sein künftiges Leben bestimmende künstlerische Ausbildung. Hervorragende Lehrer, Peter von Cornelius, Schnorr von Carolsfeld und Joseph Schlotthauer weisen ihm den Weg zur nazarenischen Romantik und der historisierenden Darstellung. Bis 1848 bemüht sich der junge Maler in der Residenzhauptstadt München als dem damaligen Mittelpunkt der Schönen Künste um Anerkennung wie um Aufträge. Mehrfach ist er bei Ausstellungen im dortigen Kunstverein vertreten. Doch der Durchbruch bleibt ihm trotz seines Könnens dort versagt. So kehrt er in den Ort seiner Herkunft zurück, wo ihm der Vater in der heutigen Bahnhofstraße 3 ein Wohnhaus und ein Atelier einrichtet. 1854 verkauft er jedoch sein Zuhause und verzieht nach Augsburg, wo er sich sicherlich größere Verdienstmöglichkeit verspricht.

Ein Jahr vorher hatte er sich am 23. Juni 1853 mit Kreszentia Heindl verheiratet. Sie war am 16. Oktober 1825 als Tochter des ersten Inspektors am schwäbischen Schullehrerseminar in Dillingen, Franz Xaver Heindl, 1784 - 1854, geboren worden. Von den drei Kindern stirbt der noch in Schwabmünchen bereits 1853 geborene Sohn Gustav, nur ein wenig mehr als ein Jahr alt, kurz nach der Übersiedlung der Familie nach Augsburg. Ein Mädchen Cornelia Friederike Kreszentia kommt am 23. September 1855 zur Welt. Sie überlebt die Eltern und stirbt unverheiratet als gewesene Musiklehrerin in dürftigen Verhältnissen am 3. Juli 1924 in der Servatiuspfründe in Augsburg. Das dritte Kind, Friederike Wilhelmine, geboren am 30. September 1856 überlebt nur wenige Wochen und stirbt am 9. Dezember 1856.

Selbstportrait aus dem Jahre 1865

Obwohl in Augsburg bereits seit fast zehn Jahren wohnhaft, erhält Ferdinand Wagner erst nach mehrmaligen Anläufen 1863 das Bürgerrecht. Er wechselt mehrfach die Wohnung, wie damals üblich. Sein letztes Domizil war in der Annastraße 36 a, wo er am 13. Juni 1881 sein Leben beendet. Es war geprägt von den Mühen seines beruflichen Werdegangs und seines künstlerischen Schaffens, aber auch sicherlich von den Zwängen der engeren Verhältnisse. So mußte er über viele Jahre nach dem Tod seines Schwiegervaters vier unverheiratete Schwestern seiner Frau, deren Mutter bereits 1830 verstorben war, in seine Wohnung und seine Familie aufnehmen und für ihren Unterhalt mitverantwortlich sein. Sein Grab findet Ferdinand Wagner auf dem Hermannfriedhof seiner Augsburger Wahlheimat. Seine Frau folgt ihm am 22. März 1884 im Tode nach und wird an seiner Seite beigesetzt. Der Altertumsverein Schwabmünchen übernimmt später die Pflege des vernachlässigten Grabes, die 1935 von der damaligen Marktgemeinde Schwabmünchen erneuert wird, bis die spätere Stadt Schwabmünchen 1964 die sterblichen Überreste des Künstlers und seiner Familie in ein Ehrengrab auf dem heimatlichen Friedhof verbringen läßt, eine späte Genugtuung und posthume Ehrung eines großen Sohnes der Stadt.

Das Werk

Noch während seines Aufenthaltes in München erhält der angehende Künstler erste Aufträge aus seiner schwäbischen Heimat. Für die Pfarrkirche Maria Himmelfahrt in Markt Wald (Landkreis Unterallgäu) malt er 1843 die beiden Seitenaltarbilder. Da eines davon ohne sein Verschulden - es zeigte die Darstellung seines Auftraggebers unter dem Bild der Himmelskönigin - das Mißfallen der oberhirtlichen Instanz in Augsburg erregt hatte, ersetzt er es durch eine Kopie der Himmelfahrt Mariens nach Guido Reni, ein Sujet, das mehrfach in Schwaben festzustellen ist.
Von München aus malt er 1846 für die Stiftskirche in Laufen am Inn zwei heute noch erhaltene Altarblätter.

Im weiteren Verlauf seines nicht allzu lange währenden künstlerischen Schaffens und beruflichen Lebens, einem Schicksal vieler seiner Studien- und Zeitgenossen, wirkt der Maler von Station zu Station in einem weiten Bogen. Es sind vornehmlich religiöse Bilder, die er in vielen Kirchen der Diözese Augsburg im Zuge der damaligen Neu- und Umgestaltungen vieler Gotteshäuser im Stil der Zeit in Öl und Fresco unter oft schwierigen Bedingungen anfertigt. Seine frühe Vollendung von nur knapp 61 Jahren ist wohl auch darauf zurückzuführen, daß er in den oft kalten und zugigen Baustellen auf hohem Gerüst an vielen Tagen seines Lebens seiner Gesundheit zuviel zugemutet hatte.

Aufträge kommen aus allen Teilen der genannten Diözese Augsburg:

Aus den Pfarreien östlich des Lechs sind es die Kirchen in Althegnenberg, Beuerbach, Prittriching, Schmiechen, Scheuring, Steindorf, die von ihm mit Fresken und Altarbildern geschmückt werden. In der Pfarrkirche St. Jakob in Friedberg steigert er sich trotz nachlassender Gesundheit noch einmal zu einer seiner reifsten Leistungen, wie Zeitgenossen rühmen. Leider hat eine unverständliche Renovierung in noch junger Vergangenheit wie auch anderswo den damaligen großartigen Gesamteindruck nachhaltig und wohl unwiederbringlich zerstört.
Nördlich der Donau finden wir seine Werke in Amerdingen, Bissingen, Gundelfingen, Hafenreut, Höchstädt, Reimlingen, Stillnau und Tapfheim.

Im südlichen Schwaben ist seine unverkennbare Handschrift belegt in den Kirchen in Dattenried, Denklingen, Görwang bei Aitrang, Heimertingen, Memmingen, Remnatsried, Sulzberg.

Das mittlere Schwaben weist eine besondere Fülle von Schöpfungen des Künstlers auf, so in Augsburg, Batzenhofen, Behlingen, Bobingen, Bühl, Dinkelscherben, Hiltenfingen, Jedesheim, Königsbrunn, Langerringen, Markt Wald, Mindelau, Mittelstetten (heute Stadt Schwabmünchen), Schöneberg, Schwabmünchen, Steppach, Türkheim, Waldstetten.

Für den heutigen Landkreis Augsburg mit dem Regierungssitz Augsburg ist es besonders wertvoll, daß in der Reihe der in diesem Zusammenhang aufgeführten Orte über zehn eine Künstlerschaft Ferdinand Wagners nachweisen können.

Leider ist nicht mehr alles erhalten. Manches Werk ist verschwunden, beseitigt durch Unverstand und wechselnden Zeitgeschmack. Noch nach 1945 gingen mit Zustimmung und durch Beratung auch staatlicher Stellen wertvolle Zeugnisse zu Verlust, eine bedauerliche Feststellung, weil heute die Kunst der Nazarener wieder einen höheren Stellenwert genießt als noch vor wenigen Jahren.

In Behlingen, Waldstetten, Gundelfingen, Friedberg und Memmingen wurden auf diese Weise unersetzliche Verluste unter keinem anderen Zwang als dem einer fragwürdigen Modernisierung ohne Rücksicht auf die künstlerische Qualität herbeigeführt. Die amtliche Denkmalpflege und ein heute überholter Zeitgeist hatten dabei unrühmlichen Anteil. Bereits 1932 wurde im oberschwäbischen Stockach die dortige Pfarrkirche St. Oswald abgebrochen, um einem Neubau Platz zu ma-

Reicher Fischzug, Entwurf für das südöstliche Mittelschiff-Fresko in St. Jakob in Friedberg, 1871-73, Öl auf Leinwand

Predigt Jesu, Entwurf für das nordwestliche Mittelschiff-Fresko in Friedberg

Himmelfahrt Mariä nach Guido Reni, 1851

Geschwisterportrait der Imhof-Kinder, Öl auf Leinwand, 1845

237

chen. Dabei wurde auch das Chorfresko von Ferdinand Wagner mit der gleichen Himmelfahrtsdarstellung nach Guido Reni wie in Markt Wald mitzerstört.

In anderen Kirchen wurden Altarbilder von Ferdinand Wagner im Zuge von Umgestaltungen entfernt und unter teilweise unzulänglichen Bedingungen aufbewahrt, bis sie vom Verfasser im Verlauf eigener Nachforschungen entdeckt und teilweise der Galerie im Museum in Schwabmünchen zugeführt, somit wenigstens vor einem in den meisten Fällen drohenden Verlust gerettet werden konnten.

Jedoch auch der letzte Weltkrieg machte nicht Halt vor den ehrwürdigen Werken der Frömmigkeit und des Glaubens der Bevölkerung. Durch den unseligen Fliegerangriff vom 4. März 1945 verliert die Heimatstadt des Künstlers Schwabmünchen mit dem Gotteshaus St. Michael eine der besten Schöpfungen Wagners, das in Anlehnung an das Vorbild seines verehrten Lehrers Peter von Cornelius in der Ludwigskirche in München 1855 geschaffene monumentale Deckengemälde mit der Darstellung des Jüngsten Gerichts und der drei Geheimnisse des Rosenkranzes. Ein ähnlicher Verlust entsteht mit der Zerstörung auch durch einen Luftangriff der Pfarrkirche St. Pankratius in Augsburg-Lechhausen.

Waren es die religiösen Bilder in Öl und Fresco, die wohl den Hauptanteil am Schaffen des Künstlers ausmachten, so sind seine profanen Darstellungen in monumentalen Wandfresken und in gekonnten Porträts in Ölfarben nicht minder wesentliche Zeugnisse seines Künstlertums, ja sie begründeten nachgerade seinen Ruhm.

Von 1860 bis 1863 schuf Ferdinand Wagner in originärer Nachahmung der ehedem berühmten Augsburger barocken Fassadenmalerei den grandiosen Freskenschmuck der Fassade des Fuggerhauses an der Maximilianstraße in Augsburg. Die auf fünf Hauptbilder verteilten historischen Szenen aus der Geschichte des Hauses Fugger und der Reichsstadt Augsburg in einer Länge von über hundert Metern Straßenfront brachten ihm nicht nur die Anerkennung seiner fürstlichen Auftraggeber, sondern darüber hinaus der ganzen Kunstwelt ein. Der Flammensturm der Bombennächte des Zweiten Weltkrieges vernichtete dieses sein profanes Hauptwerk bis auf den letzten Rest. Eine mögliche Restaurierung der Abbildung der Patronin des Hauses Fugger, die Gottesmutter darstellend, unterblieb leider.

1864 folgte ein ähnlicher Auftrag wie in Augsburg für das Kanzleigebäude in Konstanz, dessen Fresken an der Außenfassade, 1969 renoviert bis heute von dem meisterhaften Können Ferdinand Wagners künden.

1867/68 finden wir den Künstler im Dienst des Hauses der Fürstenfamilie Grimaldi in Monaco bei der Schmückung der Fassaden im Innenhof des dortigen Palais, auch wenn der Auftrag dann wegen Unverträglichkeiten mit dem Auftraggeber von seinem treuen Gehilfen Johann Evangelist Pius Fröschle, 1812 - 1885, zuendegeführt wird.

Ein weiterer ehrenvoller Auftrag soll den spärlichen schriftlichen Quellen zufolge aus Breslau in Schlesien gekommen sein, wo Ferdinand Wagner das Haus der Sieben Kurfürsten, das Rathaus und "die neue katholische Kirche" mit Fresken versehen haben soll. Belege dafür ließen sich trotz intensiver Nachforschungen nicht finden. Eine Literaturstelle erwähnt sogar die Möglichkeit, daß beim neuen Dom in Berlin die Künstlerschaft Ferdinand Wagners empfohlen worden sein soll.

Ein anderer Aspekt des breitgefächerten Künstlertums Ferdinand Wagners sind neben den erhaltenen Zeichnungen, Skizzen, Aquarellen, insbesondere auch die vielen klein- wie großformatigen Porträts, in denen der Maler die Notabeln seines Geburtsorts ebenso verewigt hat wie Angehörige seiner Familie, eine adlige Familie aus der Nachbarschaft von Schwabmünchen und die Honoratioren seiner Wahlheimat Augsburg.

Anerkennung in Vergangenheit und Gegenwart

Ferdinand Wagner hat zu seinen Lebzeiten Ehrungen und Anerkennung erfahren. Sein Name wurde in der Kunstwelt mit Bewunderung genannt. Das Freie Deutsche Hochstift in Frankfurt ernannte ihn als seltene Auszeichnung zu seinem Meister und Ehrenmitglied, einem Ehrentitel, der nur an einen beschränkten Kreis von rund 800 Personen im damaligen Deutschen Kaiserreich verliehen wurde, zweifellos ein wichtiger Beleg für die Wertschätzung, die Ferdinand Wagner seinerzeit in der deutschen Öffentlichkeit erfahren hat. Dazu gehören auch die verschiedenen ehrenvollen Erwähnungen in Künstlerlexikas und zeitgenössischen Presseartikeln sowie Kunstzeitschriften. Seine Heimatstadt ehrte ihren großen Sohn mit der Benennung einer Straße und der Galerie im Museum sowie mit der Erhaltung seines Ehrengrabes und einer Gedenktafel an seinem Geburtshaus. Lediglich die Stadt Augsburg hat bislang noch keine Straße nach dem Schöpfer der ehedem berühmten Fresken am Fuggerhaus benannt und auch keine Erinnerungstafel an seinem Sterbehaus angebracht.

Dabei ist der Maler Ferdinand Wagner nicht nur eine lokalgeschichtlich große Persönlichkeit der früheren Kreisstadt Schwabmünchen. Er verdient - und sein künstlerisches Werk beweist es -, in einem größeren Zusammenhang als einer der bedeutendsten Künstler seiner Zeit in Schwaben genannt zu werden. Im Vergleich zu seinen schwäbischen Zeitgenossen wie die Maler Johann Baptist Schraudolph, 1808 - 1878, aus Oberstdorf, Johann Baptist Kaspar, 1822 - 1885, aus Obergünzburg, Johann Baptist Dollenbacher, 1815 - 1866, aus Unterbleichen, Liberat Hundertpfund, 1806 - 1878, aus Bregenz, um nur einige wenige seiner mehr als zweihundert schwäbischen Zeitgenossen zu nennen, braucht er keinen Vergleich zu scheuen. Die Bezirksausstellung von 1990 hat Ferdinand Wagner als einen der führenden Vertreter der nazarenischen Kunstrichtung im schwäbischen Raum anerkannt und sein Leben und sein Werk gegenüber der Nachwelt gewürdigt.

Literatur

Richard Wagner in: Sehnsucht nach Seligkeit - Nazarener in Schwaben, Katalog zur Ausstellung des Bezirks Schwaben vom 18. Mai bis 31. Juli 1990 in Verbindung mit den Städten Günzburg und Dillingen, hrsg. vom Bezirk Schwaben, Augsburg 1990 (zusammenfassende Darstellung von Leben und Werk Ferdinand Wagners); derselbe in: JbVABG, 24. Jahrgang, MCMXC, Teil II. Nazarener in Schwaben, Wissenschaftliche Beiträge zum Ausstellungskatalog 1990, S. 315 ff. (Werkverzeichnis des Malers Ferdinand Wagner);
Peter Fassl / Eva Sebald, Verzeichnis schwäbischer Künstler und Kunsthandwerker des 19. und frühen 20. Jahrhunderts, Vervielfältigung, geheftet, S. 22/23.

Richard Wagner

Das Sammeln der Zwölf, Entwurf für das südwestliche Mittelschiff-Fresko in St. Jakob in Friedberg, Öl auf Leinwand

Michael Geldhauser (1859 - 1915), Lehrer u.a. in Welden und Dinkelscherben

Michael Geldhauser kam am 23. September 1859 um ½ 3 Uhr morgens in Scherstetten zur Welt. Seine Eltern waren der ortsansässige Söldner Joseph Geldhauser, wohnhaft in Haus Nr. 29, und dessen Ehefrau Viktoria, geb. Rendle. Noch am selben Tag erhielt das Neugeborene von Pfarrer Andreas Frieß die Taufe, wobei Ignaz Rendle aus Fischach, vermutlich der Onkel oder Großvater des Kindes, und Anna Maria Böck aus Mickhausen die Patenschaft übernahmen.

Um diese Zeit (genauer: im Dezember 1861) zählte das Dorf Scherstetten, das dem Bezirksamt Mindelheim bzw. dem Landgericht und Rentamt Türkheim zugehörte, 134 Familien mit 487 "Seelen". Die 1911, also 50 Jahre später in der "Beschreibung der Volksschulstellen" getroffene Aussage, daß in Scherstetten das "Klima gesund u. für die Höhenlage ziemlich mild" sei, darf wohl auch schon für die Zeit um 1860/70 gelten. In dieser Hinsicht also waren für ein gesundes Heranwachsen des Kindes geeignete Bedingungen gegeben.

Das Söldanwesen Nr. 29, in dem der Vater Joseph Geldhauser mit seiner Familie lebte, war - lt. Quellenlage - zwischen 1530 und 1620 entstanden, gehörte ehemals zur Herrschaft Schwabegg (Schwabeck) und befand sich im Südwesten des Ortes, kurz vor Beginn der Straße nach Mittelneufnach. Für das Jahr 1781 ist auf dem Anwesen gemäß eines kurzen Bestandbriefs ein Söldner namens Isidor Pittel bezeugt. 1835, also knapp ein Vierteljahrhundert vor Michael Geldhausers Geburt, gehörten zu dieser Sölde 20,24 Jauchert Äcker (1929 nurmehr 9 Jauchert), 9,84 Jauchert Wiesen (1929 dagegen 13 Jauchert) und 1 Klafter Holz (1929 desgleichen), was für Scherstetten in etwa ein Anwesen mittlerer Größe war.

Als junger Mann von knapp zwanzig Jahren beeindruckte Michael Geldhauser durch ein angenehmes Aussehen. Er war "etwas unter mittlerer Größe, kräftig gebaut, eine ansprechende Erscheinung, von gesundem Aussehen", hatte "eine kräftige Aussprache" und war "lebhaft" (Schulakte für 1877/78). Bereits in diesem Alter trug er "Augengläser".

Als er 1878 das Lehrerseminar in Lauingen abschloß, hinterließ er einen positiven Eindruck:

"Dieser Zögling besitzt viele empfehlende Eigenschaften: Er ist gut talentirt, hat sich durch Fleiß, Achtung gegen Lehrer und Vorgesetzte, Verträglichkeit gegen seine Mitschüler und pünktliche Erfüllung der Haus- und Disziplinarordnung ausgezeichnet.
Er wurde im Hinblick auf dise Eigenschaften im Laufe des Schuljahres zum Monitor über seine Mitschüler aufgestellt.
Geldhauser schließt seine Seminarbildungszeit ehrenvoll ab. Er hat in schönem Wetteifer mit den Guten seiner Mitschüler tapfer gerungen nach Ertüchtigung in seinen Berufsfächern. Sein Verhalten war ebenso dem des künftigen Erziehers u. Lehrers würdig u. entsprechend. Es wird noch gewinnender werden, wenn er daran denkt, auf den Schein von Selbstüberhebung vermeiden zu lernen."

Seine Lehrgabe wurde als "sehr gut entwickelt" bewertet. Dagegen mußte man ihm mangelndes musikalisches Gehör bescheinigen.

Zunächst kam Geldhauser an die Schule in Reinhartshausen (Bezirksamt Augsburg), einem Dorf von ca. 340 Einwohnern (lt. Volkszählung von 1885). Das Schulhaus befand sich am Südrand des Ortes, etwa 50 m von der Kirche entfernt, und war 1849 erbaut worden. Es handelte sich um einen gemauerten Bau mit Ziegeldach, aber ohne Blitzableiter.

Seine definitive Anstellung erreichte Michael Geldhauser 1884. In diesem Jahr versetzte man den Schulverweser zum 1. Mai von Reinhartshausen nach Pfronten (Bezirksamt Füssen). Ob er an die Hauptschule in Pfronten-Ried (1885: ca. 210 Einwohner) oder an die Filialschule in Pfronten-Kappel (1885: ca. 230 Einwohner) kam, bleibt offen. Das Schulhaus in Pfronten-Ried war 1816/17 erbaut worden und stand etwa 600 m entfernt der Pfarrkirche; es handelte sich um einen - im 1. Stock in Riegel - gemauerten Bau. Das Schulhaus in Pfronten-Kappel stammte vermutlich schon aus der Zeit vor 1800 und befand sich innerhalb des Ortes, abseits der Straße, etwa 60 m von der kleinen Kirche entfernt; es war im Parterre gemauert, besaß ein Holzfachwerk im 1. Stock sowie ein Ziegeldach, jedoch keinen Blitzableiter. (Das Schulhaus in Pfronten-Weißbach wurde erst 1901 errichtet.)

Bereits zum 1. September 1884 wurde Geldhauser als Schullehrer, Organist und Mesner weiter nach Hirschbach (Bezirksamt Wertingen) versetzt. Der Ort hatte 1885 lt. Volkszählung ca. 260 Einwohner. Das Schulhaus stand an der Straße, mitten im Dorf, etwa 500 m entfernt der Kirche. Gut ein Vierteljahrhundert später wird das Gebäude in der Volksschulstellenbeschreibung des Jahres 1911 als "alt, feucht, einstöckig" bezeichnet.

Genau fünf Jahre später, am 1. September 1889, kam er von Hirschbach an die Schule nach Mickhausen (Bezirksamt Schwabmünchen), einem Ort, der 1885 ca. 410 Einwohner hatte und ein zwar gesundes, aber etwas rauhes Klima besaß. Das Schulhaus befand sich am Südende des Dorfes, am Abhang eines leichten Hügels, etwa 25 m von der Kirche entfernt. Es war 1833 erbaut worden und trug einen sog. Französischen Dachstuhl mit Ziegeldach; einen Blitzableiter hatte es nicht. Das Präsentationsrecht, d.h. das Recht, eine bestimmte Person für die Stelle des Lehrers vorzuschlagen, besaß Graf Rechberg-Rothenlöwen; ob er im Falle Michael Geldhauser von diesem Recht auch Gebrauch machte, bleibt offen.

Am 5. August 1890 heiratete Geldhauser in Mickhausen die am 27. Juli 1862 geborene kath. "Ölmühlenstochter" Maria Miller aus Münster, Haus Nr. 14. Sie war die Tochter von Martin Miller und seiner Ehefrau Maria, geb. Jaser. Die Trauung nahm Pfarrer Franz Baur vor. Trauzeugen waren Alfons Onttla (?) und Otto Miller aus Münster.

Im Lauf der folgenden Jahre wurde das Ehepaar Eltern mehrerer Kinder. Am 5. Mai 1891 kam die Tochter Maria zur Welt; sie erhielt am folgenden Tag, dem 6. Mai 1891, durch Pfarrer Baur die Taufe; als Paten fungierten Otto und Afra Miller aus Münster. Eine weitere Tochter mit Namen Josepha wurde am 19. März 1894 geboren (Taufe: 20. März 1894; Paten: wiederum Otto und Afra Miller aus Münster). Eine dritte Tochter mit Namen Elisabeth erblickte am 1. Mai 1897 das Licht der Welt (Taufe am selben Tag). Am 23. Februar 1900 dann kam als viertes Kind der Sohn Otto zur Welt; er erhielt am übernächsten Tag, dem 25. Februar 1900, die Taufe.

Am 1. August 1901 wurde Geldhauser nach Welden (Bezirksamt Zusmarshausen) beordert. Der Markt zählte 1885 ca. 740 und 1911 ca. 820 Einwohner und besaß ein mildes Klima. Das alte Schulhaus stammte von 1820, die Lehrerwohnung von 1823, ein weiterer Schulhausneubau von 1875 und die beiden Schulsäle von 1878. Ab 1903 wurde in der Weldener Volksschule auch die Landwirtschaftliche Fortbildungsschule gehalten. (1909/10, einige Jahre nach Geldhausers Abgang von Welden, errichtete man einen weiteren Schulhausneubau.)

1902 stand dem Schulleiter das Nutzungsrecht aus dem Grundbesitz der Schulstiftung zu; dies waren 9 Tagwerk 58 Dezimale; davon waren 12 Dezimale Garten, 5 Tagwerk 54 Dezimale Äcker und 3 Tagwerk 82 Dezimale Wiesen. Der ihm zustehende Mesnerlohn wurde in den großen, mittleren und kleinen Mesnerlohn aufgeteilt, d.h., wer Pferdegespannbesitzer war, hatte 1

und 3/4 Vierling Roggen Läutgetreide zu liefern, wer ein Gespann mit Ochsen und Kühen besaß, hatte 1 Vierling und 24 Pfennig zu geben, und wer Hausbesitzer ohne Gespann war, hatte 1 Vierling und 18 Pfennig beizusteuern. Auch durfte nun das Schulgeld nicht mehr Gehaltsteil des Lehrers sein, sondern kam der Gemeinde- oder Schulkasse zugute.

Zu den Honoratioren des Ortes gehörten damals neben Lehrer Geldhauser der Bürgermeister Georg Wagner (1891 - 1909), Pfarrer Matthäus Bertele (1885 - 1903) bzw. Pfarrer Max Weber (19.11.1903 - März 1906) und der prakt. Arzt Dr. Philipp Braun (1888 - 1907). Als am 5. Dezember 1903 die fertiggestellte Lokalbahn Oberhausen - Welden feierlich dem Betrieb übergeben werden konnte und um 11.45 Uhr der erste Zug unter Jubel und Böllerdonner fahrplanmäßig in das festlich geschmückte Welden einfuhr, wird wohl auch Geldhauser als geladener Gast an den Feierlichkeiten (großes Bankett in der neuerbauten Bahnhofsrestauration mit vielen Festreden) teilgenommen haben, sofern nicht eine Krankheit oder ein wichtiger Termin außerhalb des Ortes ihn daran gehindert haben; eventuell hat er als "g'schdudierter Mann" auch selbst eine Rede gehalten. Weitere wichtige Personen jener Zeit waren in Welden der Steuerrevisor Peter Vitztum (1882 - 1919 Beamter des Steueramtes Welden) und der kgl. bayer. Bahnexpeditor Kilian Deztel (5.12.1903 - 1909 Eisenbahnvorstand des Bahnhofs in Welden).

In der Zeit, in der Geldhauser in Welden unterrichtete, waren die Inhaber der zweiten Lehrstelle Johann Georg Holdenried (1.5.1900 - 1902) und Michael Herzog (1902 - 1905). Juni - Juli 1904 war Berta Lipp Aushilfslehrerin.

Am 1. Dezember 1904 schließlich erhielt Geldhauser auf Ansuchen seine Berufung auf die kath. Schul-, Chorregenten-, Organisten- und Mesner-Stelle in Dinkelscherben (Bezirksamt Zusmarshausen). Noch am 7. Februar desselben Jahres war ihm in Welden für 14 Mark das Bürgerrecht verliehen worden.

Die Marktgemeinde Dinkelscherben, in freundlicher, geschützter Lage zu beiden Seiten der mittleren Zusam gelegen, hatte 1885 ca. 880 und 1911 ca. 923 Einwohner, die in 148 Wohngebäuden lebten. In dieser Gegend mit Wiesen, Äckern und prächtigen Wäldern herrschte ein gesundes und ziemlich mildes Klima. Der Ort, der auch eine Gendarmerie-Station besaß, lebte von Getreideanbau, Viehzucht und Milchwirtschaft; außerdem sorgten 1909/10 8 Wirtschaften, 5 Metzgereien, 4 Bäckereien und mehrere Kaufläden für Handel und Wandel. Um die Gesundheit der Leute bemühten sich 2 Ärzte und 1 Apotheke.

Das damals schon "uralte", aber noch in einem guten baulichen Zustand befindliche Lehrerwohnhaus stand etwa 60 m nördlich der Pfarrkirche an einer Nebengasse. Es war massiv gebaut, trug einen Französischen Dachstuhl mit harter Dachung, hatte 1909/10 jedoch noch keinen Blitzableiter. Eigentümer des Gebäudes für die Lehrer- und Verweserwohnung war die Kirchenstiftung. Das Haus besaß einen breiten Hausflur sowie 3 heizbare und 4 unheizbare Zimmer, von denen 5 im Obergeschoß und 2 große, feuchte im Erdgeschoß anstelle der ehemaligen Schulzimmer lagen. Die Wohnung galt als "etwas feucht u. kalt". Zu ihr gehörten u.a. und detaillierter: ein trockenes Wohnzimmer (5 x 4,5 x 2,7 m) mit zwei Fenstern gegen Süden; ein heizbares, trockenes Schlafzimmer (4,5 x 3 x 2,7 m) mit je einem Fenster gegen Osten und Süden; ein heizbares und trockenes Zimmer mit einer Ausdehnung von 5 x 4,5 x 2,7 m; ein weiteres trockenes von 16 qm; wiederum ein anderes, allerdings feuchtes und düsteres von 12 qm. Die Küche (16 qm) war im Obergeschoß und gegen Norden ausgerichtet; es gab einen Ausguß sowie einen guten Kachelherd. Daneben befand sich die 6 qm große und trockene Speisekammer. Zum Haus gehörten ein geräumiger Keller und eine Waschküche im Erdgeschoß, die jedoch ohne Wasserleitung und Ausguß war und einen schlechten Waschkessel hatte. Wie in der Scheune befand sich auch in der Waschküche eine Holzlege. Die Toilette war im Obergeschoß, gegen Norden untergebracht. Zum Anwesen zählten ein eigenes, gut erhaltenes Ökonomiegebäude und ein Pumpbrunnen mit gutem Trinkwasser, zu dessen Bezug lediglich der Lehrer berechtigt war.

Die beiden Schulsäle befanden sich in einem eigenen, 1869 errichteten Gebäude, 2 m östlich der Wohnung. Sie hatten jeweils eine Ausdehnung von 8 x 8,6 x 2,9 m und gegen Osten, Süden und Norden je zwei Fenster. Der Saal im Erdgeschoß nahm die Schüler des 1. - 3. Jahrgangs auf, der Saal im Obergeschoß diejenigen des 4. - 7. Jahrgangs. Während der obere Saal als "hell, freundlich, trocken" beschrieben wurde, galt der untere als "etwas düster u. feucht". Die Reinigung und Beheizung der Schule oblag einer hierzu aufgestellten Person. Als Brennmaterial (inclusive für den Verweser) standen 18 Ster Fichtenscheitholz und Torf zur Verfügung. Östlich der Schulsäle lagen 62 qm Baumschule, südlich 140 qm Gemüsegarten, nördlich 33 Dezimal Obstgarten. Auch eine Bienenzucht gehörte zum Anwesen.

Das Personal der Gemeindeschule bestand aus einem Volksschullehrer - eben Michael Geldhauser - und einem Hilfslehrer. Eingeschult war der 3 km entfernte Weiler Au. 1910 bestand die Werktagsschule aus 69 Knaben und 76 Mädchen, die Sonntagsschule aus 27 Knaben und 35 Mädchen. Wochenvakanz war Mittwoch und Samstag nachmittags. Das Schuljahr dauerte vom 1. November bis zum 1. April. Der Unterricht wurde jeweils am Montag und Donnerstag abends von 6 - 8 Uhr gehalten. Der Besuch der Landwirtschaftlichen Fortbildungsschule war freigestellt. Geldhauser unterrichtete 1910 den 4. - 7. Jahrgang der Werktagsschule (33 Knaben und 39 Mädchen) sowie die 35 Mädchen der Sonntagsschule.

Die Einkünfte des Lehrers setzten sich 1910 folgendermaßen zusammen:

431 Mark 40 Pfennig   für den Schuldienst
748 Mark 88 Pfennig   für den niederen Kirchendienst
219 Mark 72 Pfennig   für den Chordienst
= 1 400 Mark gesamt.

Eingerechnet sind dabei an Naturalleistungen 25,62 Mark von der Gemeinde für 1 1/2 Klafter weiches Scheitholz, 131,70 Mark für 3 Klafter hartes und 3 Klafter weiches Scheitholz und 300 Wellen (vom Staat) sowie 212,44 Mark Läutgetreidebezüge.

Ob und wie gut Geldhauser seine Funktion als Chorregent und Organist in Ermangelung musikalischen Gehörs ausübte, muß dahingestellt bleiben. Die Qualität des Kirchenchors wird 1911 jedoch als gut bezeichnet. Der Chordienst wurde sowohl in der Pfarr- als auch in der Spitalkirche verrichtet. Auch die Instrumentalmusik kam zum Zuge, wobei die aus einem Manual und 12 Registern bestehende Orgel als schon "sehr abgenützt" galt. Für den dem Lehrer obliegenden niederen Kirchendienst gab es einen Mesnerstellvertreter, der jährlich 300 Mark erhielt, von denen der Lehrer 70 Mark beizusteuern und dem Mesnerstellvertreter den Kleinen Stol (mit Ausnahme der Kinderleichen) in Höhe von 30 Mark zu überlassen hatte.

1906 wurde Michael Geldhauser Vorsitzender des Aufsichtsrats der Raiffeisenbank Dinkelscherben. Er hatte diese Funktion, die ihm wohl zum einen aufgrund seiner inneren Vorzüge, zum anderen wegen seiner angenehmen Erscheinung zuteil wurde, bis 1908 inne.

1908 begann der Bayerische Verein für Volkskunst und Volkskunde in München eine Fragebogen-Aktion über Lebensgewohnheiten und Bräuche in den bayerischen Gemeinden. Im Novemberheft eben dieses Jahres kündigte die Redaktion der Vereinszeitschrift "Volkskunst und Volkskunde" auf den Seiten 118 - 120 die Aktion unter der Überschrift "Volkstümliche Ueberlieferungen und Gebräuche" an. Für die Marktgemeinde Dinkelscherben übernahm Geldhauser die schriftliche Beantwortung des Fragebogens. Nach seiner eigenen, den Antwortbogen einleitenden Aussage wurde der ausgegebene Fragebogen "mit den ältesten Männern der Marktgemeinde Dinkelscherben eingehend besprochen". (In einem Sonderband des Heimatvereins für den Landkreis Augsburg mit dem Titel "Brauchtum um die Jahrhundertwende" edierte und kommentierte Walter Pötzl 1990 die Antworten aus 16 Gemeinden des heutigen Landkreises Augsburg und 4 Orten, die heute in die Stadt Augsburg eingegliedert sind; darunter befindet sich auch vollständig der von Geldhauser verfaßte Antwortbogen zu Dinkelscherben)

Am 12. Oktober 1915, nachmittags um 3 Uhr, starb Geldhauser, bis zuletzt wohnhaft in Dinkelscherben, Haus Nr. 74 (heute: Auer Kirchweg 1), in dem bereits seit 1511 etliche Lehrer (und Mesner) des Ortes als Inhaber nachgewiesen sind, an einer Herzlähmung, erst 56 Jahre alt. Die Beisetzung durch Pfarrer Stückle fand drei Tage später, am 15. Oktober 1915, statt.

Dinkelscherben auf einer 1920 geschriebenen Postkarte (vgl. S. 228)

Quellen

Taufbuch der Pfarrei St. Peter und Paul in Scherstetten
Beurteilung aus den Schul- und Prüfungsakten des Lehrerseminars Lauingen (in der Registratur der Universität Augsburg)
Heirats- sowie Geburts- und Taufmatrikel der Pfarrei St. Wolfgang in Mickhausen
Schwäbischer Schulanzeiger (entsprechende Jahrgänge)
Königlich Bayerisches Kreis-Amtsblatt von Schwaben und Neuburg (entsprechende Jahrgänge)
Sterbebuch der Pfarrei St. Anna in Dinkelscherben

Literatur

Verzeichniß der Gemeinden des Königreichs Bayern mit ihrer Bevölkerung im Dezember 1861, geordnet nach Kreisen, Verwaltungs-Districten und Gerichtssprengeln, unter Beifügung der einschlägigen Rentämter, Forstämter und Baubehörden nebst alphabetischem Index; München 1863
Statistisches Amts-Handbuch für den k. bayer. Regierungsbezirk Schwaben und Neuburg, nach amtlichen Quellen bearbeitet von August Kellner, Regierungs-Funktionär in Augsburg, Augsburg 1862
Die unmittelbaren Städte und Bezirksämter des Kreises Schwaben und Neuburg. Mit einem Anhang: Das Wichtigste aus der Geographie und Geschichte dieses Kreises. Ein Handbuch für Volksschullehrer zur Erteilung des heimatkundlichen Unterrichtes, unter Mitwirkung von Schulmännern bearbeitet von Alois Gutbrod, Lehrer in Augsburg; Augsburg 1890
Beschreibung der Volksschulstellen im Regierungsbezirke Schwaben und Neuburg, herausgegeben vom Schwäbischen Kreislehrerverein, 2 Bände, Augsburg 1911
Albert Haider, Scherstetten = Erkhausen im Quellgebiet der Schmutter. Beiträge zur Geschichte des oberen Schmuttertales, München 1932 (Dissertation)
Einweihung der Volksschule Welden 1964 (Festschrift), herausgegeben vom Markt Welden
Ludwig Langenmair, Vierhundert Jahre schulisches Leben in Welden (= Jahresbericht 1976 des Heimatvereins für den Landkreis Augsburg, Augsburg 1977, S. 273 - 288)
Schulverband Welden. Festschrift zur Einweihung des Schul-Erweiterungsbaues am 25. Oktober 1985, herausgegeben vom Schulverband Welden
Ludwig Langenmair, Welden. Ein Markt mit reicher Vergangenheit, herausgegeben von der Marktgemeinde Welden, 1986
Walter Pötzl, Geschichte und Volkskunde des Marktes Dinkelscherben. Von den Anfängen bis zum Beginn des 19. Jahrhunderts, Dinkelscherben 1987

Danksagung

Einen herzlichen Dank schulde ich Herrn Pfarrer Heribert Singer in Mickhausen, der mich freundlicherweise mit wichtigem biografischen Material zu Michael Geldhauser versorgt hat.

Im Zusammenhang mit den Angaben zu Michael Geldhausers Wirken in Welden sowie zur Schulgeschichte der Marktgemeinde möchte ich an dieser Stelle auch Herrn Georg M. Liepert in Welden für seine freundliche und eifrige Mitarbeit sehr herzlich danken.

Georg J. Abröll

Aus der Beantwortung des Fragebogens von 1908

Pfarrer Leopold Schwarz (5.4.1897 - 19.5.1960) aus Zusmarshausen

Am 19. Mai starb Pfarrer Leopold Schwarz, über den Pfarrer Kusterer am Tage der Beisetzung in die Pfarrchronik der Marktgemeinde Zusmarshausen schrieb:

"Er hat heroisch gekämpft als Soldat und Priester. Er war opferbereit bis zur Hingabe des Lebens und des Vermögens. Sein Grab wird ein ehernes Denkmal bleiben und vielleicht noch werden. Adolf Kolping, Pater Rupert Mayer SJ und Leopold Schwarz hatten vieles gemeinsam, sie waren geistige Freunde und Zierde des Klerus."[1]

In diesem Eintrag sind alle wesentlichen Lebenslinien und Eigenschaften von Leopold Schwarz angerissen.

Wer war dieser bemerkenswerte Mann, der sich als Soldat und später als ein der katholischen Soziallehre verpflichteter Seelsorger und Publizist einen Namen über die Grenzen seiner schwäbischen Heimat hinaus gemacht hatte?

Leopold Schwarz wurde am 5. April 1897 als Sohn eines Brauereibesitzers in Zusmarshausen geboren. Er besuchte zunächst die Oberrealschule in Augsburg, um später die Forstlaufbahn einschlagen zu können. Der Ausbruch des 1. Weltkrieges unterbrach den angestrebten Berufsweg. Erst 17-jährig meldete er sich freiwillig an die Front. Schwarz wurde mehreren bayerischen Infanterieregimentern zugeteilt und kämpfte u.a. in Rumänien, in den Materialschlachten von Verdun und in Flandern bei Ypern. Für seinen Einsatz erhielt er hohe Auszeichnungen, so die Bayerische Goldene Tapferkeitsmedaille, den Militärverdienstorden und das Eiserne Kreuz I. Klasse verliehen. Das Eiserne Kreuz bekam er von Kaiser Wilhelm II. persönlich angeheftet.

1918 geriet er, mittlerweile zum Oberleutnant befördert, zusammen mit seiner Kompanie in belgische Gefangenschaft und wurde nach vorübergehenden Internierungen in Calais und Rouen schließlich an die Franzosen ausgeliefert. Die nächsten 2 Jahre verbrachte er in einem Internierungslager in den Bergen Savoyens in Südfrankreich.

Während dieser Zeit vollzog sich in dem Kriegsgefangenen Schwarz ein tiefgehender innerer Wandel, der zu dem Entschluß führte, Priester zu werden. Schon im Lager beschäftigte er sich deshalb zur Vorbereitung auf sein zukünftiges Theologiestudium mit Latein und Griechisch. Wir wissen nicht, welche Beweggründe dafür ausschlaggebend waren. Einen Anstoß von außen dürfte jedoch eine vom Papst gestiftete Sendung religiöser Literatur gegeben haben, in die er sich intensiv vertiefte - besonders in das Buch "Skizzen für Fastenpredigten".

Im Februar 1920, aus der Kriegsgefangenschaft zurückgekehrt, erklärte er seinen Angehörigen: "Dieses Buch ist ein Geschenk des Heiligen Vaters. Die Betrachtung der darin enthaltenen Lehren führte mich mit Gottes Gnade zum Priesterberufe. Deo gratias!"[2]

Trotz vielversprechender beruflicher Angebote von staatlicher und privater Seite blieb Leopold Schwarz seinem Entschluß treu und trat ins Priesterseminar Gregorianum in München ein. Am 20. Juli 1924 wurde er in München zum Priester geweiht, am 27. Juli fand in Zusmarshausen die Primizfeier statt, die zu einem eindrucksvollen Fest wurde "wie es der Markt noch nie erlebte"³. Mit einem Sonderzug aus München kamen über 1000 Mann der Regimentsvereinigung, der auch der Primiziant angehörte und ein aktives Militärkorps. Aus Augsburg reisten ebenfalls mit einem Sonderzug 250 ehemalige Kriegskameraden sowie ein Trommler- und Pfeiferzug an. Leopold Schwarz, bereits Ehrenmitglied seiner Regimentsvereinigung, wurde nun zum 2. Ehrenvorsitzenden des Bayerischen Königsbundes ernannt.

Seine seelsorgerliche Laufbahn führte ihn zunächst als Kaplan nach Augsburg. Im Jahre 1929 wurde er Stadtprediger in Günzburg in der Frauenkirche und Religionslehrer am dortigen Institut der Englischen Fräulein. Es war die Zeit der Weltwirtschaftskrise mit ihren zahlreichen, oft verelendeten und hoffnungslosen Arbeitslosen. Schwarz hielt Vorträge und Veranstaltungen für die Arbeitslosen im Stadttheater, schuf Möglichkeiten zur freien Weiterbildung und half, soweit es in seinen Kräften lag, auch finanziell aus.

Eine Bestätigung seines Engagements und Zeichen seines Rufes über Schwaben hinaus bedeutete die wiederholte Berufung nach Rom zur Mitarbeit am Reichskonkordat durch Kardinal Michael von Faulhaber. Im Reichskonkordat mit dem nationalsozialistischen Staat sah der Vatikan die Möglichkeit, den kirchlichen Wirkungsraum, v.a. die umfassende Seelsorge und den Schutz kirchlicher Organisationen, staatsrechtlich abzusichern. Hitler kam zwar aus propagandistischen Gründen der Kirche weit entgegen, verfolgte aber in Wirklichkeit das Ziel, die Kirche von innen zu erobern und ihre Organisationen zu zerschlagen.

In dieser schweren und gefährlichen Zeit wurde Schwarz im Jahre 1935 durch Kardinal Faulhaber nach München zum hauptamtlichen Präsidenten des Verbandes der katholischen Arbeiter und Arbeiterinnen Süddeutschlands berufen. Als Verbandspräses kämpfte er nun in vorderster Front für die Belange der katholischen Arbeiterschaft. Die Reaktionen der braunen Machthaber blieben nicht aus. Auch seine hohen Tapferkeitsauszeichnungen konnten den ehemaligen Frontsoldaten nicht vor Verhaftungen, über 40 Verhören durch die Gestapo und Bespitzelungen schützen. Pfarrer Schwarz wurde sogar vor den berüchtigten SD-Chef Heydrich zitiert - ein deutliches Zeichen für seine Bedeutung in der katholischen Arbeiterbewegung. Der Verband der katholischen Arbeiter und Arbeiterinnen wurde dann zwar, wie andere Organisationen auch, zerschlagen und in die nationalsozialistische Einheitsgewerkschaft überführt, dem rührigen Präses Schwarz gelang es aber, den Zusammenhalt unter den Mitgliedern in Form einer "Sterbegeld-Versicherung 1917" zu bewahren. Aus dieser Zeit stammte auch die Freundschaft mit Pater Rupert Mayer, den er als einziger im Gestapo-Gefängnis besuchte.

Kurz vor Kriegsende wäre Pfarrer Schwarz beinahe hingerichtet worden. Um seine Heimatgemeinde Zusmarshausen vor der sicheren Zerstörung zu bewahren, übergab er gemeinsam mit seinem Bruder Konrad Schwarz und dem Gemeindeschreiber Kolb den Markt an die vorrückenden Amerikaner. Von der Übergabe zurückgekehrt, wurde er von der SS verhaftet und sollte erschossen werden. Schwarz gelang jedoch die Flucht, wenig später rückten die Amerikaner ein.[4]

Im Jahre 1948 kehrte Leopold Schwarz wieder in seine Heimatdiözese Augsburg zurück und wurde in seinem Geburtsort Zusmarshausen ansässig.

Noch im selben Jahr ergriff er die Initiative zur Unterbringung der zahlreichen Evakuierten und Heimatvertriebenen und regte bei einer Besprechung mit Bürgermeister Zott den Bau einer Siedlung am "Roten Berg" nahe Zusmarshausen an. Sein Bruder Konrad Schwarz stiftete für das Siedlungsvorhaben 10 Tagwerk Äcker und Wiesen, die Gemeinde Vallried trat kostenlos 87 Dezimal Grund ab.[5] Das Bauland wurde der 1948 gegründeten "Wohnungsbauhilfe-GmbH für den Landkreis Augsburg" zur Verfügung gestellt, die bei der weiteren Planung federführend war. Am 26. Oktober 1949 fand das Richtfest für die ersten Häuser statt. Die Siedlung erhielt auf Wunsch von Pfarrer Schwarz den Namen "Friedensdorf". Beim Richtfest, zu dem auch zahlreiche Vertreter der Öffentlichkeit erschienen waren, sagte Schwarz, daß es in dieser Zeit weitaus wichtiger sei, Siedlungen zu bauen, als Dome zu errichten. Die Siedlung solle ein Dorf der Nächstenliebe werden, in das der Geist der Nächstenliebe einziehen möge.[6] Im Jahre 1959 erhielt das Friedensdorf seine von Bischof Dr. Josef Freundorfer der Friedenskönigin Maria geweihten Kirche. Pfarrer Schwarz stiftete der Marienkirche u.a. einen wertvollen Altaraufsatz, aus seinem Legat erhielt das Gotteshaus außerdem 1961 ein dreistimmiges Geläute.

Das seelsorgerliche Wirken von Pfarrer Schwarz in den Nachkriegsjahren war geprägt von der Arbeiterseelsorge. Er war maßgeblich an der Wiederbelebung des Verbandes katholischer Arbeiter und Arbeiterinnen beteiligt, der sich unter dem Namen "Werkvolk" neu konstituierte. Im Jahre 1949 wurde er für seine Verdienste zum Ehrenverbandspräses ernannt.

Eine Anerkennung seiner Verdienste bedeutete auch die Übertragung der Männerseelsorge für die gesamte Diözese Augsburg im Jahre 1950. Daneben war er als Präsidialmitglied bei der Katholischen Aktion und als Schriftführer bei der Fuldaer Bischofskonferenz tätig. In all seinen Ämtern war für ihn stets der Dienst am Nächsten das Wichtigste, er setzte sich für die Hilfsbedürftigen, falls notwendig auch mit eigenen finanziellen Mitteln, bis zum letzten ein. So schenkte ihm z.B. ein pensionierter Bergmann zum Dank seine Grubenlampe, die er 35 Jahre vor Ort getragen hatte.

Seine Arbeit als Diözesanseelsorger füllte Pfarrer Schwarz mit einer regen Tätigkeit als Prediger, Referent und Publizist aus. Er hielt Vorträge nicht nur religiösen Inhalts, sondern auch populärwissenschaftlicher und heimatgeschichtlicher Art - u.a. beim Volksbildungswerk des Landkreises und den örtlichen Kolpingsfamilien. Beliebt waren auch seine Zwischensemester in Augsburg, in denen er sich vorwiegend mit Fragen der Arbeiterschaft befaßte. Eines der immer wieder aufgegriffenen Themenkreise war die Auseinandersetzung mit dem Kommunismus, so z.B. im Jahre 1959 unter dem Titel "Die Unhaltbarkeit des bolschewistischen und atheistischen Welt- und Menschenbildes im Lichte moderner Naturwissenschaft". Seine Tätigkeit als Prediger und Referent korrespondierte mit seiner Tätigkeit als Schriftsteller. Eines seiner ersten Werke war das fünfbändige apologetische Werk "Steh fest im Glauben". Es folgten das Kriegsbuch "Zwanzig Jahre später", das Friedensbuch "Paris" - ein Werk über physische und metaphysische Rätsel, das Erstkommunionbüchlein "Dem Heiland entgegen", die Abhandlung "Glauben ist kein leerer Wahn" - eine populärwissenschaftliche Widerlegung des Materialismus an zahlreichen Beispielen aus der Geschichte, der Natur und dem alltäglichen Leben sowie das vierbändige Predigtwerk "Im Kristall des Kirchenjahres", das vielen seiner Mitpriester als Vorgabe für Predigten diente. Darüber hinaus verfaßte Leopold Schwarz zahlreiche religiöse Kleinschriften. Zu seiner reichen publizistischen Tätigkeit gehörten auch Redaktionen und Schriftleitungen von Reihenorganen, wie dem Standesorgan "Der katholische Mesner", "Mann im Bayerland", die Mitarbeit beim Winfried-Werk Augsburg und regelmäßige Beiträge und Redaktionen im St. Ulrichsblatt.

Trotz längerer Krankheit kam der Tod von Pfarrer Leopold Schwarz im Alter von erst 63 Jahren im Marienhospital in Stuttgart überraschend. Die riesige Trauergemeinde bezeugte noch einmal die Beliebtheit und Wertschätzung, die dem Geistlichen Rat Leopold Schwarz aus allen Bevölkerungsschichten entgegengebracht worden waren. Nach seinem Wunsch wurde er im Friedensdorf, dem Zeugnis seiner sozialen Gesinnung, neben dem Eingang zur Marienkirche beigesetzt.

Anmerkungen

1) Erinnerst Du Dich, hrsg.: Kolpingsfamilie Zusmarshausen, ohne Zeitangabe, S. 18.
2) Borst Ludwig, Priester im Volk, Heft 2: Leopold Schwarz, Innsbruck, Wien, München, 1938, S. 39.
3) Both Leonhard, Helmschrott Franz, Zusmarshausen - Heimatbuch einer schwäbischen Marktgemeinde, Weißenhorn 1979, S. 117.
4) Gedächtnisniederschrift des Bruders Konrad Schwarz aus dem Jahre 1991. Zum Todesurteil siehe auch: Schwaiger Georg (Hg.), Das Erzbistum München und Freising in der Zeit der nationalsozialistischen Herrschaft, Bd. I, München, Zürich, 1984, S. 488, Anm. 2.
5) Both, Helmschrott, S. 114.
6) Augsburger Katholische Kirchenzeitung vom 6.11.1949, nicht paginiert.
7) Borst, S. 60.

Bernhard Hagel

Die Kirche in Friedensdorf, vor der Leopold Schwarz begraben liegt

Robert Schindler - ein Flüchtlingsschicksal in Leitershofen

Der ehemalige Rektor der Leitershofer Schule war sicherlich keine herausragende Persönlichkeit. Nicht er drehte am Rad der Geschichte, sondern er wurde durch die Mühlen der europäischen Entwicklung des 20. Jahrhunderts gedreht und durch halb Europa getrieben. Sein Leben war aber nicht nur durch Flucht und Vertreibung gekennzeichnet, wichtiges Element seiner Biographie waren auch seine Probleme mit der Integration in die Gesellschaft der damals noch recht jungen Bundesrepublik Deutschland. Sein Schicksal steht somit für viele andere.

Geboren wurde Robert Schindler[1] am 8. April 1892 in Teschen / Schlesien (Česky Těšín bzw. Cieszyn), das am Übergang zum 20. Jahrhundert Teil der österreichisch-ungarischen k.u.k. Monarchie war. Als zweiter Sohn des Schuhwarenhändlers Sigmund Schindler und seiner Frau Anna, geb. Wiesner, besuchte er von seinem 11. bis zum 15. Lebensjahr die Mittelschule seiner Heimatstadt. Trotz des frühen Todes seines Vaters konnte er ebenfalls in Teschen bis 1911 die Lehrerbildungsanstalt besuchen. Im Jahr darauf fand er seine erste Anstellung als Aushilfslehrer in Freistadt (Karvin bzw. Karvina), kurz darauf erhielt er seine Ernennung zum provisorischen Lehrer. Im September 1914 legte er seine 2. Lehramtsprüfung ab, der Weg für ein ruhiges und gesichertes Leben als Lehrer schien offen dazuliegen.

Der wenige Wochen zuvor ausgebrochene 1. Weltkrieg bereitete diesem Zustand aber schnell ein Ende. Im Frühjahr 1915 wurde er ins österreichische Heer eingezogen und kämpfte an der russischen Front. Nach Verwundung und russischer Kriegsgefangenschaft, aus der er fliehen konnte, erreichte er im Herbst 1917 die Heimat wieder und erlebte als Leutnant den Untergang der österreichisch-ungarischen Monarchie. Mit der Gründung der Tschechoslowakei - als eines der Resultate des 1. Weltkrieges - wurde auch er in den neuen Staatsverband integriert. Als planmäßiger Lehrer, nun im Dienste des tschechoslowakischen Staates, wirkte er an einer deutschen Schule bis 1931 und wechselte dann an die Mittelschule in Freistadt über. Sieben Jahre darauf erhielt er die Rektorenstelle der dortigen Volksschule. Robert Schindler hatte im Frühjahr 1938 seinen ersten beruflichen Höhepunkt erreicht. Auch privat lief alles in geregelten Bahnen. 1927 heiratete er die Klavierlehrerin Olga Kratochwill, die aus einer Kaufmannsfamilie stammte. Einige Jahre später konnte die Familie - der Ehe entsprangen zwei Söhne - ein eigenes Haus beziehen.

Robert Schindler mit Frau und Kindern während eines Fronturlaubs an Weihnachten 1940

Die Ruhe und Zufriedenheit sollte aber wiederum nur von kurzer Dauer sein. Wenige Monate nach der Übernahme der Rektorenstelle erfolgte der Anschluß der Tschechoslowakei an Deutschland. Die Rektoren der schlesischen Schulen wurden an andere Schulen verwiesen und durch Kollegen aus den Kerngebieten des deutschen Reiches ersetzt. So auch Robert Schindler. Dieser wirkte ab November 1938 als Lehrer und Schulleiter in Klein Hoschütz nahe Troppau (Opava), wobei seine Versetzung in Verbindung mit dem Übergang des Teschener Gebietes an Polen stand (im Zusammenhang mit dem Münchner Abkommen) und auch wegen seiner SPD-Mitgliedschaft ab 1919.

In seinem neuen Wirkungsort holte ihn zwei Jahre später der 2. Weltkrieg ein. Ab April 1940 diente er als Leutnant in der deutschen Wehrmacht, zuerst in Frankreich und Belgien, ein Jahr darauf in Rußland. Mit Skorbut und Erfrierungen kam er im Herbst 1942 ins Lazarett nach Deutschland. Ein halbes Jahr darauf wurde er wieder entlassen und fungierte dann wieder als Lehrer in Klein Hoschütz. Mit dem Zusammenbruch der Ostfront erreichte ihn ein weiterer Einberufungsbefehl. Im Dezember 1944 - inzwischen war der Unterricht in den Ostgebieten eingestellt worden - war er wiederum Soldat der Wehrmacht. Am 4. Mai 1945, wenige Tage vor der bedingungslosen Kapitulation, erlitt er eine schwere Verwundung. Wohl auf Druck der Tschechen mußte er bereits Anfang Juni das Krankenhaus verlassen. Es gelang ihm, sich nach Klein Hoschütz durchzuschlagen, wo er kurz darauf ins Arbeitslager nach Troppau eingewiesen wurde.

Am 6. Juli 1946 kam die Familie als Teil des Ausweisungstransportes Nr. 103 mittellos in Leitershofen an und erlitt dort ein typisches Flüchtlingsschicksal. Als erstes Notquartier wurde der Familie ein Strohlager in der dortigen Gastwirtschaft zugewiesen. Diesen Notbehelf teilten sie mit acht weiteren Familien. Wohnraum war wie in ganz Deutschland so auch in Leitershofen rar. Luftangriffe hatten dort nicht nur Ziviltote gefordert, sondern auch Wohnraum zerstört. Zudem waren die Schindlers keineswegs die einzigen, die Unterkunft benötigten. Zahlreiche Flüchtlinge hatten ein ähnliches Schicksal erlitten und reihten sich ein in die lange Reihe derjenigen, die neben Kleidung und Lebensmitteln auch Unterkunft benötigten. Ende 1946 lebten in Leitershofen etwa 1 250 Menschen, jeder fünfte davon zählte damals zu den Heimatvertriebenen, Ausgebombten und Evakuierten.[2] Dennoch konnte Robert Schindler wenige Tage nach seiner Ankunft in Leitershofen in ein Sommerhaus umziehen, das aber nur 19 m² zählte und nicht heizbar war. Dieses Quartier diente der vierköpfigen Familie bis November 1947 als Unterkunft, erst dann wurde ihnen vom Leitershofer Gemeinderat eine Wohnung mit zwei

Ein Sommerhaus als erstes Quartier

Zimmern, Küche, Bad und WC zugewiesen, da ihnen nicht zugemutet werden sollte, einen zweiten Winter in dem Wochenendhaus zu verbringen.[3]

Auch beruflich war der Neuanfang schwer. Auf Anordnung der Besatzungsmacht durften neueingestellte Lehrkräfte nur als geringbezahlte Vertragslehrer arbeiten. Besonders schmerzlich war für den ehemaligen Hauptlehrer Schindler aber die Tatsache, daß er bei seiner Einstellung als Vertragslehrer im November 1946 an der Leitershofer Schule einer jungen Lehramtsanwärterin gegenüberstand, die als Schulleiterin fungierte. Erst im Januar 1947 wurde ihm schließlich die Schulleitung übertragen, dies war der Beginn seines zweiten beruflichen Höhepunktes. Dennoch gab es später aber Überlegungen des Gemeinderates, ihn zu versetzen: "Den Schulunterricht erteilen 2 Lehrkräfte 1 Hauptlehrer u. eine Lehrerin. Beide sind Flüchtlinge und ist die Gemeinde ohne Bayr. Lehrkraft. In Anbetracht dieser Verhältnisse und zur Sicherstellung echt heimatl. gebundener Erziehung der Kinder, bittet der Gemeinderat dringend um Austausch des Hauptlehrer Schindler mit einer heimischen Lehrkraft [...]." Der Austausch kam nicht zustande, das Begehren des Gemeinderates zeigte aber die großen beruflichen Probleme der Flüchtlinge. Als Ironie der Geschichte mag es anmuten, daß ausgerechnet Robert Schindler, der wegen mangelndem Heimatbewußtsein versetzt werden sollte, 1949 begann, eine wertvolle Leitershofer Schulgeschichte zu verfassen.[5]

Neben Wohnungs- und Berufsproblemen war es insbesondere die Kleidungs- und Lebensmittelversorgung, die im Hause Schindler für große Not sorgte. Den Konflikt zwischen Landwirten als Lebensmittelerzeuger und -besitzer und der hungernden Bevölkerung, insbesondere der Flüchtlinge, die nichts zu tauschen hatten, beschrieb Schindler sehr eindringlich in der genannten Schulgeschichte, die auch viele biographische Angaben enthält.

Zum Jahreswechsel 1947/48 verbesserte sich die Situation aber zunehmend für Robert Schindler. Neben der neuen Unterkunft wurde dem Schulrektor auch endlich eine dritte Lehrstelle bewilligt. Die etwa 200 Leitershofer Schüler der Jahrgänge 1 - 8 konnten nun von drei Lehrkräften unterrichtet werden. Um dem Wechselunterricht abhelfen zu können, bemühte sich Schindler bereits vor der Währungsreform um einen Schulneubau. Ernährungsprobleme und Mangel an Baustoffen verzögerten das Projekt. Erst nach der Einführung der D-Mark hatten die Bemühungen des Schulleiters Erfolg. 1948/49 konnte das bestehende Schulhaus um zwei Klassräume in Gemeinschaftsarbeit erweitert werden. 1950 wurde er nach langem Warten wieder in das Beamtenverhältnis aufgenommen. Neben der materiellen Besserstellung war es insbesondere eine persönliche Genugtuung, als Flüchtling nun wieder den Beamtenstatus zu besitzen.

Deutlich wird an dieser Wiederverbeamtung auch die beginnende Integration der Heimatvertriebenen in den fünfziger und sechziger Jahren. Nach der Beseitigung der unmittelbaren Not waren in den beiden Nachkriegsjahrzehnten sowohl materielle als auch immaterielle Mittel vorhanden, die Flüchtlinge zu integrieren. Durch die gemeinsame Lösung der Nachkriegsprobleme trugen auch sie ihren Teil am Wiederaufbau bei und integrierten sich dabei in die Bundesrepublik Deutschland. Deutlich wurde dies z.T. auch bei Rektor Schindler, der sich zusammen mit dem Ortspfarrer und dem Bürgermeister u.a. um die Schulraumnot annahm. Als weiteres Indiz für seine Integration ist die Tatsache zu werten, daß er einige Heimatgedichte und heimatgeschichtliche Darstellungen verfaßte, die z.T. 1952 im "Schmuttertal-Boten" publiziert wurden. 1947 tauchte er als 2. Vorsitzender und Schriftführer des Obst- und Bienenzuchtvereines Leitershofen auf und widmete sich somit seinem botanischen Hobby wieder, das er schon in Schlesien pflegte und worüber er dort auch publizierte.[6]

Dieses Vorstandsamt übte er allerdings nicht sehr lange aus, auch war das Verhältnis zur Leitershofer Bevölkerung, wie bereits angedeutet, nicht immer unproblematisch; die Grenzen und Schwierigkeiten der Integration wurden somit auch bei ihm deutlich.

Dennoch blieb Robert Schindler bis zu seiner Pensionierung 1957 der Leitershofer Schule treu. Den Lebensabend verbrachte er im nahegelegenen Haunstetten. Dort starb er am 12. Januar 1962 als ein Mann, den die europäische Entwicklung in den Landkreis Augsburg verschlug und der dort versuchte, eine neue Heimat zu finden.

Anmerkungen

1) Gemeindearchiv Stadtbergen: Schul-Chronik von Robert Schindler, 2 Bde., besonders Bd. 1, S. 85 - 96 u. Bd. 2, S. 1 - 84 (Original in der Schule Leitershofen, weitere Kopie: Kreisheimatpflege, Ortsakten Leitershofen). Die handschriftliche Schulgeschichte weist zahlreiche autobiographische Notizen auf.
Regierung von Schwaben: Personalakte Robert Schindler und freundliche Auskunft von Gerhard Schindler / Wertingen.
2) OAA: Pf 46, Fach I Fasc. M.
3) Gemeindearchiv Stadtbergen: Gemeinderatsprotokoll Leitershofen vom 2.11.1947, TOP 2.
4) Ebd. TOP 1.
5) Siehe Anm. 1.
6) Staatliches Schulamt: Personalkarteikarte Robert Schindler und freundliche Auskunft vom Obst- und Gartenbauverein Leitershofen.

Gerhard Willi

Bürgermeister Ludwig Berger aus Reinhartshausen (3. April 1900 - 27. Mai 1990)

Sein Charakter

Ludwig Berger war ein typischer Landbürgermeister. Feinsinnig mit einer Portion gerechten Muts gegenüber den staatlichen Gesetzen und Verordnungen. Für alle, die es mit ihm verstanden, war er mit Rat und Tat zur Stelle. Mit den Landräten verstand er sich bestens. Aber am liebsten regierte er selbst, soweit es ging in Zusammenarbeit mit seinen Gemeinderäten, wenn es nicht ging, auch ohne sie.

"Meine Tochter Philomena hätte ein Junge sein sollen, damit der Bürgermeisterposten in der Familie bleibt", wäre immer sein Wunsch gewesen.

Sein Leben und seine Arbeit

Ludwig Berger wurde am 3. April 1900 in Reinhartshausen im Bezirksamt Augsburg im Hause seiner Eltern geboren. Seine Schulzeit verbrachte er in der "alten Schule" (heute Waldberger Straße 7). Es war ihm nicht möglich, eine höhere Schule zu besuchen oder eine Berufsausbildung zu absolvieren. Seine Eltern lebten von einer kleinen Landwirtschaft.

Der Vater
(1863 - 1932)

Am 12. Juli 1918 wurde er, kaum 18 Jahre alt, zum Dienst in der 1. Kompanie des 1. Jägerbataillons nach Kempten eingezogen. Als Entlassungstag ist der 22. November 1918 in seinem Wehrpaß vermerkt. Das Bezirksamt Augsburg verlieh ihm am 22. Dezember 1934 für die Teilnahme am 1. Weltkrieg das von Generalfeldmarschall von Hindenburg gestiftete "Ehrenkreuz für Kriegsteilnehmer".

Nach seiner Entlassung aus dem Militärdienst arbeitete er in der väterlichen Landwirtschaft mit und lernte in Waldberg bei der Familie Mögele für den eigenen Bedarf das Schuhmacherhandwerk.

In wirtschaftlich schlechter Zeit entschloß er sich, mit seiner Braut Genovefa Schweinberger den Bund der Ehe zu schließen. Im Aufgebotsverzeichnis des früheren Standesamtes Reinhartshausen findet sich unter dem 16. Juni des Jahres 1922 der Eintrag, daß der ledige Landwirt Ludwig Berger mit der Landwirtstochter Genovefa Schweinberger die Ehe eingehen wolle.

In der Pfarrkirche St. Laurentius wurde das Paar am 9. Juli durch den Pfarrer Richard Kempf getraut. Für Richard Kempf war dies die erste Trauung in der Pfarrgemeinde Reinhartshausen, in die er am 14. März 1922 feierlich einzog.

Nach der Eheschließung übernahm er zusammen mit seiner Frau die Landwirtschaft seiner Schwiegereltern (damals Hausnummer 4, heute Hattenbergstraße 6).

Vor 1910 hatten die Schwiegereltern Schweinberger ihr Anwesen Nr. 27 mit dem Ehepaar Müller von Haus Nr. 39 getauscht. 1910 trat wieder ein Besitzerwechsel ein: Haus Nr. 4 ging gegen 5 400 Mark von Ludwig Berger sen. an das Ehepaar Schweinberger, während Berger Haus Nr. 39 übernahm.

Neben seiner Landwirtschaft stand er in den Jahren 1919 bis 1939 saisonweise als Fischer in den Diensten seiner Durchlaucht Fürst Fugger von Babenhausen in dessen Fischzuchtanlage in Burgwalden.

In den Jahren ab 1929/30 erweiterte er das übernommene Wohnhaus und baute den Stall und den Stadel neu.

Durch seine öffentlichen Ämter war er gezwungen, am 1. Mai 1937 der Partei (NSDAP) beizutreten. Die Bevölkerung fürchtete staatliche Schwierigkeiten, wenn er als Ortsbauernführer nicht Parteimitglied wäre. Das Amt des Ortsbauernführers wurde ihm 1936 übertragen.

Als Melkwart im Auftrag des Leistungsamtes Günzburg verdiente er sich in der Zeit vom 1. Mai 1937 bis 30. September 1943 ein Zubrot. Um seine Familie ernähren zu können, verdingte er sich in der Zeit vom 17.11.1938 bis 4. März 1939 in der Firma Karl Mayr, Sägewerk und Zimmerei, im benachbarten Straßberg als Hilfsarbeiter.

Unter dem Kennwort "Einsatz Österreich" mußte der inzwischen dreifache Familienvater im März 1938 eine sechstägige Militärübung in Österreich hinter sich bringen.

Drei Tage nach dem Abschluß des deutschen Nichtangriffspaktes mit der Sowjetunion wurde er am 26. August 1939 als Soldat bei der Luftnachschubkompanie 8/VII in Gablingen eingestellt, wo er am 29. August auf "Führer und Vaterland" vereidigt wurde.

Zum 1. Februar 1940 wurde er zum Gefreiten befördert und am 7. Juni 1940 durch die Entlassungsstelle beim Luftgau VII in Neubiberg in die Heimat entlassen.

Im Jahre 1951 trat er in den Dienst der Deutschen Bundespost. In seinem Wohnhaus Hausnummer 4 wurde wieder die Posthilfsstelle für Reinhartshausen eingerichtet. Ludwig Berger übernahm sie als Posthilfsstellenleiter zusammen mit der öffentlichen Telefonstelle.

1960 gab er die Landwirtschaft auf, tauschte das Grundstück Hausnummer 4 mit seinem Schwiegersohn Georg Weber gegen das Grundstück Hausnummer 13 und baute sich darauf ein neues Wohnhaus. Die Mächte der Natur verzögerten die Fertigstellung, indem der kaum fertiggestellte Dachstuhl durch einen Blitzeinschlag beschädigt wurde.

Was er selbst nicht wußte, war, daß das Anwesen seines Schwiegersohnes die eine Hälfte des früheren Reinhartshausener Maierhofes war. 1964/65 wurde das alte landwirtschaftliche Gebäude abgebrochen. (Der Maierhof wurde zum Ende des 18. Jahrhunderts in zwei fast gleichgroße Güter zerteilt. Der eine Teil hatte die Hausnummer 12, der andere die Hausnummer 13 - heute Spettinger Straße 3 bzw. 1a.)

An seinem 65. Geburtstag übernahm seine Tochter Philomena die in das neue Haus mitumgezogene Poststelle, die sie auch heute noch führt.

Das Geburtshaus von Ludwig Berger sen. und jun.

Seine Eltern und Geschwister

Sein Vater, Ludwig Berger sen., erblickte am 24. August 1863 in Reinhartshausen im Haus Nr. 4 das Licht der Welt. Seine Mutter Franziska, eine geborene Dießenbacher aus Hardt, kam am 12. März 1870 zur Welt. Am 14. Oktober 1894 gaben sich die beiden das Ja-Wort.

Vater Berger war Landwirt und Waldaufseher, ab 1. März 1907 Posthilfsstellenleiter, von 1893 bis 1897 Kommandant der Freiwilligen Feuerwehr, in den Perioden 1900 bis 1911 und 1919 bis 1923 ehrenamtlicher Erster Bürgermeister und viele Jahre nebenamtlicher Laienleichenschauer für den Schaubezirk Reinhartshausen. 309 Beschauungen hatte er vollzogen, bis er am 25. September 1932 schwer krank (Magenkrebs) verstarb und am 28. September zur letzten Ruhe gebettet wurde. Pfarrer Kempf, der den Todesfall beurkundete, schrieb in das Sterbematrikel: "Er war rauh, kantig, aber ein Ehrenmann; einer der Besten hier".

Mutter Franziska Berger verstarb am 18. August 1950 um 23.00 Uhr an Altersschwäche und wurde am 21. August neben ihrem Ehemann auf dem Reinhartshauser Friedhof bestattet.

Aus der Ehe von Ludwig sen. und Franziska gingen 11 Kinder hervor:

am 4.7.1895 der Sohn Josef, er verstarb 1976 im Alter von 81 Jahren;
am 30.5.1896 die Tochter Maria, nach 28 Tagen war ihr Kinderleben beendet;
am 2.6.1897 die Tochter Maria, sie wurde 88 Jahre alt;
am 1.3.1899 die Tochter Walburga, sie verstarb mit 85 im Jahre 1984;
am 3.4.1900 der Sohn Ludwig, er wurde am ältesten und verstarb 1990;
am 13.5.1901 der Sohn Adelbert, er entschlief 1980 im 79. Lebensjahr;
am 15.7.1904 die Tochter Anna, sie verstarb auch 1980 im Alter von 76;
am 11.2.1906 der Sohn Hermann Otto, auch er überlebte nur 17 Tage;
am 23.10.1907 der Sohn Leonhard, er fiel im Krieg 1944 in Rußland;
am 9.12.1909 die Tochter Franziska, sie wurde 69 Jahre alt;
am 14.1.1912 die Tochter Afra, sie lebt als Rentnerin und nebenamtliche Mesnerin in Reinhartshausen im 79. Lebensjahr;
am 31.10.1914 der Sohn Alois, er hauchte mit 1 1/4 Jahren sein kurzes Leben aus.

Seine Ehefrau

Die Ehefrau von Ludwig Berger jun., Genovefa, wurde im Haus Nr. 27 (heute Von-Lotzbeck-Straße 3) in Reinhartshausen am 30. Januar 1899 als Landwirtstochter geboren. Ihre Eltern waren Johann und Anna Schweinberger. Frau Anna war eine geborene Nachtrub.

Frau Genovefa starb im Alter von 47 Jahren am 20. Oktober 1946 und wurde im Grab ihres Schwiegervaters beigesetzt.

Seine Kinder und Nachkommen

Der Ehe von Ludwig und Genovefa Berger entstammen fünf Töchter und ein Sohn:

Anni, geboren am 16. Februar 1923 in Reinhartshausen. Sie war mit Franz Schweinberger, der am 29. Juni 1988 verstarb, seit 16. April 1944 verheiratet.

Martha Franziska, geboren am 16. Juni 1924 in Reinhartshausen. Sie verstarb im Alter von 51 Jahren am 10. Dezember 1975 und war mit Georg Weber seit 11.11.1948 verheiratet.

Franziska Genovefa, geboren am 28. Juni 1926 in Reinhartshausen. Sie schloß in jungen Kinderjahren am 1. Mai 1938 ihre Augen.

Elisabeth, geboren am 31. August 1932 in Reinhartshausen. Sie wohnt in Straßberg und ist seit 15.11.1958 mit Leonhard Unverdorben verheiratet.

Ludwig Johann, geboren am 16. März 1939 in Augsburg. Er sollte sicher die Linie der Bürgermeister in der Familie fortsetzen, worauf sein Vorname deutet. Aber es war ihm und seinem Vater nicht vergönnt, denn am 26. August 1939 war sein kurzes Leben beendet.

Philomena, geboren am 5. Oktober 1941 in Augsburg. Sie lebt in Reinhartshausen auf dem väterlichen Anwesen und ist seit 11.11.1960 mit Erwin Arbter verheiratet.

An seinem Todestag am 27. Mai 1990 zählten zur Nachkommenschaft von Ludwig Berger 4 Töchter, 14 Enkel, 17 Urenkel und 1 Ururenkel.

Sein Geburts- und Wohnort

Die Ortsbeschreibung für seinen Geburts- und Wohnort habe ich aus dem Gemeindearchiv Reinhartshausen entnommen. Sie wurde von Bürgermeister Ludwig Berger sen. im Jahre 1910 verfaßt, als das neue Schulhaus (Waldberger Str. 5) in Planung war:

"Reinhartshausen, Kgl. Bezirksamt Augsburg. Pfarrdorf, eigene politische Gemeinde mit Telephonstation; Post aus Großaitingen, einmal täglich Zustellung. Bahnstation Großaitingen 7 km, Bobingen 8 1/2 km, Gessertshausen 9 km. Arzt in Fischach 7 1/2 km oder in Schwabmünchen 8 1/2 km.

Im Ort Reinhartshausen 65 Wohngebäude und im Ortsteil Burgwalden 15 Häuser, zusammen 80 Wohngebäude mit ca. 500 Einwohnern.

Reinhartshausen liegt inmitten der Lotzbeck'schen und fürstlich Fugger'schen Wälder auf einer Anhöhe. Im Tale sind saftiggrüne Wiesen, auf der Anhöhe gedeihen viele Obst- und Nußbäume. Die Kirche liegt mitten im Dorfe, der Friedhof 5 Minuten davon entfernt außerhalb der Ortschaft. Es gibt zwei Wirtschaften. Die Schule hat einen Lehrer, der auch den Mesner- und Organistendienst versieht. Werktagsschule 98 Kinder, Sonntagsschule 31."

Seine öffentlichen Ämter

Wie schon sein Vater war auch der Sohn ein Mann für die Öffentlichkeit. Er strebte immer danach, seine Kraft auch für die Allgemeinheit einzusetzen.

Als 28-jähriger war er Vorstandsmitglied und Rechner bei der Milchverwertungsgenossenschaft für die Gemeinde Reinhartshausen und Umgebung. Diesen Dienst versah er bis an sein Lebensende.

1934 übernahm er das Amt des Vorstandes in der Freiwilligen Feuerwehr Reinhartshausen (FFW), der er seit 1914 als Mitglied angehörte.

Eine große und schwierige Aufgabe wurde Ludwig Berger im Mai 1945 durch die amerikanische Besatzungsmacht übertragen. Er wurde zum vorläufigen Bürgermeister berufen. Dieses Amt war für ihn aber nicht neu. Es begann bereits an seiner Wiege; denn in seinem Geburtsjahr 1900 übernahm sein Vater Ludwig Berger sen. das Amt des Bürgermeisters für Reinhartshausen und Burgwalden.

Mit Verfügung vom 25. September 1945 wurde Ludwig Berger der Jüngere, wie alle anderen Bürgermeister im Landkreis Augsburg, die Mitglieder der NSDAP waren, seines Amtes enthoben. Sein Bruder Adelbert, ein Nichtparteigenosse, übernahm die Amtsgeschäfte kommissarisch, bis das Entnazifizierungsverfahren abgeschlossen war. Am Ende dieser Verfügung wurde ihm in Anerkennung, daß er die Gemeinde Reinhartshausen "mustergültig geführt habe", der Dank des Landratsamtes ausgesprochen.

Doch die Gemeinde Reinhartshausen ließ ihren suspendierten Bürgermeister nicht im Stich. Bei der Gemeindewahl am 27.1.1946 erreichte Ludwig Berger 180 von 191 abgegebenen Stimmen und wurde faktisch zum ersten Bürgermeister gewählt. Dieser Umstand wurde im Entnazifizierungsverfahren gewürdigt. Er wurde als sog. Mitläufer zu einer Geldbuße von 500 RM in einen Wiedergutmachungsfond verurteilt.

Die folgenden Kommunalwahlen gewann er regelmäßig mit über 90 % der abgegebenen Stimmen. Von Parteibüchern hielt der lieber unabhängige ehrenamtliche Kommunalpolitiker nichts mehr.

In seiner Amtszeit wurde in den Jahren 1960 bis 1961 die Ortsdurchfahrt ausgebaut und die Ortsstraßen geteert. Gleichzeitig entstand die Ortskanalisation.

Unter seiner Leitung erhielt die FFW 1962 ihre erste Motorspritze in einem modernen Gerätewagen. 1964

V.l.n.r. Adelbert (geb. 1901), Franziska (geb. 1909), Leonhard (geb. 1907), Mutter Franziska (geb. 1870), Ludwig jun. (geb. 1900), Vater Ludwig (geb. 1863)

konnte er für den Sportverein einen neuen Sportplatz bauen lassen.

Anfangs der sechziger Jahre wollte Ludwig Berger, unterstützt durch den Gemeinderat, zusammen mit der Gemeinde Döpshofen eine Wasserversorgung für die beiden Gemeinden bauen. Nachdem dies nicht so gelang, wie Berger sich das vorstellte, warb er bei den umliegenden Gemeinden zusammen mit dem damaligen Regierungsrat Gärtner beim Schwabmünchner Landratsamt für ein gemeinsames Projekt der Staudengemeinden. So entstand 1967 der Staudenwasserzweckverband, dem nun Reinhartshausen durch den Einsatz Bergers als Gründungsgemeinde angehörte.

Weitere wichtige Projekte waren der Bebauungsplan Reinhartshausen-Nord (Dilger- und Dossenbergerstraße), die Erneuerung der Straßenbeleuchtung und eine Kirchenrenovierung.

Vor der Eingemeindung in die Stadt Bobingen gab er den Neubau des Feuerwehrgerätehauses bei der ehemaligen Schule an der Waldberger Straße in Auftrag.

Am 4. Februar 1972 wurde an Herrn Ludwig Berger die "Medaille für besondere Verdienste um die kommunale Selbstverwaltung" durch den Bayerischen Staatsminister des Innern verliehen.

Seine kommunalpolitische Ära endete mit der Eingemeindung der Gemeinde Reinhartshausen zusammen mit dem Ortsteil Burgwalden in die Stadt Bobingen am 30. Juni 1972. Hier traf er wieder mit Hartmut Gärtner zusammen, der nun Oberregierungsrat in der Regierung von Schwaben war und sich um das Amt des Ersten Bürgermeisters in Bobingen bewarb.

Das Amt des Feuerwehrvorstandes gab er 1972 an seinen Nachfolger Alfred Hafner ab. Anläßlich der 100-Jahr-Feier "seiner Feuerwehr" im Jahre 1976 wurde ihm der Titel "Ehrenvorsitzender" verliehen.

Im Sommer 1975 folgte der Ehrentitel "Altbürgermeister" in Anerkennung seiner Verdienste um die Gemeinde Reinhartshausen durch den Bobinger Stadtrat. Diese Ehre wurde gleichzeitig auch dem Straßberger Bürgermeisterkollegen Otto Becherer zuteil.

Im Dezember 1980 verlieh dann der damalige Landrat Dr. Frey "für die besonderen Verdienste um das Allgemeinwohl" die Verdienstmedaille des Landkreises Augsburg.

Viel Engagement brachte der rüstige Senior stets auch für den örtlichen Sportverein und die Jugendlichen auf. Sechs Jahre war Ludwig Berger Vorstand und danach Ehrenvorstand im Sportverein Reinhartshausen, dem er von Beginn an als Mitglied angehörte.

Auch beim Krieger- und Soldatenverein war er Gründungsmitglied und ab 16. Mai 1971 Ehrenmitglied.

Dem örtlichen Schützenverein hielt er 35 Jahre die Treue.

Sein 90. Geburtstag

An seinem 90. Geburtstag sagte der Jubilar zum heutigen Bobinger Bürgermeister Gärtner, mit dem ihn eine väterliche Freundschaft verband: "Und wir wären sicherlich heute noch selbständig, wenn Bobingen damals geahnt hätte, wie alt ich werde und wie lange mir Ehrensold bezahlt werden muß." Die Geburtstagsfeierlichkeiten dauerten mehr als zwei Wochen, weil die Zahl der Besucher und Gratulanten kein Ende nehmen wollte.

Seine letzte Reise

Nach einem tragischen Verkehrsunfall wurde er verletzt in das Bobinger Krankenhaus eingeliefert. Nach zwei Wochen Krankenhausaufenthalt verstarb Altbürgermeister Ludwig Berger am 27. Mai 1990, zwei Tage vor der geplanten Entlassung, an einer Lungenembolie. Er wurde an der Seite seiner bereits 1946 verstorbenen Ehefrau auf dem Reinhartshauser Friedhof beigesetzt. Friede seiner Seele.

Danken möchte ich, daß ich den Rückblick auf das Leben unseres Altbürgermeisters schreiben durfte. Herr Ludwig Berger wohnte 30 Jahre in meiner Nachbarschaft.
Danken möchte ich auch seinen Töchtern Philomena und Anna sowie seiner Schwester Afra Seitz, die mich mit Daten, Urkunden und Informationen versorgt haben, und Frau Irma Rädler, von der ich Fotomaterial über die Familie Berger erhalten habe.
Danke auch dem Herrn Stadtarchivar Lenski, der mich im Gemeindearchiv Reinhartshausen "graben" ließ.
Und zum Schluß Danke an alle, die die Lebensgeschichte lesen und Herrn Berger in ihrer Erinnerung behalten.

Ludwig Wiedemann jun.

Landrat und Senator Dr. Franz Xaver Frey

Herkunft

Franz Xaver Frey erblickte am 22. Mai 1928 in Nettershausen, Gemeinde Burg, Kreis Krumbach (Schwaben), als Sohn des Postschaffners Franz Xaver Frey und dessen Ehefrau Theresia, geb. Kost, das Licht der Welt. Das katholische Elternhaus war nach Dr. Freys eigener Aussage "bäuerlich-konservativ" geprägt.

Ausbildung und Werdegang

Nach dem Besuch der Volksschule kam Franz Xaver Frey 1938 an die Oberschule für Jungen nach Günzburg, die er bis zu seiner Einberufung im Januar 1944 besuchte.

Zunächst war er als Luftwaffenhelfer im Heimatkriegsgebiet, später beim Reichsarbeitsdienst (RAD) und gegen Kriegsende im Heer eingesetzt.

Nach der Entlassung aus amerikanischer Kriegsgefangenschaft kehrte er im Juli 1945 zu den inzwischen nach Krumbach umgezogenen Eltern heim. Im Juni 1946 konnte er die Reifeprüfung an seiner alten Schule in Günzburg ablegen. Seinen Wunsch, Medizin zu studieren, mußte er aufgeben, weil ein solches Studium für einen Sohn aus nicht begütertem Elternhaus viel zu kostspielig war. So widmete sich Frey der Rechtswissenschaft an der Philosophisch-Theologischen Hochschule Dillingen sowie an der Universität Erlangen. Dort legte er 1949 auch die erste juristische Staatsprüfung ab.

Von 1950 bis 1954 war er Rechtsreferendar im staatlichen Vorbereitungsdienst. Ausbildungsstationen bildeten dabei das Amtsgericht Krumbach, das Landgericht Memmingen, eine Anwalts- und Notarskanzlei in Krumbach, das Landratsamt sowie das Finanzamt in Krumbach, das Verwaltungsgericht und die Regierung von Schwaben in Augsburg.

Am 1. Februar 1954 erfolgte an der Universität Erlangen die Promotion zum Dr. jur. mit dem Prädikat "magna cum laude".

Schon damals wurden ihm von allen Stellen seiner Referendarzeit überdurchschnittliche geistige Fähigkeiten, außergewöhnliche Kenntnisse auf allen Rechtsgebieten, beachtenswertes praktisches Geschick, großer Fleiß und außerordentliche Strebsamkeit bescheinigt.

Nach der zweiten juristischen Staatsprüfung bewarb er sich für das Amt des Richters und Staatsanwalts, vorsorglich aber auch bei der inneren Verwaltung um Übernahme in den höheren Staatsdienst. Nach kurzer Tätigkeit als Regierungsassessor beim Verwaltungsgericht Augsburg und beim Landratsamt Grafenau gelangte er schließlich im Februar 1956 als juristischer Staatsbeamter an das Landratsamt Schwabmünchen.

Der Landrat

Als dort 1957 ein Nachfolger für den erkrankten Landrat Waldemar Enzberger gesucht wurde, der vor allem die Verwaltung und die Infrastruktur des Landkreises auf

Franz Xaver Frey als Luftwaffenhelfer im Sommer 1944

Vordermann bringen konnte, da fiel die Wahl auf den parteilosen 29jährigen Regierungsrat Frey. Als jüngster Landrat Bayerns machte der Jurist an der Spitze des Altlandkreises Schwabmünchen damals Schlagzeilen.

Die Verbesserung der kommunalen Infrastruktur des Landkreises war die erste große Bewährungsprobe für den "Verwaltungsbeamten mit politischem Interesse", wie er sich später - auf seine Anfangszeit zurückblickend - selbst charakterisierte. An Problemen, die es zu lösen galt, fehlte es nicht: der Straßenbau (Ausbau der Ortsdurchfahrten, Erweiterung und Ausbau des Kreisstraßennetzes, Anbindung der Stauden), Ausbau der zentralen Wasserversorgungen durch die Ablösung unzulänglicher Hausbrunnen und in ihrer Leistungsfähigkeit überforderter "Wassergenossenschaften" sowie der Abwasserbeseitigung im Interesse eines wirkungsvollen Gewässerschutzes, der verstärkte Wohnungsbau, der die Welle der Heimatvertriebenen auffangen mußte, die Sanierung und der Neubau von Volksschulen sowie die Unterstützung der Gemeinden beim Ausbau des weiterführenden Schulwesens, etwa der Realschule und des Gymnasiums in Königsbrunn und die Verbesserung der Krankenversorgung. So wurden anstelle der beiden veralteten und zu kleinen gemeindlichen Krankenhäuser Bobingen und Schwabmünchen neue moderne Krankenanstalten mit insgesamt 394 Betten gebaut. Weitere wichtige Aufgaben, denen sich der junge Landrat zu stellen hatte, waren die Aktivierung des Vereinslebens, die Förderung der Freiwilligen Feuerwehren, des Roten Kreuzes und der Erwachsenenbildung.

In den 15 Jahren an der Spitze der Schwabmünchner Gebiets-Körperschaft trug Dr. Franz Xaver Frey entscheidend dazu bei, daß sich der finanzschwache, überwiegend landwirtschaftlich orientierte Landkreis Schwabmünchen zu einem der wirtschaftsstärksten bayerischen Landkreise entwickelte. Dies war vornehmlich seiner zielbewußt geplanten und konsequent verwirklichten Verbesserung der Infrastruktur dieses ländlichen Raumes im Vorfeld der Stadt Augsburg zuzuschreiben. Er verstand es auch stets, "seinen" Kreistag und die Kreisangehörigen Gemeinden von der Notwendigkeit einer zukunftsorientierten Kommunalpolitik zu überzeugen.

Doch trotz der Aufgabenfülle blieb er für den Bürger ansprechbar, traf er in seinen Reden den richtigen Ton und bediente sich der Sprache seiner Mitbürger; dies machte ihn zu einem Landrat im wörtlichen Sinn und im positivsten Sinn des Wortes. Er verstand es, staatliche Zielsetzungen und Gesetze sowie kommunale Anforderungen in einen vernünftigen Ausgleich zu bringen, sein schwieriges Amt, das auf der einen Seite ein kommuna-

Dr. Frey bei der ÖTV im Augsburger Rathaus (1979 II 16)

les ist, auf der anderen Seite jedoch auch staatlicher Weisung zu folgen hat, auszufüllen. Im überschaubaren Landkreis Schwabmünchen gelang es ihm, Volkstümlichkeit, Bürgernähe und kommunalpolitische Effizienz unter einen Hut zu bringen.

Daß auch die Wähler dies erkannten, belegt sein sensationelles Wahlergebnis bei seiner Wiederwahl am 7. Juli 1963: 99 Prozent der Wähler sprachen sich für eine Fortsetzung seiner erfolgreichen Politik aus, nachdem er einmütig von allen Parteien und Wählergruppen nominiert worden war. Dieses Wahlergebnis galt einem Mann, der im Raum Schwabmünchen die Möglichkeiten nutzte, die die Nachkriegszeit bot: Der Landkreis, der Mitte der 50er Jahre noch nicht vom Wirtschaftswunder gesegnet war, erfuhr eine markante Aufwärtsentwicklung.

Neben der Bewältigung der Sachfragen konnte Dr. Frey auch noch die Herausgabe eines Heimatbuches, die Schaffung einer Verdienstmedaille und einer Erinnerungsmedaille sowie den Entwurf eigener Wappen für jede Gemeinde auf sein Konto verbuchen.

Das Jahr 1972 brachte einen tiefen Einschnitt für den "Kommunalpolitiker mit Leib und Seele": sein "kerngesunder" Landkreis Schwabmünchen fiel der Gebietsreform zum Opfer. Zusammen mit dem Landkreis Augsburg und Teilbereichen der ehemaligen Kreise Wertingen, Donauwörth und Neuburg bildete er den neuen Großlandkreis Augsburg, der mit über 200 000 Einwohnern heute der drittgrößte Landkreis in Bayern ist.

Aber auch als Landrat des neuen Großlandkreises setzte er alles Bemühen daran, das neue Gebilde zu festigen. Unter seiner zukunftsorientierten Führung gelang die Integration der verschiedenen Gebietsteile unerwartet rasch und reibungslos.

Dr. Frey wurde bald gewissermaßen zum Symbol und Bindeglied des neuen Kreises, zum Motor und Sachwalter seiner Heimat. Rückblickend gab er in einem Interview (Schwabmünchner Allgemeine vom 24.7.1987, S. 22) seine Einschätzung über die damals veränderte Lage ab, die überdies Aufschlüsse über sein Selbstverständnis als Kommunalpolitiker gibt:

"Die Frage, ob ich mich im heutigen Großlandkreis Augsburg "wohl fühle", kann nicht mit ja oder nein beantwortet werden. Was mich befriedigt, ist, daß ich nach der Gebietsreform meinen redlichen Anteil zur Integration der bisher selbständigen Gebietsteile und zur Lösung der größer gewordenen Aufgaben beitragen durfte. Etwas traurig bin ich darüber, daß ich bei der Größe des Landkreises und der Gewichtigkeit seiner Probleme nicht mehr der Landrat sein kann, der ich früher einmal in Schwabmünchen war, als ich mir noch die Zeit nehmen konnte, mich auch der aus der größeren Sicht kleineren Probleme der Bürger so anzunehmen, wie ich es auch heute noch möchte - Wir Menschen werden immer unvollkommen bleiben. Das gilt in gleichem, wenn nicht in noch höherem Maße auch für jede Verwaltung. Satte Zufriedenheit ist bei keiner der ihr gestellten Aufgaben am Platze. Es handelt sich da um einen permanenten Prozeß, dem sich jeder zu stellen hat."

Ein bestimmendes Charakteristikum seines kommunalpolitischen Handelns war denn auch die Fähigkeit, in jeder Situation nach Kompromissen und einem Ausgleich zu suchen, ein Stil, der ihm manchmal als Führungsschwäche angekreidet wurde. Für ihn war jedoch der menschliche Umgang miteinander, gerade auch in der Politik bei widerstreitenden Meinungen, nun einmal Grundlage allen Handelns. "Mir geht es doch nicht um den Tageserfolg, mir geht's doch um die Gesellschaft", so lautete seine Maxime. Und so kämpfte er mit ganzem persönlichen Einsatz gegen die Polarisierung, versuchte politische Feindbilder abzubauen und das Amt des Landrats überparteilich auszufüllen. Zwar trat er 1972 in die CSU ein, bewahrte sich jedoch durch seine starke Persönlichkeit ein großes Maß an Unabhän-

Schreibtischarbeit in geistiger Konzentration

gigkeit, ließ sich nicht in die Fraktionsdisziplin einbinden und orientierte sich stets nur an der Sachentscheidung. War er von einer Sache überzeugt, so konnte der sonst gemütliche Landrat auch unbequem werden und unerbittlich seine Meinung anderen gegenüber vertreten.

Schon früh erkannte er die Notwendigkeit überregionaler Kooperation im Großraum Augsburg. Auch wenn er sich erfolgreich für die Interessen seines Landkreises einsetzte, verlor er dabei doch nie die Interessen der Region und die interkommunale Zusammenarbeit aus den Augen. Sein Einsatz in vielen Zweckverbänden war von der Einsicht geleitet, daß die großen Zukunftsaufgaben nicht in den Landkreisgrenzen gelöst werden können. Unter seinem engagierten Wirken in ständiger partnerschaftlicher Kooperation mit der Stadt Augsburg konnte das Zentralklinikum Augsburg, mit mehr als 600 Millionen DM damals das größte kommunale Bauvorhaben in der Bundesrepublik, 1982 fertiggestellt und in Betrieb genommen werden. Weitere Lösungen für anstehende Probleme der Zukunft - beispielsweise im Nahverkehr oder in der Müllentsorgung - konnte er ebenfalls auf den Weg bringen.

Seine fachlichen Qualitäten und seine große, langjährige kommunalpolitische Erfahrung wurden weit über die Landkreis-Grenzen hinaus geschätzt und anerkannt.

Seine Mitgliedschaft in den Spitzengremien zahlreicher überregionaler Verbände und Organisationen belegten dies. Bereits 1971 war er als Vertreter des Landkreisverbandes Bayern in den Bayerischen Senat gewählt worden. 1978 wurde er Vorsitzender des Landkreisverbandes Bayern, 1981 Vizepräsident des Deutschen Landkreistages. Die unzähligen Ehren- und Nebenämter, die er während seiner langen Laufbahn mit hohem Einsatz ausfüllte, können an dieser Stelle nicht erwähnt werden (siehe beiliegende Liste).

Im Juli 1987 durfte Landrat Dr. Frey im Beisein vieler Ehrengäste ein besonderes Jubiläum feiern: der einst jüngste Landrat konnte sich mit seinem 30jährigen Dienstjubiläum nun der bundesweit dienstälteste Landrat nennen.

Der "Kernschwabe" schöpfte seine Kraft aus der Liebe zu seiner Heimat Schwaben und ihren Menschen. Kraft gaben ihm auch seine Frau Gabriele, seine beiden Kinder und sein Heim in Bobingen.

Die Heimatpflege im Landkreis Augsburg hat unter Landrat Dr. Frey einen Standard erreicht, um den sie von anderen bald beneidet wurde. Finanzielle und personelle Ausstattung bildeten die Grundlage für eine fruchtbare Tätigkeit der Heimatpflege, ganz in seinem Sinne. Er hat den Heimatbegriff immer auch in seiner mentalen Bedeutung aufgenommen und ihn philosophisch durchdrungen.

Am 18. November 1987 erlag Landrat Dr. Franz Xaver Frey völlig überraschend einem Herzversagen. Die bayerische Kommunalpolitik verlor damit einen ihrer herausragenden, profilierten Köpfe.

Das Geheimnis seines Erfolges war wohl, daß er die Sache immer wichtiger einstufte als den persönlichen Triumph. Er hatte Charisma, war nie Parteipolitiker, sondern immer der Sache verschrieben. Er hat Signale gesetzt, die Vorbilder in der politischen Struktur sind. Sein Leitziel war immer die Menschlichkeit.

Dr. Frey bei der Begrüßung von Franz Joseph Strauß in der Kongreßhalle (1979 II 16)

Anhang

Ämter von Landrat Dr. Franz Xaver Frey

Mitglied des Bayerischen Senats (seit 1. Januar 1978)

Vorsitzender des Landkreisverbandes Bayern seit 1978, vorher zweiter Vorsitzender

Vizepräsident des Deutschen Landkreistages (seit November 1981), vorher Mitglied des Präsidiums des Deutschen Landkreistages

Mitglied des Verwaltungsrates der Bayerischen Landesbank

Vorsitzender des Bayerischen Roten Kreuzes, Kreisverband Augsburg-Land

Mitglied des Vorstandes des Bayerischen Roten Kreuzes, Bezirksverband Schwaben

Weiterer Vorsitzender des Regionalen Planungsverbandes der Region 9

Vorsitzender des Verwaltungsrates der Kreissparkasse Augsburg

Vorsitzender des Aufsichtsrates der Wohnungsbau GmbH für den Landkreis Augsburg

Vorsitzender des Kreisverbandes für Gartenbau und Landespflege

Vorsitzender des Krankenhauszweckverbandes Augsburg (in zweijährigem Turnus mit dem Oberbürgermeister der Stadt Augsburg)

Mitglied der Kommunalpolitischen Vereinigung, Kreisverband Augsburg-Land

Mitglied und stellvertretender Vorsitzender des Zweckverbandes der Kreis- und Stadtsparkasse Schwabmünchen

Mitglied des Vorstandes der Freunde der Universität Augsburg e.V.

Aufsichtsratsmitglied der Flughafen GmbH Augsburg

Aufsichtsratsmitglied der Ausstellungsgesellschaft Augsburg

Mitglied des Vereins zur Sicherstellung überörtlicher Erholungsgebiete für die Region Augsburg e.V.

Mitglied der Arbeitsgemeinschaft "Grüner Kreis" für Augsburg und Umgebung e.V.

Mitglied des Lionsclub Augsburg-Raetia

Mitglied des Vorstandes der Europa Union, Bezirksverband Augsburg

Vorsitzender des Zweigverbandes Schwaben im Landkreisverband Bayern

Stellvertretender Vorsitzender des Landkreisverbandes Bayern

Mitglied des Verwaltungsrats der Bayerischen Landesbank (Kreditausschuß)

Mitglied der Hauptversammlung und des Verwaltungsrates der Anstalt für Kommunale Datenverarbeitung in Bayern

Mitglied des Verwaltungsausschusses des Landesarbeitsamtes Südbayern

Vorsitzender des Bayerischen Roten Kreuzes Kreisverband Augsburg-Land

Mitglied des Vorstandes des Bayerischen Roten Kreuzes Bezirksverband Schwaben

Vorsitzender des Verwaltungsrats der Kreissparkasse Augsburg

Vorsitzender des Aufsichtsrats der Wohnungsbau GmbH für den Landkreis Augsburg

Vorsitzender der Kommunalpolitischen Vereinigung, Kreisverband Augsburg-Land

Mitglied des Vorstandes der Freunde der Universität Augsburg e.V.

Aufsichtsratsmitglied der Flughafen GmbH Augsburg

Bei der Aktionsgemeinschaft Westliche Wälder am 16. 6. 1979 in Wellenburg

Aufsichtsratsmitglied der Ausstellungsgesellschaft Augsburg

Mitglied des Lionsclub Augsburg-Raetia

Karl Vogele

Persönlichkeiten aus dem Landkreis Augsburg

Grundriß = Hans Eberlein, Grundriß der Heimatkunde des Landkreises Augsburg, 2. Auflage, Augsburg 1969 (= Beiträge zur Heimatkunde des Landkreises Augsburg, Band 1)
SMÜ = Landkreis Schwabmünchen. Landschaft, Geschichte, Wirtschaft, Kultur; hrsg. vom Landkreis Augsburg; 2., verbesserte Auflage 1975
In beiden Werken sind entsprechende (Kurz-)Biografien zu den nachstehenden Persönlichkeiten enthalten.

Ulrich, Propst
* in Schwabmühlhausen, + am 3. Oktober 1361 in Rottenbuch (SMÜ)

Johannes I. von Fischach (Vischach), Abt in St. Ulrich und Afra zu Augsburg
+ 1366 in Augsburg (Grundriß)

Heinrich von Gabelbach, Abt
urkundlich 1341 - 1369 im Benediktinerkloster Anhausen an der Brenz nachweisbar (Grundriß)

Heinrich VI. von Gabelbach, Abt in St. Ulrich und Afra zu Augsburg
+ 1398 in Augsburg (Grundriß)

Leonhard Wagner OSB, Schreibmeister
* 1454 in Schwabmünchen, + am 1. Januar 1522 in Augsburg (SMÜ)

Hans Leupold, Wiedertäufer
* in Kleinaitingen, + am 25. April 1528 in Augsburg (SMÜ)

Wolfgang Müller (Molitor), Propst
* in Bobingen, + im November 1536 in Augsburg (SMÜ)

Johannes Laymann, Weihbischof
* im August 1474 in Bobingen, + am 11. Juni 1550 in Augsburg (SMÜ)

Jakob Wiedemann, Propst
* in Mittelstetten, + am 18. August 1561 in Augsburg (SMÜ)

Bernard II. Fabri (Schmid), Abt zu Fultenbach
* in Zusmarshausen, + 1568 in Fultenbach (Grundriß)

Matthias Zoller, Abt zu Fultenbach
* in Bonstetten, + 1592 in Fultenbach (Grundriß)

Hans Schuster, Maler
* in Dinkelscherben, geheiratet 1590 (Grundriß)

Christoph Burckart, Abt zu Fultenbach
* um 1570 in Welden, + 1610 in Fultenbach (Grundriß)

Melchior Hänlein (Henlin), Abt zu Neresheim
* in Welden, + 1616 in Neresheim (Grundriß)

Johann Chrysostomus Müller (Molitor), Abt zu Deggingen im Ries
* 1607 in Zusmarshausen, + 1675 in Mönchsdeggingen (Grundriß)

P. Matthäus Stoz SJ, Philosophie- und Theologieprofessor
* am 21. September 1614 in Mickhausen, + am 10. Februar 1678 in München (SMÜ)

Simon Stiller, Stukkateur und Maurer
* 1643 in Wessobrunn, + 1691 in Augsburg (Grundriß)

P. Johannes Stoz SJ, Philosophie- und Theologieprofessor
* am 6. Mai 1619 in Mickhausen, + am 10. April 1696 in Amberg (Oberpfalz) (SMÜ)

Joseph Meitinger, Maurermeister
lebte im 18. Jahrhundert in Ustersbach (Grundriß)

Johann Rieger, Maler und Akademiedirektor
* 1655 in Dinkelscherben, + 1730 in Augsburg (Grundriß)

P. Sebastian Höss OFM, Provinzial
* 1670 in Schwabmünchen, + am 8. August 1731 in Klosterlechfeld (SMÜ)

Matthäus Dossenberger, Bildhauer
* in Wollishausen (Grundriß)

Johann Adam Dossenberger, Rokokobaumeister
* 1716 in Wollishausen, + 1759 in Wollishausen (Grundriß)

P. Ignaz Schwarz SJ, Professor für Philosophie und Geschichte
* am 22. Juni 1690 in Mickhausen, + am 29. Oktober 1763 in Augsburg (SMÜ)

P. Joseph Monschein SJ, Universitätsprofessor und -kanzler
* 1713 in Zusmarshausen, + 1769 in Dillingen (Grundriß)

Joseph Dossenberger, Stiftsbaumeister in Wettenhausen und Hofbaumeister des Fürsten von Thurn und Taxis in Dischingen
* 1721 in Wollishausen, + 1785 in Wettenhausen (Grundriß)

Johann Michael Demmler, Domorganist, Klaviervirtuose und Komponist
getauft am 28. September 1748 in Hiltenfingen, + Anfang Juni 1785 in Augsburg (SMÜ)

Pater Sebastian Höß, ein Onkel der sel. Kreszentia Höß von Kaufbeuren, ein Mann der Tatkraft, der Wissenschaft und der Frömmigkeit, stand dem Franziskanerkloster Lechfeld von 1702 - 1706 als Guardian vor. 1714 wurde er zum Provinzial seiner Ordensprovinz gewählt. Nach dem Ablauf seines ersten Provinzialates zog er sich in sein Heimatkloster auf dem Lechfeld zurück, wo er 1719 den Kalvarienberg errichten ließ. In den Jahren 1724, 1726, 1728 veranstaltete er großartige Festlichkeiten, zu denen Tausende Wallfahrer auf das Lechfeld strömten.

Der als 14. Kind eines Schwabmünchner Webers geborene Maurus Feyerabend wurde wegen seiner hohen musikalischen Begabung 1763 als 10jähriger in das Reichsstift Ottobeuren aufgenommen, wo er im Jahre darauf die Weihe des neuen Gotteshauses erlebte. Nach der Priesterweihe (1777) wirkte er als vorzüglicher Lehrer, der sich auch als Herausgeber, Übersetzer und Autor einen Namen machte.

Johann Joachim Günther, Bildhauer und Stukkateur
* 1717 in Zusmarshausen, + 1789 in Bruchsal (Grundriß)

P. Dionisius Holdenrieder OSB, Professor
* in Gablingen, + am 21. August 1800 in Augsburg (Grundriß)

Dr. Johann Georg von Hössle, Professor der Arzneiwissenschaft und Fürstbischöflich-augsburgischer Hofmedikus
* am 24. April 1746 in Walkertshofen, + am 17. März 1807 in Dillingen/Donau (SMÜ)

Anton Fischer, Kapellmeister und Komponist
* 1778 in Ried bei Breitenbronn, + 1808 in Wien (Grundriß)

Dr. Johann Lukas Schuhbaur (Schubaur), Mediziner und Komponist
* am 23. Dezember 1749 in Klosterlechfeld, + am 15. November 1815 in München (SMÜ)

Michael Kriener, Pfarrer und Komponist
* 1759 in Rommelsried, + 1818 in Wettenhausen (Grundriß)

P. Maurus Feyerabend OSB, Prior
* am 17. Oktober 1754 in Schwabmünchen, + am 8. März 1818 in Ottobeuren (SMÜ)

Franz Arsenius Rid, Augustiner, Professor für Kirchengeschichte und Kirchenrecht
* am 12. Juli 1748 in Schwabmühlhausen, + am 20. Mai 1822 in München (SMÜ)

Anton Sandherr, Professor
* 1768 in Diedorf, + 1839 in Fleinhausen (Grundriß)

P. Matthäus (Karl Konrad) Fischer, Musikdirektor und Komponist
* 1763 in Ried bei Breitenbronn, + 1840 in Augsburg (Grundriß)

Benedikt Abt, Professor, Stadtpfarrer und Landtagsabgeordneter
* 1768 in Diedorf, + 1847 in Augsburg (Grundriß)

Johann (I) Scherer, Maler (Volkskunst)
* am 12. Dezember 1779 in Dinkelscherben, + am 6. September 1857 in Ettelried (Grundriß)

Leonhard Friedrich, Dompropst, Vizepräsident der bayerischen Abgeordnetenkammer
* am 7. November 1788 in Langerringen, + am 14. Juni 1862 in Bamberg (SMÜ)

Donat Müller, Organist, Chordirektor und Komponist
* 1804 (1806?) in Biburg, + 1879 in Augsburg (Grundriß)

Ferdinand Wagner, Kunstmaler
* am 16. August 1819 in Schwabmünchen, + am 13. Juni 1881 in Augsburg (SMÜ)

Dr. Joseph Völk, Rechtsanwalt, Mitglied des Bayerischen Landtags und des Deutschen Reichstags
* am 9. Mai 1819 in Mittelstetten, + am 22. Januar 1882 in Augsburg (SMÜ)

Alois Scherer, Maler
* am 7. Dezember 1818 in Ettelried, + am 27. Mai 1887 in Ettelried (Grundriß)

Ludwig Berberich, Domkapellmeister, Komponist und Musiktheoretiker
* 1882 in Biburg (Grundriß)

Joseph Scherer, Maler
* am 1. November 1814 in Ettelried, + am 25. März 1891 in Ettelried (Grundriß)

Cyrill Kistler, Komponist
* am 12. März 1848 in Großaitingen, + am 1. Januar 1907 in Bad Kissingen (SMÜ)

Leonhard Thoma, Maler
* am 6. Januar 1864 in Fischach, + am 30. August 1921 in Jettingen (Grundriß)

Dr. Joseph Anton Endres, Hochschulprofessor
* am 12. Mai 1863 in Untermeitingen, + am 19. Januar 1924 in Bidingen (SMÜ)

Johann (II) Scherer, Maler
* am 13. September 1858 in Ettelried, + im Januar 1934 in Ettelried (Grundriß)

P. Max Kugelmann SAC, Ordensgeneral
* am 18. April 1857 in Bobingen, + am 12. Februar 1935 in Limburg (SMÜ)

Wilhelm Wörle, Mundartdichter und Heimatforscher
* am 1. März 1886 in Silheim, + am 20. Januar 1959 (Grundriß)

Die Autoren

Georg J. Abröll, M.A., Wissenschaftlicher Assistent des Kreisheimatpflegers / Landkreis Augsburg (S. 225 - 229, 240 - 244)

Dr. Peter Fassl, Bezirksheimatpfleger / Bezirk Schwaben (S. 230 - 234)

Dr. Bernhard Hagel, Historiker, Augsburg (S. 245 - 248)

Reinhold Lenski, Stadtarchivar Bobingen (S. 220 - 224)

Barbara Michal, M.A., Leiterin von Museum und Galerie der Stadt Schwabmünchen (S. 213 - 219)

Prof. Dr. Walter Pötzl, Professor für Volkskunde an der Kath. Universität Eichstätt, Kreisheimatpfleger für den Landkreis Augsburg, Neusäß (S. 1 - 212)

Dr. Karl Vogele, Landrat des Landkreises Augsburg (S. 257 ff.)

Richard Wagner, Kreisheimatpfleger im Landkreis Augsburg (S. 235 - 239)

Ludwig Wiedemann jun., Reinhartshausen (S. 252 - 256)

Gerhard Willi, M.A., Historiker, Augsburg (S. 249 - 251)

Abkürzungsverzeichnis

ABA = Archiv des Bistums Augsburg
BHStAM = Bayerisches Hauptstaatsarchiv München
BKD = Bayerische Kunstdenkmäler
HA = Historischer Atlas
HVLA Jb = Heimatverein für den Landkreis Augsburg, Jahresbericht
JbVABG = Jahrbuch des Vereins für Augsburger Bistumsgeschichte
KlKF = Kleiner Kunstführer
KL = Klosterliteralien
KU = Klosterurkunden
StA Augsburg = Staatsarchiv Augsburg
StadtA Augsburg = Stadtarchiv Augsburg
UB = Urkundenbuch (Die Urkunden des/der ...)
ZBLG = Zeitschrift für Bayerische Landesgeschichte
ZHVS = Zeitschrift des Historischen Vereins für Schwaben

fl. = Gulden
kr. = Kreuzer
hl. = Heller

Pötzl, Dinkelscherben = Walter Pötzl, Geschichte und Volkskunde des Marktes Dinkelscherben. Von den Anfängen bis zum Beginn des 19. Jahrhunderts, Dinkelscherben 1987
Pötzl, Urgroßeltern = Walter Pötzl, So lebten unsere Urgroßeltern. Die Berichte der Amtsärzte der Landgerichte Göggingen, Schwabmünchen, Zusmarshausen und Wertingen; Augsburg 1988 (= Band 10 der "Beiträge zur Heimatkunde des Landkreises Augsburg)
Der Landkreis Augsburg = Walter Pötzl (Hrsg.), Der Landkreis Augsburg. Natur, Geschichte, Kunst und Kultur; Augsburg 1989

Bildnachweis

Seite Aufnahme von

4	W. Pötzl
5	W. Pötzl
7	Stadtbildstelle Augsburg
9	Otto Pächt
10	W. Pötzl
14 l.o.	Bay. Staatsbibl. München
übr.	W. Pötzl
15	Vict.a.Albert Museum, London
17	W. Pötzl
18	W. Pötzl
19	W. Pötzl
21	Württemb. Landesbibl. Stuttgart
24	Staatsbibliothek Bamberg
25	W. Pötzl
26	W. Pötzl
27	W. Pötzl
28	W. Pötzl
33	W. Pötzl
35	W. Pötzl
37	W. Pötzl
38	BHStAM
41	W. Pötzl
43 l.	StA Augsburg
r.	Karl Kosel
44	Germ. Nationalm. Nürnberg
45	BHStAM
46	W. Pötzl
47	W. Pötzl
48	Franz Häußler
49	W. Pötzl
50	W. Pötzl
51	W. Pötzl
52	W. Pötzl
55	Stadtbildstelle Augsburg
56	W. Pötzl
57	W. Pötzl
58	W. Pötzl
61	W. Pötzl
62/63	Franz Häußler
65	W. Pötzl
66 l.	BHStAM
67	Bay. Staatsbibl. München
69	Karl Kaiser
71	W. Pötzl
72	W. Pötzl
73	W. Pötzl
74	W. Pötzl
75	Karl Kaiser
77	W. Pötzl
78 l.	Stadtbildstelle Augsburg
r.	W. Pötzl
79	Stadtbildstelle Augsburg
80	Stadtbildstelle Augsburg
81	W. Pötzl
82	W. Pötzl
83	Stadtbildstelle Augsburg
84 l.	Raiffeisen Hohenkammer
r.	W. Pötzl
86	W. Pötzl
90	BHStAM
91	W. Pötzl
94	W. Pötzl
95	BHStAM
98	Germ. Nationalm. Nürnberg
100	W. Pötzl
101	W. Pötzl
102	W. Pötzl
103	W. Pötzl
104	W. Pötzl
107	W. Pötzl (nach N. Lieb)
110	W. Pötzl
112	BHStAM
114	W. Pötzl
116	Volkskundem. Oberschönenfeld
117	StA Augsburg
118	W. Pötzl
119	Stich nach Abzug von der Originalkupferplatte
120	W. Pötzl
121	W. Pötzl
122	W. Pötzl
124	W. Pötzl
125	-
126	W. Pötzl
127	W. Pötzl
128	W. Pötzl
129	-
130	-
133	W. Pötzl
135	W. Pötzl
137	Kolleffel
142	BHStAM
143	Karl Kaiser (Wollishausen)
	W. Pötzl (Herbertshofen, Welden)
145	W. Pötzl
147	W. Pötzl
149 l.	W. Pötzl
r.	Karl Kaiser
151	W. Pötzl
152	W. Pötzl
154	W. Pötzl
155	Karl Kaiser
156	W. Pötzl
157	W. Pötzl
158	W. Pötzl
159	W. Pötzl
160	W. Pötzl
161	W. Pötzl
162	W. Pötzl
163	Karl Kaiser
164	W. Pötzl
167	Stadtbildstelle Augsburg
171	W. Pötzl
173	Schönere Heimat
175	W. Pötzl
177	W. Pötzl
179	W. Pötzl
180	W. Pötzl
182	Foto Hirche, Bobingen
183	Foto Hirche
185	Foto Hirche
186	Foto Hirche
187	Foto Hirche
188	W. Pötzl
189	W. Pötzl
190	Foto Hirche
191	Foto Hirche
192	Foto Hirche
193	Foto Hirche
196	Stadtbildstelle Augsburg
197	W. Pötzl
198	W. Pötzl
201	Germ. Nationalm. Nürnberg
205	W. Pötzl
208	W. Pötzl
211	W. Pötzl
212	W. Pötzl
214	Atelier Kugler, Schwabmünchen
215	Atelier Kugler
217	Atelier Kugler
219	Verkehrsmuseum Nürnberg
220	Hoechst Bobingen
221	Hoechst Bobingen
223	Hoechst Bobingen
225	W. Pötzl
228	W. Pötzl
231	W. Pötzl
233	Pfaff, Dinkelscherben
234	W. Pötzl
235	Atelier Kugler, Schwabmünchen
237	Atelier Kugler
239	Atelier Kugler
241	unbekannt
243	Postkarte
244	W. Pötzl
245	unbekannt
246	Attenberger, München
247	unbekannt
248	W. Pötzl
249	unbekannt

250	unbekannt	261	Augsburger Allgemeine	
252	unbekannt	263l	A. Layer, Dillingen	
253	unbekannt	264r	OSB-Abtei Ottobeurren	
255	unbekannt	267	Hans Schuster	
256	unbekannt	268	W. Pötzl	
257	Weiß, Krumbach	269	W. Pötzl	
258	Augsburger Allgemeine	270	W. Pötzl	
259	Augsburger Allgemeine	271	W. Pötzl	
260	Augsburger Allgemeine	272	Bernhard Pötzl	

Nach dem Landratsamt in Schwabmünchen, dem alten Augsburger Landratsamt am Hafnerberg wurde das Direktionsgebäude der Deutschen Bundesbahn der neue Dienstsitz von Landrat Dr. Franz Xaver Frey.

Ergänzende heimatkundliche Literatur

304 Seiten; zahlreiche, auch farbige Abbildungen, Zeichnungen und Skizzen
Preis: 48,— DM

Dieser Einführungsband zum Heimatbuch des Landkreises Augsburg, das auf acht Bände angelegt ist, bietet in acht Kapiteln einen Überblick, wobei - von den Einleitungen abgesehen - jeweils eine Textseite einer Bildseite gegenübersteht.
Das vorliegende Buch "Lebensbilder zu Bildern aus dem Leben" gewährte die Möglichkeit, vieles ausführlicher im Rahmen einer Biographie zu würdigen, was im Landkreisbuch nur wenig Text beanspruchen konnte. Andererseits gewinnen viele Abschnitte des Landkreisbuches den Charakter einer Zusammenfassung zu dem, was im vorliegenden Band ausführlicher ausgebreitet wird. Das Landkreisbuch ergänzt in der Herrschaftsgeschichte (S. 63 - 92), in der Wirtschafts- und Sozialgeschichte (S. 95 - 122), in der Kirchen- und Frömmigkeitsgeschichte (S. 130 - 156) und in der Kunstgeschichte (S. 168 - 171 u. 180 - 218). Die Kapitel "Brauchtum" (VII) und "Die Sachkultur des Volkes" (VIII) dürfen in ihrem gesamten Umfang als Ergänzung zu den "Lebensbildern" gelten. Das Landkreisbuch enthält im Anhang auch "weiterführende Literatur" zu den einzelnen Abschnitten.
Die vorliegenden "Lebensbilder" dienen ihrerseits wieder als Grundlage für mehrere der folgenden Bände des Heimatbuches des Landkreises.

144 Seiten, zahlreiche Abbildungen, Zeichnungen und Skizzen
Preis: 17,80 DM

Dieses Buch stellt das Leben der Bewohner einer Sölde in Döpshofen in der Zeit von 1542 bis in die 70er Jahre unseres Jahrhunderts vor. Von diesen Bewohnern, Schmieden (1542 - 1771), Söldnern (1771 - 1800 bzw. ca. 1900), Glasern, Mesnern und Lehrern (1800 - 1878), Schustern (1880 - 1900) und Metzgern (1928 - 1979) konnten zwar weder Votivtafeln noch alte Fotografien festgestellt werden, dennoch bietet diese Hausgeschichte viele Parallelen, vor allem zu den Lebensbildern von Personen, die sich mit einfachen Verhältnissen begnügen mußten.
Horst Gutmann schildert im zweiten Teil (S. 77 - 137) die Einrichtung dieser Sölde, wie sie sich jetzt als Museum präsentiert. Ihm ist es gelungen, für das nur mehr mit dem Ofen ausgestattete Haus so viel an altem Einrichtungsgut zu sammeln, daß eine authentische Darstellung der Lebensverhältnisse des 19. und frühen 20. Jahrhunderts erreicht werden konnte. Die von Erich Högg gezeichneten Gegenstände vermitteln ein anschauliches Bild von den Dingen des täglichen Gebrauchs.

232 Seiten, zahlreiche Abbildungen, Zeichnungen und Skizzen, 8 Farbbilder
Preis: 25,— DM

Auf Anordnung von König Max II. beschrieben die Landgerichtsärzte die Lebensverhältnisse in ihren Bezirken. "In ethnographischer Hinsicht" sollten sie die Bevölkerung charakterisieren, deren "geistig-seelische Konstitution" würdigen, aber auch die Wohnungsverhältnisse und die Kleidungsweise beschreiben, Beschäftigung und Wohlstand erforschen, Fest und Brauch verfolgen, die Reinlichkeit beobachten und sich zu Ehe und Geschlechtlichkeit äußern.
Das Buch veröffentlicht die Berichte zu den Landgerichten Göggingen, Schwabmünchen, Zusmarshausen und Wertingen.
Die Berichte schildern die Lebensverhältnisse zur Zeit von F. X. Egger (in "Lebensbilder" S. 225 - 229), Ferdinand Wagner (S. 235 - 239), Kreszenz Holland (S. 210 - 212). J. F. Lehner (S. 220 - 224), Johann (II) Scherer (S. 230 - 234) und Michael Geldhauser (S. 240 - 244) wurden in dieser Zeit geboren.
So lassen sich mehrere Lebensbilder des vorliegenden Buches einbinden in die Berichte der Landgerichtsärzte über die Lebensverhältnisse unserer Urgroßeltern.

206 Seiten, zahlreiche Abbildungen, Zeichnungen und Skizzen
Preis: 17,80 DM

Der Bayerische Verein für Volkskunst und Volkskunde führte 1908 eine Umfrage durch, in der er sich über Sitte und Brauch, über Nahrung und Kleidung, Wohnung und Geräte, Glaube und Sage, Volksdichtung und Mundart erkundigte. Aus dem Gebiet der Stadt und des Landkreises Augsburg gingen 20 Antworten ein, die in diesem Buch herausgegeben werden, darunter auch die des Dinkelscherbener Lehrers Michael Geldhauser (S. 61 - 67; "Lebensbilder" S. 240 - 244). Der ausführliche Bericht über Altenmünster (S. 27 - 35) schildert das Dorf zur Zeit der damals 67jährigen Kreszenz Holland ("Lebensbilder" S. 210 - 212). Der Vater von Ludwig Berger verfaßte den Bericht über Reinhartshausen (S. 131 f.), der für die Jugendzeit seines gleichnamigen Sohnes gilt ("Lebensbilder" S. 252 - 256). Die Berichte über Steinekirch (S. 138 - 140) und Wörleschwang (S. 149 - 151) wenden sich zwei Nachbardörfern von Zusmarshausen zu, in denen Leopold Schwarz ("Lebensbilder" S. 245 - 248) aufwuchs.

Die Bücher sind im Buchhandel und bei der Geschäftsstelle des Kreisheimatpflegers im Landratsamt Augsburg (Prinzregentenplatz 4, Westflügel Zi.Nr. W 205) erhältlich.

Zum Titelbild (vgl. S. 207 - 209)

Die Tongruben in der Abteilung "Hafnergehau" im Rauhen Forst bei Adelsried (östlich der Autobahnkapelle, südwestlich der kleinen Brücke über die Autobahn) vermitteln noch heute eine unmittelbare Vorstellung von dem Unfall, den die Votivtafel von 1831 in Wort und Bild festhält. Hat sich das Geschehen von 1831 hier ereignet? Von Horgau herauf geht man ins Hafnergehau etwa eine Dreiviertelstunde.

Bilder auf der Rückseite

l.o. Leonhard Wagner (S. 4 - 30)
l.u. Dr. Franz Xaver Frey (S. 257 ff.)
r.o. Hildegard von Haslang (S. 83 - 106)
r.u. Franz Xaver Egger (S. 225 - 229)